Adolf Wernher
Die Totenbestattung

Wernher, Adolf: Die Totenbestattung in Bezug auf Hygiene, geschichtliche Entwicklung und gesetzliche Bestimmungen Hamburg, SEVERUS Verlag 2013

ISBN: 978-3-86347-560-4
Druck: SEVERUS Verlag, Hamburg, 2013

Bibliografische Information der Deutschen Nationalbibliothek:
Die Deutsche Nationalbibliothek verzeichnet diese Publikation in der Deutschen Nationalbibliografie; detaillierte bibliografische Daten sind im Internet über http://dnb.d-nb.de abrufbar.

Die digitale Ausgabe (eBook-Ausgabe) dieses Titels trägt die ISBN 978-3-942382-60-1und kann über den Handel oder den Verlag bezogen werden.

© **SEVERUS Verlag**
http://www.severus-verlag.de, Hamburg 2013
Printed in Germany
Alle Rechte vorbehalten.

Der SEVERUS Verlag übernimmt keine juristische Verantwortung oder irgendeine Haftung für evtl. fehlerhafte Angaben und deren Folgen.

SEVERUS

Einleitung

Audiatur et altera pars.

Seitdem der Mensch aus dem Zustande des Nomaden, Jägers und Fischers herausgegangen, nicht mehr bloß im lockeren Familien-, im Staatsverbande lebt, volkreiche Städte gegründet und die Erde an vielen Stellen so dicht, als sie ihn nur zu ernähren vermag, besiedelt hat, sind seit Jahrtausenden Geschlechter auf Geschlechter aufeinander gefolgt und wieder verschwunden. Archäologische Untersuchungen beweisen, daß die Zeit, in welcher der Mensch sich schon zu einem hoch entwickelten Staaten- und Städteleben, in den alten Kulturländern erhoben, Städte gegründet hatte, welche denen der gegenwärtigen Zeit an Volkszahl nicht nachstehen, weit über die Epoche hinausreicht, aus welcher wir eine dokumentierte Geschichte besitzen. Wie viele Millionen Menschen sind nicht in dieser langen Periode der Muttererde wieder übergeben worden. Der Boden wäre an den Zentralstellen der Bevölkerung längst ein für den Menschen unbewohnbarer Knochenhaufen, wenn die Erde nicht die wunderbare Kraft besäße die Zersetzungsprodukte der organischen Substanz wieder zu ihren unorganischen Grundstoffen, aus denen sie entstanden ist und mit welchen sie sich ernährt hat, zurückzuführen und wenn die Pflanzen nicht die Fähigkeit hätten, dieselben zu neuen organischen Körpern zu gestalten, und so im ewigen Wechsel des Lebens. Seitdem man aber aufgehört hat, es dem Ermessen der Familie oder der Gemeinde zu überlassen, wo sie ihre Toten bestatten will, wie es in dem Altertum der Fall war und noch überall geschieht, wo das Christentum nicht herrscht, seitdem die Totenbestattung ein religiöser Akt geworden ist, der sich, beeinflußt von der Märtyrerverehrung, um die Kirche konzentriert hatte und so mit gezwungen worden ist, die Toten in engbegrenztem Terrain, anfangs um die Kirchen, in den Städten, und jetzt wenigstens noch nahe bei denselben, in immer zu knapp bemessenem Räume unterzubringen, ist die Bestattung der Toten in einer Weise, welche den Gefühlen der Pietät, der Anhänglichkeit der Familien an die hingeschiedenen Angehörigen, den Anforderungen der in der neuen Zeit so hochentwickelten Sorge für die öffentliche Gesundheit, den religiösen Überlieferungen und den Riten, sowie dem Gesetze und den finanziellen Verhältnissen des Einzelnen und der

Kommunen entspricht, eine immer schwierigere Aufgabe geworden, die um so schwerer befriedigend zu lösen wird, je länger man zögert, zweckmäßige Einrichtungen zu treffen. Somit ist die Frage, wie wir uns unserer Toten entledigen sollen, zu einer ebenso wichtigen, brennenden, als schwer zu lösenden Aufgabe geworden, welche sowohl das Interesse und die Gefühle des Einzelnen, als der Gemeindeverwaltungen, so wie die öffentliche Gesundheitspflege gleich nahe berührt.

Die nachfolgende geschichtliche Zusammenstellung, der in der neuen Zeit hervorgetretenen Bestrebungen, die Feuerbestattung statt des Erdbegräbnisses populär zu machen, hat nicht den Zweck, eine vollständige Literatur, auch nur der Schriften und Aufsätze, welche sich speziell mit der Frage der Feuerbestattung beschäftigen, zu liefern, oder alle die Gesellschaften aufzuzählen, welche sich zur Förderung dieses Zweckes gebildet haben. Eine Abhandlung, welche nicht allein die hygienische und praktische Seite zu behandeln, welche auch die geschichtlich-ethnologische und gesetzlichen Fragen, welche sich hier anknüpfen lassen, nicht völlig zu übergehen gedenkt, hat in die mannigfachsten Zweige der Literatur einzugreifen und müßte, um die literarischen Hilfsmittel, welche benutzt worden sind, vollständig aufzuzählen, ein voluminöses Buch, nur die Literatur enthaltend, hinzufügen. — Ich halte das für sehr überflüssig; das Notwendige wird an geeignetem Orte angeführt werden. Bis jetzt hat fast alles, was in Bezug auf die Feuerbestattung gesagt und geschrieben worden ist, Partei für dieselbe genommen, und wenn man die große Masse dessen, was in dieser Richtung seit etwa 20 Jahren zu Tage gefördert worden ist, betrachtet, so sollte man nicht zweifeln, daß die Einführung der Feuerbestattung ein dringendes Zeitbedürfnis wäre, und dürfte sich nur wundern, daß eine so hochwichtige Sache bis jetzt noch so wenig praktischen Erfolg gefunden hat. Da Gegenstimmen so gut wie keine laut geworden sind, diese nur ganz schüchtern einige Bemerkungen in Nebensachen, ein Kompromiß mit den neuen Forderungen, gewagt haben, so darf man es dem großen Publikum nicht verargen, wenn es die Frage der Feuerbestattung für entschieden und die Einführung nur von der Zeit und dem Maße der vorhandenen Geldmittel abhängig hält, und doch ist die Sache in ihren Prinzipien nichts weniger als klar gelegt und ausgemacht. Die Hauptfrage, die angebliche Gemeingefährlichkeit der jetzigen Erdbestattungsweise und die angebliche Größe derselben, sind durchaus nicht bewiesen, mit ihr aber steht und fällt die Entscheidung über die Notwendigkeit, unsere bisherige Bestattungsweise nicht bloß zweckmäßig einzurichten, sondern vollständig, prinzipiell zu ändern. Ebenso ist die ökonomische Seite der Frage mehr verdeckt als klar gelegt, und die gesetzlichen Schwierigkeiten sind ganz mit Stillschweigen übergangen oder leichthin mit Wünschen und Hoffnungen abgefertigt — anderes, die poetischen und ästhetischen Fragen sind nur Nebensache. Man ändert aber einen tief in das gesellschaftliche und Familienleben eindringenden Gebrauch, der sich in der Meinung des Volkes und in seinen Sitten seit mehr als 2000 Jahren erhalten und ausgebildet hat, der in der ganzen zivilisierten Welt besteht, nicht durch doktrinäre Vorstellungen, wenn kein wirkliches und dringendes Bedürfnis vorliegt. Das Volk hält in Dingen, welche seine pietösen Gefühle, sein Herkommen so ernst berühren, wie die Bestattung geliebter Angehöriger, fest an den von den Voreltern ererbten Gebräuchen, auch wenn sie entschieden schlecht sind. Die Hoffnung der Krematisten, daß solche altehrwürdige Gebräuche vor dem Lichte der Wissenschaft rasch verschwinden würden, ist völlig illusorisch. Sollen Änderungen ins Werk treten, welche einen reellen Erfolg haben können, so sind dieselben nur durch gesetzliche Anordnungen möglich. Die bestehenden gesetzlichen Bestimmungen, welche die Feuerbestattung nicht kennen, müßten abgestellt und neue an ihre Stelle gesetzt werden. Das ist nur auf dem Wege *der Gesetzgebung* durch die Organe, welche auch die übrigen Sanitätsgesetze erlassen haben, möglich. Bei der hochgehenden Strömung, welche gegenwärtig *für* die Feuerbestattung überall mehr und mehr anschwillt, können betreffende Anforderungen an die Gesetzgebung und an die Finanzen des Staates und der Gemeinden nicht ausbleiben und sind in der Tat schon vielfach hervorgetreten. Es wird notwendig sein, daß die Behörden und Korporationen, welche sich mit der Angelegenheit beschäftigen und entscheiden sollen, nicht bloß die Stimmen der enthusiastischen Freunde der Kremation, daß sie, um richtig abwägen zu können, auch die ruhig denkender Gegner hören, und solche haben sich bis jetzt kaum hervorgewagt. — Um aber zu zeigen, daß in der Tat der Moment gekommen ist, wo es notwendig wird auch die Kehrseite der Medaille zu betrachten, um sich vor Überstürzung zu bewahren, lege ich zunächst eine kurze Übersicht der Bestrebungen vor, welche hauptsächlich für die Einführung einer Veränderung unseres bisherigen Bestattungsverfahrens zu Tage getreten sind.

Die gegenwärtige Bewegung für Änderung unseres bisherigen Verfahrens die Leichen zu bestatten, hat ihre ersten Anfänge vor etwa 40 Jahren genommen. (Hufeland, Bieke, Trusen, Gannal, Küttlinger.) Erst seit etwa 20 Jahren aber hat sie einen größeren Aufschwung genommen und ist, insbesondere in dem gegenwärtigen Jahrzehnt, zu einer wahren Hochflut aufgestiegen, die sich in einer außerordentlich reichen, speziell auf diesen Gegenstand gerichteten Literatur, zahlreichen Artikeln in halbwissenschaftlichen und belletristischen Zeitschriften, der Gründung vieler Gesellschaften, welche die Leichenverbrennung zu ihrer Aufgabe machten, Kongressen und öffentlichen Besprechungen geäußert hat.

Die Leichenverbrennung ist bei einigen Völkerstämmen arischer Abstammung und bei den höheren Klassen der Bevölkerung derselben, im Altertume in beschränktem Gebrauche gewesen. Abgekommen ist sie auch aus dieser beschränkten Anwendung durch den Einfluß des Christentums, teils zu Folge religiöser Anschauungen und dogmatischer Lehren über die leibliche Auferstehung, teils weil die Stämme, von welchen das Christentum ausging, Israeliten und Griechen, sie überhaupt nicht kannten. Somit ist die Leichenverbrennung auch bei den Stämmen, welche sie früher geübt hatten, seit fast 2000 Jahren außer Gebrauch gekommen. Nirgends in der Welt ist jetzt die Leichenverbrennung in allgemeinerer Anwendung, sie ist bei allen zivilisierten Nationen durch die Erd- und Gruftbestattung, als die den Bedürfnissen mehr entsprechende Methode, ersetzt. Es hat nun auch früher schon nicht an vereinzelten Versuchen gefehlt, die Feuerbestattung wieder einzuführen, teils aus ästhetischen Ideen über die Schönheit den sterblichen Leib durch das reine, läuternde Feuer zu zerstören, teils aus hygienischen Gründen. Diese älteren Versuche sind aber völlig vereinzelt geblieben und die Vorschläge, welche gemacht wurden, haben nicht bei dem Volke gezündet. So hat schon am Anfange dieses Jahrhunderts Le Grand d'Aussy (sepultures nationales, an V de la R.) die Notwendigkeit, die Leichenverbrennung an Stelle der Erdbestattung einzuführen, zu beweisen gesucht und das Institut de France hatte einen Preis von 1500 Francs für die wissenschaftliche Beantwortung der Frage ausgesetzt. Die hohen Kosten der Verbrennung, welche damals noch nur bei offenem Feuer möglich gewesen wäre, stand der Ausführung entgegen und somit verschwand der Gegenstand, auch in Frankreich, für lange Zeit aus der Besprechung.

Man hat ihn seit etwa 1840 wieder aufgenommen und mit stets wachsendem Eifer und Interesse behandelt. Bezeichnend für diese neuere Phase der Bewegung ist es, daß sie nicht bloß im Kreise der Sachverständigen geblieben, daß vielmehr ein Teil des Publikums, der gewohnt ist sich durch halb verstandene wissenschaftliche Anschauungen und seine Phantasie leiten zu lassen, besonders auch *die Frauen*, angeregt durch eine sehr tätige Reklame, fast noch lebhafter Partei genommen hat, als die Ärzte und Verwaltungsbehörden.

Die Berechtigung, oder wenigstens die Erklärung für eine so lebhafte Beteiligung, ist aber gegeben worden durch den Eifer, mit welchem die neuere Medizin die Ursachen der Krankheiten aufsucht und im Vereine mit einer einsichtigen Verwaltung, sie aus den Städten zu entfernen und nicht weniger dahin strebt, Krankheiten zu verhüten, als, wenn sie aufgekommen sind, wieder zu beseitigen. Erhaltung der Gesundheit ist Erhaltung der Arbeitskraft und somit des Vermögens des Einzelnen in der Nation. Es war leicht, dem Publikum einzureden, daß die Nähe putreszierender Körper gesundheitsgefährlich sei, und somit haben viele für die Entfernung derselben agitiert, ohne sich die Mühe zu nehmen die wirklichen Ursachen epidemischer Krankheiten zu studieren, wozu sie auch das Zeug nicht hatten.

Eine weitere Unterstützung, welche die gegenwärtige Bewegung möglich gemacht hat, haben die Fortschritte der Pyrotechnik gegeben, durch welche eine vollständige Inzineration einer Leiche in verhältnismäßig kurzer Zeit und mit Kosten, welche wenigstens viel geringer sind als diejenigen, welche der offene Scheiterhaufen erforderte, ausführbar gemacht wird.

Ein dritter Grund tritt den Verwaltungsbeamten sehr großer Städte entgegen, durch die mit der Vergrößerung derselben wachsende Schwierigkeit, in angemessener Entfernung geeignetes Terrain für die Bestattung der Leichen akquirieren zu können.

Die Bewegung für Leichenverbrennung hat ziemlich gleichzeitig in Italien, England, Frankreich, Deutschland, Österreich und der Schweiz begonnen, ist aber nirgends mit größerem Eifer betrieben worden, als in Italien und bei uns. Der Eifer und die phantasievolle Auffassung der italienischen Gelehrten hat unzweifelhaft den Hauptanstoß gegeben. Große, allgemeine, praktische Resultate sind aber auch in Italien bis jetzt nicht erreicht worden.

Im Jahre 1857 empfahl Pf. Coleli der Akademie zu Padua die Leichenverbrennung (sulla crematione dei cadaveri). 1866 erschien die Abhandlung von Giro (sulla incineratione dei cadaveri), sowie 1867 und 1870 die von Du Jardin (sulla cremazione dei c. et sulla incineratione dei c.), v. Castiglione und Confarelli unter demselben Titel; ferner 1870 die Arbeit von Pini, 1872 die große Abhandlung von Polli. Valerani gab 1872 eine historische Übersicht. Für Verbrennung drückten sich ferner aus Dr. Ayr (Humatio vel crematio 1872—73), und Tomasi (intorno alla cremazione dei Cadaveri). Mussati veröffentlichte 1873 eine historische Abhandlung. Anelli trat 1873 den Einsprüchen, welche Böta nebst Zinno, die einzigen Gegner der Verbrennung in Italien, erhoben hatten, entgegen. Hierher gehören noch: Garini (la cremazione della Salma di Mazzini); und in Zeitschriften: Foldi (il soc: milit: 1874), il popolo catolico, Bernardino Biondello (la cremat), Montagnazza (nuova aetiolog. firenze, incineratione dei cadaveri, smisibile). Poetische Darstellungen haben Morelli und Polizzi gegeben.

Neben diesen schriftlichen Äußerungen gingen in Italien sehr lebhafte Bewegungen zu Gunsten der Leichenverbrennung im Schoße der gelehrten Gesellschaften und Kongresse.

Der Vorschlag, die Leichenverbrennung einzuführen, wurde 1860 durch Coletti und Castiglione vor den internationalen medizinischen Kongress von Florenz gebracht, so wie 1871 in den Kongress von Rom, und 1877 setzte das K. lombardische Institut einen Preis für die beste wissenschaftliche Bearbeitung aus. Ähnliche Schritte sind von den K. Instituten von Florenz und Padna geschehen. Kongresse zur Förderung der Kremation fanden zu Mailand, Neapel, Eom, Genua, Venedig und Florenz u.s.w. statt.

Professor Magiorani legte die Frage der Leichenverbrennung dem Senate und der Deputiertenkammer zur Sanktionierung vor. Die Professoren, Pini, Coletti, Polli suchten auf einem Kongresse in Mailand 1874 zu veranlassen, daß dem italienischen Parlamente eine Aufforderung zugehe, in den Sanitätscodex, der eben beraten wurde, einen Zusatz aufzunehmen, durch welchen die Kremation, unter Aufsicht des Sindaco der Kommune, gestattet werde.

Manche italienische Städte haben ihrem Schönheitssinne und dem Drucke der öffentlichen Meinung nachgebend, mit einem Aufwande von Millionen prachtvolle und höchst zweckmäßige Campi santi gebaut, um die Urnen und Särge über der Erde aufstellen zu können. Der von Genua ist in herrlicher Lage von weißem Marmor errichtet. Kaum minder prachtvoll sind die von Brescia, Mailand, Ferrara, aber alle werden von dem von Bologna übertroffen. Doch sind bis jetzt diese prachtvollen Gebäude nur außerordentlich spärlich benutzt worden.

In der Schweiz gab die unglückliche Lage des an und für sich so schönen Friedhofes an der Promenade in Zürich, auf welchem einige Leichen, statt zu verwesen, in Fettwachs verwandelt worden waren, was unter den Bewohnern einen ganz unnötigen Schrecken erregt hatte, die Veranlassung zu einer Bewegung für Leichenverbrennung, welche besonders von Wegmann-Ercolani (Die Leichenverbrennung als rationelle Bestattungsart) und durch verschiedene Artikel in Zeitschriften (Zeitung von Andelfingen) und Weith betrieben wurde. Gesellschaften, welche die Einführung der Leichenverbrennung zu ihrer Aufgabe machten, wurden in Zürich und Aarau gebildet. In Zürich wurde Wegmann ziemlich lebhaft angegriffen und die Majorität der Bevölkerung nahm etwas stürmisch Partei gegen ihn. Wegmann sagt selbst, Vorrede, daß er sich auf solche Angriffe gefaßt gemacht habe. Trotzdem ist seine Schrift in vierter Auflage erschienen. Er hatte sich gegen die Angriffe von Blermer und Coetia zu verteidigen, während er von Professor Goll unterstützt wurde, Pfarrer Lang hob die religiöse Seite der Frage hervor. (Züricher Volksblatt 1873. Beerdigen oder Verbrennen.)

In Frankreich war das Bestattungswesen, an XII de 1. E., von Napoleon I. geregelt und das Reglement in die Codes aufgenommen worden. Es war jedoch einigermaßen in Vernachlässigung geraten, bis die gänzliche Überfüllung der städtischen Friedhöfe von Père la Chaise, Mont Parnasse, und die Schwierigkeit, die Toten unterzubringen, sie von neuem zum Gegenstande eingehender Betrachtung machte. Eine durch den Präfekten Haußman eingeleitete Änderung wurde durch den Krieg von von 1870—71 unterbrochen. Seitdem ist die Frage der Leichenverbrennung zwar auch in Frankreich aufgetaucht, aber doch nur mit minderem Eifer als anderwärts betrieben worden. Die Geistlichkeit ist hier offen entgegen getreten; der Bischof Guibert von Paris hat sich sehr entschieden gegen die Neuerung, als eine unwürdige und den religiösen Prinzipien zuwiderlaufende ausgesprochen. Dr. Gaffe hat schon 1856—67 einige Resumées ohne besonderen Wert über Leichenverbrennung veröffentlicht. Er neigt zur Empfehlung der Columbarien. — La peyrère (la Presse), Deschambre (Gaz. hebdom.), la Tour (France méd.) veröffentlichten kleine Artikel. Der letztere wirft die Frage auf, was wohl aus der Erde geworden wäre, wenn seit 3000 Jahren alle Toten begraben worden wären (ist seit mehr als 3000 Jahren geschehen) und wie groß die Nekropolen sein müßten, und Deschambre denkt an die Gefahren, welche das Begraben von mehreren tausend Soldaten bereiten sollte.

Die Militärmedizinalbehörden regten die Frage der Kremation, namentlich unmittelbar nach der Belagerung von Paris an, doch ohne besonderen Erfolg zu erzielen. Larrey d. j. empfahl die Beerdigung in tiefen Gruben. Der Präfekt von Paris hat ein Circular an die Verbrennungsgesellschaften gerichtet. Über den beabsichtigten Zentralfriedhof zu Mery sur Oise verbreitete sich Herold. Die hauptsächlichste französische Abhandlung über Leichenverbrennung ist aber die vergriffene von Pietra Santa, deren Hauptinhalt auch in verschiedenen Journalen (Union méd. 1874) zu finden ist. (La cremation des morts en Italie; la Cremation des morts en France et en Etranger.) Er beschwert sich über die offene Opposition und Indifferenz, welche er gefunden und vertröstet sich auf die Wirkung der Zeit.

Noch im gegenwärtigen Monate (Mai 1879) ist dem Pariser Gemeinderat ein Antrag zur Beschlußfassung vorgelegt worden, einen Verbrennungsapparat nach dem Systeme Siemens und ein Columbarium herzustellen, damit die Familien, welche es wünschen, die Leichen ihrer Angehörigen veraschen und die Urnen auf dem Friedhofe aufstellen können.

In Belgien sind hauptsächlich nur Übersetzungen von Polli und Jansenns erschienen. Dazu einige Aufsätze in der Gazette de Bruxelles und der Independance beige. Im Jahre 1874 wurde auf Anregung eines Advokaten, Prins, ein Kongress nach Brüssel berufen, auf welchem Artisten und Literaten sich für die Verbrennung aussprachen. (Independance belge 1874.) Conference de Bruxelles.

Die Aufstellung eines Verbrennungsofens durch Professor Brunetti während der Industrieausstellung in Wien gab die erste Veranlassung, die Leichenverbrennung in Österreich anzuregen. Dazu kam die außerordentlich schlechte Einrichtung der katholischen Kirchhöfe mitten in der Stadt, welche jetzt geschlossen sind. Im Jahre 1874 beschloß der

Gemeinderat von Wien einstimmig und auf besondere Anregung des Hrn. Greißler, an das Ministerium einen Antrag auf Gestattung der Leichenverbrennung zu richten und erließ eine Aufforderung an auswärtige Ärzte um Mitteilungen. Das Kremationskomitee wurde von den Herren Hoser, Gauster, Nowack, Hantek und Steniger gebildet. Der Munizipalrat beschloß, daß die Verbrennung nach dem in Leipzig gebildeten System denen gestattet sein solle, welche sie wünschten. Ein Gemeindefriedhof wurde, in all zu großer Entfernung, etwa ½ Stunden von der Stadt, und in den einzelnen Distrikten wurden Gemeindetotenhäuser errichtet. Die große Entfernung, welche den Transport der Leichen von Armen sehr erschweren muß, hat die Ingenieure Felbinger und Hubetz zu dem Projekt geführt, dieselben in unterirdischen Röhren durch Luftdruck fortzuschieben, ein Vorschlag, der vorläufig wohl noch lange auf Erfüllung warten wird. Eine Gesellschaft, Urne, hat sich gebildet und eine ansehnliche Summe, 30,000 Fl. sind gestiftet worden. Lieball (der Welt Verderben, die Leichen Verbrennung und das neue Paradies). Die in Österreich bestehenden gesetzlichen Bestimmungen sind, etwas unvollständig, von Adler nebst einigem Anderen zusammengestellt worden. Vollständiger finden sie sich u.a. bei Pachmann (Kirchenrecht).

Mit großem Enthusiasmus und mit mehr Eifer als wissenschaftlicher Kenntnis und Überlegung ist die Leichenverbrennung im Deutschen Reiche aufgenommen worden. Für Geschichte und Ethnologie hat der vortreffliche Aufsatz von J. Grimm (Verhandlungen der Berliner Academie) Bahn gebrochen. (Auch abgedruckt in den kleineren Schriften.) Ebenso sind die schon älteren Arbeiten von Rieke und von Trusen, samt Nachtrag, zu nennen. Seitdem ist eine wahre Flut von Schriften erschienen, welche fast alle nur **für** die Leichenverbrennung oder nur sehr bedingt und beschränkt gegen dieselbe sprechen. Am eifrigsten haben sich Reclam und Küchenmeister bemüht, für dieselbe zu werben. Reclam (Allg. Zeitung 1874 und 1878, Gartenlaube, Sonntagsblatt), sodann Fleck, Baginsky, Unger (Mitteilungen des Göttinger archeol. Vereins, Ärztlicher Hausfreund), Steinmman (Zeit- und Streitfragen), Richter (in verschiedenen Zeitschriften), Ullersperger (Urnen oder Grab), Sonntag, Kopp. Eigene Zeitschriften mit Mitteilungen in Prosa und Versen wurden in Weilburg und Dresden gegründet.

Während der Versammlung der Ärzte in Breslau wurde ein erster

Versuch zur Verbrennung einer menschlichen Leiche angestellt, seitdem weitere in Leipzig, Dresden und besonders in Gotha. Der von Siemens aufgestellte Ofen wurde dort als der zweckmäßigste anerkannt. Einer der letzten, welcher sich *für* die Einführung der Verbrennung aussprach, ist Carl Vogt (Gartenlaube 1879 Nr. 15). Er empfiehlt eine eigene Methode. An verschiedenen Orten haben sich Leichenverbrennungsgesellschaften gebildet; in Hamburg, Dresden und in Straßburg hat das Corps de Ballet sich verpflichtet, ihre Leiber nur verbrennen, nicht begraben zu lassen. Ein Antrag, der an den Magistrat von München gelangte, die Einrichtungen für Leichenverbrennung herzustellen, ist nach dem Gutachten des Sanitätsbeamten Kerschensteiner und des Gesundheitsamtes in Berlin, bedingt ablehnend beantwortet worden. Ebenso hat das sächsische Ministerium einen an dasselbe gelangten Antrag zurückgewiesen, als zur Zeit ungesetzlich.

In England war die Totenbeerdigung schon seit langer Zeit in einem sehr üblen Zustande, da man hier am längsten mitten in den Städten, in den church yards, und den Kirchen bestattete und die gesetzlichen Bestimmungen, welche zum Teil aus sehr alter Zeit stammen (die Bestellung des Coroner rührt von Richard I. her), die Teilung der Befugnisse unter vielen Personen, durch Anhäufung von Lokalbestimmungen, in große Verwirrung gekommen waren. Vereinzelte Vorschläge zur Leichenverbrennung stammen schon aus der Zeit vor 1840. Browne (Urne burial), Janisson (origion of Cremation, procedings of the r. soc. of Edinburgh), historisch. Dann später G. Cobbs. burning of the Dead 1857. Dr. Lord brachte die Frage der Leichenverbrennung vor die Verwaltung von London; es konnte aber nichts geschehen, weil eine brauchbare Methode noch fehlte. (medical office of health 1858, 67, 69, 73 und 1874). Der schreckliche Zustand der churchyards in London drängte aber gebieterisch zu Verbesserungen, von welchen anderwärts gehandelt werden wird. Auch die Leichenverbrennung wurde als Hilfsmittel empfohlen, hauptsächlich von H. Thompson (our treatment of the Death 1874 und Cremation, the treatment of the body after Death; zuerst erschienen in der contemporary Review 1874, dann separat abgedruckt, oft übersetzt. Daneben zahlreiche Artikel in Journalen, der med. Times etc. 1874 bildete sich eine metropolit. society of Cremation in London, welche mit anderen zu dem gleichen Zwecke gegründeten Gesellschaften in Verbindung trat. In deren Auftrage veröffentlichte Eassie zuerst in Journalen, dann als besonderes Werk, seine Arbeit, 1875 (Cremation of the Death), und der Bischof von Lincoln sprach sich in einer in der Westminster Abtei gehaltenen Speech über die religiöse Seite der Frage aus. Dazu kommen weiter: A. W. Haweis (ashes to ashes, a cremation prelude London 1874), Hemsworth (incineration by state regulative), Baker (laws relating to burials), Francis Seymour Haden (earth to earth, a plea of a change of our System in burials).

Ein Antrag, welcher von der Leichenverbrennungssozietät an den Staatssekretär gerichtet wurde, die Kremation zu gestatten, ist von diesem abgewiesen und die Gesellschaft bedeutet worden, daß nur das Parlament entscheiden könne.

In Amerika hat die Leichenverbrennung bis jetzt nur wenig Anklang gefunden. Zu nennen habe ich nur die Arbeit von P. Frazer (monthly Transatlantic) und separat gedruckt 1874. Ein persischer (?) Gentlemen, welcher die Leiche seines Weibes verbrennen wollte, wurde von dem Mob persönlich insultiert und genötigt, sie auf gewöhnliche Weise zu beerdigen (Chigago dayly Interwiew 1874). — Eine deutsche Cremation Society hat sich in New York gebildet; es sollen ihr viele angesehene Personen angehören.

Es war vorauszusehen, daß die deutsche orthodoxe Geistlichkeit in einer Angelegenheit, welche ihre Interessen und ihre Anschauungen so nahe berührt, nicht still schweigen werde. Ihre Äußerungen sind zum größten Teile in Lokalblättern (Geraer Ztg. 1876, norddeutsches Protestantenblatt), in Predigten, erschienen und deshalb ohne allgemeine Wirkung geblieben. Man kann aber aus dem angeschlagenen Tone sehen, welcher Sturm in dem Lager der bibelgläubigen Geistlichen losbrechen wird, wenn die Anforderung einer Änderung der bisherigen Bestattungsweise, die sie für eine speziell christliche ansehen, an sie herantreten sollte.

Die voranstehende Übersicht mag genügen, um zu zeigen, welche Ausdehnung die Bewegung, eine Änderung unserer bisherigen Bestattungsweise herbeizuführen, bis jetzt erreicht hat und anzudeuten, mit welchem Eifer sie geleitet wird.

Die große Ausdehnung der Bewegung in allen Kulturländern des westlichen Europas, in Italien, der Schweiz, Deutschland, Österreich, Frankreich, Holland, England zeigt, daß dieselbe nicht ganz ohne berechtigten Grund ist, zugleich aber ergibt sich aus dem höchst geringen Maße, mit welchem die Vorschläge bis jetzt zur Ausführung gekommen sind, daß dieselbe entweder nicht so leicht und einfach durchzuführen, oder nicht so unbedingt notwendig sind als behauptet wurde und als erforderlich ist, um die Masse des Volkes wirklich zu interessieren und in Bewegung zu setzen. Wäre das letztere der Fall, wäre die Leichenverbrennung in der Tat die einzig mögliche vernünftige Bestattungsweise, wie behauptet wird, so würde seit den 40 Jahren, daß die Bewegung im Gange ist, wenigstens mehr geschehen sein, als geschehen ist. Aber wenn ich nur auf Deutschland sehe, so ist an dem einzigen Orte, an welchem der Leichenverbrennung von keiner Seite mehr ein Hindernis entgegensteht, in Gotha, wo die Agitation ihr Zentrum hat, der praktische Erfolg beschämend klein. Vier Inzinerationen (nach Zeitungsmitteilungen) in einer Stadt, in welcher jährlich sicherlich mehr als 400 Leichen zu bestatten sind, und unter jenen drei, deren Leichen einbalsamiert waren, exhumiert und aus der Ferne herbeigebracht wurden sind. Die Bevölkerung von Gotha selbst scheint gar keinen Anteil genommen zu haben und die Verwaltungsbehörde von Gotha mag zur Überzeugung gelangen, daß die 15000 Rm., welche sie zur Unterstützung der Sache zugeschossen hat, für diesen Zweck, weggeworfen sind.

Wenn wir aber fragen, welche Gründe einen so geringen Erfolg, der einem völligen Mißlingen gleichkommt, bei einer so rührigen Agitation erklären, so bieten sich, auch schon bei oberflächlicher Betrachtung, deren mehrere dar. Vor allem die Anhänglichkeit an Gebräuche, welche die Sitte und das was wir Anstand nennen, seit Jahrhunderten geheiligt hat; sowie die Unbeweglichkeit der großen Masse bei Dingen, welche ihr keinen unmittelbar greifbaren Nutzen versprechen und der Widerwille sich Neuerungen hinzugeben, welche dem Althergebrachten widersprechen. Für eine wissenschaftliche Idee können nur wenige sich enthusiasmieren, die große Masse des Volkes, die Landbevölkerung, wird bei dem bleiben, was der Urväter Gebrauch begründet hat. Auch die, welche eine andere Überzeugung haben, weichen nicht ohne Not von dem ab, was religiöser Gebrauch und allgemeines Herkommen geworden ist. Es soll damit nicht gesagt sein, daß nicht eine bessere Überzeugung allmählich durchbrechen könne, und darauf hoffen die Verteidiger der Leichenverbrennung. Auch manches andere, was dem Herkommen widersprach, ich darf nur an die Schutzpockenimpfung erinnern, hat nur langsam und nicht ohne äußeren Zwang nach harten Kämpfen, die noch jetzt nicht vollkommen beendet sind, sich Bahn gebrochen.

Die Leichenbestattung ist, als ein religiöser Akt, nach den Anschauungen und dem Ritus der verschiedenen anerkannten Religionsgemeinden und nach Gesetzen geregelt. Beide kannten nur die Erdbestattung, es lag daher weder für die Kirche, noch für die Polizeigesetzgebung bisher ein Grund vor, auf eine andere Bestattungsweise Rücksicht zu nehmen. Wenn diese aufgegeben und eine andere eingeführt werden soll, so kann das nur geschehen, wenn die kirchlichen und polizeilichen Vorschriften entsprechend geändert werden. Dazu bedarf es der Beistimmung der kirchlichen Behörden und der Gesetzgebung. Bis jetzt aber hat nur das Herzogtum Sachsen-Coburg-Gotha keinen gesetzlichen und kirchlichen Widerstand, wie in Frankreich, England, Preußen, Österreich erhoben.

Um aber diese allgemeine Zustimmung, auch der großen Mehrzahl unter der Bevölkerung, welche sich nicht von wissenschaftlichen Ideen leiten, sondern nur von der dringenden Notwendigkeit dahin bringen läßt, von dem Althergebrachten abzuweichen, die Zustimmung der Geistlichkeit, der Gemeinde und Staatsbehörden zu gewinnen, muß der Beweis geführt werden, daß wirklich so große Übelstände bestehen, daß es gerechtfertigt sein kann, die pietösen und religiösen Anschauungen des größten Teils der Bevölkerung unbeachtet zu lassen und Neuerungen herbeizuführen, welche nicht ohne sehr große Geldopfer durchgeführt werden können, in einer Zeit, in welcher wir kaum im Stande sind, das Notwendigste für Schulen, Wege, die Wehrkraft der Nation u.s.w. zu beschaffen.

Dieser Beweis, daß eine dringende, unabweisbare Notwendigkeit vorliege, unsere bisherige Bestattungsweise nicht bloß zu verbessern und den modernen Kulturzuständen anzupassen, sondern prinzipiell zu ändern, ist meiner Überzeugung nach nicht geführt worden. Die zahlreichen Stimmen, welche in der Literatur sich haben vernehmen lassen, haben fast alle nur von einem Parteistandpunkte aus gesprochen und fast ausschließlich nur *für* die Änderung. Man hat der Hauptsache nicht direkt widersprochen und nur einige Übertreibungen, einige fehlerhafte Darstellungen, deren sich die Krematoren sehr vieler schuldig gemacht haben, gezeigt, sonst aber zu einem Kompromisse sich bereit erklärt, das völlig wertlos ist, weil ein Resultat für die Gesundheitspflege *nur dann erreicht wird, wenn die beabsichtigte Änderung nicht dem Gutdünken einzelner überlassen, sondern nur wenn sie ganz allgemein eingeführt wird, nicht bloß fakultativ, sondern obligatorisch, durch ähnliche für alle gültige Reglements, wie sie für die jetzige Leichenbestattung erlassen sind, gemacht wird.*

Die Untersuchung, ob ein wirkliches Bedürfnis besteht, die bisherige allgemeine Bestattungsweise zu ändern, wie weit die Gründe pro und contra nach einer strengen, unparteiischen Prüfung begründet sind, ist die Aufgabe dieser Arbeit, in welche ich alles das aufzunehmen wünsche, was von physiologischer, hygienischer, rechtlicher, religiöser, ethnologischer und geschichtlicher Seite über dieselbe zu sagen ist. Ich hoffe, daß man mir nicht, wie es anderen geschehen ist, welche gewagt haben, als nicht unbedingte Zustimmer gegen die Krematoren aufzutreten, vorwerfen wird, daß mir die erforderlichen Kenntnisse fehlten. Ich stehe an dem Ende einer langen ärztlichen Laufbahn und glaube mit den erforderlichen Vorkenntnissen versehen zu sein und den Gegenstand recht ernstlich nach allen Seiten geprüft zu haben. Auch weise ich den Vorwurf, der ebenfalls anderen schon gemacht worden ist, zurück, ich betrachte hochpoetische Vorschläge, die mit vielem theatralischen Pomp, der mehr in das Opernhaus als auf den ernsten Friedhof paßt, ins Werk gesetzt worden sind, zu nüchtern philiströs. Bei einem Gegenstande, für den die kirchliche und bürgerliche Gesetzgebung zu Reglements führen soll, deren Ausführung tief in die religiösen und pietösen, hergebrachten Anschauungen des größeren Teils der Bevölkerung, und nicht minder tief in den Säckel des Einzelnen und der Kommune eingreifen würde, halte ich eine recht nüchterne, parteilose, objektive Betrachtung für vollkommen angezeigt, um nicht allein dem Publikum im allgemeinen, als namentlich denen, welche in letzter Instanz abzuurteilen haben und die nicht überall Fachmänner sein können, ein vollgültiges Material zur Feststellung des eigenen Urteils zu geben.

Wenn man die Frage, wie die Toten bestattet werden sollen, vom allgemeinsten Standpunkte aus, ganz ohne Rücksicht auf das Herkommen, kirchliche und polizeiliche Gesetze und die Einzelheiten der Ausführung, des Zeremoniells betrachtet, so sieht man, daß drei Wege eingeschlagen werden können. Man kann 1) die Leichen durch künstliche Mittel, oder durch Benutzung gewisser Lokalitäten, konservieren, oder 2) man kann ihre Zerstörung durch chemische Mittel oder das Feuer beschleunigen, oder 3) endlich man kann den Zersetzungsprozeß, der von dem Augenblicke an, in welchem das Leben aus dem Körper gewichen ist, beginnt, seinen Gang gehen lassen, ohne weder beschleunigend noch hemmend in denselben einzugreifen. Alle diese prinzipiellen Verschiedenheiten der Bestattung sind mit mannigfachen Modifikationen des Zeremoniells und der technischen Ausführung versucht worden und zwar hat eine jede derselben größeren Rassen oder Völkergruppen, je nach ihrer Abstammung und religiösen Anschauungen, entsprochen. Keine Bestattungsweise ist aber früher jemals, namentlich die beiden ersten nicht, irgendwo in ganz ausschließlichem Gebrauche gewesen. Ägypter, nubische Stämme haben ihre Leichen künstlich konserviert. Die Benutzung von Orten, in welchen die Beschaffenheit der Luft eine natürliche Mumifikation bewirkt, ist an beschränkte Lokalitäten, Hochebenen u.s.w. gebunden, so daß sie nie ein sehr weit verbreiteter Gebrauch sein konnte. Bei indogermanischen Stämmen arischer Abkunft bestand sehr weit verbreitet die Sitte des Leichenbrandes, jedoch nie allgemein, nur bei den höheren Ständen und Kasten. Semitische und ismaelitische Stämme haben von jeher in natürlichen Grüften, Höhlen oder im Erdgrab bestattet. Dieselbe Sitte findet sich ferner von jeher bei Mongolen, den Anhängern des Konfuzius, Buddha, der Sintoreligion. Andere Arten, sich der Leichen zu erledigen, daß man sie einfach verläßt, dem Fraße der Aasvögel und der Raubtiere überläßt, wenn nicht etwa die Familie selbst das Vorrecht in Anspruch nimmt, den Leichnam zu verzehren; daß man denselben in Flüsse oder in das Meer versenkt, findet sich nur bei kleinen, auf einer niederen Stufe der Kultur stehenden Stämmen.

Wenn nun auch die beiden erstgenannten Bestattungsformen im Altertume bei großen Kulturvölkern, von welchen wir selbst die Quellen unserer Kultur empfangen haben, die uns heute noch Muster und Vorbild unserer humanistischen Bildung sind, bei Griechen und Römern üblich waren, so besteht doch jetzt überall in der alten und neuen Welt nur noch die Erdbestattung. Sie hat ein paar tausend Jahre hindurch dem Bedürfnisse entsprochen und sich in den Sitten vollkommen eingebürgert. Sie würde auch jetzt noch *ohne allen Widerspruch* genügen, wenn es nicht in der christlichen Welt, aus rein äußerlichen Gründen, Gebrauch oder gesetzliche Bestimmung geworden wäre, alle Leichen auf einen Punkt, in der Nähe der bewohnten Orte, zu konzentrieren, was weder in der vorchristlichen Zeit (außer in den unterirdischen Katakomben und Nekropolen) gebräuchlich war, noch gegenwärtig bei nichtchristlichen Völkern Gebrauch ist. Diese Konzentration sämtlicher Leichen eines ganzen Gemeinwesens innerhalb der Städte, oder möglichst nahe bei denselben, hat wirkliche große Mißstände und noch mehr minder begründete Befürchtungen hervorgerufen.

Unter den zahlreichen Gründen, welche von verschiedenen Seiten vorgebracht worden sind, um die Notwendigkeit unsere bisherige Leichenbestattungsweise zu ändern, mit der Leichenverbrennung zu vertauschen zu beweisen, sind nur zwei, welche eine ernste Besprechung verdienen. Die übrigen sind denselben nur angehängt, um durch die Menge zu ersetzen, was den einzelnen an schlagender Beweiskraft mangelt.

Die Gründe aber, durch welche mit einigem Rechte die Aufforderung begründet werden kann, die bisher üblich gewesene Erdbestattung aufzugeben, liegen

1) in der großen Schwierigkeit, in sehr volkreichen Städten, wie London, Paris, New York, Berlin, Wien, den nötigen Raum in angemessener Entfernung von den Wohnungen zu finden, um die unversehrten Leichen unterzubringen, ohne zu einer Übersättigung des Bodens oder zu allzu raschem Wechsel genötigt zu sein, und ohne den Raum für die Wohnungen der Lebenden und ihre industrielle Tätigkeit nutzlos zu beschränken. Diese Schwierigkeit erkenne ich vollkommen an, sie gilt aber nur für die volkreichsten Weltstädte, nicht aber für kleinere und mittlere und am wenigsten für das platte Land. Ich halte sie aber nicht für unüberwindlich, wie die Erfahrung schon bewiesen hat. Ich erkenne aber nicht zugleich an, daß sie durch die Leichenverbrennung werde beseitigt werden, denn das, was früher unter der Erde lag, müßte über der Erde untergebracht werden und der Platz könnte nur noch seltener gewechselt werden, da die verbrannten Leichenreste unzerstörbar gemacht sind.

2) Der zweite Grund, und dieser ist am meisten betont worden, da er nicht bloß die Mißbräuche und Mißstände, welche an einzelnen sehr volkreichen Orten hervortreten, sondern die Erdbestattung ganz im allgemeinen trifft, wird darin gesucht, daß durch die Fäulnis der Leichen im Boden das Grundwasser und mit ihm das Wasser der Brunnen

an bewohnten Orten und die Luft über den Gräbern vergiftet werden könne. Aus dieser Ursache sollen alle möglichen epidemischen Krankheiten, besonders der Typhus, dann Ruhren, Cholera entstehen und contagiöse Krankheiten, deren Ansteckungsstoffe mit der Leiche in den Boden gekommen sein können, verbreitet werden. Dieser Grund hat den größeren Teil des Publikums, der sich für die Sache interessierte, am meisten hingerissen. Man hofft, daß wenn die Leichen, statt langsam in der Erde zu faulen, rasch mit einem Schlage in ihre anorganischen Grundstoffe aufgelöst werden, auch alle die Gefahren, welche man, anscheinend mit Recht, von der Wirkung der Fäulnisprodukte auf die Lebenden ableitet, verschwinden werden, daß die Welt keinen Typhus, keine Ruhr mehr sehen, daß der große Menschen Verlust im Kriege, durch die epidemischen Lagerkrankheiten, verschwinden werde, und was man sonst von sanguinischen Hoffnungen an die Erfolge der Leichenverbrennung geknüpft und einem wenig urteilsfähigen, aber von seinen Einsichten eingenommenem Teile des Publikums plausibel gemacht hat.

Da diese Anschauung offenbar das punctum movens ist, um welches sich die ganze Bewegung für die Leichenverbrennung dreht, so wird sie in dem folgenden eine möglichst eingehende Besprechung erfahren. Ich hoffe zu beweisen, daß die Befürchtungen, welche man aus der möglichen Verpestung der Luft und des Wassers entnommen hat, durchaus nicht begründet sind, wenn die allereinfachsten Regeln und Vorschriften, welche in Bezug auf Kirchhofordnung in allen zivilisierten Staaten bestehen, nicht auf das allergröblichste vernachlässigt werden.

Was sonst hervorgehoben worden ist, um die Leichenverbrennung zu empfehlen, das Ästhetische, wie in dem Siemens'schen Ofen die Leiche gleich dem Phönix mit der Flamme in die Höhe steigt, die Hinweisung auf die Utilität, daß die wertvollen, für den Ackerbau so wichtigen Phosphate dem Boden nicht entzogen würden (Richter), daß man mit der Urne die Asche seiner Vorfahren und Lieben mit auf Reisen und bei Wohnungswechsel mit sich führen könne, ihnen eine bevorzugte Stelle in dem Wohnzimmer zur beständigen Verehrung anweisen, Blumen, in der Asche einer verehrten Gattin oder eines lieben Kindes ziehen könne und anderes mehr, glaube ich nicht ernstlich besprechen zu müssen. Ich werde diese Punkte vielleicht vorübergehend berühren.

Um meine eigene Stellung zu bezeichnen, will ich, ehe ich zur Besprechung der einzelnen Punkte übergehe, vorausschicken, daß ich prinzipiell nicht gegen die Leichenverbrennung bin; daß ich es aber für recht halte, daß wenn man so tief in die Gewohnheiten des Volkes einzugreifen beabsichtigt, den Gegenstand nicht allein nach der eigenen Ansicht betrachten darf, daß man ihn nach den Ansichten des Volkes betrachten muß. Manches ist in vielen Beziehungen lobenswert, was unter den gegebenen Verhältnissen nicht gut und ausführbar ist. Man muß die Dinge und die Menschen nehmen nicht wie man sie sich vorstellt, daß sie sein sollten, sondern wie sie geworden sind.

Wenn die Leichenverbrennung an der Stelle der Gruft-und Erdbestattung allgemein Eingang fände, so würde in pietöser Beziehung, der Verehrung der Toten und der Erhaltung des Andenkens an dieselben das Gegenteil von dem eintreten, was die Verteidiger der Kremation erwarten. Der schöne humane Zug, der sich in der Erhaltung und dem Schmuck der Gräber ausspricht und der einen so wohltuenden Eindruck auf unser Gemüt macht, wenn wir einen wohlgehaltenen Friedhof besuchen, würde großenteils verloren gehen, wenn die bewegliche Aschenurne, an die Stelle des geschmückten Grabes treten würde. Es ist eine Illusion der Liebe, daß wir in dem Grabe den Verstorbenen noch anwesend denken, wer kann sich dieser Illusion aber hingeben, wenn er eine Schachtel voll Knochenasche vor sich sieht? Ein künstlerisch völlig wertloses Porträt, die Locke einer lieben Braut, das Kleidchen eines armen Kindes sind für den, der den Verlust zu tragen hatte, wertvolle Erinnerungszeichen, für jeden Anderen werden sie unter der Urväter Hausrat, das lästige Gerumpel geworfen und so die Aschenurne, von Personen, mit denen wir nicht ganz unmittelbar in Verbindung gestanden hatten.

Im Verlaufe der Zeiten und bei verschiedenen Völkern sind die verschiedensten Bestattungsweisen im Gebrauche gewesen und das pietöse Gefühl der Menschen hat sich mit einer jeden derselben zurecht finden können. Die Feuerbestattung insbesondere ist bei den indogermanischen Stämmen und bei den bevorzugten Klassen derselben, Jahrhunderte lang in Übung gewesen und wir würden uns auch jetzt mit derselben ohne Beleidigung unseres Gefühls zurechtfinden, wenn nicht seit beinahe 2000 Jahren eine andere Bestattungsweise sich in unsere Sitten eingebürgert hätte.

Nach meinen persönlichen Anschauungen hätte ich kein religiöses Bedenken gegen die Einführung der Kremation. Die Kirche lehrt zwar nicht allein die Auferstehung der Seelen, sondern auch die der Leiber. Der gläubige Verstand aber, der sich mit dem Gedanken zurecht finden kann, daß die Leiber, welche seit vielen Jahrtausenden der Erde übergeben worden sind, in derselben sich in ihre Atome aufgelöst haben, in viel hundertfachem Wechsel durch Pflanzen und Tiere, andere Menschen, hindurchgegangen sind, am Tage des jüngsten Gerichtes sich wieder zusammen finden werden, dem wird es auch nicht schwer fallen zu denken, daß auch die Atome einer im Feuer pulverisierten Leiche sich wieder zusammen zu finden vermögen.

Ich will auch bereitwillig zugeben, daß, chemisch gesprochen, das Endresultat bei der Verbrennung durchaus das nämliche ist, als bei der spontanen Fäulnis und Verwesung; die Zurückführung der organischen Bestandteile des Körpers in Sauerstoff, Stickstoff, Kohle und Wasserstoff, etwas Schwefel, einige Chloride, Phosphate und Kalk, oder in Kohlensäure, Ammoniak, freien Stickstoff, salpetrige und Salpetersäure, Wasser und einige feuerbeständige Salze, so wie daß diese Umwandlung in die Grundbestandteile, welche bei der spontanen Fäulnis langsam und mit der Herstellung einiger unangenehmer Zwischenstufen im Verlaufe von Monaten nur sich vollendet, bei einer zweckmäßigen Inzineration rasch und ohne unangenehme und nachteilige Vorgänge bis auf ein ganz geringes Gewicht unverbrennlicher Asche erfolgen kann.

Alles das aber zugestanden, bin ich doch der festen Überzeugung, daß die Inzineration der Leichen, mancher Nebenumstände wegen, *niemals* eine so allgemein geübte Bestattungsweise werden wird, daß ihr als hygienische Maßregel der geringste Wert zugeschrieben werden kann.

Vorgänge bei dem Faulen und Verwesen der Leichen in der Erde

Um beurteilen zu können, welche schädliche Wirkung die Zersetzung einer Leiche im Boden auf die Lebenden äußern kann, müssen wir die Veränderungen verfolgen, welche dieselbe von dem Augenblicke des Todes an bis zu ihrer gänzlichen Auflösung, bis ihre Elemente spurlos verschwunden sind, erleidet. Diese Veränderungen sind nicht immer dieselben und ihre Produkte bilden sich nicht unter allen Umständen mit der gleichen Raschheit; sie gehen in lockerem, durchlässigem, trockenem Boden rascher vor sich als in festem, undurchlässigem, nassem, in Kies rascher als in Sand, festem Lehm und Mergel. Sobald das Leben von einem Individuum gewichen ist, verfällt dessen Körper der ausschließlichen Tätigkeit der physikalischen und chemischen Kräfte. Wie diese aber wirken, hängt von den Bedingungen ab, unter welche der Körper gestellt ist. Im allgemeinen wird derselbe faulen und die Fäulnis wird schon beginnen, ehe die Leiche dem Boden übergeben worden ist. Die Produkte der Fäulnis werden, wenn die Luft, der Sauerstoff, Zutritt haben, weiter zerspalten werden und verwesen. Fäulnis und Verwesung können rascher oder minder rasch, vollständiger oder minder vollständig eintreten nach dem Zustande des Körpers selbst und der ihn umgebenden Medien, der Temperatur, dem Zutritte oder Abschlüsse von Luft und Wasser, der Beschaffenheit des Bodens. Die Zersetzung kann aber auch, sobald die Bedingungen der Fäulnis und der Verwesung fehlen, aufgehalten werden. Die Leiche wird dann konserviert, zufällig, ohne Zutun der Kunst, durch dieselben Mittel, welche wir zur Herstellung von Konserven verwenden. Unter der Einwirkung einer sehr niederen Temperatur kann eine Leiche eine unbestimmbar lange Zeit unverwest erhalten werden. Die Mammutleiche, welche Pallas nach einem ungewöhnlich warmen Sommer an der Mündung der Lena halb los getaut, in völlig frischem Zustande mit Haut und Fleisch auffand und von welcher er in einem folgenden Sommer wenigstens noch ein Stückchen Wollhaut der Gefräßigkeit der Polarfüchse entreißen konnte, mochte eine unbestimmbare Zahl von Jahrtausenden im Eise, ohne sich zu zersetzen, eingeschlossen gewesen sein. So bringt man jetzt Fleisch aus den Prärien Amerikas mit Hilfe des Eises nach dem nahrungsbedürftigen Europa in völlig genießbarem Zustande. Bergsteiger, welche in einer Gletscherspalte verunglückt sind, kommen nach Jahren völlig unverändert, mit dem Wanderern des Gletschers, an dem Gletschertore zum Vorschein, sowie Schiffbrüchige, welche von dem Eise umschlossen waren, nach Jahren in einem Zustande angetroffen werden, als wenn sie eben erst in ihren Kojen eingeschlafen wären. Die Bewohner der höchsten bewohnten Orte, des Engadins, pflegen Fleisch, welches sie erhalten wollen, und die Leichen ihrer Angehörigen, welche sie nicht alsbald in das Tal zum Begräbnis bringen können, nur der dünnen, trockenen und kalten Luft auszusetzen, in der sie sich eine ziemlich lange Zeit erhalten. Daß durch die austrocknende Wirkung reiner, dünner, vielbewegter Luft auf ansehnlichen Bergeshöhen die Konservation von Leichen auf unbestimmte lange Zeit möglich ist, beweisen die Leichen der alten Peruaner, Chiloten, Chonosindianer und der Guanchen. Man findet die Leichen dieser, zum Teil längst ausgestorbenen Völker, bei den Peruanern in Körben eingeschlossen, bei den Guanchen in Ziegenfelle eingenäht, in hockender Stellung; wie das Kind im Mutterleibe, scheinen sie, völlig erhalten, ihre Wiedergeburt zu erwarten.

Eine Leiche fault nicht, wenn ihr auf irgendeine Weise das Wasser entzogen wird, wenn sie austrocknet. Das Ausdorren ist ja ebenfalls eine vielgeübte Methode der Konservation. An manchen Orten finden sich Begräbnisstätten, welche die Eigenschaft haben, die Leichen zu vertrocknen und damit unverwest zu erhalten, so in Bonn, in Saas in Böhmen, der Kapuzinerkirche zu Palermo, zu Toulouse und an vielen anderen Stellen. In der hiesigen pathologischen Sammlung befindet sich der Kopf einer Frau, dessen Formen noch in seinem lederartig vertrockneten Zustande zeigen, daß er einer schönen, edelgestalteten Person angehört haben mußte. Er war von Larrey in der Familiengruft der Grafen von Lerma zu Valadolit geraubt und an Sömmering geschenkt worden, mit dessen Sammlung er hierher gekommen ist. Erfolgt die Austrocknung minder vollständig, so daß die Zersetzung nur bei ungenügendem Zutritte der Luft und ungenügendem Wassergehalte geschieht, so nennt man den Vorgang eine Vermoderung.

Die Veränderung der Leichen bei der künstlichen und spontanen Mumifikation, sowie bei der Umwandlung in Fettwachs, wird später besprochen werden.

Auch die Zersetzung der Leichen im Wasser, im Meere, von Ertrunkenen in Flüssen und Seen, geschieht in einer etwas verschiedenen

Weise als in der Erde. Sie zeichnet sich besonders durch die massenhafte Entwicklung von Faulgasen in den Höhlen und in den Zellgewebsräumen des Körpers, welche durch den Widerstand der schweren Wassersäule zurückgehalten werden, aus, der Körper wird dadurch außerordentlich lufthaltig und somit spezifisch leichter als das Wasser, zu dessen Oberfläche er empor steigt, wenn er nicht durch eine Belastung zurückgehalten wird. Diese letzteren Formen der Zersetzung eines Körpers nach seinem Tode bilden jedoch nur seltene Ausnahmen, welche bei der gegenwärtigen Untersuchung nur wenig in Betracht kommen. Es bleibt zunächst nur festzustellen übrig, was geschieht, wenn ein Körper über der Erde, in der freien Luft, oder in der Erde, im Grabe, fault und verwest.

Nach den bestehenden gesetzlichen Bestimmungen soll keine Leiche beerdigt werden, bevor nicht unzweideutige Zeichen der Fäulnis eingetreten sind, der Regel nach erst 72 Stunden nach dem eingetretenen Tode. Natürlich darf auch keine Leiche früher auf irgendeine andere Weise, Einbalsamieren oder Verbrennen, bestattet werden. Die Wirkung der Fäulnisprodukte, die sich während dieser Periode oberhalb der Erde bilden, bleibt sich also bei allen Bestattungsweisen gleich. Schon über der Erde also, sowie im Grabe, bilden sich eine Anzahl von Zersetzungsprodukten, welche sich in drei Reihen, nach ihrem Aggregatzustande bringen lassen. Sie sind nämlich entweder gasförmig und strömen in die atmosphärische Luft aus und mischen sich mit dieser oder der Bodenluft und dem Bodenwasser, dem Grundwasser.

Oder es sind lösliche Salze, welche sich mit dem Wasser verbinden, das sich schon in dem Körper findet, oder durch den Zutritt des Sauerstoffs in der Leiche durch Verbindung mit dem Wasserstoffe erzeugt. Sie mischen sich mit dem Bodenwasser und werden durch dieses weiter geführt, oder verbinden sich mit den Bestandteilen der Erde und werden durch diese festgehalten.

Und endlich bleiben die Bestandteile der Knochen übrig, welche durch ihren Gehalt an phosphorsaurem Kalke fast unverweslich sind und deshalb dem völligen Zerfall unter günstigen Umständen Jahrtausende hindurch zu widerstehen vermögen.

Die gasförmigen Körper, welche sich bei dem Faulen bilden, bestehen der größeren Masse nach aus Kohlensäure und Ammoniak. Die mindere Oxydationsstufe der Kohle, das Kohlenoxyd, kommt nicht oder nur in ganz unbedeutenden Mengen vor. Außerdem können sich noch manche minder oxydierte, gasförmige, zusammengesetzte Körper bilden, flüchtige Fettsäuren, Schwefel und Wasserstoffverbindungen, zusammengesetzte, stickstoffhaltige Körper, welche sich durch ihren üblen Geruch auszeichnen, aber rasch an der Luft vollkommen oxydiert und zerspalten werden. Diese gasförmigen Körper gehen zum Teile durch die Umhüllungen der Leiche an die Atmosphäre über. Die Kohlensäure, als ein schweres Gas, schwebt zunächst dicht über dem Boden. Keins dieser Gase ist an und für sich giftig und für die Gesundheit, zumal in den Quantitäten, in welchen es über dem Boden eines Friedhofes zur Wirkung kommen kann, gefährlich. Die Schichten, welche sich über einem frischen Grabe anhäufen, werden sehr rasch durch die bewegte Luft diffundiert, in andere Verbindungen gebracht und chemisch gebunden. Der normale Gehalt an Kohlensäure in reiner, nicht eingeschlossener Luft, im Freien, beträgt etwa 1/2 Volum auf 1000, auf waldigen Bergeshöhen vielleicht noch etwas weniger, nur 3/10 Volum auf 1000. Dicht über frisch bestellten Gräbern kann der Gehalt an Kohlensäure sich vielleicht auf 1 Vol.: 1000 Vol. erheben. Aber schon wenige Fuße über der Erde ist dieser Überschuß verweht und der normale Gehalt hergestellt.

Ein anderer flüchtiger Körper, Ammoniak, der sich bei der feuchten Fäulnis entwickelt, wird großenteils in der Erde zurückgehalten und in Salpetersäure umgesetzt Sicherlich gelangt von ihm nur sehr wenig in die Atmosphäre, von welcher er ja ebenfalls einen normalen Bestandteil ausmacht. Die Atmosphäre ist die Urquelle, aus welcher Ammoniak in die Erde durch Regen und Gewitterschauer eingeführt wird.

Wenn auch zugestanden werden kann, daß die Leichengase in einer ummauerten, fest verschlossenen Gruft sich anhäufen und lästig werden können, wenn dieselbe nach langer Zeit einmal geöffnet wird (und auch hierüber sind viele Ammenmärchen und kritiklose Schauergeschichten veröffentlicht worden), so wird doch niemand behaupten wollen, daß er durch die Schichte von Kohlensäure, welche über dem Boden eines offenen Friedhofes schweben kann, und durch die übrigen Faulgase, welche durch eine Erdschicht von 2 Meter Dicke durchgedrungen sein sollen, jemals wirklich belästigt worden wäre, wenn auch der Friedhof nicht die Eigenschaften hatte, die man jetzt von einem solchen fordern wird. Unsere neuen, gut bestellten Friedhöfe sind jetzt schön angelegte

Parks, in welchen der väterliche Sinn der Gemeindeverwaltungen und die Liebe der Angehörigen für die Verstorbenen alles getan hat, um durch Baumanlagen und Blumen dem Orte seine Schrecken, sein Ödes und Verlassenes zu nehmen. Sie sind Promenaden geworden, welche auch von solchen besucht werden, welche keinen Verlust zu beklagen haben, um sich an der Schönheit der Anlage, der sinnvollen, frommen Sprache der Monumente, mit welchen man die Toten ehrt, zu erfreuen. Diesen Eindruck mußte die Via Appia gemacht haben und macht sie in ihrem durch Zeit und Barbaren zerstörten Zustande noch. Kein Volk hat in sinnvoller, edler Sprache die Toten so sehr geehrt als die Römer. Diesen ernstfreudigen Eindruck machen die Gräberstätten unserer großen Städte noch heute. Niemand, der in Paris war, wird versäumt haben, den Friedhof Père la Chaise zu besuchen, und niemand ist ohne einen ernsten, erhebenden Eindruck empfangen zu haben, von demselben wieder weggegangen. Aber niemand wird behaupten, daß seine Sinne, sein Geruch, während er einen solchen Friedhof besuchte, auf welchem jährlich Tausende von Leichen beigesetzt wurden, beleidigt worden seien, noch daß einer der vielen Tausende, welche Jahr aus Jahr ein solche Gräberstätten aufsuchen, auf denselben durch die ausströmenden Faulgase den Keim einer Krankheit davon getragen habe.

Kohlensäure, Kohlenwasserstoffverbindungen, schlagende Wetter, Verbindungen mit Schwefel erzeugen sich in Kohlenbergwerken in ganz anderem Maßstabe als in Grüften und Gräbern und können den Bergleuten gefährlich werden, daß aber ihre Ausströmung in die freie Luft jemals schädlich geworden wäre, wird man nicht behaupten wollen.

Es gibt in Europa kein Dorf, keine Stadt, die nicht wenigstens einen offenen Friedhof hat. Könnten die Leichengase wirklich sich in einem Maße anhäufen, wie von denjenigen, welche die bisherige Beerdigungsweise verdächtigen und die Verbrennung um jeden Preis anempfehlen wollen, behauptet wird, so brauchte man, um Belege für die angebliche Gefahr zu finden, nicht nach vereinzelten Beispielen, in alten Schriften, von Licetus, Unzer u.s.w. zu suchen; die unglücklichen Beobachtungen müßten sich jeden Tag wiederholen und da die Veranlassung so ungemein häufig, alltäglich wäre, müßten auch die Folgen zu den gewöhnlichsten und unzweifelhaftesten Erfahrungen gehören. Man hat sich mehr als nur Übertreibungen erlaubt.

Angebliche Verderbnis der Luft durch Leichengase aus Gräbern

Kohlensäure bildet die Hauptmasse der Gase, welche bei der Zersetzung von organischen, tierischen und pflanzlichen Körpern sich entwickeln. Die Zersetzung der menschlichen Leiche liefert zu dem, was aus dieser Quelle in die Luft ausströmt, steh der Bodenluft und dem Bodenwasser mitteilt, nur einen ganz minimalen Anteil. Schon der Atmungsprozeß eines jeden Tieres schickt eine unendlich viel größere Menge von Kohlensäure in die Luft, als die endliche Zersetzung seines Körpers nach dem Tode, ohne daß wir uns darüber in freier Luft zu beschweren Ursache haben. Die Pflanzen könnten nicht vegetieren, wenn sie nicht aus der Atmosphäre und dem Bodenwasser die Kohle zum Aufbaue ihres Holzes entnehmen könnten. Wenn ich auch davon absehen will, daß alltäglich bei dem Verbrennen von vegetabilischer Kohle, Holz und Steinkohle, beständig Massen von Sauerstoffverbindungen derselben schadlos für unsere Gesundheit in die Atmosphäre geschickt werden und sich in derselben verlieren, so darf ich doch daran erinnern, daß auch im Boden, außer den Menschenleichen, sich zahlreiche Einlagerungen an vielen Orten finden, aus welchen gasförmige Kohlenverbindungen, nicht bloß in kleinen Quantitäten, allmählich, sondern massenhaft ausströmen, ohne daß die Umgebung schon in geringer Entfernung einen Nachteil davon trägt. Die Ausströmungen der Hundegrotte am Pausilipp töten ein kleines Tier, weil es seinen Mund nicht über die schwere, irrespirable Gasschichte zu erheben vermag, während die Atmungsorgane des Menschen sich schon über dem Niveau derselben ohne Nachteil bewegen. Aber nur wenige Schritte von dem Orte entfernt haben auch die niederen Luftschichten schon die Anhäufung von Kohlensäure durch Diffusion ausgeglichen und sind vollkommen atembar. Die Kohlensäure ist nicht giftig, sie ist nur irrespirabel und wird nur nachteilig, wenn sie der eingeatmeten Luft in einem großen Übermaße zugemischt ist. So finden sich an vielen Orten, in der Nähe vulkanischer Formationen, Mofetten und Gasquellen, welche enorme Quantitäten von Kohlensäure in die Luft schicken, welche jedoch so rasch diffundiert werden, daß niemand einen Schaden davon hat. Die Gassprudel bei mineralischen Quellen, der Sprudel von Nauheim, strömen an einem Tage mehr Kohlensäure aus, als alle Kirchhöfe des ganzen Landes im Jahre.

Der Mensch vermag überdies eine viel größere Beimischung von Kohlensäure schadlos einzuatmen als der Luft, auch an verdorbenen Stellen, beigemischt zu sein pflegt, — wenn er nur gleichzeitig genug Sauerstoff bekömmt und das Einatmen einer mit Kohlensäure überladenen Luft nur vorübergehend geschieht. Schon in den Straßen einer jeden Stadt ist der Gehalt der Luft an Kohlensäure und riechenden Gasen viel größer als im Freien. Sie stammen aus dem Atmungsprozesse vieler eng zusammenlebender Menschen, der Verbrennung von Brennmaterialien, der Zersetzung von organischen Überresten, aus Latrinen und Gossen, und können leicht 3, 4 Volum per Mille, statt 0,5, betragen. Wir fürchten diese Anhäufung durchaus nicht. So häuft sich durch die Ausströmung der Bodenluft in unsern Kellern ein sehr ansehnliches Quantum von Kohlensäure an, auch wenn keine gärenden Substanzen in denselben aufbewahrt werden. Die dumpfe, beklemmende Eigenschaft der Kellerluft erklärt sich von dieser Anhäufung der kohlensäurereichen Bodenluft in einem eingeschlossenen Raume, der wärmer ist als die Erde, und aus welchem sie nicht genügend diffundiert werden und entweichen kann. Man hält sich aber in Kellern so wenig lange auf, ohne die Luft zu wechseln, als auf Friedhöfen und in Grabgrüften, und in diesen tritt die mögliche nachteilige Wirkung noch weniger hervor als in jenen, weil an völlig freigelegenen Orten der Diffusion durchaus kein Hindernis entgegensteht. Wäre es der Fall, so würden aus dieser Ursache aber keine akute Kohlensäureintoxikationen, sondern die chronischen Mängel der Blutbereitung sich entwickeln, welche man bei Individuen beobachtet, die durchaus anhaltend in engen, schlechtgelüfteten und unreinen Orten leben, bei Menagerietieren, Strafgefangenen, den Kindern von sorglosen armen Eltern, Fabrikkindern usw.

Jeder Mensch, auch wenn er in den besten Verhältnissen lebt, ist gezwungen täglich eine Luft, welche außerordentlich viel mehr Kohlensäure und andere unvollkommen oxydierte Produkte des organischen Umsatzes enthält, einzuatmen, als in der Norm reiner Berges- und Waldluft ist, und als in der Atmosphäre über einem offenen Friedhofe enthalten sein kann. Er selbst sättigt die Luft seines Zimmers mit den Produkten seines eigenen organischen Umsatzes; stark geheizte Öfen lassen durch ihre Foren nicht allein Kohlensäure, sondern auch das direkt giftige Kohlenoxydgas austreten, wenn auch nur bei starker Überheizung und in minimalen Quantitäten. Das Kopfweh, die Mattigkeit, welche man in einem überheizten Zimmer empfindet, sind die Wirkung dieser Intoxikation mit Kohlenoxyd, welches den Sauerstoff aus den Blutkügelchen austreibt, der nicht wieder rasch ausgeschieden werden kann. Menschen, welche sich lange in engen, schlecht ventilierten Räumen aufhalten, Kinder, welche nicht an die Luft kommen, empfinden diese Wirkung des Mangels an Sauerstoff und des Übermaßes von Kohlensäure in der Luft. Populär nennt man diese Wirkung des Unverstandes, nach welchem man den Zutritt von reiner Luft zu Kinder- und Krankenzimmern, die Nachtluft, für schädlich hält, die Folge der Zimmerluft. Die Blässe und Schwäche, die Neigung zu Lungenkrankheiten, Bronchiten und Phthisen sind das Produkt einer ungenügenden Oxydation des Blutes und ungenügender Ausscheidung der Kohlensäure. Ein chemischer Körper kann aber nur in dem Maße austreten, als ihm Raum gegeben wird und unser Blut kann nur mangelhaft dekarbonisiert werden, wenn die Atmosphäre schon mit Kohlensäure überladen ist. Wir vertragen aber viel größere Quantitäten Kohlensäure in der Luft, welche wir atmen, ohne dauernden Schaden davon zu tragen, wenn wir nur *vorübergehend* einer solchen Überladung ausgesetzt sind.

Ein Winzer, der sich in einen Keller wagt, in welchem der Most gärt, ein Brunnenarbeiter, welcher in einen tiefen Brunnen steigt, in welchem die Bodenluft sich angehäuft hat und stagniert, können in Gefahr kommen zu ersticken, sie sind aber nicht vergiftet und ihre Gesundheit ist hergestellt, sobald sie einige Züge reiner Luft geatmet haben. Orfila (traité des exhumat. jurid.) hat sehr naheliegende Regeln angegeben, welche bei der Eröffnung von alten geschlossenen Grüften zu beobachten sind, um die Arbeiter vor Gefahren zu bewahren. In den Räumen, in welchen viele Menschen zusammen leben, ist die Luft durch das Atmen derselben, besonders wenn während der Nacht Fenster und Türen geschlossen bleiben, und genügende Ventilationsvorrichtungen fehlen, immer überreich mit Kohlensäure und ändern minder oxydierten übelriechenden, gasförmigen Produkten des organischen Umsatzes gesättigt. So in Kasernen, Fabrik- und Schulräumen, Gefängnissen, Kasematten. Hierüber besitzen wir sehr zahlreiche Untersuchungen. Dr. Rattray, welcher eine Fregatte auf einer Reise um die

Welt als Arzt begleitete, untersuchte wiederholt die Luft in den Schlafräumen der Matrosen in dem Zwischendecke. Er fand den Gehalt derselben an Kohlensäure morgens immer sehr groß, nach Umständen, wenn die Lücken lange nicht geöffnet werden konnten, enorm, bis zu 14 und 20 per Mille. Die Leute aber, welche den größten Teil des Tages und einen Teil der Nacht in der frisch bewegten, reinen Seeluft zubrachten, blieben vollkommen gesund. Auswandererschiffe bieten ähnliches in noch schlimmerem Maße. niemand aber, welcher dann und wann einen Friedhof besucht, oder der Anwohner eines solchen, kommt in eine so konzentrierte Schichte von Kohlensäure, daß deren Einatmen ihm auch nur entfernt die Gefahr eines Nachteils bereiten könnte. Man wird nun vielleicht einwenden man denke, wenn man von der Schädlichkeit der Leichendünste spricht, nicht an die Kohlensäure und das Ammonium, deren Unschädlichkeit bei dem Grade der Konzentration, in welcher sie vorkommen können, anerkannt wird, sondern an die unvollkommen oxydierte gasförmgen Körpern, die zusammengesetzten stickstoffhaltigen Gase, die übelriechenden Fäulnisgase, die man nirgends genau angegeben hat, oder wenn selbst nicht an diese, an die Infektionskörper, Miasmen und Contagien, welche sich mit denselben sollen entwickeln können. Man darf zugeben, daß wenn und wo gewisse Infektionskörper sich entwickeln, dieselben auch schon in minimalen, unmeßbar kleinen Quantitäten krankheitserregend sein können und somit, daß man hier einer bestimmten Tatsache näher kommt, welche später eingehend betrachtet werden wird. Es liegt außerdem sehr nahe diese Gase, deren unangenehme Eigenschaften wir schon empfunden haben, während die faulende Leiche sich noch über der Erde befand, für ungesund zu halten. Angenehm und nützlich sind sie jedenfalls nicht, ob sie aber bei dem Grade der Konzentration, in welchen sie auf Friedhöfen möglicherweise vorkommen, krankheitserregend sein werden, ist eine andere, sehr zu bezweifelnde Frage. Wir sind der Einwirkung solcher übelriechender Gase, welche aus der putriden Zersetzung organischer Körper entspringen, jeder Zeit und in einem ganz anderen Maße ausgesetzt, als wir sie in der Luft eines Friedhofes empfangen können, ohne daß unsere Gesundheit leidet. Diese Stoffe machen einen Raum, wenn sie nicht in ganz übermäßigen Quantitäten angehäuft sind und dauernd wirken, noch nicht zu einem Krankheitsherde, wenn auch nicht zu einem angenehmen Aufenthalte. Man würde sich sehr irren können, wenn man einen Krankensaal für nicht infiziert hielte, weil keine unangenehmen Gerüche zu verspüren sind, oder für infektiv, weil die Luft übel riecht. Dazu muß noch ein Weiteres hinzukommen, was sich unseren Sinnen nicht so einfach verrät. Die Sinne, der Geruch sind sehr unzuverlässige Erprober der Gesundheit der Luft. Die Sekrete aller unserer Schleimhäute sind übelriechend; das Sekret eines jeden Mund- und Lungenkatarrhs. Wir führen in unserem Darmkanale beständig eine Anhäufung übelriechender Gase mit uns herum, wir geben dieselben beim Ausatmen u.s.w. an die umgebende Luft ab, ohne daß wir selbst durch die Absorption unserer eigenen Kloakenluft oder daß unsere Umgebung, einen Typhus davontragen, wenn wir diese Luft atmen. Diese übelriechenden Gase sind nicht die Typhus-Erreger und die Typhus erregenden Infektionskörper stinken nicht; was stinkt steckt nicht an

Viele Menschen sind genötigt faule Gase, welche aus der Zersetzung animalischer Substanzen hervorgehen, und in sehr konzentrierter Gestalt, einzuatmen, ohne zu fürchten, daß sie damit den Keim von Krankheiten in sich aufnehmen. Ein fleißiger Student der Medizin, wenn er seine anatomischen Studien betreibt, wenn er sein Examenpräparat anfertigt, sitzt wochenlang vom Anbruche des Tages bis zum Sinken der Sonne über einer halbfaulen Leiche in einem Saale, in welchem noch eine weitere Anzahl von Leichen liegt, welche in den widerlichsten Zustand von Fäulnis übergegangen sind, er atmet die stinkende Luft, seine Kleider, seine Haare werden durch dieselbe so imprägniert, daß man ihn nicht bei Tische duldet, wenn ihm aber als Resultat seiner Arbeiten weiter nichts unangenehmes passiert, als daß er eine Zeitlang wie ein Aas gestunken hat, so mag er zufrieden sein; gesund bleibt er, so gut wie der Anatomiediener und der Lehrer, trotzdem als sie alle die konzentriertesten Leichenfauldünste haben einatmen müssen.

Es gibt eine Menge von Geschäften, welche ihren Erwerb in der Bearbeitung von faulenden und halbfaulen Tierstoffen suchen und welche, wenn auch nicht für elegant und den Sinnen schmeichelnd, doch auch nicht für ungesund gelten. Die Gerber ziehen die Häute, welche sie bearbeiten, ehe sie dieselben auf die Schabbank legen und in die Lohgrube bringen, in einem halbfaulen Zustande aus dem Wasser, ihr Geschäft gilt aber nicht für ungesund, trotzdem, daß sie fortwährend in einer von Faulgasen durchtränkten und übelriechenden Atmosphäre atmen. Die Arbeiter in Poudrettefabriken leiden kaum an anderen Gewerkskrankheiten als an Augenentzündungen, sie halten aber, wie die Arbeiter von Grand Montfaucon, der großen Voicrie bei Paris, auf welcher jährlich das Fleisch von 16000 bis 17000 Pferden in der offenen Luft fault, ihr Geschäft für ein sehr gesundes. Die Herren Deyeur, Parmentier und Pariset drückten in ihrem Berichte an die Akademie ihr Erstaunen über das blühende Aussehen dieser Arbeiter aus. Die Einwohner von Pantin und la Vilette, welche Dörfer nächst bei Montfaucon liegen, leiden nicht an epidemischen Krankheiten. — In großen Städten werden die Friedhöfe in regelmäßigem Turnus, in Paris alle 5 Jahre, geräumt. Die Arbeiter, welche dieses Geschäft besorgen, also mit der konzentriertesten Gräberluft in Berührung kommen, werden so wenig krank als die, welche am Ende des vorigen Jahrhunderts die uralte Cimetière des Innocens räumten, obgleich sie jede Vorsichtsmaßregel versäumt hatten. Man wird endlich gar manche kleinere ackerbautreibende Stadt, gar manches Dorf finden, in welches man sich zu seiner Erholung, der gesunden Luft wegen, begibt, gar manches nach alter Manier gebaute Haus bewohnen, in welchen die Quellen der Entwicklung übelriechender Gase, aus der Putreszenz organischer Stoffe, ganz anders auftreten, als auf einem Friedhofe der unzweckmäßigsten Einrichtung, und doch weiß man nichts von den Krankheiten, welche man sich aus der Einwirkung von Faulgasen entstehend denkt. Von der Seite, auf welcher man sehr unbedingt Partei für die Notwendigkeit der Abänderung des jetzigen Bestattungsverfahrens genommen hat, ist behauptet worden, daß die Totengräber, die Leichenhaus- und Friedhofsaufseher, durchschnittlich kränkliche Leute seien. Es ist dieses eine sehr nahe liegende Behauptung für diejenigen, welche die Ausdünstungen von Gräbern für höchst gefährlich erklären, denn wenn die gasförmigen und flüssigen Emanationen eines Friedhofes entschieden krank machende Potenzen sind, so werden die Personen, welche auf dem Friedhofe selbst und in dessen nächster Nähe wohnen, und auf denselben täglich verkehren, ihnen nicht entgehen können. Die Behauptung steht jedoch ganz in der Luft und es ist ihr von vielen Seiten widersprochen worden; es existiert wahrscheinlich keine zuverlässige Statistik von dem Gesundheitszustande und der Lebensdauer der Totengräber. Wenn manche unter ihnen minder robust erscheinen, so mag das von ähnlichen Ursachen abhängen weshalb Schneider minder kräftig zu sein pflegen als Schmiedegesellen. Die Totengräber und Leichenhausinspektoren aber, welche mir bekannt sind, sind, wie ihre Frauen und Kinder, Leute von blühendster Gesundheit. In einer mir bekannten Stadt hat ein vielbeschäftigter Arzt seine Praxis aufgegeben, um die Stelle des Friedhofinspektors anzunehmen. Er versah dieselbe in bestem Wohlsein 26 Jahre, sein Nachfolger bereits seit 14 Jahren. Die Gefahr ist also sowohl für diese Beamten, sowie für die nächsten Anwohner eines Friedhofes nicht bemerklich und die betreffende Behauptung ist ohne die wissenschaftliche Überzeugung und Wahrheitsliebe hingestellt, welche man zu fordern berechtigt ist. — Reclam, Gartenlaube 1874, gibt eine schauerliche Beschreibung des Friedhofs von Schuols im Engadin, einer alttuskischen Stadt; er sah dort Skelette und Femora herumliegen Stiefelabsätze und Schürzenbänder aus der Erde hervorragen, als ob dort die Leute vollbekleidet auf dem Sterbebette lägen. Zugleich aber gibt er die Jahresmortalität auf 25:1000 an, ein Verhältnis, das dem vieler wohlverwalteten Städte, dem von Dresden etwa, gleichkommt, wonach also die aller vernachlässigste Einrichtung eines Friedhofes keinen üblen Einfluß auf die Mortalitätsgröße ausübt.

Bodengase — Angebliche Vergiftung des Wassers

Die Entwicklung von Gasen, insbesondere von Kohlensäure dauert natürlich noch fort, auch nachdem die Leiche unter den Boden gebracht ist. Sie findet dort, teils in der Luft, welche der Sarg einschließt, teils in der Bodenluft, Sauerstoff genug, um die Kohle ihres Blutes und ihrer Gewebe in Kohlensäure zu oxydieren. Die Gasmassen, welche sich entwickeln, dienen dazu die verflüssigten Teile des Körpers, das verflüssigte Blut auszutreiben, welches in den Höhlen des Körpers, in lockeren Geweben, den Lungen, unter der Epidermis, in Blasen austritt, oder mit dem Inhalte der Eingeweide aus den natürlichen Öffnungen hervorquillt. Die Durchtränkung der Gewebe mit diesen gashaltigen Flüssigkeiten befördert deren faule Zersetzung.

Die Gase treten in den Boden über und mischen sich mit der Bodenluft, der Grundluft und dem Bodenwasser, dem Grundwasser.

Die Zersetzung von menschlichen Leichen ist jedoch natürlich nicht die einzige Quelle für die Vermischung der Bodenluft und des Bodenwassers mit Gasen, sie liefert dazu nur einen ganz minimalen Anteil. Jedes Blatt, welches von dem Baume fällt und in der Erde verwest, jeder Dungkörper, welchen der Bauer in den Boden bringt um seinen Acker fruchtbar zu machen, alle Auswurfstoffe von Menschen und Tieren, die Körper der verstorbenen Tiere, die Miriaden von niederen kleinen Tieren und Pflanzen, welche in der Erde leben und sterben, liefern dazu einen bei weitem größeren Anteil, als die verhältnismäßig wenigen menschlichen Leichen, welche an Stellen, die von den bewohnten Orten entfernt sind, dem Boden übergeben werden. An allen bewohnten Orten, in großen Städten insbesondere, liefern diese zahlreichen Quellen für die Bildung von organischen Zersetzungsprodukten, Faulstoffen, Auswurfstoffen, sehr begreiflicherweise ein unendlich viel größeres Quantum von Beimischungen zum Boden, als Leichen, auch wenn sie in der unzweckmäßigen Weise bestattet werden, zufügen können. So behauptet Pettenkofer, daß der Boden in München von ihnen mehr verunreinigt werde, als von 50000 Leichen. Die Bodenluft in Städten ist daher bis zu einer sehr beträchtlichen Tiefe und soweit sie nicht durch das Grundwasser verdrängt ist, viel reicher an beigemischten fremden Gasen, namentlich an Kohlensäure, als die Bodenluft des freien Feldes. Die Quantität der fremden Gase in der Bodenluft hängt ganz von der Menge der sich zersetzenden organischen, vegetabilischen und animalischen Substanzen ab, welche sich dem Boden beigemischt haben. Sie kann in 4—8' Tiefe, in Städten 8—10 Volum:1000 Kohlensäure betragen. Je ärmer eine Gegend an animalischem und vegetabilischem Leben ist, desto mehr nähert sich die Zusammensetzung der Bodenluft der der reinen atmosphärischen Luft und umgekehrt. In der lybischen Wüste, da wo dieselbe des animalischen und vegetativen Lebens gänzlich entbehrt, stimmt die Zusammensetzung der Bodenluft ganz mit der reinen Atmosphäre über ein.

Die Bodenluft steht ganz unter denselben physikalischen Gesetzen, wie die äußere freie atmosphärische Luft. Sie sättigt sich mit Wasserdampf, der, weil leichter als die Luft, ihr Ausströmen über der Erdoberfläche begünstigt und sich als Nebel über feuchten Erdstellen niederschlägt, wenn eine Abkühlung statt findet. Wie das unterirdische Wasser dem Laufe der Flüsse folgt, wohl noch als unterirdisches Gewässer fließt, wenn es auch auf der Oberfläche versiegt ist, mit dem Wasserstande steigt und fällt, so folgt auch die Bodenluft dem durch den Barometerstand angezeigten Drucke der Luftsäule und der durch die Winde und die Drehung der Erde bedingten Bewegung derselben. Die Bodenluft hebt und senkt sich mit dem Stande des Bodenwassers. So weit durch dasselbe die Lücken des Erdbodens gänzlich ausgefüllt sind, ist die Bodenluft ausgetrieben, so weit sie nicht von dem Wasser absorbirt ist. Die Bodenluft strömt beständig, und im Verhältnisse zum Barometerdrucke über die Erdoberfläche aus und diffundirt sich in der freien Luft. Die Bodenluft und die ihr beigemischten Wasserdämpfe können, indem sie austreten, manche organische Körper, welche in der Erde enthalten waren, und soweit dieselben nicht vom Wasser zurückgehalten sind, mit fortreißen. Es sind dies bekanntlich die Ursachen der Malaria, die besonders hervortreten, wenn der Boden austrocknet, das Wasser die Poren frei läßt und die Wärme der Luft auf die Zersetzung der organischen Körper wirken kann, in welcher unzählige Krankheitskeime einen günstigen Nährboden zu finden vermögen.

Wenn die Bodenluft in das Freie austritt, so wird sie mit ihren Beimischungen ebenso rasch diffundirt als die atmosphärische Luft, von welcher sie ein Teil geworden ist. Wenn sie dagegen in eingeengte und geschlossene Räume tritt, wie in Keller, die selten geöffnet werden, oder in ummauerte fest geschlossene Grüfte, in Bergwerke, so kann sie sich in denselben anhäufen und sich so mit irrespirablen Gasen sättigen, daß sie zur Unterhaltung des Atmungsprozesses untauglich wird. Personen, welche unvorsichtig in solche Bäume eintreten, können der Gefahr der Erstickung unterliegen, und die vielen Schauergeschichten, welche man von der plötzlichen tödlichen Wirkung der Gruftenluft mitgeteilt hat, um dem erregbaren Teile des Publikums eine heilsame Furcht einzujagen, beruhen, wenn sie nicht geradezu erfundene ausgeschmückte Zeitungsenten sind, auf dieser Ursache, denn selbstverständlich können *plötzliche* Zufälle, plötzlicher Tod, nicht die Folgen von Infektionskörpern sein. Sie ist im wesentlichen keine andere, als die Gefahr, welche man in einem Keller erleidet, in welchem der Wein gärt. Selten und spät wieder geöffnete Grüfte können daher für die, welche zuerst in sie eintreten, gefährlich werden, indem sie die seit langer Zeit angesammelte Bodenluft, Kohlensäure, unter Umständen auch Ammoniak und Stickstoffgas, zu atmen bekommen. Die in freie Räume ausströmende Bodenluft ist jedoch durch ihre chemische Zusammensetzung nicht gefährlich, weil keine Ansammlung irrespirabler Bestandteile statt haben konnte. Langsame Wirkung findet sich allenfalls in Kellerwohnungen und ähnlichen Bäumen, deren dumpfe Luft gerade von der Bodenluft, die nicht genügend diffundiert wird, abhängt.

Ein Teil der Bodenluft wird von dem Bodenwasser absorbiert und zurückgehalten. Das Bodenwasser erhält dadurch, außer einigen löslichen Salzen, mineralische Bestandteile und seinen Gehalt an Kohlensäure, der es uns zu einem erfrischenden Getränke macht. Wir nennen es schal und abgestanden, gleich dem Bogen und Flußwasser, wenn es diese Beimischung verloren hat. Alle Kohlensäure im Wasser stammt aber aus der Zersetzung organischer Körper, auch die der mineralischen Säuerlinge, die wir als Genußmittel und die Gesundheit fördernd so sehr schätzen. Wir haben also von dem Auftreten *dieser* gasförmigen Produkte der faulen Zersetzung keine Gefahr für unsere Gesundheit zu fürchten. Wir gebrauchen sie, ohne zu untersuchen woher sie stammen, als angenehme, unsere Gesundheit fördernde Genußmittel.

Neben diesen Gasen wird bei der Leichenzersetzung Wasser in großer Menge gebildet und frei. Eine Leiche enthält daher, auch wenn sie in einen absolut trockenen Raum gebracht wird, in eine geschlossene Krypte, und wenn die Feuchtigkeit nicht rasch weggeführt wird, Wasser genug um faulen zu können, aus sich selbst. Je nach Umständen, der

Temperatur, der Luftbewegung, dem vorgängigen Zustand der Leiche, ob Sauerstoff in Überschuß oder nur ungenügend zutritt, geht derselbe vorerst zu dem Wasserstoffe und hilft Wasser bilden, oder zur Kohle, zur Bildung von Kohlensäure, oder beide bilden sich unter Umständen zugleich, oder endlich sie verdunsten in dem Maße als sie entstehen und der Körper trocknet aus. Hieraus entwickeln sich die Formen der feuchten, gashaltigen oder trockenen Fäulnis, welche nur gradweise, von zufälligen äußeren Verhältnissen abhängige Unterschiede desselben Prozesses sind.

Der Sauerstoff der Atmosphäre verbindet sich unter gewöhnlichen Verhältnissen meistens noch früher mit dem Wasserstoffe in einer Leiche als mit der Kohle. Alle Leichen, auch die welche in der freien Luft liegen, werden daher bei dem Beginne der Fäulnis wasserhaltiger, als der Körper vor dem Tode war; ihre Gewebe, die Eingeweide voran, das Zellgewebe, die Muskeln und Epithelien werden in eine schmierige Substanz aufgeweicht und für die Fäulnis weiter vorbereitet. Es bedarf dazu des Zutritts des atmosphärischen Wassers nicht. Wasser und Gase entströmen aber allmählich, womit die Leiche nach einiger Zeit, lange bevor die Zersetzung vollendet ist, zusammenfällt. Obgleich das atmosphärische Wasser vor wie nach gleichen Zugang haben kann, so nimmt doch deshalb die Fäulnis einen immer langsameren Fortgang. Die Auflösung des Körpers und die Fortführung der Fäulnisprodukte hängen also nicht allein und viel weniger von dem Zutritte des Regen- und Bodenwassers, als vielmehr von dem ab, welches sich in dem Körper selbst erzeugt. In sehr feuchtem Boden können sogar Zustände eintreten, welche die völlige Zersetzung aufhalten.

Bei der Zersetzung der stickstofffreien organischen Körper, der Fette, nimmt die organische Substanz in der Regel Wasser auf und zerlegt sich in Körper, von welchen der eine den Wasserstoff des Wassers, der andere den Sauerstoff desselben enthält, es bilden sich Kohlensäure und Kohlenwasserstoffe.

Die stickstoffhaltigen organischen Körper haben eine viel kompliziertere Zusammensetzung als die stickstofffreien und es können sich aus ihnen sehr mannigfaltige Produkte und Entwicklungsstufen derselben herstellen. Auch aus ihnen bilden sich Kohlensäure und Kohlenwasserstoffe und deren Oxyde. Doch immer macht sich die Verwandtschaft des Stickstoffs mit dem Wasserstoffe geltend und es erzeugt sich

Ammoniak als Hauptprodukt, oder der vorhandene Stickstoff verbindet sich mit dem Sauerstoffe zu Salpeter und salpetriger Säure, welche jedenfalls Basen, Kali, zur Bildung von Salzen, Salpeter, aus der Zersetzung vegetabilischer Substanzen im Boden antrifft. Die Anwesenheit von Salpeter in dem Grundwasser ist immer der Beweis, daß in der Nähe die Zersetzung animalischer stickstoffhaltiger Substanzen stattgefunden hat, sie fehlt aber nirgends in bewohnten Orten, auch wenn derselbe keine Leichen aufgenommen hat.

Ammoniak, die Zersetzungsprodukte des Schwefels aus dem Eiweiße und den Proteinkörpern, Schwefelwasserstoff, die Kohlenwasserstoffe, Buttersäure, Baldriansäure usw. liefern die riechenden zusammengesetzten Gase hauptsächlich, welche der Luft und dem Wasser, welches von verwesenden Körpern herkommt, ihre unangenehme Eigenschaft geben. Alle diese Stoffe, welche aus .der Fäulnis und Verwesung der festen Bestandteile einer Leiche hervorgehen, sind für sich und in den Quantitäten, mit welchen sie auf einen Lebenden einwirken können, nicht giftig und krankheitserzeugend. Wir begegnen ihnen überall, wo animalisches und vegetabilisches Leben besteht, denn leben, sterben, sich zersetzen und das Material zu neuem Leben gewähren, geht immer zusammen. Bedenke man doch, daß der Mensch beständig eine Kloake mit sich herum trägt, welche nie ganz leer von faulenden, übelriechenden Produkten des tierischen Umsatzes und der unverdaulichen Reste der tierischen und vegetabilischen Nahrung ist, aus welcher er beständig Stoffe zu seiner Ernährung in viel größerer Menge in sich aufnimmt, als er in irgendeinem unreinen Wasser trinken wird, ohne daß er dadurch erkrankt, dazu gehört wieder mehr und etwas anderes .als nur die Einwirkung putreszierender und verwesender Substanzen, so unappetitlich dieselben auch sein mögen.

Aus der Zersetzung tierischer Organismen und Verwesung, im wesentlichen einer sehr langsamen Verbrennung, bilden sich immer einfacher zusammengesetzte Körper, aus quaternären Verbindungen einfachere, bis am Ende der Metamorphose der Körper sich in Wasser, Kohlenverbindungen, Kohlensäure, Ammoniak, salpetersaure Salze umgesetzt hat. Wir finden schließlich, wenn genügend Sauerstoff zutrat, eine schwarze Substanz in Verbindung mit den mineralischen Bestandteilen des Bodens, den man im gewöhnlichen Leben Humus nennt, eine Übergangsstufe zur Kohle. Dieser Prozeß der Humifikation beginnt sehr bald, vollendet sich aber sehr langsam; Holz, welches sich an der Luft bräunt, eine Frucht, ein Apfel, der fault und braun wird, zeigen den Anfang der Humifikation. Man sollte denken daß gerade diese Anfangsstufen der Zersetzung, wenn der Humus überhaupt schädliche Eigenschaften hätte, vor der vollendeten Umwandlung in Kohle gefährlich sein müßte. Niemand aber besorgt Nachteile von einem gebratenen Apfel. Bei fortwährendem Sauerstoffzutritte zersetzt sich der Humus immer mehr und verschwindet zuletzt. In sehr alten Gräbern findet man zuweilen den Boden nahe an der Leiche anders als an der Erdoberfläche gefärbt; dunkler, es machen sich hier Reste der humosen Zersetzung bemerklich. Wenn das Grab noch älter ist, so ist diese Färbung wieder verschwunden und die Erde um ein verwittertes Skelett herum nicht anders, als der übrige Boden beschaffen. Der Humus bildet eine dichtere Masse, er hält das Wasser zurück und er könnte damit, zwar nicht nachteilig auf die Gesundheit des Menschen wirken, aber doch, durch die dichte Pflanzendecke, welche auf ihm gedeiht, die Verwesung verlangsamen, wenn er an der Oberfläche des Bodens läge, er befindet sich aber in der Tiefe des Grabes.

Keines dieser humosen Endprodukte der Verwesung ist aber für die Gesundheit gefährlich, im Gegenteil, der Landmann und Gärtner ist recht wohl zufrieden, wenn er recht viel von denselben auf seinem Gelände antrifft. Diese Stoffe bleiben aber leider nicht in dem Boden und dauern nicht ewig. Sie werden teils in dem Grundwasser gelöst und folgen den Bewegungen desselben, teils dienen sie Pflanzen und Miriaden von niederen Organismen zur Nahrung. Die Ablagerung der Verwesungsprodukte einer Leiche im Boden ist eben so gut eine Düngung desselben als die Einführung von Dungstoffen in denselben und hat keine anderen Folgen als die absichtliche, ökonomische Düngung mit Dünger animalischen Ursprunges. Die Leiche düngt den Boden. Die Erde besitzt aber eine ungemeine Absorptionskraft und zerstört diese riechenden Dungstoffe mit großer Leichtigkeit, indem sie dieselben an sich bindet. So wenig ein frischgedüngter Acker übel riecht, sobald der Dünger unter die Erde gebracht ist, so wenig stinkt auch das Grab. Nur erst wenn der Boden ganz mit Verwesungsprodukten übersättigt wird, was auf unseren Friedhöfen und bei einem wohlgeordneten Turnus der Wiederbenützung einer früher schon einmal besetzt gewesenen Abteilung nie vorkommen kann, könnte die Erde endlich unfähig werden die

Fäulnisprodukte zu absorbieren. Wenn der Landmann flüssige Jauche auf seinen Acker gebracht, gepfuhlt hat, so riecht das freilich sehr übel, jeder unangenehme Geruch schwindet aber, sobald er den Pfuhl untergepflügt hat, und gesundheitsgefährlich ist diese massenhafte Entwickelung von Faulgasen tierischer Zersetzungsprodukte, die man besonders im Hausgarten liebt, durchaus nicht, der Boden bindet und absorbiert diese Fäulnisprodukte. In sehr geringer Entfernung von Gräbern, die allerdings nach der Zusammensetzung des Bodens, seinem Gefalle, der Vegetation die ihn deckt, seiner Durchlässigkeit u.s.w. verschieden sein wird, findet man kein Ammoniak mehr in dem Grundwasser, sondern nur Salpetersäure und salpetersaure Salze, Salpeter. Dieses Salz kann mit dem Grundwasser in benachbarte Brunnen gelangen, immer aber ist es in dem Wasser derselben nur in sehr kleinen, unschädlichen Quantitäten enthalten. Es gibt wohl kein Brunnenwasser, welches in der Nähe bewohnter Orte geschöpft ist, welches nicht etwas Salpeter enthält. Simon, medical officer of the privy council, untersuchte das Wasser eines Brunnens in Bishops gate street, der nur durch einen schmalen Fußweg von einer der alten church yards in London getrennt war. Es war klar, wahrhaft brillant, von angenehmem Geschmack und wurde mit Vorliebe getrunken. Es enthielt aber viel Kalk und ansehnliche Quantitäten von Nitraten, die augenscheinlich von dem benachbarten Friedhofe stammten, doch keine organische Materie, zum Beweise in wie geringer Entfernung dieselbe schon in Nitrate umgesetzt werden. Wenn diese Beimischung auch aus der Zersetzung stickstoffhaltiger Körper herrührt, so ist sie doch durchaus unbedenklich. Man verbraucht außerordentlich viel mehr Salpeter in der Haushaltung, bei dem Einsalzen des Fleisches, als man jemals mit dem Trinkwasser erhalten kann. Von Quantitäten, wie man sie auf diesem Wege sich einverleiben kann, würde man nicht einmal die leiseste arzneiliche Wirkung wahrzunehmen vermögen. Die Nachweisung einer geringen Quantität von Salpeter in einem Brunnenwasser zeigt also zwar daß die Umsatzprodukte stickstoffhaltiger Substanzen dem Brunnenwasser durch das Grundwasser zugeführt worden sind, sie macht dasselbe aber noch nicht zu einem gesundheitswidrigen Trinkwasser. Die definitiven Produkte der Verwesung sind in dem Boden und dem Grundwasser sehr ungleich verteilt. Sie sind natürlich da am massenhaftesten angehäuft, wo die meisten einer putriden Zersetzung fähigen Körper dem Boden übergeben werden. Man wird Personen, welche nicht Veranlassung gehabt haben, sich Kenntnisse über diesen Gegenstand zu erwerben und sich klare Vorstellungen zu bilden, leicht glaubhaft machen, daß das Wasser aus den Brunnen in der Nähe eines Friedhofes, in welchem Leichen an Leiche gelegt sind, sehr mit Fäulnisstoffen überladen sein müßte, weil man sich die Menschenleiche gern als die einzige Quelle solcher putriden Verunreinigungen denkt, und dieses Mittel, Furcht und Abscheu gegen die Leichenbegrabung bei dem leichtgläubigen aber schlecht unterrichteten Teile des sog. gebildeten Publikums zu erregen, ist nur zu viel benutzt worden. Dem ist aber nicht so; das Wasser aus dem Brunnen eines Friedhofes, oder aus denen der nächsten Nähe eines solchen geschöpft, pflegt eben so rein und frei von organischen schädlichen Bestandteilen zu sein, als das beste Wasser aus dem Brunnen eines bewohnten Ortes. Es wird dieses leicht begreiflich werden, wenn man bedenken will, wie gering die Quantität von putreszierenden Stoffen ist, welche in der Form von Menschenleichen von Zeit zu Zeit dem Boden übergeben wird, der Masse von Auswurfstoffen gegenüber, welche Menschen und Tiere tagtäglich in die Erde absetzen. Da man aber, um die angeblichen Gefahren von Friedhöfen begreiflich zu machen, das alte Märchen von der Vergiftung der Brunnen wieder aufgewärmt hat, und weil man die Verpestung der Luft wenig glaubhaft machen könnte, also auf die angebliche Verunreinigung der Friedhofbrunnen ein ganz besonderes Gewicht legen mußte, so will ich eine Anzahl von Beobachtungen und Brunnenuntersuchungen vorlegen, welche ohne besondere Absicht gesammelt, vielleicht in der Voraussetzung, daß das Friedhofbrunnenwasser schlecht sein müsse, das Gegenteil beweisen. Ich habe diese Beobachtungen nicht ausgewählt, sondern sie genommen, wie und so viele als ich gefunden habe.

Bach, Untersuchung der Kirchhofbrunnenwasser Leipzigs. Journal f. prakt. Chemie B. IX. 1879. E. Hasse, die Stadt Leipzig und ihre Umgebung. Leipzig 1878. Auf den Friedhöfen von Leipzig befinden sich 15 Brunnen. Ihr Wasser ist im Jahre 1874 einer eingehenden Untersuchung unterzogen worden. Ihre Tiefe schwankt zwischen 19,5 und 20,5 m und die Höhe des Wasserspiegels, des Grundwassers, zwischen 10 und 12 m unter der Sohle der Gräber. Es wurde konstatiert, daß die fraglichen Wässer nur ganz unbedeutend in ihrem Gehalte an Zersetzungsstoffen von dem Wasser der städtischen. Brunnen abweichen und viele derselben an Reinheit übertreffen. Die Beschaffenheit des Bodens, die Stärke und die tiefe Lage einer nicht durchlässigen Letteschichte, schien einen größeren Einfluß zu haben, als das Alter des Kirchhofes und die Zahl der Gräber.

Schneider[1] erhielt in Sprotten folgende Resultate:
auf dem Kirchhofe, 2 m von dem nächsten Grabe, aus einem Brunnen, dessen Wasser nur zum Begießen dient und aus welchem in dem Jahre noch kein Wasser geschöpft worden war:

Organ. Substanz.	Salp. 8.	Abdampfrückst.
0,766.	kaum Spur	19,60

außerhalb des Friedhofes 25 m entfernt:

1,075.	kaum Spur	10,40

innerhalb der Stadt, 1000 Schritte vom Friedhofe entfernt, Vorstadt:

2,375.	deutl. Spur.	27,80

Probststraße:

5,500.	38,88.	186

Der Kirchhof in Sprottau ist seit 1853 eröffnet und der Brunnen befindet sich in dem Teile, welcher grade belegt wurde. Das Wasser in dem Boberflusse, welcher etwa 1000 Schritte von der Stadt vorbeifließt, enthält 1½ Meilen oberhalb der Stadt geschöpft:

Organ. S.	Salp. S.	Rückstand
3,333.	0,540.	8

Ans der städtischen Leitung durch Sandfilter filtriert:

0,875.	Spur.	7,5.

Aus dem Brunnen eines benachbarten Dorfes, Oberleschen:
Kirchhofbrunnen:

2,666.	0,108.	3,60.

Dicht am Kirchhofe:

21,333.	11,88.	40,0.

In einer Entfernung von 100m:

17,500.	. 23,76.	73,0.

---

[1] Schneider, über die Resultate der neuerdings gepflogenen wissenschaftlichen Erwägungen, hinsichtlich der allgemeinen Einführung der Feuerbestattung. Industrieblätter. Berlin 1875.

In beiden Gehöften lagen schlecht bewahrte Dungstätten dicht am Brunnen.

In den übrigen Brunnen desselben Dorfes, in welchem gerade die Ruhr herrschte, fanden sich:

	Organ. Bestdt.	Salpeter S.	Abdampfrückst.
a.	6,875	16,78	30,0
b.	24,000	9,72	34,0
c.	7,000	14,04.	50,0
d.	4,705	10,80	76,0

Hiernach erscheint wieder das Wasser aus den Friedhofbrunnen bei weitem als das reinste, das der bewohnten Orte aber durch mannigfache, namentlich durch fäkale Verunreinigungen, sehr verdorben.

Wittmeyer[2] ließ durch den Apotheker Schulze die Brunnen von Nordhausen untersuchen. Das aus dem Friedhofbrunnen war viel reiner, als dasjenige, welches aus den Stadtbrunnen geschöpft worden war. Er nimmt an, daß das Wasser schlecht sei, wenn es in 100000 Teilen 5 Teile organische Substanz enthält. Das Wasser des Sieghofes enthielt:

	Organ. Subst.	Salpeter S.
im Dezember	4,2.	keine Spur
im Januar	2,5.	keine Spur
im Februar	2,5.	Spur
Uferstraße:		
	3.0.	-
	3.1.	-

Das schlechteste Wasser in der Stadt fand sich im Brunnen der Bäckerstrasse:

	Organ. Subst.	
Dezember	5,0.	—
Januar	6,4.	und zunehmende Quantität von Salpetersäure.
Februar	3,9.	—
Elisabethbrunnen:	—	0,012.
	4,7.	0,037.
	—	0,240.

---

[2] Wittmeyer, Zeit-Streiffragen von Oncken und Holtzendorf 74.

Mit dem schmelzenden Schnee, der das Wasser aus den Dungstätten in die Brunnen führte, stieg der Gehalt an organischen Bestandteilen plötzlich von 3,0 auf 9,0. Das Wasser aus dem Friedhofbrunnen war das reinste der Stadt. .

Fischer gibt für Hannover an:

	Organ. Subst,	Salp. S.
Aus dem Brunnen des Andreaskirchhof 1:100000.		
a)	4,48.	35,77.
b)	3,36.	20,60.
in der Stadt:		
kurze Straße	4,18.	32,50.
Kronenstraße	3,28.	32,09.
Josephstraße	4,32.	24,80.
Bahnhof Trinkwasser der Reisenden	6,54.	17,10.

Aus dem Gerichtsbrunnen der für den besten der Stadt München gilt[3]:
     1,30.   7,41.   60,0.

Ganz ähnliche Verhältnisse wie für Leipzig fand Fleck[4] für Dresden. In Berlin fand man ebenfalls das Wasser der Friedhöfe viel reiner als das der Stadt. Reclam findet dieses Verhältnis merkwürdig, ich finde es sehr natürlich, da es keine Stadt in der Welt gibt, in der das Latrinensystem so unsauber ist als in Berlin und die Rinnen so stinken wie dort. Berlin steht auf einem alten Sumpfboden, das Grundwasser liegt der Oberfläche sehr nahe und die Stadt ist von mehreren höchst unsauberen Wasserläufen durchströmt, der Boden ist bis in eine beträchtliche Tiefe ein Infusorienlager. In Mainz befinden sich auf dem Friedhofe, dessen Boden von sehr ungleicher Beschaffenheit ist, 3 Brunnen, ein vierter auf dem Judenkirchhofe. Das Wasser ist von Herrn Rautert, dem Besitzer des großen Wasserwerks untersucht; es ist durchaus frei von organi-

---

[3] Pettencofer, Zeitschrift für Biologie B. X. H. 4.
[4] Fleck, Untersuchung über die Beziehung der Bodenarten und Bodengase des linken und rechten Elbufers zu den Grundwasserverhältnissen von Dresden. 1. Jahresbericht der chemischen Centralstelle 1873.
Zwick, Beiträge von Kenntnis des Trinkwassers, im Allgemeinen, namentlich der Stadt Coblenz.
Leforts. Remarks sur les alterations des eaux despuits. Union med. Vernois Rapport. Vernois sur les alterats des eaux despuits par le voisinage des cimetières. Annales de hyg. Oct. 1847.

schen Beimischungen und von vortrefflicher Beschaffenheit.

Nach einer mündlichen Mitteilung ist das Wasser in Darmstadt, aus den Brunnen des hoch auf Kiesboden gelegenen Friedhofes, das beste der Stadt

Hier in Gießen haben die Herren Laubinger und Laubenheimer eine Anzahl Brunnen untersucht und ebenfalls das Wasser des an dem abhängigsten Teile des Friedhofes gelegenen Brunnens mit den besten der Stadt gleich, den meisten aber aus dem Innern der Stadt vorzuziehen gefunden. Die Güte des Wassers wechselt hier auf sehr kurze Distanzen. Die Stadt liegt zum Teile auf dem Sumpfboden, der früher das Ufer eines kleinen Wasserlaufes bildete und über den zugeworfenen Festungsgräben. Soweit dieses Terrain reicht, ist das Wasser zum Teil sehr schlecht. Unter der Sumpfbodendecke liegt eine sehr eisenschüssige Geröllschichte und unter dieser undurchlässiger Letten, so namentlich auf dem dicht bei der Stadt befindlichen Friedhofe. Wo man die Brunnen bis unter die Kies- und Lettenschichte getrieben hat, empfangen dieselben das kühle reine Wasser, welches unter dem Basalte des Vogelsberges hervorquillt. Ich habe das Wasser des Kirchhofbrunnens wiederholt untersucht; es hinterließ beim Abdampfen nur einen sehr geringen Rückstand, dessen Gewicht durch Glühen nicht vermindert wurde, und zeigte bei Behandlung mit Manganhyperoxyd keine Spur von organischen Bestandteilen. Man hat, vielleicht nicht ohne einige bewußte Absicht übersehen wollen, wie geringfügig das Quantum fäulnisfähiger organischer Substanz ist, welches von menschlichen Leichen in den Boden gelangt, im Verhältnis zu den Massen, welche ihm überall auf anderem Wege zugeführt werden, und was er doch mit Leichtigkeit zu assimilieren im Stande ist, indem diese Stoffe sich in demselben zu einfachen binären Verbindungen zerspalten und wieder zu Erde und Wasser werden. Bedingung des Lebens ist ein beständiger Austausch und Umsatz der Materie, sobald dieser Wechsel, den wir unter der Herrschaft der Lebenskraft stehend denken, aufhört, setzt der Organismus dem Andränge der chemischen Affinitäten und der physikalischen Kräfte keinen Widerstand mehr entgegen. Das Tier muß also, um zu leben, seine Materie jeden Augenblick wechseln und an die Erde, aus der es dieselbe entnommen hat, zurückgeben. Es vollzieht diesen Wechsel während seines Lebens viele hundertmal, nach dem Tode aber übergibt es seinen Leib nur noch einmal an die Mutter Erde zurück. —

Wenn wir annehmen, daß das mittlere Gewicht eines erwachsenen Menschen 70kg beträgt, und daß er täglich nur 1 1/2 kg Nahrung zu sich nimmt, so muß er in ungefähr 6 Wochen das Gewicht seines Körpers in fäulnisfähigen Produkten seines organischen Umsatzes an die Erde zurückerstattet haben, aus der er sie entnommen, wenn er nicht zu einem Monstrum anschwellen soll, im Jahre etwa 9 mal das Gewicht des Körpers mit der Erde wechseln, und in einem Leben von etwa 50 Jahren, mehr als 400 mal. Was will gegen diese Masse von fäulnisfähigen Stoffen, welche der Mensch allein fortwährend in unserer nächster Nähe deponiert, den Boden unserer Städte erfüllt, die der Landmann sorgfältig bei seiner Wohnung sammelt und auf seine Felder führt, die man massenhaft auf Rieselwiesen bringt, die einmalige Zurückerstattung der Leiche an die Erde sagen? Zu den Umsatzprodukten, welche der Mensch in die Erde bringt, kommen aber die noch viel größeren Quantitäten, welche die Tiere, die Vögel, die zahlreichen Würmer mit ihrem Körper und ihren Exkrementen hinzufügen.

Bei einer mittleren Sterblichkeit von 24:1000 und einem Durchschnittsgewichte von 40k, mit 32 pCt. organischer Substanz, liefern 1000 Menschen jährlich 312k in ihren Leichen zur Erde, dagegen nach Wolff und Lehmann 33170k Faeces und in diesen 7000k organische Substanz, sowie 428300k Urin, mit 15000 organischer Substanz, zusammen 22200k Faulstoffe. Die Faulstoffe, welche von den Auswurfstoffen geliefert werden, stehen also zu denen der Leiche wie 71:1 und der Mensch liefert mit seiner Leiche nur 1,4 pCt. der organischen Materie, welche er bei Lebzeiten an die Erde abgibt, Sputa, Eiter u.s.w. nicht gerechnet, also nur eine verschwindend kleine Menge.

Pettenkofer stellte in München ebenfalls einen Vergleich zwischen der Menge der faulen Auswurfstoffe und dem Quantum organischer Substanz an, welche mit den Leichen in die Erde kommen und gelangt zu gleichen Resultaten. Ebenso Fischer in Nordhausen. Er rechnet, daß 1000 Menschen jährlich 32000k fäulnisfähige Produkte liefern, 23000 also 506000k. Nimmt man nun eine Sterblichkeit von 25:1000 an, und das Mittelgewicht einer Leiche zu 40k, und von diesen 32,5 organische Substanz, so beträgt das Gesamtgewicht dessen, was von Leichen *in* die Erde gelangt 7500k, oder den 67. Teil dessen, was von Faulstoffen aus anderen Quellen der Erde zugeführt wird. Es kommen zwar nicht alle Auswurfstoffe in den Boden einer Stadt, sondern werden in die Felder geführt, könnten also nur auf einem Umwege in die Brunnen gelangen, der Abgang wird aber auf anderen Wegen durch Tiere, Küchenabfälle reichlich ersetzt. Mag man nun zugestehen, daß die Faktoren, auf welchen solche Berechnungen beruhen, nichts weniger als genau sind, so genügen sie doch um den Satz festzuhalten, daß die Menge von organischen, fäulnisfähigen Stoffen, welche in bewohnten Orten durch Menschenleichen in den Boden gelangt, verschwindend klein ist gegen die, welche ihm auf andere Weise zugeführt wird.

Nach einer Zeit, deren Dauer von verschiedenen Um ständen, namentlich der Beschaffenheit des Bodens abhängt, sind die Verwesungsprodukte einer Leiche bis auf die Knochen aus dem Boden verschwunden. Ein großer Teil, dem Gewichte nach, bestand aus Wasser, etwa 60 pCt. Dieser ist in die Tiefe versunken, er hat sich dem Grundwasser beigemischt oder ist an die Oberfläche durch die Kapillarität des Bodens aufgestiegen und verdunstet, oder ist von den Wurzeln der Pflanzen aufgesaugt worden. Mit dem Verluste des Wassers ist die Leiche zusammengesunken und ihre Verwesung schreitet im Verhältnisse des Verlustes langsamer vor. Die massenhaft ausgeschiedene Kohlensäure verbindet sich zum Teile mit dem Wasser des Bodens und teilt dessen Schicksale, zum Teile gelangt sie zur Oberfläche und diffundiert sich in der Atmosphäre. Insbesondere aber dient zu ihrer Überwältigung das merkwürdige Wechselverhältnis, welches zwischen dem Leben und der Ernährung der Pflanzen und der Tiere besteht. Beide sind für ihre Ernährung auf einander angewiesen. Die Pflanze nimmt die unorganischen Stoffe aus dem Boden auf und bedarf der Kohle zum Aufbau ihrer Holzfasern und Zellen; das Tier atmet Kohlensäure aus, gibt aus seiner Zersetzung Kohlensäure an die Bodenluft und das Bodenwasser, und den größten Teil der festen Substanz in der Form der humosen Körper an die Bauerde, dagegen nimmt das Tier den Sauerstoff, welchen die Blätter der Pflanzen ausscheiden, in seine Blutzellen auf, um ihn mit diesen in seinem ganzen Körper zu verbreiten. So ergänzen sich beide in dem Haushalte der Natur. Die Pflanzen nehmen Kohlensäure und Ammoniak, zwar auch aus der Luft in sich auf, die größte Menge aber dieser für ihre Ernährung unentbehrlichen Körper ziehen sie aus dem Boden. Besonders reichlich ist die Aufnahme während der Vegetationszeit, im Frühjahre.

Aus diesem Grunde aber sollte jeder Friedhof mit einer dichten Decke tief wurzelnder, rasch vegetierender blattreicher Pflanzen bedeckt sein, wie man Rieselfelder mit rasch wachsenden Gramineen besät um doppelten Nutzen, die Desinfektion und den ökonomischen Vorteil zu ziehen.

Außer den Pflanzen lebt aber eine Unzahl von niederen Organismen in den verwesenden Bestandteilen von Pflanzen und Tieren, welche in den Boden übergegangen sind. Sie üben die Sanitätspolizei des Bodens. Wo ihnen reichliche Nahrung geboten ist, vermehren sie sich in unzählbarer Menge, liefern aber selbst wieder mit ihren Körpern einen Teil des Materials zur Fertilisierung, aber auch zur Verunreinigung des Bodenwassers. So klein auch das einzelne Individuum ist, so ist doch der Beitrag, der von ihnen gegeben wird, bei den Miriaden, in welchen sie existieren, wahrscheinlich viel beträchtlicher, als das, was der Mensch liefert.

Von der Seite, auf welcher man Reklame für eine Änderung der bisherigen Bestattungsweise machen möchte, ist nicht versäumt worden, die ekelhafte Veränderung des Bodens zu einer schwarzen, übelriechenden Materie zu schildern und recht schwarz zu malen, welche durch die Aufeinanderlagerung von Leiche auf Leiche entstehen soll und hat damit ein Bild geliefert, für welches das Muster bei uns nicht mehr existiert, vielleicht nie existiert hat, und welches wahrscheinlich der Erzählung der Vorgänge entnommen ist, welche man bei der Räumung der Cimetière des Innocens sah. Eine Übersättigung des Bodens, so daß derselbe die Fäulnisprodukte nicht mehr aufnehmen und verarbeiten kann, ist in der Tat möglich. Man häuft aber nicht mehr Leichen auf Leichen, die Zersetzungsprodukte derselben liegen nicht an der Oberfläche, so daß sie die Sinne beleidigen können und eine zweite Leiche kommt, bei regelmäßigem Turnus, nicht früher an den Platz der ersten, bevor nicht die Reste derselben gänzlich verschwunden sind. Diese Vorstellung von dem ekelhaften Humus entbehrt jeder Realität.

Natürlich soll nicht behauptet werden, daß es nicht eine Aufgabe der Sanitätspolizei sei, die Friedhofsordnung so einzurichten, daß die Zersetzungsprodukte auf Friedhöfen unschädlich für die Umgebung von dem Boden absorbiert und festgehalten werden. Aber schon eine geringe Überlegung muß zeigen, daß das, was auf diesem Wege in den Boden und mit dem Grundwasser in die Brunnen gelangen kann, wenn nicht alles vernachlässigt ist, was die Vernunft gebietet, verschwindend wenig und völlig unschädlich für die Bewohner einer Stadt ist. Der Boden absorbiert und filtriert das unreinste Wasser; an vielen Orten trinkt man nur filtriertes Flußwasser, das durch Filter von kaum 1' Dicke gelaufen und damit rein und trinkbar geworden ist. In den meisten Friedhöfen wird der Grundwasserspiegel 6, 8, 10' unter der Sohle der Gräber liegen, und die Effluvien des Grabes kommen schon filtriert in das Grundwasser, mit dem sie aber noch eine weite Schichte zu durchlaufen haben, ehe sie zu einem Brunnen gelangen können. Auf dem Wege sind sie außerdem der Absorption der Wurzeln der Pflanzendecke unterworfen. Daher ist sehr begreiflich, daß nur Spuren von organischen Bestandteilen von einem Friedhofe in einen Brunnen gelangen können. Wie anders und wie viel ungünstiger liegen die Verhältnisse für die Beinhaltung des Brunnenwassers in dem Innern eines bewohnten Ortes, einer dicht bevölkerten industriellen Stadt, eines Viehzucht treibenden Dorfes, und wie groß ist die Quantität von fäulnisfähigen Fäkal- und anderen Auswurfstoffen, Küchenabfällen, Blut von Schlachtvieh u.s.w., welche hier dem Boden in seiner obersten Fläche übergeben werden, ohne daß ihre Zersetzungsprodukte eben so leicht, wie auf Friedhöfen, in die Tiefe der Erde versenkt, von den Winden verweht, von der Pflanzendecke absorbiert werden können. In der Stadt wird jeder Punkt des Bodens fortwährend verunreinigt, auf den Friedhöfen dagegen kommen die Leichen doch nur nach langjährigem Turnus wieder auf dieselbe Stelle. Wenn also Verunreinigung der Brunnen unter geordneten Verhältnissen zu besorgen wäre und aus dieser epidemische Krankheiten, so wären wir dieser Quelle von Typhus u.s.w. alltäglich ausgesetzt, überall wo das Wasser nicht durch Röhrenleitung aus Quellen herbeigeführt wird, welche vom organischen, animalischen Leben, abseits liegen. Das Wasser aus Stadtbrunnen benutzt man jeden Tag, das aus Friedhofbrunnen doch nur sehr ausnahmsweise. Man sollte es umgekehrt halten, wenn man reines gesundes Brunnenwasser genießen will. Indem man das Wasser der Friedhofbrunnen vorwiegend als Krankheitsquelle beschuldigt, liegt wieder eine arge Übertreibung vor. Man benutzt die Vorstellung, daß solches Wasser mit den Überresten einer Leiche geschwängert sein könnte mit Krankheitskeimen, man beunruhigt das Gemüt, als ob es nicht überall Leichen gäbe, nicht überall das Leben aus den Toten hervorsprießt und als ob etwa das Wasser, welches von den Fäkes einer Stadt abfiltriert worden ist, viel appetitlicher wäre, als das eines Friedhofes.

Natürlich ist es nicht meine Meinung, behaupten zu wollen, daß der anhaltende Genuß von Wasser, dem organische Zersetzungsprodukte, beigemischt sind, gleichgültig sei. Ich behaupte nur, daß solche Verunreinigungen, welche überall in bewohnten Orten viel reichlicher sind, als auf Friedhöfen, nicht so gefährlich sind, als sie geschildert wurden. Im Wasser, welches von Kalkboden kommt, sind Schwefelverbindungen sehr gewöhnlich; viele unserer Mineralquellen enthalten sie nicht allein, sondern auch Stickstoffverbindungen.

Veränderung der Knochen bei langer Lagerung in der Erde; fossile Knochen

Die Veränderungen welche Knochen, fossile Knochen, bei längerer Einlagerung in der Erde erleiden, richten sich nach der Intensität des Einflusses der festen, flüssigen und gasförmigen Substanzen der Umgebung und der Zersetzungsprodukte des eigenen Körpers. Entweder werden den Knochen neue Bestandteile an die Stelle der in Verlust gehenden zugeführt, der Knochen, statt zu zerfallen, versteint, oder die löslichen Teile werden allmählich weggeführt, in dem Maße als sie löslich sind, oder aus unlöslichen oder schwerlöslichen in leichter lösliche und lösliche umgesetzt werden. In den jüngeren und oberen Erdschichten, dem Schwemmlande, den Torfmooren, dem Boden von Gräbern und Höhlen, haben die zerstörenden Kräfte das Übergewicht, in alten gesteinsbildenden Schichten die petrifizierenden. Die Knochen vorweltlicher Tiere sind, petrifiziert, oder nur die petrifizierten und die der größeren Tiere von der Größe des Hirsches etwa an haben sich bei der unendlich langen Dauer der Perioden zu erhalten vermocht, die Knochen des Menschen und der kleinen Tiere sind in Zerstörung begriffen oder aufgelöst. In dem Maße, der stufenweisen relativen Umbildung liegt das Mittel die archäologische Bestimmung des Alters von Knochen durch die chemische Analyse zu unterstützen[5]. Eine absolute Bestimmung des Alters von Knochen läßt sich aber natürlich nicht geben, dafür haben wir außer den geschichtlichen nnd archäologischen Angaben kein Maß, es läßt sich aber, wenn wir die Verhältnisse kennen, unter welchen ein Knochen gefunden worden ist, in wie weit er dem Einflüsse der Luft, oder des Wassers ausgesetzt war, und wenn gleiche Knochen, von derselben Tierspezies, annähernd desselben Lebensalters vorliegen, durch chemische Analyse bestimmen, welcher von zweien der ältere ist. Knochen von verschiedener Tierspezies und von verschiedenen Körperteilen, lassen sich nicht mit einander vergleichen; die spongiösen Knochen, reich an organischen Bestandteilen und von lockerem Gefüge, verschwinden schneller, als dichte cortikale Knochen, Menschenknochen rascher als Tierknochen, auch wenn diese nicht

---

[5] F. Wiebel, Veränderung der Knochen bei langer Lagerung in dem Erdboden und Bestimmung ihrer Lagerung durch die chemische Analyse, Programm. Hamburg 1869.

petrifiziert sind. Deshalb findet man in den Knochenhöhlen nur sehr spärlich Menschenknochen, neben Massen von solchen, die von Tieren stammen, welche jenen zur Speise gedient haben, also gleichaltrig sein müssen; vom Menschen erhalten sich die Zähne und nach diesen die flachen Knochen der Schädeldecke am längsten. In sehr alten Fundorten der ersten Steinzeit ist die ehemalige Gegenwart des Menschen zuweilen nur durch den Fund einiger Zähne, oder eines Schädelfragmentes nachgewiesen worden, während alle übrigen Teile des Körpers spurlos verschwunden sind. Die Knochen können, ohne einen Rest zu hinterlassen, aufgelöst werden, und daß solche in einer Höhle, einem Grabe, früher vorhanden gewesen sein müssen, wird vielleicht nur noch durch die Produkte der Arbeit oder dadurch nachgewiesen, daß Schmuck- und Bekleidungsgegenstände genau an den Stellen im Grabe verteilt gefunden werden, an welchen sie sich an der Leiche befunden haben mußten. Bei dem berühmten Gräberfunde in Caere ist die Grabkammer eines Mannes, wahrscheinlich eines hochstehenden etruskischen Priesters aufgedeckt worden, an welcher kostbare Schmuckgegenstände, Goldreife, Diademe, Reste goldgewirkter Kleider genau an den Stellen verteilt gefunden wurden, wo mit ihnen die Leiche, von welcher keine Spur mehr vorhanden, bekleidet gewesen war.

Bei der Veränderung der Knochen von Menschen im Boden ist der Zutritt neuer chemischer Körper unwesentlich. Eine Vermehrung der Menge von Fluorcalcium, welche sich bis zu 5 pCt anstatt 1½ pCt. erheben kann, welche man als ein Kriterium für die Bestimmung von fossilen Knochen betrachtete, ist inkonstant und hängt von dem Boden ab. Dasselbe ist in Knochen aus den oberen Bodenschichten nicht in größerer Menge, als in frischen Knochen enthalten.

Die nächste Veränderung der Knochen im Boden besteht in der Abnahme der organischen Bestandteile, des Fettes, des Chondrins, der leimgebenden Substanz, der Häute, Gefäße und damit einer relativen Zunahme der anorganischen, welche den Einflüssen der Umgebung kräftiger zu widerstehen vermögen und am meisten des Calciumphosphats. Die Calciumcarbonate werden in stärkerem Maße aufgelöst, als die Phosphate, und die Lösung wird durch die im Wasser befindliche oder bei dem Faulen der Weichteile gebildete Kohlensäure eingeleitet. Knochen erhalten sich also länger, wenn sie nicht in dem Erdboden, sondern in trockener Luft, in Grabkammern, Sarkophagen, Nekropolen, trockenen Höhlen, in welchen sie von trockenem Kalksinter eingeschlossen sind, in Beinkammern gelegen haben, wo ihnen das zu ihrer rascheren Auflösung nötige kohlensäurehaltige Wasser fehlt. Daher kommen Knochen außerhalb der Höhlen, oder aus ähnlichen Lokalitäten, wo sie nicht von Wasserzutritt abgeschlossen waren, nicht vor. Wöhler hat jedoch nachgewiesen, daß die Knochenerde nicht bloß in kohlensäurehaltigem, sondern auch in reinem Wasser, wenn auch langsamer löslich ist. Der Stickstoffgehalt der Knochen wird geringer als er der organischen Grundlage derselben, dem des Knochenknorpels entspricht, indem ein Teil desselben in eine stickstoffärmere Substanz, in Leim, umgesetzt wird. Es findet derselbe Prozeß statt, wie beim Dämpfen des Knochendüngemehls, nur viel langsamer und diese Umsetzung wächst proportional als die Menge der organischen Substanz weniger wird. Die Knochen verlieren damit ihren inneren Zusammenhang und zerfallen, wenn sie aus einem sehr alten Grabe herausgenommen werden sollen, bei der geringsten Erschütterung in Staub, wenn ihnen nicht künstlich durch Wasserglas oder Leim wieder einiger Halt gegeben worden ist, oder wenn man sie nicht vorsichtig, ehe man sie aus der Erde nimmt, austrocknen läßt, damit der Rest des feuchten Leimes wieder hart werde. Die Zerstörung geht stets von der äußeren Oberfläche nach innen, die äußeren Schichten blättern sich ab, während die inneren Kortikalschichten noch einen Teil ihrer Festigkeit erhalten haben können. Bei der Einlagerung von Knochen in den Erdboden wird also sowohl die Masse derselben im Ganzen angegriffen, als auch das Verhältnis der Kalksalze untereinander und zu der organischen Grundlage, dem Knorpel, verändert und diese Veränderungen werden wesentlich bedingt, einesteils von der Intensität der wirkenden Kräfte, des Wassers und der Bodenluft, andernteils von der Dauer des Vorganges. Wenn die Luft Zutritt hat, wie bei Knochen, welche der Erdoberfläche nahe, oder in Grabkammern, Höhlen, lagen, so werden vorwiegend die organischen Bestandteile zerstört, bei Knochen, welche in der Tiefe der Erde in Torfmooren, im Wasser gefunden worden sind, vorwiegend die unorganischen Bestandteile weggeführt. Eine Störung dieser Verhältnisse wird bewirkt, wenn Knochen, in alten Gesteinsschichten, petrifizieren, ihnen also mehr Kalkcarbonat zugeführt, als entzogen wird. Menschliche fossile Knochen liegen aber immer in sehr jungen Schichten, dem Schwemmlande, den tertiären und quaternären Ablagerungen, sie sind also fast niemals petrifiziert, und unter gleichen Verhältnissen, der Lagerung, des ungefähren Alters des Individuums, des gleichen Körperteiles, wird von zwei Knochen derjenige der ältere sein, welcher seine organische Grundlage und seinen Gehalt an Calciumcarbonat am vollständigsten verloren hat. Je mehr die Mengenverhältnisse im Vergleiche mit frischen Knochen verschoben sind, je ungleicher der relative Gehalt an organischen Bestandteilen zu den unorganischen und des Calciumcarbonats zu dem Calciumphosphat geworden ist, desto älter ist der Knochen, die chemische Analyse und die archäologische Untersuchung unterstützen das Urteil über das Alter eines Knochens .gegenseitig. Knochen der Steinzeit entbehren der organischen Grundlage fast gänzlich.

Zur völligen Auflösung fester menschlicher Knochen möchten, unter gewöhnlichen Verhältnissen, etwa 2000 Jahre notwendig sein. Skelette, welche nach sicheren archäologischen Kennzeichen etwa 1000 Jahre in Grabkammern lagen, aus der ersten fränkischen Zeit, sind meistens noch ziemlich vollständig erhalten, nur mürb und brüchig. Von den Knochen des ältesten der Cornelier, der nach Rom kam, des Cornelius Lucius Scipio barbatus, die in einem schönen trockenen Tuffsarge lagen, also ungefähr so alt als die Gründung Roms sind, war der Schädel noch ziemlich erhalten. Für das Alter der Reste der Knochen mancher sog. Höhlenmenschen fehlt jeder Anhalt zur Bestimmung.

Man kann hiernach nicht sagen, daß der Höhlenmensch aus der Steinzeit seine Leichen in Höhlen bestattet habe, weil man nur in solchen Reste von ihm gefunden hat. Wahrscheinlich hat in dieser uralten Zeit, wo noch kaum eine engere Familienverbindung unter den Menschen bestand, als unter den Tieren, überhaupt keine Bestattung stattgefunden. Die Leiche ist liegen geblieben, wo der Mensch gestorben ist, in der Höhle, welche ihm bei seiner letzten Krankheit zur Zuflucht gedient hatte, und wenn dieselbe recht trocken war, so haben sich einige Reste von ihm zu erhalten vermocht. Wenn aber Wasser, Tropfwasser, Regen, Zutritt zu der Leiche hatte, so sind frühzeitig die letzten Spuren derselben verschwunden. Viele Höhlen mit Knochenresten waren früher vollständig ausgefüllt gewesen und sind erst später ausgespült worden.

Umwandlung der Leichen in Fettwachs, Adipocire

Unter bestimmten Verhältnissen verwesen die Weichteile einer Leiche nicht so vollständig, daß nur das Skelett zurückbleibt, sondern verwandeln sich in eine feste Fettmasse, eine Fettseife, in Adipocire, Fettwachs. Diese Substanz widersteht Auflösungsmitteln, wie sie von der Umgebung eines Grabes geliefert werden können, sehr kräftig und die Verwesung schreitet daher, sowie die Fettwachsbildung vollendet ist, nicht weiter vor. Die Leiche ist von da an gewissermaßen konserviert, und deshalb, weil sie an den Boden nichts mehr abgibt, jedenfalls ganz ungefährlich, wenn auch von sehr abschreckendem Aussehen. Die Umwandlung in Fettwachs war auf dem an der Promenade bei Zürich gelegenen Friedhofe beobachtet worden und hatte eine gewisse Aufregung hervorgerufen, durch welche der Anstoß zu der dortigen Bewegung für Leichenverbrennung gegeben worden, welcher, aus dieser Ursache wenigstens, sehr überflüssig war.

Die Tatsache, daß an die Stelle von Leichen von Menschen und Tieren eine Fettmasse treten kann, ist häufig beobachtet und seit langem bekannt. Die Umwandlung von Tierleichen, welche in Wasser lagen, in Fett, ist u.a. schon von Roger Bacon sylva sylvarum erwähnt. Die Aufmerksamkeit auf diesen Vorgang wurde jedoch erst lebhafter erweckt, als man 1785 anfing zu Paris die Cimetière des Innocens zu räumen und mit Erstaunen bemerkte, daß auf dieser uralten Begräbnisstätte, welche wahrscheinlich schon die Leichen der römischen Lutetia aufgenommen, wenigstens aber seit dem 6. Jahrhundert als der Hauptbegräbnisplatz von Paris gedient hatte, die Leichen zu einem großen Teile nicht völlig verwest, sondern in Fettwachs verwandelt waren.

Die Fosses communes auf dem Friedhofe des Innocens waren 30' tief und 20' nach jeder Richtung breit. Die Leichen der Armen lagen in Holzsärgen, welche, ohne Zwischenlage von Erde, unmittelbar auf und nebeneinander gereiht wurden. Eine solche Grube blieb gegen 3 Jahre offen, bis sie völlig gefüllt war und enthielt dann 1000 bis 1500 Leichen, die letzte Lage wurde mit einer dünnen Schichte Erde bedeckt. Nach 15 bis 20 Jahren konnte sie von neuem benutzt werden. Nach dem ersten Wechsel waren die Särge noch intakt, ihr Holz war nur gebräunt. Die dichte Schichtung hatte den Emfluß der Luft abgehalten. Die Leichen waren durch ihr Eigengewicht abgeplattet und die Leinwand, in welche sie gehüllt waren, hing fest an. Sie rochen wenig, wie Roquefortkäse. Schon seit 6 Jahren war keine Leiche mehr auf diesem Friedhofe bestattet worden, sondern nur noch in der Kirche. Die Räumung des Kirchhofs begann im Dezember 1785 und dauerte bis Mai und Oktober 1786 mit mehreren Unterbrechungen. Man arbeitete bei Tag und bei Nacht, sowohl in der kalten als der heißen Jahreszeit. Eine Schicht Erde von 8 bis 10' Dicke, welche teils von den Zersetzungsprodukten der Kadaver, teils von dem Abraum der benachbarten Wohnungen durchtränkt war, wurde im ganzen Umfange der Kirche und des Kirchhofes entfernt, in der Ausdehnung von 2000 Quadratfuß. . Mehr als 80 Grüfte wurden geöffnet und mehr als 40 bis 50 Fosses communes geräumt. Man warf die Erde bis zu mehr als 10' Tiefe aus. Mehr als 1500 bis 2000 Leichen mit ihren Särgen wurden exhumiert. Da jede Fosse 1000 bis 1500 Leichen enthielt also nur ein sehr kleiner Teil des Ganzen. Anfangs wurde alle Sorgfalt gegen Infektion angewendet, später wurde ohne jede Besorgnis fortgearbeitet, ohne daß sich bei den Arbeitern der geringste Nachteil bemerklich machte. Fourcroy bemerkte, daß dieselben wohl die Ausdünstung der Leichen, wenn, wenige Tage nach der Beisetzung, die Bauchhöhle am Leistenringe, oder am Nabel durch die Entwicklung der Gase platzt, als unangenehm fürchteten, nicht aber die älterer Leichen. Alle Formen der Leichenzersetzung wurden beobachtet. Einige Leichen waren mumifiziert, andere in feuchter Fäulnis begriffen, oder bis auf das Skelett aufgelöst, viele endlich in Fettwachs verwandelt. Thouret (Rapport p. 16). Die Masse wurde von Fourcroy und Chevreuil untersucht. Der erstere gab ihr den nicht ganz passenden Namen Fettwachs, Adipocire, und bestimmte sie als eine Verbindung einer Fettsäure mit Ammoniak, das durch Kalk ersetzt wird und dieselbe Substanz bildet, wie beim Waschen in hartem Wasser, mit Beimischung einiger Pigmente. Die Umwandlung war nach dem Alter und der Situation der Leiche nicht ganz gleichmäßig. Wenn sie vollständig war, so erschien diese Masse, ohne erkennbare Spur der anatomischen Gebilde, gleichförmig. Die Sehnen und Ligamente existierten nicht mehr, die Knochen waren daher ohne Verbindung und die Leiche konnte wie ein Stück Tuch aufgerollt werden. Die Bauchhöhle war zusammengefallen; ihre Wandungen lagen an der Wirbelsäule an. Von den Eingeweiden waren nur noch Spuren vorhanden; zuweilen lag nur ein Brocken Fett an ihrer Stelle. Am Thorax waren die Rippen durch die Zerstörung ihrer Bänder luxiert und lagen an der Wirbelsäule an. Die Pleura und die Brusteingeweide waren durchaus verschwunden. An der Stelle des Herzens lag zuweilen ein Fettbrocken; zuweilen wurden Fettmassen gefunden, anscheinend von überfüllten Lungen und Fettherzen herrührend, auf welchen die Rippen abgedrückt waren. Das Gesicht war nicht mehr erkennbar. Die Kiefern waren desartikuliert, die Augen, Ohren, die Nasenknorpel, die Zunge waren zerstört. Die Kopfhaut war verfettet, besaß aber noch die Haare. Das Gehirn scheint sich am längsten zu erhalten; es war zusammengefallen. Die Nägel und die Knochen waren erhalten; nur das Mark der letzteren war metamorphosiert, dieselben waren daher sehr leicht.

Von den Muskeln waren nur noch in den tiefern Lagen einige Spuren der Faserung erkennbar. In Särgen, welche aufrecht standen, waren die abhängigen Teile verfault, die höheren verfettet. In den Muskeln beginnt die Verfettung da, wo dieselben an die Fettlage angrenzen und geht in die Tiefe fort, am frühesten begann sie im Gesichte. Die äußeren männlichen und weiblichen Geschlechtsteile waren vollkommen erhalten, in dem Scrotum fehlten jedoch die Hoden und an der Stelle des Uterus fand sich höchstens ein Fettklumpen. Die Cutis erhält sich am längsten erkennbar.

Das Fett ist anfangs weich, duktil, wird aber später fester und brüchiger. Es schmilzt bei 60° und schon unter dem Fingerdrucke, löst sich in Alkohol.

Das Fettwachs bildet sich nur wo Fett und azothaltige Substanzen zusammen vorhanden sind. Aus gänzlich fettlosen Substanzen vermag es sich so wenig zu bilden, als aus reinem Fette, wie durch Experimente bewiesen ist. Es besteht aus Fettsäuren in Verbindung mit Ammonium, das später durch Kalk (oder Magnesia) ersetzt wird. Die ersten entstehen aus den Fetten, das Ammonium aus den stickstoffhaltigen Geweben. Das Ammonium wird weggeführt und durch Kalk ersetzt. Die Substanz ist also eine Ammonium- oder Kalkseife und die Bezeichnung Saponifikation ist zweckmäßiger als die Umwandlung in Fettwachs. Thouret glaubte, daß die Adipocire dem Wallrath gleich sei, was unrichtig ist. Beigemischt sind rote oder orange Pigmente. Fettlose Muskeln, das Herz, Sehnen liefern daher nur wenig (Gay-Lussac und Ghevreuil). Der Prozeß dauert bis zu seiner Vollendung etwa 3 Jahre; er geht im Wasser etwas schneller vor sich, als in der Erde und in feuchter humoser Erde schneller als in mehr trockener. Da wo die Erde mit Zersetzungsgasen gesättigt ist und diese nicht ausströmen können, ist er schneller als .an der Oberfläche, daher in den tiefen Lagen dicht zusammengepackter Kadaver früher und vollständiger vollendet, als in den oberflächlichen.

Die Umwandlung kommt nicht in der offenen Luft und nur selten an isolierten Leichen vor. Ein undurchlässiger Untergrund, Letten, oder Zementierung des Grabes, so daß das Wasser stagniert, begünstigen den Vorgang. Der Einfluß des Wassers ist unerläßlich. Der Prozeß beginnt sobald die Luft in dem Grabe gänzlich durch Wasser verdrängt und der Boden mit Zersetzungsprodukten übersättigt ist. In Gruben, in welchen zu Oxford die von Dissektionen übrig bleibenden Teile verscharrt werden und durch welche ein Bach läuft, findet die Saponifikation konstant statt (Smith Gibbes). Die Cimetière des Innocens lag sehr tief und war von einem schmutzigen Graben umgeben. Die Leichenteile, welche Wetheril untersuchte, stammten von einem Kirchhofe in Philadelphia, dessen Boden tiefer lag, als die umgebenden Straßen und der stets sehr feucht war. Auch auf dem hochgelegenen Friedhofe zu Zürich ist der Boden undurchlässiger Letten. Der Vorgang ist aber am massenhaftesten auf den uralten Kirchhöfen von Paris und London beobachtet worden, auf welchen man seit Jahrhunderten Leichen auf Leichen gehäuft hat. In der Armenabteilung des Kirchhofs Père la chaise werden die Leichen, in einer gemeinschaftlichen Traverse, Körper an Körper 1 1/2 Meter tief eingescharrt und 5 Jahre lang unberührt gelassen. Nach Ablauf dieser Zeit erwartet man, daß die Weichteile von den Knochen völlig weggefault seien. Diese werden entfernt und die Traverse von vorn an von neuem belegt. Die Beobachtung hat nun gelehrt, daß bei dem ersten Turnus nur noch die Skelette vorhanden sind, bei dem zweiten waren die Leichen teilweise in Fettwachs verwandelt, bei dem dritten alle. In dem Jahre 1851 grub man auf dem Südkirchhofe Mont Parnasse den Teil um, welcher den Spitälern überlassen war. Die Gräben waren 7 Meter tief, also im Grunde sehr feucht und enthielten auf einander geschichtete Leichen. Die Kadaver der oberen Schichten waren Skelette geworden, die der unteren in Adipocire metamorphosiert. Thouret hatte dasselbe beobachtet. An den Leichen von Kindern hat man die Umwandlung in Fettwachs noch nicht beobachtet. Es scheint, daß vorzugsweise die Körper sehr fetter, starker Menschen zu dieser

Metamorphose hinneigen. Oft aber bestehen Verschiedenheiten, welche nicht leicht zu erklären sind; eine einzelne Leiche verfettet mitten unter anderen, welche faulen, oder mumifizieren, ohne daß der Boden sowie die Beschaffenheit des Kadavers eine Aufklärung dieses verschiedenen Verhaltens geben.

Neben der Ansicht, daß die Fettsäuren aus dem vorhandenen Fett entstehen, geht eine andere Meinung, daß das Fett aus einer Umwandlung der Proteinkörper, der Muskeln, gebildet werde. Zur Unterstützung dieser Ansicht wird die Tatsache angeführt, daß die Umwandlung durch Kochen von Muskeln in Salpetersäure, welche ja auch bei den Faulen gebildet wird, nachgeahmt werden kann, sowie die Analogie bei dem Reifen des Käses, des Roquefort, den man in dunklen, feuchten Grüften, oder durch Eingraben in den Sand des Meeresstrandes reifen läßt. Dagegen sprechen wieder die negativen Resultate, welche gute Chemiker, Gay-Lussac, Chevreuil bei ihren Experimenten erhielten. Wenn die Menge des Fettes verhältnismäßig gering, die des Muskelfleisches groß ist, so wird kein Fettwachs gebildet, sondern alles fault weg. Bei mikroskopischer Untersuchung findet sich keine Spur von Muskeln mehr; das Fett ist amorph, nicht in Zellen enthalten, unkristallisiert und nicht in Reihen angeordnet, als ob es aus Fasern entstanden wäre. Glycerin und Oleinsäure sind weggeführt. Bei der künstlichen Umwandlung findet keine Vermehrung, sondern eine geringe Verminderung des Fettes statt.

Jedenfalls ist die Fettumwandlung ein für die Gesundheit völlig ungefährlicher Zustand. Das Fettwachs ist für die Medien, in welchen es liegt, beinahe unlöslich; es gibt also weder an die Luft noch an das Wasser etwas ab. Der einzige reelle Nachteil, welchen dasselbe bereitet, liegt darin, daß die völlige Leichenauflösung sich sehr verzögert.

Georges Smith Gibbes, on the conversion of an animal into a substanee much resembling Spermaceti. Philos. transact. 1794.
Thouret, Rapporte sur les exhumations du cimetière des saints Innocens 1789.
Fourcroy, mémoire 1 und 2.
Orfilla et Lesueur, traité des exhumations judiciaires. 2 Vol.
Ure, Dict. Art. Adipocire.
Gay-Lussac, Annal. de Chem. et Pharm. 4. 71.
Bibra, Annalen der Chemie und Pharm. 56. Gregory 61.
Wetheril, on Adipocire and its formation. Philadelphia 1855.
Blondeau, Comptes rend. 1847.

Spontane Mumifikation

Unter gewissen Umständen verwesen Leichen nicht, sondern trocknen lederartig ein und sind dann für Jahrhunderte konserviert, oder verfallen nur dem Wurmfraße. Dieser Vorgang kann über der Erde, in der Erde, in einem Grabe stattfinden, erfolgt aber am häufigsten in fest geschlossenen Grüften und Särgen.

Unter der Erde können Leichen mumifizieren, welche in sehr trockener, heißer Luft, auf trockenem Boden liegen. So trocknen die Leichen von Menschen und Tieren ein, ohne zu verwesen, welche auf dem Wüstensande der Sahara oder von Khorasan umgekommen sind. Der Eingang der Grabgrüfte der Nekropolen von Ägypten ist von Leichen armer Leute eingenommen, welche die Kosten der künstlichen Mumifikation und der Beisetzung in die Gruft nicht tragen konnten und an dem Eingange derselben, sehr oberflächlich in dem Wüstensande verscharrt wurden und nun seit vielen Jahrhunderten sich erhalten haben. In der Erde vertrocknen Leichen nur sehr selten, wenn sie nicht in fest geschlossenen Särgen liegen. Doch hat man auch auf der Cimetière des Innocens beobachtet, daß einzelne Leichen mumifiziert waren, dicht neben anderen, welche sich völlig aufgelöst, oder in Adipocire verwandelt fanden. Die Ursache dieser Ausnahme ist nicht klar ermittelt. Am häufigsten mumifizieren Leichen aber, welche in Grüften und Gewölben und in festgeschlossenen Krypten und Särgen beigesetzt sind. Die Grüfte mancher Klöster, besonders Kapuzinerklöster, sind dafür bekannt, die Klöster von Dünkirchen, Toulouse, Palermo, Saas, Bonn u.s.w. Die Anhäufung von mumifizierten Leichen ist, nachdem die Familienanhänglichkeit an die einzelnen Verstorbenen längst verschwunden ist, zum Gegenstande der Touristenneugier, wie in einem Wachsfigurenkabinett geworden. In Palermo stehen die Leichen in einem hohen gewölbten, gut erleuchteten und gelüfteten Saale aufrecht an den Wänden, mehrere Reihen, Männer, Frauen und Kinder hintereinander, in die Gewänder eingehüllt, welche die Familie ihnen mitgab und die von Zeit zu Zeit gewechselt werden, mit Glacéehandschuhen an den Händen. Ein Brautpaar, das am Hochzeitstage verunglückte, präsentiert sich in seinem Hochzeitsschmucke. An der Decke hängen ein Paar kleine Principesse, als Engel travestiert mit Flügeln an dem Rücken. Wenn die Gewänder mit der Zeit vermodern und die Familie versäumt sie zu erneuern, so werden die Leichen von den Mönchen in abgelegte Kutten gehüllt, auch die von Frauen.

Haut, Knochen und Bänder haben ihre Festigkeit behalten; die Leichen stehen daher aufrecht, in der Stellung welche man ihnen gegeben, ohne einzuknicken. Die Haut ist bräunlich, gelblich, oder grau, wie trocknes Leder, völlig fettlos. Die Augenlieder, die Ohren, die Nasenflügel, die Zunge sind wohl erhalten und nur zu dünnen Lederlappen vertrocknet. Die Gesichtszüge haben, wenn auch eingeschrumpft, doch den natürlichen Ausdruck behalten und scheinen die Gefühle des letzten Augenblicks des Lebens auszudrücken. (An einem Kopfe einer Gräfin von Lerma, aus den Grüften von Valadolid, jetzt hier in der anatomischen Sammlung, lassen sich die Spuren ehemaliger adeliger Schönheit noch sehr wohl erkennen.) — Die Geschlechtsteile sind noch vollständig erhalten, die Finger sind gekrümmt, aber wohl gegliedert, die Gewebe unter der Haut sind nicht unter einander verschmolzen; Arterien und Nerven lassen sich bis in ihre feineren Verzweigungen isolieren; die Muskeln sind vertrocknet, fettlos, lamellös, blätterig, wie Zunder oder Bast und fangen wie dieser Feuer; die Sehnen sind gut erhalten. Ebenso sind die Knochen trocken, fettlos, aber nicht brüchig. Die Venen sind nicht mehr erkennbar. Das Gehirn ist in ein grobes, graugelbes Pulver, Sägspänen ähnlich, zerfallen. — Das Gewicht des ganzen Körpers ist sehr gering und betrug in den Grüften von Toulouse im Mittel nur 8 bis 10 Pfund an Leichen, welche im Leben wohl 150 schwer gewesen waren.

Die spontane Mumifikation kommt in warmen Ländern, Süditalien, Südfrankreich, Spanien häufiger als in nördlichen vor. Die meisten Leichen waren in Grüften begraben gewesen, ehe sie in den Kapellen ausgestellt wurden. Die Luft dieser hohen, luftigen Bäume kann daher nichts dazu beigetragen haben, um die Austrocknung entstehen zu lassen, wie gewöhnlich angenommen wird, wenn aber die Austrocknung einmal vollendet ist, so erhalten sich die mumifizierten Teile überall. Auf der hiesigen Anatomie sind zwei Präparate, eine schöne kleine Hand, einer Geliebten eines Grafen von Toulouse und ein Kopf, welche beide von Larrey d. A. an Sömmering geschenkt waren und welche also nahezu seit 80 Jahren ihrem ehemaligen Aufenthaltsorte entnommen und ganz unverändert erhalten sind. Daß die Leichen von Frauen häufiger mumifizieren, wie Thouret behauptet, der unter 60

Mumien nur eine männliche fand, ist wohl ein Irrtum, oder zufällig, da in den genannten Kapuzinerklöstern die Leichen der Mönche stets mumifiziert zu sein pflegen. — Ein durchlässiger, sehr trockener Boden scheint die Mumifikation sehr zu begünstigen.

Becueil des pièces concernant les exhumation faites dans l'enceinte de l'eglise de Saint Eloi de la ville de Dunkerque.
Puymaurin, Détails chimiques et observations de corps qui sont déposés dans les caveaux des Cordeliers à Toulouse. Histoire de la soc. de med. 1779.

Dauer des Verwesungsprozesses

Die physikalischen Veränderungen, welche sich an Leichen zeigen, die Auftreibung und Erfüllung der Gewebe mit Gasen, die Reihenfolge der faulenden Auflösung der einzelnen Organe, die Veränderung der Farbe derselben u.s.w. sind von Orfila und Lesueur[6] und unter Berücksichtigung der verschiedenen Zustände, in welchen die Leiche sich befinden kann, in freier Luft, unter der Erde, im Wasser, unter Mist oder in einer Latrine, sowie nach dem Alter, der Körperbeschaffenheit des Individuums, mit großer Genauigkeit und Ausführlichkeit angegeben worden. Diese Angaben interessieren jedoch vorzugsweise nur den Gerichtsarzt. Ich glaube daher auf die zitierte Schrift, sowie die Handbücher der gerichtlichen Medizin verweisen zu können; hier erscheint nur das endliche Resultat, die Zeit, in welcher schließlich die Auflösung vollendet zu sein pflegt; von Wichtigkeit, weil vielfach eine viel längere Dauer bis zur gänzlichen Auflösung der Weichteile und Wegführung der Zersetzungsprodukte, somit auch eine sehr viel längere Periode, in welcher diese möglicherweise noch vorhanden und in welcher sie nachteilig auf die Gesundheit der Lebenden einwirken könnten, angenommen wurde, als wirklich der Fall ist. Die Dauer der Periode bis zur gänzlichen Auflösung der Weichteile und Wegführung der Zersetzungsprodukte ist freilich verschieden, sie hängt von der Beschaffenheit des Bodens, ob locker und durchlässig, oder nicht, trocken, oder feucht, von dem Alter und der Köperbeschaffenheit des Individuums, der Tiefe, in welcher die Bestattung stattgefunden, dem Maße des Drucks u.s.w. ab, so daß sich nur Durchschnittsangaben machen lassen. Sie geht rascher vor in grobkiesigem und Sandboden, als in fester Erde, am langsamsten in Letten, Mergel und feuchtem Torfboden. Ist der Boden einmal mit Verwesungsprodukten gesättigt, so schreitet die Zersetzung immer langsamer vor. Sie sind aber von Wichtigkeit, denn abgesehen von anderem bestimmen sie die Zeit, in welcher ein Grab in regelmäßigem Turnus gewechselt werden kann.

Die meisten Leichen treiben sich im Grabe durch Gase auf, lassen dieselben aber schon nach wenigen Tagen austreten, sowohl aus den Körperhöhlen durch die natürlichen Öffnungen derselben, wobei die

---

[6] Orfila und Lesueur, traité des exhumations juridiques, 2 Vol. 1851. Burdach, Physiologie Vol. IV,.

vorhandenen Flüssigkeiten mit ausgetrieben werden, als aus den Geweben und sinken durch den Verlust von Wasser und Gasen ein und vertrocknen. Der Hauptverlust findet schon in den ersten Tagen nach dem Tode statt. Dann platzt in den meisten Fällen die Bauchhöhle durch die Entwicklung der Gase, meistens an den Leistenringen, oder in der Gegend des Nabels. Nach der Entfernung der Gase und eines Teils der Flüssigkeit schreitet die Fäulnis langsamer vor und der Leichengeruch wird minder penetrant. Manche Leichen, besonders solche, welche sehr säftearm waren und in trockener Erde lagen, treiben sich überhaupt nicht besonders auf, sondern fangen alsbald an einzutrocknen. Ein fester Sarg, ein Metallsarg, hält die Zersetzung auf und verlangsamt sie, unterbricht sie aber nicht gänzlich. In der Mehrzahl werden die Weichteile nach und nach trocken, blätterig und fangen an zu vermodern. In 10 bis 20 Monaten pflegt von den Weichteilen an den Knochen nichts mehr anzuhangen; nur das Skelett ist übrig und widersteht eine sehr lange Zeit. Auch wenn die Leiche in einem Sarge und in Tüchern eingehüllt war, zersetzt sie sich in gleicher Weise. Die Mittel zu ihrer chemischen Auflösung sind in ihr selbst enthalten. Außer den Knochen bleibt nach Ablauf von 1½ bis 2 Jahren nur etwas schmieriges, geruchloses, dunkel gefärbtes, öliges Fett übrig. Die Zersetzungsprodukte sind in den umgebenden Boden übergegangen; die letzten unverwesten Spuren finden sich im Sand noch bis gegen 20, im Letten bis gegen 12 Jahre. (Kiene V. J. S. f. ger. Med. 1874.) Humose Färbung des Bodens kann sich aber bei 1000 Jahre erhalten. Die kürzeste Zeit, welche für den Turnus der Gräber angenommen worden ist, 5 Jahre (in Paris) reicht also nicht vollständig aus, um eine Leiche bis auf ihre Knochen aufzulösen, aber lange vorher ist jede Möglichkeit, daß Infektionen von ihr ausgehen könnten, bei der enormen Mehrheit der Fälle vollständig verschwunden.

Vorgänge bei der Leichenverbrennung[7]

Die Leichenverbrennung, wie man sie jetzt auffaßt, verlangt eine vollständige Inzineration des Körpers, auch der Knochen, so daß die Verbrennungsreste, Kohle und weiß gebranntes Knochenpulver, im Gewichte von wenig Pfunden, in einem engen Raume, einer Urne, untergebracht werden können. Sie verlangt ferner, daß diese Veraschung statt finde, ohne daß die Überreste des Körpers mit denen des Brennmaterials sich mengen, ohne daß üble Nebenerscheinungen sich zeigen, stinkende Dämpfe sich entwickeln, sowie daß der Akt möglichst wenig kostspielig sei, daß wohlfeiles Brennmaterial benutzt werden könne und daß er sich in nicht allzu langer Zeit vollziehe. Diesen Bedingungen entspricht die Benutzung des Siemens'schen Regenerationsofens bis jetzt am besten, und von den übrigen Methoden, der Verbrennung auf Scheiterhaufen, wie bei den Römern und der Ketzerverbrennung, in einem offenen Flamm-, oder einem Muffelofen, wird nicht mehr die Rede sein. Wenn der Siemens'sche Ofen vielleicht noch einige Mängel hat, wie die Vorgänge in Gotha zu zeigen scheinen, wenn er insbesondere zur gefahrlosen Handhabung der Beihilfe sachverständiger Techniker bedarf, die, wenn die Inzineration allgemein eingeführt werden soll, nicht überall und jederzeit zu beschaffen ist, wenn man seine Leitung nicht jedem einfachen Heizer wird überlassen können und wenn er vielleicht zu häufig Reparaturen erfordert, welche den Betrieb stören und weitere Kosten verursachen, so will ich doch hierauf kein besonderes Gewicht legen, denn solche Schwierigkeiten wird unsere weit fortgeschrittene Technik zu überwinden lernen. Ich nehme also den Siemens'schen Ofen als den Apparat an, der vorläufig bei der Feuerbestattung allein in Gebrauch kommen kann.

Die Endprodukte der Leichenverbrennung sind im wesentlichen dieselben wie bei der Verwesung in der Erde, nur daß sie bei der Inzineration der Leiche, bei sehr hoher Temperatur, von 600 bis 800°C und höher, sehr rasch sich herstellen. Der Vorgang ist eine trockene Destillation, bei welcher die Körperteile selbst einen Teil des Brennmaterials

---

[7] Dr. E. Kopp, Leichenbeerdigung und Leichenverbrennung. —Deutsche Vierteljahrschrift für öffentliche Gesundheitspflege. B. 7.S.1.
Zur Leichenverbrennung. Betrachtung über vorgeschlagene Verbrennungsarten. Winterthur 1875.

liefern, sowie sie, von der Oberfläche an vorschreitend, ihren Wassergehalt abgegeben haben. Das Wasser, das in der Leiche enthalten ist, oder bei dem Faulen gebildet wird, gelangt also bei der Verbrennung nicht direkt in den Boden, sondern wird ebenso wie die Kohlensäure verdampft; statt Ammoniak und Salpetersäure wird freier Stickstoff entwickelt und die Kohle wird in eine minder lösliche Form gebracht.

Der Vorgang in dem Innern des Ofens ist, wenn nicht der Beobachtung halber besondere Vorkehrungen getroffen sind, der unmittelbaren Anschauung ebenso entzogen, als der der Verwesung im Grabe. Man hat aber diese Beobachtung sowohl in Dresden an einer Tierleiche von 82 kg Gewicht, als in Gotha an der einbalsamierten Leiche einer Mistr. D., der Frau eines englischen Baronets, gemacht. Pf. Heim aus Zürich gibt von dem Verlauf der ersteren, als Augenzeuge eine Beschreibung, aus welcher ich die Hauptsache entnehme.

Der Siemens'sche Ofen braucht *5 Stunden,* um auf die gehörige Temperatur vorgewärmt zu werden, dann aber sind der Vorwärmer, die Wände des Verbrennungsraumes und der aus feuerfesten Steinen erbaute Kost rotglühend. Um 5½ nachmittags wurde die Klappe zum Luftzutritt zum Vorwärmer ganz abgeschlossen, der Kadaver wurde auf einem Brette auf den Rost geschoben und die Türe wieder geschlossen. Der Luftzug nach dem Schornstein war so stark, daß bei der Einführung der Leiche keine belästigenden Dämpfe aus dem Ofen traten. Oben ließ man bloß zur Beförderung der Flammenbildung über dem Vorwärmer noch etwas Heizgas in den Verbrennungsraum einströmen, die untere Vorwärmungsflamme wurde ganz abgesperrt. Innerhalb der ersten 3 Minuten waren keine Veränderungen an dem Körper zu sehen, er trocknete augenscheinlich oberflächlich aus, dann fing er an seiner ganzen Oberfläche mit Flamme zu brennen und brannte aus sich weiter fort. Detonationen fanden nicht statt; man hörte nur den starken Luftzug des Ofens. Die Gase, welche durch den Schornstein gingen, waren geruchlos, ohne Geruch nach Salpetersäure, meistens auch farblos, von Rauch keine Spur, Beweise der Vollständigkeit der Verbrennung. Die Verbrennung ging von der Oberfläche nach der Tiefe; unter einer Aschenschichte von kreideweißer Farbe brannte eine schwarze, schlackige Kohle mit heller Flamme, allmählich bröckelte sich die Aschenschichte ab und fiel in den Aschenraum; so Schichte nach Schichte bis auf die Knochen. Es brannte die Leiche nicht in äußerer Flamme, sondern Schichte vor Schichte in ihrer eigenen Kohle, Austrocknen und Verbrennen schritten gleichmäßig vor. Zwei Stunden nach dem Einschieben des Kadavers war auch die Leber, welche am schwierigsten zu verbrennen ist, verschwunden und der Prozeß vollendet. Der Aschenraum wurde jetzt geöffnet und die Asche sorgfältig herausgenommen, ihr Gewicht betrug 2 kg weiß gebrannte Kohle und kleine Knochenstückchen. Der Ofen war noch so heiß, daß er etwa nach einer halben Stunde Vorwärmen wieder hätte gebraucht werden können. Es waren 12 Zentner Braunkohlen verbraucht worden.

Drei menschliche Leichen, welche unter ähnlichen Vorgängen in Dresden in demselben Ofen verbrannt worden waren, ergaben an Asche 4 bis 6 Pfund.

Bei der Inzineration der Leiche der Mistr. D., (Allg. Augsb. Ztg.), in Gotha, welche einbalsamiert aus England dorthin gebracht worden war, ist ähnliches, wie vorstehend beschrieben, beobachtet worden. Nach 35 Minuten waren die Weichteile am Kopfe zerstört und der Schädel lag nackt da; nach weiteren 10 Minuten war die Oberfläche des Körpers verkohlt und fing selbst an mit einer niederen Flamme zu brennen. Nach 50 Minuten trennte sich der Schädel von dem Rumpfe und das vorquellende Gehirn fing an zu brennen. Nach weiteren 20 Minuten fing auch der Sarg an zu veraschen. Nach etwa 1½ Stunden war der Körper größtenteils verzehrt und waren nur noch einige Knochenteile des Beckens übrig, welche nochmals dem Feuer ausgesetzt werden mußten. Bei der Verbrennung der Leiche des Herrn Ingenieur Stier, dessen Körper ebenfalls geöffnet, einbalsamiert und ein Jahr nach dem Tode aus dem Grabe genommen worden war, dauerte die Verbrennung 2½ Stunden.

Bei diesen Zeitberechnungen ist die Vorwärmung, welche wie wir oben gesehen haben, gegen 3 Stunden, wenn nur eine einzelne Leiche zu bestatten ist, erfordert, nicht in Anschlag gebracht. Der ganze Vorgang erfordert also, wenn kein störender Zwischenfall eintritt, 5 bis 6 Stunden im Ganzen, von dem Augenblick an, in welchem man mit der Heizung beginnt und 2 bis 3 Stunden von da an, wo die Leiche in den Ofen geschoben worden ist. Wenn mehrere Leichen in derselben Zeit zu verbrennen sind, so kürzt sich die Dauer des Vorganges um etwas ab, so viel als das Vorwärmen des noch erhitzten Ofens rascher möglich ist. Wenn also 2 Leichen zu verbrennen wären und dieselben unmittelbar auf einander folgen, so könnte der Akt etwa in 8 Stunden vollendet sein, wenn kein störender Zwischenfall eintritt. Bei der Beschreibung dieser Versuchsverbrennungen hat man sich beeifert zu versichern, daß die Knochen sämtlich in Pulver verwandelt worden seien, so daß eine nachträgliche Zertrümmerung derselben, um sie in die Urne bringen zu können, nicht erforderlich gewesen sei. Da der phosphorsaure Kalk unverbrennlich ist und Atom an Atom desselben in den festen Knochen anliegt, so möchte ich bezweifeln, daß diese Pulverisation an den festen Knochen, in allen Fällen, vollständiger erfolgen wird, als sonst beim Calcinieren.

So sehr man sich auch bemüht hat, dem Vorgange der Feuerbestattung eine poetische Seite abzugewinnen und ihn möglichst feierlich zu gestalten, so muß ich doch sehr bezweifeln, daß, wenn der Reiz der Neuheit einmal verschwunden ist, die Geduld des Geistlichen und der christlichen Trauergesellschaft, welche wegen der Beschränkung des Raums nur in kleiner Anzahl anwesend sein kann, immer aushalten werden, ihre Zeit in dieser Weise anzuwenden. Gewiß wird es möglich sein ein Zeremoniell zu finden, welches ohne Verstoß gegen die Riten und hergebrachte christliche Sitte, der Feuerbestattung angepaßt werden kann, ohne daß sie einen komödienhaften Anstrich erhält; die alten, kernhaften Trauergesänge, an welche das Volk sich gewöhnt hat, werden sich auch vor dem Verbrennungsofen verwenden lassen, ohne daß man der Hymnen bedarf, welche Müller v.d.Werra und Kinkel oder andere poetische aufgeklärte Gemüter gedichtet haben.

Oft genug ist Gelegenheit gegeben worden, Leichen zu sehen, welche im Feuer verunglückt sind. Der Anblick solcher verkohlter Leichen könnte nur dazu dienen die ästhetischen Gefühle von Frauen, welche für die Leichenverbrennung schwärmen, herabzudrücken. Bekannt sind die Vorgänge bei dem großen Eisenbahnunglücke auf der Bahn von St. Germain. Es war an einem Tage, in welchem die Wasser in Versailles sprangen, bei der Rückfahrt drängte sich alles in den letzten Zug, welchem der Überlast wegen 2 Lokomotiven vorgelegt wurden. Da die Achse der ersten brach, so schob sich die zweite und eine Anzahl Personenwagen über diese weg und schüttete die Kohlen auf den Bahnkörper aus. Die frisch lackierten Waggons, deren Türen von dem Publikum nicht geöffnet werden konnten, gerieten in Flammen, eine große Anzahl von Menschen endete elend in denselben. Velpeau hat über dieses unglückliche Ereignis vor der Akademie Bericht erstattet (Gaz. méd. de Paris 1836). Bei manchen war der Schädel durch die enorme Entwicklung von Dämpfen geplatzt, so daß die Person ganz unkenntlich geworden war, oder der Bauch war aus derselben Ursache geborsten. An Leichen, welche über die glühenden Schienen gefallen waren, war der Leib durch das Schrumpfen der Haut wie mit einem Faßreif eingeschnürt u.s.w. Die helle lodernde Flamme ist ein schönes reines Element, wie man gewöhnlich sagt, aber die verkohlten Haut und Muskeln, das ausgebratene Fett, haben nichts was ein ästhetisches Gemüt erfreuen kann.

Zur Empfehlung der Leichenverbrennung ist stark betont worden, daß bei derselben keine unangenehmen oder stinkenden Gase sich entwickeln, d.h. von dem Augenblicke an, in welchem die Leiche in den Inzinerationsofen geschoben ist. Aber ebenso entwickeln sich keine Gerüche mehr über dem Boden, sobald einige Schaufeln Erde über dem Sarge sich befinden. In dieser Beziehung hat also die Inzineration *keinen* Vorzug vor der Erdbestattung.

Wenn man die Hoffnung hegt, daß die Leichenverbrennung einmal die Erdbestattung gänzlich verdrängen werde, so muß man sich auch klar machen, wie es mit den Armenbegräbnissen gehalten werden soll. Bis jetzt sind nur Leichen von Personen verbrannt worden, bei welchen es auf die Kosten und die Zeit nicht ankam, und wie wenig die ersteren berücksichtigt werden sollen, geht aus dem Vorschlage von Reclam hervor, die Leichen in Särgen von Zink, das sich in hoher Temperatur verflüchtigt, in den Ofen zu schieben. Wird man in größeren Städten, um Zeit und Geld zu sparen, wie im alten Rom, Massenverbrennungen auf gemeinschaftlichem Bustum vornehmen und die Angehörigen zusehen lassen, wie sie die Asche aus einander bringen?

Nur weil von anderer Seite (Richter) der ökonomische Vorteil der Leichen Verbrennung für die Landwirtschaft behauptet worden ist, nicht weil ich selbst auf solche Utilitätskrämerei in einer so ernsten Sache Wert legte, will ich bemerken, daß das Gegenteil von dem was behauptet wurde, richtig ist. Die Kohlensäure, welche in die Luft ausströmt, so wie der freie Stickstoff sind für den Pflanzenwuchs bei weitem weniger nützlich, als die, welche sich mit dem Bodenwasser mischen, oder in Salpetersäure und Ammoniak sich verbinden; die Kalkphosphate, welche in der Urne bewahrt werden sollen, gehen dem Boden ganz verloren und wenn aus einer so dürftigen Ursache eine Verarmung des Bodens an diesem wichtigen Salze zu befürchten wäre, so würde die Besorgnis nur für die Feuerbestattung begründet sein.

Verschiedene Methoden der Leichenverbrennung

Bei den Anhängern der Leichenverbrennung gilt der Siemens'sche Regenerationsofen bis jetzt als der vollkommenste Apparat und derselbe hat die übrigen, welche vorgeschlagen worden waren, zurückgedrängt. Der Apparat ist im Prinzip derselbe, der in der Industrie, bei Puddelöfen, bei der Gasbereitung, Glasfabriken, mit dem besten Erfolge angewendet wird. — Willam Siemens hat in einer besonderen Schrift seinen Regenerationsofen beschrieben und ebenso Reclam, Gartenlaube 1874. Da diese jedermann zugängig und die Beschaffenheit des Apparates durch eine viel verbreitete Zeichnung erläutert ist, so enthalte ich mich einer detaillierten Beschreibung. Zur Verbrennung werden glühende Gase gebraucht, welche mit dem Wasserstoff und der Kohle des Körpers, die unter Zuströmen von Luft mitverbrannt werden, die Leiche bis auf einige Asche und die unverbrennlichen Kalksalze incinerieren und die Hitze wird bis zu dem Grade gesteigert, bei welchem die Materialien des Ofens zu schmelzen anfangen.

Der Siemens'sche Ofen ist in Gotha und von Thomson in London (3 Fälle) erprobt worden und man hat nur günstige Resultate berichtet. Doch sind weitere Versuche sehr wünschenswert und Bedenken gegen die Vollkommenheit des Verfahrens, zu welchem die Leiche selbst einen Teil des Brennmaterials liefert, sind noch nicht beseitigt.

Es ist zu befürchten, daß wenn eine feuchte Leiche in die Verbrennungskammer eingebracht wird, die Hitze so abgekühlt wird, daß nicht der höchste Grad der Verbrennung, bei welchem nur Kohlensäure entweicht, erreicht wird und daß der Ofen raucht, wenn nicht ein großer Überschuß von Hitze vorhanden ist.

Der Ofen kann nur geübten Händen anvertraut werden. Nach Mitteilungen, welche nur wenig in die Öffentlichkeit gedrungen sind, haben bei den vier (ersten) Versuchen in Gotha zweimal furchtbare Explosionen stattgefunden. Gleiches ist in technischen industriellen Instituten oft vorgekommen und es gehört eine lange Einübung dazu, um das Personal von Technikern so vorzubereiten, daß Unfälle möglichst, nie vollständig, vermieden werden.

Erfahrene Techniker halten es für total unmöglich, einen Sarg in den weißglühenden Ofen mit der nötigen Pietät zu versenken, ohne höchst unliebsamen, selbst gefährlichen Zwischenzufällen ausgesetzt zu sein.—Ob es immer möglich ist, einen Tierkörper rauchfrei zu verbrennen wird von verschiedenen Unständen, dem Feuchtigkeitsgehalt der Atmosphäre, der Temperatur der Luft, abhängen. Ob die Kosten, der Kohlenverbrauch, so niedrig sich stellen, als berechnet wurde, wird von Technikern stark bezweifelt und angenommen, daß die Berechnung über das kalorimetrisch Mögliche hinausginge. Die erzeugte Wärme ist immer von den entwickelten Wärmeeinheiten abhängig. Hiermit werden aber die Gesamtkosten für Material, Reparaturen und Arbeit sich viel höher stellen, als berechnet wurde.[8]

Andere Vorschläge, welche gänzlich unerprobt geblieben sind, berühre ich nur ganz kurz.

H. Richter, Gartenlaube 1856, Nr. 49. Die in eine Asbestdecke eingehüllte Leiche wird in einem feuerfesten Gewölbe auf einen Rost von Platin gelegt und einer Stichflamme von Leuchtgas oder Knallgas ausgesetzt. Die Kammer ist mit Fenstern versehen, damit die Leidtragenden das Vergnügen haben können den Vorgang zu beobachten. Die flüchtigen Verbrennungsprodukte werden in Retorten geleitet, kondensiert und utilisiert.

Obwohl Richter selbst geglaubt hat, daß man jemals die Proletarier einer Metropole auf einem Platinroste verbrennen werde? Er ist jetzt tot, deshalb de mortuis nil nisi bene.

Polli, Gaz. di Milano, will die Leiche auf eine Metallplatte, einen Herd legen und mit dreifachen eisernen Zirkulationsröhren umgeben, aus deren nach innen gewendeten zahlreichen Öffnungen Leuchtgasflammen brennen; das Ganze wird mit einem Tonmantel umgeben. Es ist dieses die Bratvorrichtung, welche man in großen Gasthöfen findet und die Resultate werden dieselben sein. Die Gase sprengen den austrocknenden Mantel, das schmelzende Fett träufelt ab und die Leiche wird nur geschmort, nicht incineriert und muß nachträglich zerstückelt werden.

Brunetti in Padua will bei offenem Feuer auf einem Scheiterhaufen oder in einem Muffel verbrennen, die zur Holzersparung mit einer Mauer umgeben sind.

Gorini hüllt sein Verfahren, die Leiche in einer hoch erhitzten Flüs-

---

[8] Die Frage der Leichenverbrennung von einem praktischen Techniker. Winterthur 1876.

sigkeit zu zersetzen, in ein Geheimnis.

Alle oben zitierten Methoden wären nur an Orten ausführbar, an welchen Leuchtgas zu haben ist, nicht also auf dem Lande und an kleinen Orten, an welchen noch keine Gasbeleuchtung eingeführt ist. Sie sind also nicht auf allgemeine Anwendung berechnet. Der anonyme Techniker, dessen Schrift ich oben zitiert, indem er seine Bedenken gegen alle früher vorgeschlagenen Methoden vorbringt, schlägt vor, die Leichen der trockenen Destillation, einer künstlichen Mumifikation zu unterwerfen, womit aber der Hauptvorteil der Inzineration, dieselbe bis auf einige wenige Pfund Asche zu reduzieren, die im kleinsten Raume untergebracht werden können, verloren geht.

Als Curiosum will ich hier zufügen, daß 1873 der Radjah von Kellapure zu Florenz, an dem Ufer des Arno, mit großem Pomp, nach indischer Weise, verbrannt worden ist, doch ohne daß sich eine seiner Frauen geopfert hätte. Die Asche wurde in den Arno geworfen. — Gaz. di Milano 1873.

Die Versuche von Sir Cecil Beadon in Kalkutta, die Leichenverbrennung in einer eisernen Kapsel, statt auf offenem Scheiterhaufen, der Ersparung der hohen Kosten wegen, einzuführen, haben bei der indischen Bevölkerung keinen Anklang gefunden.

Weitere Vorschläge zur Verbesserung der Totenbestattung

Es konnte sich nicht fehlen, daß in einer Zeit, in welcher die Wogen für Verbesserung der Leichenbestattung so hoch gehen, wie in der gegenwärtigen, nicht auch außer den Versuchen zur Einführung der Feuerbestattung, manche andere Vorschläge aufgetaucht sind, welche aber sämtlich bis jetzt keinen allgemeinen Anklang gefunden haben und von welchen ich daher nur eine kurze Notiz geben werde.

Diese Vorschläge gehen entweder dahin:
1) die natürliche Zersetzung der Leichen so zu begünstigen, daß die Rotationszeit abgekürzt werden kann, oder:
2) die Leichen unschädlich einzuschließen, so das Ausflüsse und Ausdünstungen von ihnen vermieden werden, oder:
3) sie auszutrocknen, ähnlich wie bei der spontanen Mumifikation sie einer trockenen Destillation zu unterwerfen, oder:
4) sie relativ rasch zu zerstören, so daß wiederum eine Abkürzung der Rotationszeit stattfinden kann.

Der erste Vorschlag findet sich in einer kleinen Schrift, earth to earth, von Francis Seymour Haden, welche aus Briefen an den Herausgeber des Temps entstanden ist. Er hat die Erfahrung gemacht, daß die Körper von Tieren, Hunden, sich bis auf einige kleine Knochenreste etwa innerhalb 2 Jahren zersetzen, wenn sie, ohne Sarg natürlich, begraben worden sind, sowie daß von je zwei Leichen, von denen die eine in einem ganz leichten Sarge, oder wenn derselbe eingedrückt war, sich viel rascher und vollständiger auflöst, als eine andere, welche in einem fest verschlossenen, wohl erhaltenen Holz- oder Metallsarge liegt. Wenn der Sarg sich in beständig gleichmäßig sehr feuchter Erde befindet, oder mit Wasser gefüllt ist, so erhält sich das Holz sowohl, als die Leiche, viel länger als in trockener, oder nur abwechselnd feuchter Erde. (Abschluß der Luft. An den Pfeilern der Trajansbrücke in Mainz ist das Holz ein wenig gefärbt, aber noch so fest, als ob es erst vor kurzem versenkt worden wäre.) — Die Vorschläge von Haden gehen daher dahin, die Leichen früher als es bisher (in England) üblich war, zu bestatten, indem er die Gefahr des Lebendigbegrabens den jetzigen Hilfsmitteln zur Erkenntnis des wirklichen Todes gegenüber für unbegründet hält und die Leichen ohne Sarg, oder nur in ganz leichtem, offenem Sarge zu bestatten. Die Leichenbestattung in Holzsärgen ist bei den europäischen Völkern nicht sehr alt. Aus dem Felsen nur zu ¾ ausgehauene Steinsarkophage waren in Italien älter. Auch in der ersten christlichen Zeit wurden die Leichen nur in Tücher gehüllt. Da man in Steinkrypten beerdigte, so bedurfte man des Sarges nicht. Sein Gebrauch ist bei den Chinesen viel älter als bei den Europäern.

Gewiß kann man diesen Vorschlägen, so lange die Erdbestattung noch besteht, nur zustimmen. Es wäre sehr zu wünschen, wenn man die Menschen dafür gewinnen oder durch ein Reglement zwingen könnte, den völlig unnützen und nur der Eitelkeit der Hinterlassenen schmeichelnden Leichenpomp aufzugeben und eine Einfachheit anzunehmen, welche dem Ernste des Ereignisses und der wahren Trauer besser entspräche, als ein lächerlicher Luxus. Das wird aber schwerlich gelingen, denn die Eitelkeit ist stärker als die Vernunft; muß doch jeder arme Schneidergeselle, der einem Krieger- oder Turnvereine angehörte, notwendig vierspännig begraben werden. Die Leiche könnte ja mit einem Luxussarge bis an das Grab gebracht, aber nur in Tücher, oder in einem ganz leichten Sarge in dasselbe eingesenkt werden.

Die Vorschläge, Leichen in luftdicht geschlossenen Steinkapseln, festgeschlossenen Steinsärgen, zu konservieren, oder zu versteinen, haben ihre Vorbilder in den Überresten vorweltlicher, ausgestorbener Tiere, des Mammut, der zufälligen Versteinerung einiger Menschenleichen in Breccien, sowie in dem schon zum Teile früher erwähnten Verfahren einiger durch die Natur ihres Landes begünstigten Völkerstämme. Die Zeit, welche über solche versteinte Menschenleichen hingegangen, kann als eine sehr lange angenommen werden, doch ist eine exakte Berechnung, welche sich wesentlich nur auf die Schätzung des jährlichen Anwachsens des Bodens stützt, eine sehr willkürliche. Agassiz hat die Zeit, welche über die in dem Florida Riff eingeschlossene versteinte Leiche hingegangen, auf 10000 Jahre, Cuvier die des Skeletts von Guadeloupe kaum kürzer angenommen; Rosiere versteigt sich für die Leichen der Limantbai auf 36000, Dowler für die von New Orleans auf 50000 Jahre. Die Leichenreste, welche im Illinoisflusse zu Natchez und Calaveras gefunden worden sind, lebten gleichzeitig mit dem Mammut. (Lubbock, die vorgeschichtliche Zeit.)

Künstliche Einschließungen in Stein, wie man sie jetzt wieder empfiehlt, sind schon bei den alten Peruanern in Gebrauch gewesen. Ihre Leichentumuli sind, dem Prinzip nach, wenig von den Kolumbarien der Römer verschieden. Man nennt dieselben Huacas. Die Leichen sind in sitzender Stellung und mit Binden umwickelt. Jede Leiche ist in Mörtel eingeschlossen und Leiche an Leiche zu einer enormen Pyramide zusammengestellt, welche, obschon sie nur von wenig haltbarem Materiale, in der Sonne getrocknetem Lehme, erbaut ist, in dem trockenen, regenarmen Lande doch eine so große Festigkeit besitzt, daß während des Bürgerkrieges 1854 eine schwere Batterie auf einer derselben aufgeführt werden konnte. (Hutchinson.) Hutchinson hat eine derselben gemessen und schätzt sie auf 14½ Millionen Kubikfuß, eine andere, sorgfältiger gemessen, ergab 3½ Millionen Kubikfuß, fast ganz aus halbmumifizierten Leichen gebildet. Diese Beerdigungsweise der alten Peruaner ist von einem Mr. Wilson für England wieder hervorgesucht worden, er will eine ungeheure Pyramide für Millionen von Leichen erbauen, Victoriapyramide, von 900' Höhe u.s.w.

Der Vorschlag, die Leichen in Stein hermetisch einzuschließen, ist von Steinbeis wieder vorgebracht worden. Sein Vorschlag geht dahin, die Leiche mit einer dünneren Lage von Zement zu inkrustieren und dann in einem Zementsarge zu verschließen, mit flüssigem Zement zu umgießen, so daß die Leiche in eine Art von künstlichem Fels kommt. Für ein ganz analoges Projekt hat ein Herr Gratry ein Patent erworben (Dévergie annales d'Hygiène 1874). Die Leichen sollen in Zementsärge eingeschlossen werden. Um aber dem Sarge die nötige Festigkeit zu geben und doch nicht zu viel Zement zu verbrauchen, soll erst ein Eisengestell genau von der Form des Körpers zu Grund gelegt und über dieses der Zement gestrichen werden. Diesem Vorschlage steht schon entgegen, daß es gar nicht in wohlverstandener Absicht liegen kann, alle Leichen zu konservieren, womit wieder die Überhäufung mit denselben entstehen würde, welche man in den Nekropolen des Altertumes nur dadurch überwinden konnte, daß man unendlich ausgedehnte unterirdische Labyrinthe grub. Wo soll aber außerdem die Masse von Zement herkommen, wer soll sie bezahlen, etwa für 50000 Leichen, welche die Stadt London allein jährlich liefert, und wer je gebaut hat, weiß, daß es nicht leicht ist, ihn von so guter Qualität zu erhalten, daß er nicht in kurzer Zeit zerbröckelt

Um einen Zementsarg von hinreichender Festigkeit herzustellen, würden mindestens zwei Tonnen Zement, à 12 R.Mark, erforderlich sein, so viel kostet also das Material allein.

Als die unterirdischen Grüfte einiger Kirchen in Mainz geräumt wurden, fand es sich, daß die Abtretungen des Rheins in einigen derselben in die Särge gedrungen waren und die Leichen mit einer später ausgetrockneten Schlammkruste umgeben hatten. Sehr alte Leichen waren gut konserviert.

Das Austrocknen der Leichen ist, wie früher schon in dem Abschnitte über die spontane Mumifikation berichtet worden ist, ein Vorgang, der in manchen Grüften ohne Zutun der Kunst stattfindet. Es wird von manchen wilden Völkern, um die Köpfe ihrer erschlagenen Feinde als Trophäen bewahren zu können, oder um die Leichen ihrer Angehörigen zu erhalten, geübt. Südaustralische Stämme hängen die Leiche unter dem Dach der Hütte auf, bis jene genügend ausgetrocknet und geräuchert ist, dann hängen sie dieselbe an den Ästen eines Baumes auf. In der neueren Zeit sind aber von englischen und besonders von französischen Anatomen viele Methoden versucht worden, Leichen auszutrocknen, zu versteinen, gleich einem anatomischen Präparate. Die Methoden wurden meistens als Geheimnis behandelt und haben, als Mittel die Toten zu bestatten natürlich keinen Wert, zunächst weil sie viel zu teuer sind. Schon Hunter konservierte auf eine solche Weise die Leiche einer Miss Butchel im Jahr 1775.

Zu welchen Abenteuerlichkeiten und rohen Absurditäten ein Mensch kommen kann, zeigt ein Vorschlag, der sich in der Leipziger illustrierten Zeitung von 1863 findet. Die Leichen von Wohlhabenden sollen in einen eisernen Kasten in sitzender Stellung gezwängt, in einen Ofen gestellt und verkohlt werden. Zur Ersparung der Kosten sollen die Leichen der Armen zerstückt und als Brennmaterial mitbenutzt werden. Sobald die Leiche nur verkohlt ist, soll sie den Angehörigen übergeben werden.

Ein in Genf lebender Ingenieur, Herr Schack-Jacquet, hat eine Methode zur Leichenbestattung vorgeschlagen und in einer mit Zeichnungen und Plänen versehenen Brochüre bekannt gemacht. Herr Dr. Carl Vogt, der sich als einen Anhänger der Leichenverbrennung bezeichnet, hat diese Methode adoptiert und in der Gartenlaube 1879, Nr. 15 einen kurzen Aufsatz veröffentlicht, aus welchem ich das folgende entnehme. Die Methode besteht in einer Verbindung des Kolumbariums mit einer (sehr langsamen) Inzineration der Leichen.

Aus gutem Portlandzement werden große, länglich-viereckte Kasten aufgebaut, welche Nischen, groß genug um einen Sarg aufzunehmen, in 5 Reihen über einander und etwa 10 Reihen neben einander aufnehmen. Die Nischen stoßen mit der einen Schmalseite mit einer zweiten Reihe nicht zusammen, sondern bleiben von dieser etwa 30 cm entfernt. In diesem Zwischenraume findet der Eintritt des Feuers statt. Die Särge werden von der äußeren Seite eingeschoben und die Öffnung dann gut zementiert und geschlossen. Man kann den Zementkasten etwas in den Boden versenken, auf eine mit Beton gedichtete Schichte setzen und die ausgehobene Erde auf den Kasten, wenn er gefüllt ist, schütten, am sie zu bepflanzen. (Die Pflanzen mögen auf diesem geheizten Treibbeete gut gedeihen!) An jeder Nische sind an der Heizseite zwei Öffnungen, eine am Boden, die andere an der Decke. Unter der Betonschichte ruhen die Kasten auf einem flachen, starken Gewölbe, welches eine unterirdische Kanalisation bildet und mit Einlaßöffnungen für die Luft versehen ist und von einem der Größe des Friedhofes entsprechenden Zentralkamin aus geheizt wird. Alle entweichenden Gase sollen verbrannt werden, das Wie ist nicht angegeben und möchte nicht so einfach sein. Herr Schack-Jacquet berechnet die Kosten für 10000 Grabnischen, das Bedürfnis Genfs, für etwa 10 Jahre, auf 200000 Francs. (Natürlich ohne Beamten, Reparaturen, Brennmaterial und Arbeit.) Wieder eine der Berechnungen, wie sie von den Projektenmachern so viele aufgestellt worden sind.

Nach Versuchen, welche Herr Dr. Vogt mit Ratten angestellt hat, vermutet derselbe, daß eine Menschenleiche in 3½ Jahren bis auf die erdigen Teile zersetzt sein werde, und setzt also voraus, daß die Nischen nach längstens fünf Jahren wieder besetzt werden können. Die Methode besteht also in einem sehr langsamen Schwelen, wie in einem Kohlenmeiler, oder in einem belgischen Backsteinofen.

Mit allem Respekt vor der Einsicht des Herrn Vogt glaube ich nicht, daß diese Methode die geringste Aussicht hat, angenommen zu werden.

Es gibt Menschen, deren Phantasie es gefällt, daß ihr Körper einmal rasch, in der lustigen, reinen Flamme verzehrt und ihre Asche in einer Urne gesammelt werden soll, aber sich 3½ Jahre lang langsam in einem

Ofen wie ein Backstein braten zu lassen, worauf dann die Asche hingeworfen wird, wohin es kommt, das möchte niemanden reizen. Einer der Hauptgründe zur Empfehlung der Feuerbestattung, Schnelligkeit der Zerstörung, fällt damit zusammen. Wenn in einem solchen Kasten 50 Leichen geschwelt werden, so müssen sich, da der Körper aus mehr als 63 pCh. Wasser besteht, Gase entwickeln; in dem Siemens'schen Regenerationsofen werden dieselben größtenteils verbrannt. Dazu gehört eine besondere Vorrichtung, Zuführung von Luft und Sauerstoff. Hierin besteht der hauptsächliche Vorzug des Siemens 'schen Ofens. Eine solche Einrichtung ist von Herrn Vogt nicht genau angegeben, er spricht nur von Zuleitung von Gasen und Luft oder Coaks. Die Gase müssen also entweder ausströmen und die Nachbarschaft belästigen, oder die Nischen sprengen. Herr Vogt ist im Irrtume, wenn er annimmt, daß mehr als 5 Jahre zur völligen Auflösung der Weichteile einer Leiche bei Erdbegräbnissen gehörten; sie sind nach 15 bis 20 Monaten gänzlich abgefault, also bei weitem früher, als die Zerstörung in dem Schack-Jacquet'schen Ofen vollendet sein soll (erprobt ist er noch nicht) und die Rotation könnte im Notfalle nach 3 Jahren schon beginnen. Wenn man die Rotationsperiode länger annimmt, so sind Rücksichten der Pietät der Grund. Gewächse und Gesträuche werden in der dünnen Erddecke dieses Backofens schwerlich erfreulich gedeihen; man könnte aber, um der neuen materialistischen Richtung zu genügen, wie über den brennenden Steinkohlengruben zu Saarbrücken und Chemnitz, eine Art von Treibhaus errichten. Die Raumersparung, daß 5 Reihen von Nischen über einander gelegt werden, stimmt mit den alten Kolumbarien überein. Allen solchen Vorschlägen stehen aber, wenn die Bauten nur einigermaßen würdig hergestellt werden sollen, für Armenbegräbnisse, die ansehnlich höheren Kosten der Einrichtung und der Erhaltung, mit der der einfachen Erdbestattung verglichen, entgegen. — Das Verfahren ist nur anwendbar, wenn es für alle obligatorisch wird, denn man kann doch nicht für einige wenige die Kasten und Heizapparate errichten und wenn es der Fall wäre, so müßten für 1000 Leichen, wie für Genf per Jahr angenommen werden, 20 solche Kasten mit den entsprechenden Öfen und einige Reservekasten gebaut werden, um die Leichen von einem Jahr zu verbrennen und deren etwa 150 für die ganze Rotationszeit.

Ökonomische Utilitätsrücksichten zur Empfehlung der Kremation

Die Utilitätsgründe, welche von Richter, Moleschott und Bernstein hervorgehoben worden sind, ernstlich zu nehmen und ernstlich zu besprechen, widersteht dem sittlichen Gefühle. Daher nur ein paar Worte gegen die Verirrung wissenschaftlich bedeutender Männer. Richter (Gartenlaube, 1856, Nr. 40) beklagt die unverantwortliche Stoffverschwendung bei der gewöhnlichen Erdbestattung, welche den Pflanzen zu Gute kommen sollte, den Verlust der stickstoffhaltigen Gase, der Kohlensäure, der Phosphate, die durch weiter von den Antipoden eingeführten Guano ersetzt werden müßten. Nach Richter sollen aber aus den Leichen nicht bloß Dungmittel, die auf die Felder geführt und nicht bloß dem Kirchhof zu nützlichem Pflanzenwuchs zu Gut kommen, sondern auch Blausäure, Photogen, Paraffin, Ammoniak bereitet, die Leiche destilliert und ihre Gase durch Schwefelsäure niedergeschlagen werden. (Bei dem Einzuge Napoleon I. mit Marie Louise in Paris war die Stadt zum großen Teile mit Fett illumuniert, das von Clamart, der anatomischen Anstalt kam.)

Moleschott (der Kreislauf der Lebens, Mainz 1852, S. 444) erinnert, daß Kohlensäure und Ammoniak die Nährstoffe der Pflanzen sind und sagt: „warum sollen wir länger der Sitte dauernder Kirchhöfe huldigen, während die belebenden Stoffe, alle die in tierischen Gebilden enthaltenen phosphorsauren Salze, welche im Überfluß auf unseren Kirchhöfen aufgespeichert werden, um nur Würmern und dem Grase zu nützen, mit Leichtigkeit zurückgeführt werden könnten in die Kreislinie des Lebens, die immer neue Kreise zeugt von Stoff und Kraft. Warum sollen diese Stoffe in Gräbern und Särgen liegen, niemandem zum Vorteil und häufig den Nächsten zur Last, während sie dürre Haiden beleben könnten."

In demselben Sinne äußert sich auch Bernstein, der die Beerdigung der Toten eine der schlimmsten volkswirtschaftlichen Sünden nennt, durch welche die reichsten Äcker mit der Zeit entnervt werden u.s.w. (Pietät gegen die Toten.)

Sonderbar, während man die Ausdünstung dieser Zersetzungsgase und die Wegführung der löslichen Salze als den Hauptgrund die Erdbestattung aufzugeben hervorhebt, werden sie hier aus demselben Zwecke als inert in dem Boden liegend beschuldigt. Wenn sie aber auch nur Gras nähren, wie auf einer Wiese, so nähren sie das Hausvieh und mit ihm den Acker und den Menschen, in der Aschenurne aber gehen sie für so lange verloren, als man sie aufzubewahren beliebt. In der Welt aber geht nichts verloren, die Materie ist ewig, sie wechselt nur die Form, Verbindung und Ort. — Die Berge an der unteren Lahn aber können soviel Kalkphosphate liefern, daß die ganze Welt sich mit ihnen versorgen könnte. Die Grubenbesitzer wären sehr froh, wenn sich ein größeres Bedürfnis für den Absatz ihrer Produkte bemerkbar machte.

Angeblicher Einfluß der Friedhöfe auf die Entwicklung von Krankheitskeimen; putride Infektion

Wenn angenommen wurde, daß ein jeder Friedhof ein siechhafter Ort sei, so ist die Frage, mit *welchen* Krankheiten derselbe die Umwohner durch die Fäulnisprodukte, welche sich auf demselben erzeugen können, bedroht, doch nur mit sehr wenig Kritik beantwortet worden. Daß ein Friedhof nicht allein durch Fäulnisprodukte, sondern auch mit diesen spezifische Krankheitskeime erzeugen müsse, ist als eine unzweifelhafte Tatsache vorausgesetzt worden, ebenso, daß dieselben durch Luft und Wasser mehr oder weniger weit weggeführt und den Anwohnern mitgeteilt werden könnten; daß also ein jeder Friedhof ein Krankheitsherd sei, von welchem, besonders zur Zeit wenn Epidemien herrschen, der weiteren Verbreitung derselben wesentlich Vorschub geleistet werde. Bei dem größten Teile des Publikums, welches mehr nach seinen ästhetischen Gefühlen, als nach ernsten wissenschaftlichen Untersuchungen zu urteilen gewohnt ist, hat man für diese Anschauung kaum eines Beweises bedurft. Der Abscheu vor dem Tode, der widerliche Eindruck, den eine faulende Leiche auf unsere Sinne macht, hat keinen Zweifel darüber aufkommen lassen, daß nicht auch die Produkte der faulenden Zersetzung nachteilig auf das Leben und die Gesundheit wirken müßten. So ist es für sehr überflüssig erachtet worden, nähere Beweise darüber vorzubringen, ob und welche Krankheiten durch die Fäulnis von Menschenleichen in dem Boden erzeugt, und wie die angeblich von ihnen ausgehenden Krankheitskeime von ihnen aus verbreitet werden und in den Körper eindringen. Man hat sich damit begnügt, eine Anzahl Beobachtungen als Belege vorzubringen, welche fast alle aus einer Zeit stammen, in welcher man noch weit von dem Besitze der Mittel zu einer richtigen Beurteilung entfernt und mehr nach dem Auffallenden, Unerklärlichen und Wunderbaren, als nach nüchternen Untersuchungen .begierig war. Viele dieser Beobachtungen stammen von Personen her, welche durchaus nicht im Stande sein konnten sie richtig aufzufassen, oder aus sonst sehr zweifelhaften Quellen, Sensationsnachrichten aus politischen und belletristischen Zeitungen. Wo einmal in der Nähe eines Friedhofes eine typhöse Krankheit ausgebrochen ist, da war, nach der Meinung des Publikums, dieser unzweifelhaft Schuld. Zu untersuchen, ob hier nicht eben so gut Kombinationen von Ursachen, unabhängig von dem Friedhof, Anlaß sein könnten, wie es so oft anderwärts der Fall ist, blieb bei dem einmal bestehenden Vorurteile ganz außer Betracht.

Diese älteren Anschauungen von der Wirkung der Fäulnisprodukte als Ursachen von Krankheiten und Trägern von Krankheitskeimen haben durch die neueren Fortschritte unserer Kenntnisse über die Ursachen der infektiven, miasmatischen und contagiösen Krankheiten, namentlich über die Rolle, welche niedere Organismen, Pilze der niedersten, einfachsten Form dabei spielen, eine wesentliche Veränderung erfahren, so daß es nicht mehr möglich ist, über diesen Gegenstand zu verhandeln, ohne den Einfluß zu berühren, welche dieselben dabei ausüben. Wenn auch die Frage über das sog. Contagium animatum schon seit lange besteht, so ist man doch erst seit kurzem, besonders auf experimentellem Wege, zu einigen bestimmten Erfahrungen gelangt. Vieles ist jedoch in dieser neuen Lehre noch bestritten, hypothetisch und unvollständig, so daß wir uns, wo es sich um praktische Anwendungen handelt, besonders um solche, durch welche den Gemeinden bedeutende Kosten auferlegt werden sollen, nur mit großer Vorsicht bewegen dürfen. Doch ist das, was jetzt schon über die Wirkung der Fäulnisprodukte, des sog. Leichengiftes, auf die Erzeugung von Krankheiten oder als Träger von Krankheitskeimen feststeht, von der größten Bedeutung und wo bestimmte Erfahrungen noch fehlen, da dürfen wir aus der Analogie, der Gleichheit der Erscheinungen und Wirkungen, schließen, daß gleiche Ursachen, wie sie für andere Formen mit Sicherheit erkannt sind, ebenfalls hier mit größter Wahrscheinlichkeit bestehen.

Früher, und auch gegenwärtig noch, hat man es sich mit der Annahme von schädlichen Wirkungen der Fäulnisprodukte von Leichen sehr leicht gemacht. Diese Produkte selbst, die chemischen, gasförmigen oder flüssigen Körper, oder ein Gemenge von solchen, welche aus den stickstoffhaltigen Bestandteilen der Leiche hervorgehen, wurden, wenn sie in einen lebenden Körper durch die Lungen, den Darmkanal, oder die Haut eindringen, als die Ursache von Krankheiten der verschiedensten Art, Pest, Typhus, gelbes Fieber, Cholera, Ruhr, Anthrax betrachtet. Daher geht die Absicht der Leichenverbrennung dahin, mit einem raschen Akte das zu erreichen, was die Fäulnis langsam bewirkt: die Leiche in ihre einfachsten unorganischen Bestandteile, die den

Lebenden nicht mehr schädlich sein können, zu verwandeln, in die Substanzen also, welche die Pflanze aus der Erde entnommen hat, um sie dem Tiere als Nahrung zu übergeben und welche mit dem Tode desselben zur Erde zurückkehren, um den Zyklus von neuem in anderen Individuen zu beginnen und so in alle Ewigkeit fort. Diese Intention wäre, wenn auch nicht vom finanziellen, doch vom hygienischen Standpunkte aus, vollkommen gerechtfertigt, wenn die Leichenfäulnis den Nachteil für die Gesundheit der Lebenden wirklich hätte, welchen man von ihr voraussetzt und wenn die Bildung der Keime von infektiven und contagiösen Krankheiten, von faulenden Leichen ausgehend, noch unter der Erde sich fortsetzte und ihre Mitteilung möglich wäre.

Hier reiht sich weiter die Frage an, ob und wie lange die Infektionskörper, die Träger von Contagien, sich in der Tiefe der Erde erhalten, der Fäulnis widerstehen und wie sie etwa an die Oberfläche gelangen können.

Vor allem ist zu bemerken, daß die Hilfe durch die Leichenverbrennung, zur Abwendung der Gefahr, jedenfalls etwas spät, zu spät käme. Nach polizeilichen Bestimmungen darf keine Leiche unter die Erde gebracht werden, bevor nicht durch einen Techniker der unzweifelhaft eingetretene Tod konstatiert ist und das Mittel dazu besteht in dem Nachweise, daß die Leichenfäulnis schon vollständig eingetreten ist. Bis dahin also kann die Leiche die Keime einer contagiösen Krankheit, wenn dieselbe als akutes Exanthem an ihrer Oberfläche bestanden hat, oder durch ihre Ausleerungen, wie während des Lebens, ausstreuen und die gasförmigen Zersetzungsprodukte können, da natürlich wirksame Desinfektionsmittel, so lange der Tod nicht ganz sicher nachgewiesen ist, nicht angewendet werden dürfen, ungehindert in die Luft ausströmen, unendlich viel leichter, als aus der Tiefe eines Grabes. Die Leichenverbrennung könnte also höchstens nur den Wert haben, zwar nicht alle Krankheitskeime und gerade diejenigen nicht, welche sich am leichtesten und am frischesten von einer Leiche loszulösen vermögen, sondern nur diejenigen, welche sich unter einer dicken Erdschichte nachträglich entwickeln sollen und deren Entstehung aber, so wie die Möglichkeit ihrer Verbreitung mehr als zweifelhaft ist, zu zerstören. In Leipzig wurden 1877 aus der Stadt 2668 und vom pathologischen Institute aus 530 Leichen bestattet. Da die Beerdigung durchschnittlich erst am dritten Tag erfolgt, so blieben die Angehörigen und Mitbewohner des Sterbehauses etwa 8000 Tage mit den unbedeckten Leichen in nächster Berührung. So wünschenswert solche Zustände die Benützung von Leichenhäusern machen, um namentlich in den engen Wohnungen von Armen die vielfachen Mißstände, welche die Gegenwart von Leichen in mit Menschen überfüllten Wohnräumen mit sich bringen, zu beseitigen, so beweisen solche Zahlen doch, daß die Leichenfäulnis die Nachteile nicht in den Wohnungen so wenig als auf Anatomien, welche man von ihnen. vorgeschützt hat, sonst wäre das Vorurteil gegen die Benützung der Leichenhäuser längst überwunden.

Schon früher mochte man bei einiger Überlegung erkennen, daß die Sache nicht so ganz einfach liegt. Man sah, daß uns Produkte der Fäulnis tagtäglich umgeben, wir atmen die Luft, welche mit Faulgasen erfüllt ist und genießen Stoffe als Nahrung, in welchen der Zersetzungsprozeß mehr oder weniger weit fortgeschritten ist, wir besorgen die Kranken und bestatten deren Leichen, ohne den geringsten Schaden davon zu tragen. Die verschiedensten Krankheiten, einmal Typhus, ein andermal Cholera und Pestepidemien sollten als angebliche Folgen der Leichenzersetzung entstehen, während man doch denken sollte, daß so verschiedene Dinge unmöglich aus gleicher, aus einer und derselben Ursache entstehen können, womit der Schluß nahe gelegt war, daß so ungleiche Wirkungen auch wesentlich verschiedene Veranlassungen haben müßten.

Man konnte sich vorstellen, daß die gefährlichen Wirkungen, welche aus der putreszierenden Zersetzung von Menschen und Tierleichen hervorgehen sollen, von verschiedenen Ursachen, von einzelnen oder Kombinationen abhängen. Zunächst kann man die riechenden Fäulnisprodukte selbst beschuldigen und an diese ist wohl im großen Publikum am meisten gedacht worden, wenn von der Verpestung der Luft und des Wassers durch faulende Leichen gesprochen worden ist. Auch die Gegner der Erdbestattung haben diesen Punkt besonders hervorgehoben und die anderen gewissermaßen nur in Succurs aufgestellt.

Die Ausdrücke übel riechen, stinken und verpesten gelten als synonym, indem man sich denkt, daß eine Luft oder Wasser, welche höchst übel riechen, auch verpestet seien d. h. krankhaft, siechhaft sein müßten. Nun soll absolut nicht gesagt sein, daß solche unreine, unsere Sinne beleidigende Flüssigkeiten gesund und appetitlich seien und daß man diese schlechten Eigenschaften zu beseitigen nicht möglichst Sorge tragen solle; aber Krankheits-, Pestträger in dem Sinne, wie er angenommen wird, sind sie nicht. Die Keime infektiver Krankheiten, Typhus u.s.w. riechen nicht und können in einer Luft verbreitet sein, welche unsere Sinne durchaus nicht beleidigt und riechende Faulgase, die Ausdünstungen von Düngerstätten, Gerbereien machen keine infektiven Krankheiten. Die Desinfektionsmittel, welche nur die Gerüche zerstören, oder durch andere verdecken, sind völlig wirkungslos.

Oder man denkt sich, daß ein Contagium, das Produkt einer bestimmten Krankheit, sich in, der Leiche unter der Erde zu erhalten, seine Keime vielleicht zu vermehren vermöge, daß diese Keime durch den Sarg und die Erddecke ausströmen und durch Besucher eines Friedhofes oder durch den Wind fortgeführt, die Umwohner desselben ebenso anzustecken vermöchten, wie der Kranke während des Lebens für seine empfängnisfähige Umgebung gefährlich war. Oder: man kann sich vorstellen, daß die Fäulnisprodukte, wenn auch selbst nicht Krankheit erregend wirken, doch eine günstige Brutstätte, Nährflüssigkeit für Infektionskörper abgeben, in welcher ruhende Keime sich nun mit Üppigkeit vermehren und auf irgendeinem Weg, durch die Luft, oder durch Wasserläufe, nach außen gelangen und ihre schädlichen Wirkungen auf die Lebenden in der Umgebung äußern.

Es handelt sich also um zwei Reihen von möglichen Ursachen; in der ersten stehen chemische Körper und Verbindungen, welche nur gleich Giften und in der zweiten Krankheitskeime, Infektionsstoffe, die Keime von Contagien und Miasmen, welche gleich Organismen wirken. Der große Unterschied zwischen beiden, der natürlich jedem Sachverständigen vollkommen geläufig ist, hier aber doch zur Aufklärung nicht übergangen werden kann, liegt darin, daß die Körper der ersten Reihe, wenn sie überhaupt gesundheitsgefährlich werden, nur im Verhältnis der Menge, mit welcher sie jedesmal einverleibt worden sind, wirken, die letzteren aber, als Organismen, welche, wenn sie günstige Bedingungen für ihre Existenz finden, im Stande sind, sich auf Kosten des Nährbodens, dem sie die Produkte ihres Umsatzes zurückgeben, ins Unendliche, bis zuletzt der Boden völlig erschöpft ist, zu vermehren, so daß wenn sie auch nur in ganz minimalen, an und für sich ganz unwirksamen Quantitäten einverleibt worden waren, sie doch durch diese Fähigkeit in rasch zunehmender Progression ihre Zahl zu verdoppeln, zu den gefährlichsten Gegnern des Lebens werden können. Die Gefahr, welche sie bereiten, hängt also nicht von der Menge ab, in welcher sie ursprünglich in einen Körper gelangt sind, sondern von der Fähigkeit, unter günstigen Bedingungen in demselben zu proliferieren, bis sie endlich die Widerstandsfähigkeit desselben überwunden und die Lebensbedingungen desselben zu ihrem Nutzen erschöpft haben.

Sehr leicht können natürlich chemische Produkte der Fäulnis und die Entwicklung von Krankheitskeimen neben einander gehen und sich gegenseitig bedingen. Es ist dann zu untersuchen, welchem von beiden die angebliche schädliche Eigenschaft zusteht. Die Körper, in welche eine Leiche bei ihrer Zersetzung schließlich zerfällt, sind Wasser, Kohlensäure, Kohlenverbindungen, Humus, Salpetersäure und salpetrige Säure, Ammoniak, salpetersaure Salze und einige unlösliche Verbindungen, welche jedenfalls in dem Boden bleiben.

Aus Ammoniak und Ammoniumderivaten, Schwefelwasserstoff, einigen Fettsäuren u.s.w. entstehen riechende Verbindungen. Keiner dieser Stoffe ist an und für sich oder nur in großen Quantitäten giftig und keiner derselben kann von einer Leiche aus und in den Quantitäten, in welchen er möglicher Weise einverleibt wird, schädlich wirken. Die Frage ist oben schon, wo von der relativen Verunreinigung der Friedhofbrunnen die Rede war, besprochen worden. Ich will daher nur in einigen Punkten auf dieselbe zurückkommen. Die Produkte der Fäulnis. animalischer Stoffe können mit der festen Nahrung, mit dem Wasser oder der eingeatmeten Luft in unsern Körper gelangen und gelangen in der Tat jeden Tag auf allen diesen Wegen in. denselben, ohne daß wir das mindeste Bedenkliche dabei finden.

In dem Wasser können die Produkte der Zersetzung von stickstoffhaltigen Körpern aus dem Boden nur in der Form salpetersaurer Verbindungen und. Ammoniak nachgewiesen werden. Die stickstoffhaltigen Verbindungen, welche von der Anwesenheit lebender Organismen, niederer Tiere und Pilze, abhängen, kann die chemische Untersuchung natürlich nicht von den anorganischen Beimischungen unterscheiden. Zur Bestimmung derselben vermag nur das Microskop zu verhelfen. So kann Wasser, welches in der Leiche selbst aus solchen Zersetzungen gebildet worden ist, von dem, welches aus der Atmosphäre geliefert wurde, nicht unterschieden werden und ebenso kann die vorhandene Kohlensäure verschiedene Quellen haben. Ein jedes Wasser, auch das reinste durchsichtige Quellwasser, hinterläßt einigen Abdampfrückstand an minerlischen Bestandteilen, die es beim Durchsickern durch den Boden gelöst und in sich aufgenommen hat.

Die Salpetersäure, welche in dem Boden immer Alkalien findet, Kali, mit welchen sie Salze, Salpeter bildet und Ammoniak sind die chemisch nachweisbaren Reste der Fäulnis stickstoffhaltiger Körper. In ihnen erscheint der Stickstoff, welcher bei der Zusammensetzung animalischer Gewebe verwendet war. Wo sie also im Boden, der Bodenluft und in dem Bodenwasser auftreten, liefern sie den Beweis, daß in demselben animalische Teile gefault oder daß sie ihnen aus einem Fäulnisherde zugeführt worden sind und ihre Menge gibt einen Maßstab für die Größe des Faulungsvorganges. Ammoniak, welches bei der Fäulnis auftritt, kommt selten und nur in geringen Quantitäten in Brunnenwassern vor, weil es alsbald in Salpetersäure oxydiert wird. Man findet daher dasselbe nur selten noch in einiger Entfernung von den faulenden Körpern.

Nur bei wenigen Untersuchungen des Wassers von Stadt- und Friedhofbrunnen ist Ammoniak nachgewiesen worden und mehr aus den Brunnen bewohnter Orte, als von Friedhöfen.

In einem der schlechtesten Brunnen von Leipzig[9] fanden sich, ehe derselbe verbessert, tiefer gelegt war: 0,0054 Ammoniak, nach der Tieferlegung nur noch 0,0004.

Aber auch in der stärksten Beimengung von 54:10000 ist das Ammoniak völlig ungefährlich und würde von jedem Arzte in viel größerer Menge unbedenklich als Arzneimittel gegeben werden. In größeren Mengen müßte das Ammoniak sich durch unangenehmen Geruch und Geschmack verraten, so daß das Wasser, welches dasselbe enthielte, als Trinkwasser nicht benutzt werden würde.

Der Salpeter ist oder war vielmehr ein sehr beliebtes Arzneimittel und es gibt wenig entzündliche und fieberhafte Krankheiten, bei welchen er nicht früher häufig gebraucht wurde. Die Quantität aber und der Grad der Verdünnung, in welcher er als Arznei und beim Einsalzen gebraucht wurde, sind außerordentlich viel größer, als sie jemals in einem Brunnenwasser vorkommen, so daß auch von ganz ungewöhnlich starken Beimengungen Gefahren für die Gesundheit derer, welche solches Wasser hie und da trinken, nicht zu besorgen stehen.

---

[9] E. Hasse, die Stadt Leipzig und ihre Umgebung, geographischstatistisch beschrieben. 1874.

Wo es sich um die Entstehung und Verbreitung von epidemischen Krankheiten handelt, da spielt das Wasser und seine Verunreinigung in den Augen des Publikums und der meisten Ärzte immer die erste Rolle. Die Brunnenvergiftung als Ursache epidemischer und pestilenzialischer Krankheiten ist eine alte Fabel, die heute noch fortspukt. Das Wasser ist das greifbare und seine Verunreinigung das leicht sichtbare, daß wir aber neben dem Wasser mit der Luft eine ungemein viel größere Quantität eines Körpers, welcher der Träger von Krankheitskeimen sein kann, mit derjenigen Fläche, auf welcher wir am leichtesten Stoffe in unser Blut aufnehmen, der Lungenschleimhaut in uns einführen wird bei populären Betrachtungen selten genügend gewürdigt. Ein Erwachsener nimmt, wenn er kein engagierter Wassertrinker ist, im Tage vielleicht 1 bis $1^{1/2}$ Liter ungekochtes Wasser in sich auf, gegen 8000 Liter Luft mit den mannigfachen Gasen, die sich derselben mitgeteilt haben und den Staubteilen, welche meistens nur künstlich sichtbar gemacht werden können. (Tindal on Dust.)

Hiermit tritt die geringere Bedeutung des Wassers als Träger von Krankheitsursachen hervor.

Wo sich in Sumpfgegenden, nach Überschwemmungen, auf Bodenflächen, welche von Exkrementen durchtränkt sind, unreines, verdorbenes Wasser findet, da wird, wenn auch weniger leicht nachweisbar, auch die Luft schädliche Keime in Menge enthalten.

Man ist nur zu häufig in den Fehler verfallen, Wasser, weil es trüb und unrein ist, deshalb auch als gesundheitsnachteilig zu betrachten. Man verlangt von ihm, daß es völlig klar, geruchlos und von angenehmem Geschmack sei und verwechselt, wenn diese Eigenschaften fehlen, unappetitliches Wasser mit gesundheitsgefährlichem, als wenn unappetitliche ekelhafte Speisen und Getränke deshalb auch notwendig ungesund sein müßten. An vielen Orten ist man genötigt unreines, gefärbtes, trübes Wasaer, in welchem eine Unzahl von organischen, vegetabilischen und tierischen Körpern verwest sind, zu trinken, weil man kein anderes hat. Die Bewohner des Niltales haben kaum anderes als Flußwasser, das sogar für sehr angenehm, süß und gesund gehalten wird und doch hat dasselbe eine trübe, milchweiße Farbe und führt eine Unmasse von Zersetzungsprodukten, tierischen und vegetabilischen Ursprungs, aus den oberen Nilländern und der Inundationsgebiete mit sich. Ganz ähnlich verhält es sich mit dem Wasser, welches die Bewohner anderer

Stromgebiete, des Peiho, des Ganges, des Euphrats trinken müssen. Man nimmt nur selten sich die Mühe, solches Flußwasser zu filtrieren, womit ohnedem nur die trüben erdigen Verunreinigungen, Schlammteile zurückgehalten oder durch Alaun teilweise niedergeschlagen werden können, nicht aber die völlig gelösten oder organischen Beimischungen entfernt werden; diese gehen durch die Filter durch wie das Salz in einer Salzlösung. Auf vielen ozeanischen Inseln, den Koralleninseln, aber auch auf den kleinen Halligen der holsteinischen Küste und auf dem Karst besitzen die Einwohner kein anderes Wasser, als das in offenen Gruben, Zisternen gesammelte Regenwasser. Krankheiten, welche durch den Genuß dieses vielfach verunreinigten Wassers entstehen sollten, sind nicht bekannt. Viele große Städte waren bis vor kurzem für ihren Wasserbedarf hauptsächlich auf filtriertes Flußwasser angewiesen und das Brunnenwasser war in ihnen doch auch nur Fluß-, Grundwasser, durch den Boden filtriert. Man hat sie jetzt durch sehr kostspielige Anlagen mit weiter zugeleitetem Röhrenwasser versehen, das Trinkwasser ist appetitlicher geworden, der Gesundheitszustand hat sich aber aus dieser Ursache nicht wesentlich verbessert.

In manchen Gegenden sind die Bewohner genötigt Wasser zu trinken, welches von torfigen Stellen quillt und von einer so großen Menge von animalischen und vegetabilischen, völlig aufgelösten Zersetzungsprodukten durchtränkt ist, daß es eine braune, dünnem Kaffee ähnliche Farbe hat. So sind die braunen Gewässer im Bereiche des Amazonas, welche Humboldt beschreibt und welche aus den dichten Wäldern von Zentralamerika kommen. Wir haben gleiches auch bei uns. Das Wasser des Spreewaldes, auf welches die Bewohner allein angewiesen sind und das der oldenburgischen, friesischen Marschen haben kein anderes Aussehen. Die Leute aber, welche dieses Wasser trinken müssen, sind ein kräftiger Schlag Menschen, der wohl zuweilen an Malaria, Wechselfieber, nicht vorwiegend aber an den typhösen Fiebern leidet, die man unreinem Wasser zuschreibt. Virchow macht irgendwo die Bemerkung, daß er am Unterbaum, wo die Spree, die von ihren Quellen im Spreewalde her schon eine braune Färbung hat, aus Berlin ausströmt, nachdem sie allen Unrat aus der Stadt aufgenommen hat, die Fische in Menge und in sehr munterem Zustande versammelt sah.

Unstreitig können Wasserläufe, selbst ziemlich ansehnliche, durch übermäßige Zufuhr schädlicher Stoffe vergiftet und für das Leben der

Fische und der Gesundheit der Menschen nachteilig werden. Diese Stoffe sind aber entweder geradezu Gifte, Rückstände aus Fabriken, oder Fäkalstoffe aus den Abfuhrkanälen großer Städte oder aus überführten Kieselfeldern, deren Vegetation das Übermaß des Zugeführten nicht zu assimilieren vermochte. So können auch Brunnen aus undichten Bohren und Erdspalten durch Fäkalstoffe vergiftet werden. Für alles das liegen zahlreiche unzweifelhafte Beobachtungen vor. Es handelt sich dabei aber immer um Fäkalstoffe, deren in Masse beigemengte organische Körper sich im Wasser oxydieren und den freien Sauerstoff absorbieren, so daß dasselbe zum Atmen der Fische nicht mehr dienen kann. In einer relativ geringen Entfernung von der Einmündung der Ausgußkanäle haben die Raschheit der Strömung, der Zufluß von ober- und unterirdischen Zuströmungen die relative Reinheit des Flußwassers wieder hergestellt. Jedenfalls handelt es sich aber bei diesen Fluß- und Brunnenvergiftungen nur um fäkale Beimischungen und nicht um Produkte der Leichenfäulnis.

Bis jetzt handelt es sich vorerst nur um die Verunreinigung des Wassers durch organische Zersetzungsprodukte von ausschließlich chemischer Zusammensetzung, noch nicht aber durch organische Krankheitskeime, durch Faulgifte also, welche dem Grundwasser zugeführt werden, aus diesem den Brunnen und den Wasserläufen. Bei diesen hängt also die Möglichkeit und die Größe der Gefahr, wie bei jedem eigentlichen Gifte, von der relativen Menge und dem Grade der Konzentration ab. Sehr große Verdünnungen machen sie wirkungslos. Wenn wir auch das in Fäulnis begriffene Fleisch einer menschlichen Leiche nicht genießen, so dienen uns doch sehr häufig Tierbestandteile zur Nahrung und als Genußmittel, welche schon mehr oder weniger weit in der ammoniakalischen Zersetzung vorgeschritten sind und wir nehmen mit denselben ohne allen Schaden eine unendlich viel größere Menge von Produkten der Fäulnis und von Fäulnispilzen in uns auf, als in dem allerschlechtesten Wasser eines Friedhofbrunnens enthalten sein kann. Ich will kein Gewicht darauf legen, daß manche Völker, welche auf einer niederen Kulturstufe stehen, Lappen und Eskimo, nur angefaultes Fleisch genießen, auch der gebildete und hochgebildete Europäer liebt solche Speisen. In einem einzigen sog. Frankfurter oder Kuhkäse, den viele recht durchgefault lieben, nimmt man mehr riechende, ammoniakalischfaule Eiweißstoffe zu sich, als in einem ganzen Faß voll

Wasser aus den Friedhofbrunnen sein können. Dort liebt man den scharfen Ammoniakgeruch, hier würde eine Spur desselben Ekel erregen. Ebenso verhalten sich kaltes angefaultes Wild mit haut gout, die Seefische, welche man im Binnenlande erhält, Sauerkraut und vieles andere. Der so beliebte Roquefortkäse ist genau in dem Zustande der Umwandlung in Fettwachs, der, wenn er bei Leichen vorkäme, so viel Schauder erregen würde.

Man hält also dieselben Produkte der faulenden Zersetzung des Eiweißes für unschädlich und völlig genießbar und genießt sie in Menge, wenn unsere Sitten sie in der Speise wünschen und für ekelhaft, verpestend, wenn wir die nämlichen in lächerlich kleinen, wahrhaft homöopathischen Quantitäten da finden, wo wir sie nicht suchen, im Wasser. Das Wahre ist, daß diese chemische Körper bei der Verdünnung, in welcher sie im Trinkwasser vorkommen können, wenn auch nicht angenehm und appetitlich, doch für die Gesundheit völlig ungefährlich sind, daß wenigstens die Krankheiten, welche man von ihrer Einwirkung fürchtet, Cholera, Typhus, Ruhr nicht von diesen chemischen, in Wasser löslichen Bestandteilen der putriden Zersetzung, Ammoniak und salpetersauren Verbindungen und in den Dosen, in welchen dieselben vorkommen können, abhängen.

Die Güte des Pumpenwassers in einem bewohnten Orte hängt mit dem Pegelstande und der Beschaffenheit des Grundwassers zusammen, das sich in den Brunnen sammelt. Es hat fast überall eine wenig schwankende Höhe. Wenn, wie hier am Orte, die Höhe des Wasserspiegels in der Nähe des Friedhofes in den Pumpbrunnen 15 bis 18' beträgt und die Leichen 7 bis 8' tief begraben werden, so liegt zwischen den Leichen und der Höhe des Grundwasserstandes eine Schichte von feuchtem Kies von 8 bis 10' Mächtigkeit, welche als ein kräftiges Filter dient und alle Zersetzungsprodukte zurückhält. Dieser natürliche Filter ist bedeutend mächtiger als die, welche man zur Filtration von Flußwasser für völlig genügend hält.

Selbst wenn putreszierende, riechende Stoffe in großer Menge durch direkte, nicht filtrierte Zufuhr einem Brunnen zugeleitet werden, ist der Genuß des Wassers nicht notwendig gesundheitswidrig. In Paris wurde eine Zeitlang das Wasser eines Brunnens, das wie bei allen Gesundbrunnen für alles mögliche gut sein sollte, ausgeboten, „eau hydrosulphurique calcaire, sulphureuse, eile guerit toute sorte de maladie, deux sous la verre" lautete die Anzeige, und sehr viel gebraucht, bis man entdeckte, daß der Mineralgehalt aus einer benachbarten, schlecht verwahrten Düngergrube stammte. (Du Camp) und ähnliches habe ich hier vor Jahren erlebt, wo eine Aktiengesellschaft zur Ausbeutung eines Gesundbrunnens, der gleichen Ursprung hatte, gegründet werden sollte.

Eine große Anzahl von pathologischen Prozessen auf Pflanzen und Tieren hängt von der Anwesenheit und Tätigkeit niederer Organismen ab, die wir unbedingt als die Ursachen, die Erreger, nicht bloß als die Begleiter dieser pathischen Vorgänge bezeichnen müssen, da wir vermögen, viele dieser krankhaften Prozesse durch Impfung zu erzeugen und die Impfung unwirksam machen können, wenn wir die Pilze durch Filtration durch Tonzellen entfernen, durch Hitze, Kochen oder gewisse Desinfektionsmittel, welche für dieselben Betäubungsmittel oder Gifte sind, unschädlich machen, oder von dem Eintritt in den Körper, etwa durch Baumwolle und luftdichte Verbände u.s.w. abhalten, während alle übrigen Bedingungen bestehen bleiben.

Der Rost auf dem Getreide kommt nicht vor, wenn nicht eine Berberisstaude in der Nähe sich befindet, auf welcher der Brandpilz seine Jugendzeit verlebt und man kann von Rost heimgesuchte Felder gesund machen, wenn man die Berberitzensträucher ausrottet. So wird man auch lernen manche Krankheiten der Menschen zu vermindern, wenn der Wohnort der betreffenden Infektionspilze bekannt geworden ist.

Diese Krankheitskeime entstehen und vermehren sich nach den Gesetzen des Organismus; ihre Vermehrung hängt, abgesehen davon, daß sie einen Nährboden, eine richtige Temperatur u.s.w., d.h. die notwendigen Bedingungen für ihre Existenz wie andere Pflanzen finden, davon ab, daß ein oder das andere Individuum ihrer Art vorhanden und in günstige Verhältnisse für seine Vermehrung versetzt worden ist, als Mutterpflanze dient. Sie können eine unbestimmbar lange Zeit in ruhendem Zustande verharren, wie das Samenkorn der höheren Pflanzen und dann mit einem Male sich entwickeln und bis ins Unendliche vermehren, sobald sie die richtigen Verhältnisse für ihre Keimung gefunden haben.

Diese Pilze ersetzen und verdrängen sich gegenseitig, d.h. die eine findet noch die Bedingungen der Existenz, wenn sie für eine andere erschöpft sind. Der Fäulnispilz vermehrt sich noch, wenn die Infektionspilze verschwinden; ähnliche Verhältnisse also wie beim Fruchtwechsel und der gegenseitigen Verdrängung höherer Pflanzen.

Unsere Kenntnisse über das Genus und Artbestimmung dieser kleinsten und einfachsten Organismen, ihrer Entwicklung und ferneren Metamorphosen, ihres Einflusses auf die Erregung von Krankheiten liegen freilich noch in den ersten Anfängen und die Allgegenwart derselben, ihre Kleinheit und Formlosigkeit, ihr Polymorphismus, hat der Beobachtung die größten Schwierigkeiten bereitet und der Phantasie des Beobachters einen so weiten Spielraum eröffnet, daß ein gewisses Mißtrauen sehr erklärlich war. Doch steht wohl soviel fest, daß in diesen kleinsten Organismen und nicht in gasförmig aufgelösten, unbelebten Stoffen, die Ursache der Entstehung und Verbreitung von Krankheiten liegt, welche wir im allgemeinen contagiöse und Infektionskrankheiten nennen, contagiöse, wenn die Keime auf einem anderen Körper, der mit derselben Krankheit behaftet ist, gewachsen sind, miasmatische, wenn sie ihren Ursprung und ihre Vermehrung außerhalb des Körpers im Boden und der Umgebung gefunden haben, oder contagiösmiasmatische, wenn aus miasmatischen Keimen sich eine Krankheit entwickelt, welche sich auf andere Individuen übertragen läßt.

Ich muß mich natürlich enthalten, mich in Bezug auf das Verhalten der Infektionspilze als Ursachen der Infektionskrankheiten in ein näheres Detail einzulassen. Die Untersuchung bildet jetzt den wichtigsten Teil der Arbeiten über Pathogenie und Hygiene und man begegnet derselben überall. Ich kann sie jedoch nicht ganz umgehen, weil von denen, welche die unerläßliche Notwendigkeit betonen, unsere übliche Bestattungsform zu ändern, aus ihrer Anwesenheit, wenn auch erst in zweiter Linie, nach und neben den Fäulnisprodukten, die Veranlassung zur Ausbreitung von infektiven Krankheiten abgeleitet wird. So unvollständig unsere Kenntnisse auch bis jetzt in dieser neuen Lehre noch sind, so dürfen wir doch schon jetzt festhalten, daß die Tätigkeit dieser niederen Organismen für jede Spezies eine spezifische ist, daß gewisse Veränderungen und Krankheitsformen nicht indistinkt von allen, sondern bestimmte nur von bestimmten Pilzen erzeugt werden. Jede Infektionskrankheit, Diphteritis, Milzbrand, der Rauschbrand, der Typhus hat ihren besonderen Pilz, so weit sie uns bis jetzt bekannt geworden sind. Wenn in dem Auftreten und dem Verlaufe von infektiösen Krankheiten Übergänge beobachtet werden, so hängen sie davon ab, daß neben der Krankheitsursache auch die Widerstandsfähigkeit des Organismus in

Rechnung zu ziehen ist. Wir kennen bis jetzt drei Reihen von Pilzen, von welchen einer jeden eine besondere Einwirkung auf organische Flüssigkeiten zusteht und mögen uns, so lange bis die Artbestimmung größere Sicherheit erlangt hat, mit dieser allgemeinen Unterscheidung begnügen. Es sind aber entweder: Schimmelpilze, oder Sprossenpilze, oder Spaltpilze. Von diesen haben nur die letzteren für unseren Gegenstand Bedeutung, da die Schimmelpilze zu ihrer Existenz des freien Sauerstoffes bedürfen, deshalb nur an Oberflächen leben und sich vermehren können. Auf den tierischen Leib übertragen können sie daher nur mit Krankheiten der Haut und der leicht zugänglichen Schleimhäute in Verbindung stehen, mit Tinea, Herpes, Soor, Katarrhen der Luftröhren, aber nicht mit Blutzersetzungen. Sie können nicht im Innern des Körpers, im Blute und in den Geweben leben und verlieren schon im Darmkanal ihre Fähigkeit sich zu vermehren. Sie dringen nie tief und nur sehr langsam ein. Auf Leichen leben sie nur, wenn die nasse Fäulnis vorübergegangen ist. Sie mögen hier gänzlich unberücksichtigt bleiben. — Die Sprossenpilze sind die Gährungserreger. Sie verwandeln zuckerhaltige Flüssigkeiten in Weingeist und Kohlensäure, sind also ebenfalls als Krankheitserreger ohne Bedeutung. Die dritte Gruppe bilden die Spaltpilze. Sie sind die Erreger der ammoniakalischen Fäulnis, die Träger der contagiösen, miasmatischen und Malariakrankheiten. Wo es möglich ist diese Pilze abzuhalten oder unwirksam zu machen, da gelingt es auch die Fäulnis hinzuhalten und zu unterbrechen. Wahrscheinlich existieren diese Fäulnis- und Malariapilze in einer großen Anzahl von Arten, in eben so vielen, als es Formen von infektiven Krankheiten gibt. Wir kennen aber von denselben bis jetzt nur sehr wenige in sicherem Zusammenhange mit bestimmten Krankheitsindividuen. Ihre enorme Kleinheit, ihre Formlosigkeit entzieht sie sicheren Beobachtungen, wir vermuten sie mehr aus der Übereinstimmung der Wirkung mit sicher erkannten und aus ihrer Fähigkeit gezüchtet zu werden, sich unendlich zu vermehren, als daß sie überall sicher nachgewiesen worden wären. Unzweifelhaft erkannt sind Spaltpilze nur in Verbindung mit Milzbrand und den analogen Formen bei Tieren, der Bazillus oder das Bakterium Anthracis, von Peilender, Davaisne und Brauel nachgewiesen, dem Typhus recurrens, der Diphteritis, vielleicht der Septicämie, der Micrococcus septicus. Für unsere Untersuchung ist es jedoch wertlos, den Versuch zu machen, ihre Existenz für andere contagiöse, miasmatische und infektive Krankheiten, die akuten Exanteme, die übrigen Typhusformen, Pest, Ruhr, Cholera nachzuweisen. Wir können das was nicht streng bewiesen, nur wahrscheinlich ist, als bewiesen annehmen, daß bei allen diesen Krankheiten Infektionspilze im Spiele seien und es fragt sich dann nur, ob Gefahr besteht, daß dieselben von einer Leiche aus dem Boden über die Oberfläche sich verbreiten können.

Keine einzige Erfahrung spricht dafür, daß diejenigen infektiven Krankheiten, von welchen mit möglichster Sicherheit nachgewiesen ist, daß sie durch Spaltpilze verbreitet werden, auch von einem Kirchhofe oder einer Abdeckerei ausgegangen sind. Der Milzbrand läßt sich impfen und die Impfung läßt sich unwirksam machen, wenn die Impfflüssigkeit vorher durch eine Tonzelle filtriert ist, das contagiöse Agens also ausgeschieden worden war. Er überträgt sich nur durch direkte Berührung von Tierbestandteilen, an welchen der Pilz haftet. Die Ansteckungsfähigkeit hängt also nicht von der Flüssigkeit im Ganzen, sondern nur von den in derselben enthaltenen Bakterien ab. Der Milzbrand entsteht auch bei Tieren, in sogenannten Milzbrandgegenden, in niederen Wiesengründen, niemand denkt aber daran, daß er auch von den verscharrten Tierleichen oder auf einem Friedhofe, wenn auf demselben etwa jemand, der am Milzbrande verstorben war, begraben wurde, angesteckt werden könne. Ebenso wenig hegt man mit Recht Besorgnis, daß Diphteritis oder die Septicämie in der Nähe von Friedhöfen häufiger vorkommen könnten, als an jedem anderen Orte.

Als Ursache von Malariakrankheiten gelten, mit größter Wahrscheinlichkeit, organische Körper, Pilze, welche sich im Boden entwickelt haben und frei werden, wenn eine früher nasse, überschwemmte Stelle austrocknet, oder ein alter Boden, ein Urwald, zum ersten Male umgebrochen wird, so daß jene sich der Luft bis in eine gewisse beschränkte Entfernung mitteilen können. Die Fäulnis von organischen Substanzen im Boden gibt die Möglichkeit für die Entwicklung dieser Infektionskeime. Keine Erfahrung spricht jedoch dafür, daß jemals von einem Friedhofboden eine Malariagegend gebildet worden sei, so häufig doch die Gelegenheit dazu gegeben sein müßte. Die Entwicklung der Malariapilze ist also durch das Faulen von Leichen im Boden nicht begünstigt.

Wenn die Möglichkeit der Forterhaltuug eines Contagiums und der

Vermehrung und Ausbreitung desselben von einer beerdigten Leiche nachgewiesen werden soll, so sind unzweifelhaft die akuten Exantheme, Scharlach, besonders Pocken, am meisten geeignet, diesen Beweis zu liefern. Diese Krankheiten verlaufen an der Oberfläche des Körpers, von welcher also die Träger des Contagiums sich mit verhältnismäßiger Leichtigkeit abstoßen und frei werden. Scharlach erscheint oft in bösartigen Epidemien, bei welchen eine Menge von Leichen zugleich auf den Friedhof geliefert werden und die Pocken bilden ein impfbares Contagium, welches, gut. aufbewahrt, eine längere Zeit ruhen und unter günstige Bedingungen für seine Wirkung gebracht dieselbe wieder äußern kann. So oft aber auch die Befürchtung ausgesprochen worden ist, daß contagiöse Krankheiten von Friedhöfen aus Verbreitung finden könnten, wenn die Leichen von Personen, welche an ansteckenden Krankheiten gestorben sind, unzerstört, unverbrannt, auf denselben unter die Erde gebracht werden, so wenig tatsächliche Beweise hat man für diese völlig unbegründete Befürchtung und niemand nimmt Anstand, einen Friedhof zu besuchen, auf welchem kurz vorher die Leichen von Pocken- oder Scharlachkranken beerdigt worden sind. Wenn aber von denjenigen contagiösen Krankheiten, deren impfbare Keime sich auf der Oberfläche des Körpers entwickeln, keine Gefahr besteht, daß sie sich durch den Boden hindurch den Lebenden mitteilen können, so ist die Besorgnis, daß sie sich von anderen Krankheiten, welche sich im Innern des Körpers entwickeln, aus einer in nasser Fäulnis begriffenen Leiche verbreiten könnten, noch viel weniger begründet.

Unter die Krankheiten, deren epidemische Verbreitung von Friedhöfen aus befürchtet worden ist, gehört auch die asiatische Cholera. Die Frage ist so oft besprochen und von Pettenkofer so vollständig entschieden, daß ich mich nur auf eine Bemerkung beschränken kann, welche genügt, um zu zeigen, daß die Leichenfäulnis für sich nicht die Ursache der Cholera sein kann. Die Cholera ist asiatischen Ursprungs und in Europa (neuerdings) erst seit etwa 50 Jahren bekannt und ist nie dahin gelangt, wohin sie der Mensch in seinem Verkehr nicht getragen hat. Friedhöfe und faulende Leichen aber hat es zu jeder Zeit gegeben. Sie folgt den Verkehrswegen und läßt sich durch Quarantäne abhalten, wie es Humboldt in der Kirgisen Steppe gelungen ist. Gewisse Städte, welche günstige Grundwasserbedingungen haben, sind, wenn auch ringsum von Cholera umgeben, stets frei geblieben, so Lyon und Gießen.

Nachdem früher die chemischen Produkte der Fäulnis von Leichen als Krankheitsursachen ausgeschieden worden sind, so fragt es sich nun, ob und auf welchem Wege die organischen Infektionsstoffe aus der Tiefe eines Grabes nach außen gelangen und die Lebenden benachteiligen können. Die Spaltpilze sind unbewegliche Pilze und wenn man auch zugeben wollte, daß sie innerhalb der Erde, wenn einige Exemplare mit der Leiche in jene gekommen sind, sich eine Zeit lang vielleicht vermehren können, so bedarf es jedenfalls doch einer fremden Kraft, um sie durch die dicke Erdschichte hindurch nach außen und mit den Lebenden in Berührung zu bringen. Es bieten sich hier wieder, nicht als die schädlichen Körper selbst, aber als Träger und Vermittler, die Luft und das Wasser dar. Es mag zugegeben werden, daß die krankheitserzeugenden Spaltpilze überall vorhanden und im Stande sind, wenn sie günstige Bedingungen antreffen, sich in der kürzesten Zeit ins Unendliche zu vermehren. Wenn es richtig ist, daß jedes Individuum derselben sich etwa jede 20 Minuten durch Spaltung verdoppelt, so reicht ein einzelnes aus, um etwa in 15 Stunden viele Millionen zu liefern, vorausgesetzt, daß nicht auch eine entsprechende Zahl beständig wieder untergeht. Die Anekdote, daß der Erfinder des Schachspiels sich als Belohnung auf dem ersten Felde ein Weizenkorn, auf dem zweiten zwei, auf dem dritten vier Körner ausgebeten habe, womit die Menge auf dem vierundsechzigsten zu einer auf der Welt nicht existierenden stieg, mag ein Bild zu dieser ungeheuren Proliferationsfähigkeit geben, mit welcher diese niederen Organismen trotz ihrer Kleinheit den Körper überwältigen, indem sie als farblose Vegetabilien den Blutkörperchen den Sauerstoff entziehen, das Blut schwarz, unfähig zur Ernährung machen, die Nährflüssigkeit des Körpers zu ihrer eigenen Ernährung verwenden und vielleicht direkt giftige Stoffe, die Produkte ihres eigenen Umsatzes, in das Blut einführen, auf dessen Kosten sie, auch ohne freien Sauerstoff und Luft, zu leben und sich zu vermehren vermögen. Wenn also die Mutterpilze mit der Leiche in die Erde gebracht worden sind, so läßt sich denken, daß sie in derselben, da sie weder Luft noch Sauerstoff bedürfen, eine Zeit lang fort existieren und sich zu vermehren im Stande sind. — Sie werden aber mit der vollendeten Fäulnis, sobald der im Blute vorhandene Sauerstoff verwendet ist, zerstört und an ihre Stelle treten die unschädlichen Fäulnispilze (B.

Termo). Hiermit stimmt die alte Erfahrung überein, daß Körper, welche vollständig in Fäulnis übergegangen sind, bei weitem weniger Gefahr der Ansteckung bringen, als solche, bei welchen die Fäulnis erst beginnt.

Als die Kraft, durch welche die Spaltpilze von einer Leiche weggeführt werden könnten, werden die Bodenluftströme und das Bodenwasser bezeichnet. Es steht richtig, daß die Bodenluft mit dem großen Luftmeere, der Atmosphäre, ebenso zusammenhängt, als das Bodenwasser mit den offenen Wasserläufen der Erdoberfläche. Die Erde atmet unter dem veränderten Barometerstande, dem Druck der Atmosphäre, dem Wechsel der Wärme, wenn bei Tag die Sonne die Erdoberfläche bescheint und erhitzt und dieselbe sich bei Nacht abkühlt, ein und aus. Die Veränderungen des Wasserstandes, Regengüsse, treiben die Luft aus den Kapillarspalten des Bodens aus, oder saugen sie, wenn derselbe austrocknet an. Aber diese Strömungen können doch der Natur der Sache nach nur sehr schwach und sehr gleichmäßig sein. Aus der Bodenfeuchtigkeit lassen sich völlig gelöste oder molekulare Bestandteile durch langsame, gleichmäßige Abdampfung so wenig austreiben, als aus einer wässerigen Solution oder Mengung über der Erdoberfläche. Sie bleiben als Rückstand zurück, wie aus dem verdampften Brunnenwasser; nur das reine Wasser verflüchtigt sich. Aus dem Boden oder aus Exkrementen und faulenden Körpern entweichen nur Wasserdämpfe und Gase, aber keine im Wasser gelösten oder molekularen Bestandteile. Nur plötzliche, stoßweise Luftbewegungen, wie bei lebhaftem Sieden, oder stoßweisen Bewegungen, wie bei Husten, vermögen molekulare Körper, an Wasser oder Schleim gebunden, mit fortzureißen. Solche Kraft besitzen aber die Bodenluftströme natürlich nicht. Nur wenn der Boden völlig ausgetrocknet ist, vermögen Bewegungen der äußeren Atmosphäre, Winde, stanbförmige Bodenbestandteile fortzuführen, natürlich aber nur von der äußersten Oberfläche desselben, nicht acht Fuß tief unter der Erde weg, aus der Tiefe eines Grabes. Die Spaltpilze, welche, sich mit der Leiche dort befinden, gehen mit dieser zu Grunde und verbreiten sich nicht über die Oberfläche. In der Tiefe ist der Boden immer feucht und deshalb fehlt hier jede bemerkbare Strömung der Luft, die Poren sind mit Wasser und Wasserdampf gefüllt und soweit dieses der Fall fehlen die Bewegungen der Bodenluft völlig.

Die Erfahrung ist oft gemacht worden, daß wenn ein urwüchsiger, bisher gesunder Boden zum ersten Male umgebrochen wird, Malariakrankheiten entstehen. Der Ansiedler, welcher sein Feld zum ersten Male umbricht, wird von Wechselfiebern, Ague befallen, die sich erst verlieren, wenn der Boden längere Zeit kultiviert worden ist. Die Malariapilze haben also in dem Boden, nahe an dessen Oberfläche geruht, sie haben aber nicht in die Luft gelangen können, weil die Luftströmung, um sie durch die feuchte Humusdecke und die dichte Vegetationsschichte hindurch zu führen, zu schwach war. Sie sind erst frei geworden, nachdem das Land umgebrochen, gelockert, ausgetrocknet worden war. So sind Sumpfgegenden, Inundationsgebiete, vollkommen gesund, so lange sie mit Wasser bedeckt und durchfeuchtet sind, die Malariazeit erscheint erst mit der Austrocknung. Der Ackerbau übergibt dem Boden beständig eine Masse von putreszierenden, animalischen Stoffen, in welchen sich Spaltpilze so gut als in putreszierenden Leichen entwickeln, und er legt dieselben dicht unter die aufgelockerte Bodenoberfläche, ohne Besorgnis, daß mit seiner Befruchtung des Baulandes auch eine Unzahl von Krankheitskeimen verbreitet werden könnten. — So lange die Bildung von infizierenden Spaltpilzen noch möglich ist, sind die meisten Leichen selbst noch sehr feucht und es besteht keine bewegende Kraft in ihnen, durch welche die etwa vorhandenen Spaltpilze losgelöst und in die Atmosphäre über dem Grabe geführt werden könnten.

Der zweite Weg, auf welchem Spaltpilze aus der Tiefe eines Grabes an die Oberfläche gelangen könnten, geht durch das Wasser, dem Grundwasser in die Brunnen, welche dem Friedhofe nahe liegen. Begreiflicher Weise können auf diesem Wege nur sehr wenige Pilze nach außen gelangen. Sie werden, wenn sie sich auch von einer faulenden Leiche ablösen, in dem Grundwasser und in dem feuchten Boden festgehalten und von dem letzteren abfiltriert. Versuche haben gezeigt, daß Spaltpilze, auch unter einem stärkeren Druck, als er unter der Erde stattfinden kann, nicht durch eine Kies-, Humus- oder Lehmschichte durchgehen; um in einen Brunnen zu gelangen, müssen sie also offene Spalten finden. Diese Pilze leben in offenem Wasser nicht lange, so wenig als höher stehende Pflanzen in reinem Wasser leben und sich vermehren können, sie finden in demselben nicht die für ihre Existenz genügende Nahrung.

Der Mensch nimmt mit seiner Nahrung aber jeden Tag Quantitäten von Spaltpilzen in seinen Verdauungsschlauch auf, ohne von denselben belästigt zu werden. Sie gehen in dem sauren Magensafte und in der Galle unter. Die Schleimhaut des Darmkanals ist nicht geeignet feste, nicht völlig gelöste, molekulare Bestandteile aufzusaugen, auch Fett nur wenn es verflüssigt ist. Die wenigen Pilze, welche mit dem Trinkwasser in den Darmkanal gelangen, bleiben also wirkungslos. Außerdem werden in den Brunnen innerhalb bewohnter Orte in Städten, von Abraumsubstanzen und Latrinen, in viehzuchttreibenden Dörfern, aus den Düngerstätten, unendlich viel mehr Pilze gebildet und können in das Trinkwasser gelangen als in die wenig benutzten Brunnen der Friedhöfe.

Durch chemische Untersuchungen des Wassers, durch Titrieren mit hypermangansaurem Kali oder aus den Verlusten beim Glühen, kann die Anwesenheit von Organismen, Infektionsspaltpilzen, nicht nachgewiesen werden, sondern nur die Stickstoffverbindungen, welche aus der ammoniakalischen Fäulnis der Eiweißkörper hervorgehen. Der Nachweis, daß diese stickstoffhaltigen Beimengungen durch Pilze gebildet werden, kann nur durch mikroskopische Untersuchungen beigebracht werden, besonders wenn man das zu untersuchende Wasser in wohlverschlossenen Flaschen hat stehen lassen, damit die etwa vorhandenen Keime sich entwickeln konnten. Bischof hat bei der 41. Versammlung der British Assosiation eine Methode angegeben hat, welche sich darauf gründet, daß, wenn das Wasser frei von Organismen ist, die vorhandenen Salze beim langsamen Verdunsten in reinen Kristallen anschließen, dagegen, je nach der Menge der anwesenden Organismen, in anderen als den regulären Formen kristallisieren. Wenn das Wasser rein ist, so bleiben nach dem Eindampfen in dem Rückstände nur farblose, dendritische hexagonale, oder monoklinische Kristalle von kohlen- und schwefelsaurem Kalke zurück. Enthält aber das Wasser organische Substanzen in Lösung, so zeigen sich, je nach der Menge derselben, mehr oder weniger vollkommen ausgebildete, gelblich oder bräunlich gefärbte Kristalle, bei stärkerer Vergrößerung Zwillingskristalle, sternförmige Körper, oder Dreiecke mit abgestumpften Winkeln und in ganz schlechtem Wasser kugliche oder stängliche Gebilde, welche zu den Spaltpilzen gehören.

Die Wirksamkeit der Infektionskeime geht nicht weit über die Stelle des Bodens hinaus, in welchem sie entstanden sind, wenn sie nicht an feste Körper gebunden, in ruhendem Zustande, weiter getragen werden.

Sie werden in der Luft auf kurze Entfernungen bis zur Unwirksamkeit diffundiert, oder gehen mit dem Wasser in dem Boden, durch welchen sie filtriert und festgehalten werden, unter. Malariakrankheiten sind oft auf eine ganz kleine Fläche beschränkt oder verschwinden in einer mäßigen Erhebung über dem Boden der Ebene. Dasselbe gilt von eigentlichen Infektionskrankheiten und namentlich von dem Typhus und der Ruhr, welche man am häufigsten mit Verunreinigung des Bodens und des Wassers, namentlich auch mit den Ausdünstungen und Ausströmungen von Friedhöfen in Verbindung gebracht hat. Daß solche Beziehungen dieser Krankheit zu Verunreinigungen des Bodens mit organischen fäkale Stoffen bestehen, ist unzweifelhaft, wenn wir auch das Nähere nicht kennen, die Entwicklung und Steigerung der Lagerkrankheiten und zahlreiche andere Beispiele sprechen zu laut dafür. Beweise aber, daß diese Krankheit auch durch die Leicheninfektion des Bodens von einem Friedhofe aus erzeugt werden, sind nicht gegeben.

Verhältnis der Friedhöfe als Ausgangspunkte des Typhus und anderer contagiöser Krankheiten

Im Verlaufe langer Perioden verschwinden manche epidemische Krankheiten und Formen, oder ändern unter veränderten Kulturverhältnissen ihren Charakter und neue Krankheiten treten auf. Epidemische Krankheiten, welche vor Jahren arge Verheerungen anrichteten, nehmen einen milderen Gang an, oder verschwinden aus weiten Distrikten völlig. Die Beulenpest und der Aussatz, welche im frühen Mittelalter jedes Jahr in Mitteleuropa erschienen, sind beinahe gänzlich verschwunden. An die Stelle der ersteren trat während des 30jährigen Krieges der hochcontagiöse Flecktyphus, und dieser ist seit dem Jahre 1814 etwa durch das weniger contagiöse, wenn auch mehr lebensgefährlichen Typhoid ersetzt worden, während er selbst nur noch in wenig kultivierten Gegenden, unter einer Bevölkerung, welche in den elendesten Verhältnissen existiert, heimisch ist. Er ist die Krankheit der Irländer, der Walachen, der Hungertyphus des Spessart, der armen Weberdistrikte. Der Flecktyphus, sowie der Rückfalltyphus, können also, da sie nur unter ganz besonderen lokalen Verhältnissen vorkommen, hier gänzlich ausgeschlossen bleiben. Welche Ursachen dieses Auftreten und Verschwinden epidemischer Krankheitsformen bedingt haben, ist uns nicht näher bekannt. Es zeigt sich in dieser geschichtlichen Tatsache aber wieder, daß die Ursachen des Auftretens und Verschwindens von epidemischen Krankheiten tiefer liegen und von mehr zusammengesetzten Verhältnissen abhängen, als man häufig anzunehmen geneigt ist, und sich nicht ohne strenge, allseitige Prüfung und aus einem einzigen Faktum erklären lassen. Zu allen Zeiten hat man die Leichen begraben, und früher, vor dem Anfange dieses Jahrhunderts, war die sanitätspolizeiliche Aufsicht über die Friedhöfe außerordentlich viel weniger aufmerksam als jetzt; aber zu der Zeit, in welcher man die Friedhöfe mitten in den Städten, in der Area der Hauptkirchen duldete und wegen Raumbeschränkung die Leichen dicht auf einander häufte, war der Typhus entericus eine unbekannte Krankheit; er ist erst aufgetreten, seitdem mit dem wieder gewonnenen Frieden auch der öffentlichen Gesundheitspflege eine größere und mit unseren hygienischen Kenntnissen wachsende Sorgfalt gewidmet werden konnte.

In früheren Jahrhunderten, als noch jede kleine Stadt mit Mauern umgeben war, selbst Flecken und Dörfer eine Schutzwehr, das sog. Gebück, hatten und häufigen feindlichen Anfällen ausgesetzt waren, schien es notwendig die Friedhöfe in das Innere der Städte aufzunehmen, um sie vor den Verwüstungen der Feinde sicher zu stellen, wozu außerdem der fromme Glaube, die Toten an den Segnungen der Kirche teilnehmen zu lassen, aufforderte. Diese Verhältnisse haben aufgehört; fast überall sind die Friedhöfe aus den Städten und Dörfern entfernt und wo sie noch um alte Kirchen bestehen, werden sie nicht mehr belegt. In Friedhöfen aber, auf welchen seit länger als 5 bis 6 Jahren keine neue Bestattung mehr stattgefunden hat, finden sich keine fäulnisfähige Weichteile mehr, sondern nur Knochen. Man hat sie, schon damit sie nicht in allzu kurzer Zeit von der wachsenden Bevölkerung überholt und neue Verlegungen notwendig werden, in angemessene weite Entfernungen verlegt und doch herrscht das Typhoid in vielen wohlgebauten Städten, wie in München, Jahr aus Jahr ein, bricht hier und da in Dorfepidemien aus, während diese Krankheit zu der Zeit, in welcher die Friedhöfe noch ganz allgemein in bewohnten Orten lagen, nicht bekannt war.

Der Abdominaltyphus ist eine so wenig ansteckende Krankheit, daß die Hospitalärzte es nicht für geboten halten, ihre Typhuskranken zu isolieren, er überfällt aber oft in einzelnen Lokalitäten eine Anzahl von Personen, wodurch der Anschein der Verbreitung durch einen Ansteckungsstoff entstehen kann. Er entspringt hier aus Einflüssen des Bodens, des Lokals, der Überfüllung mit Bewohnern, so daß wir aus guten Gründen vermuten können, daß jene parasitärer Natur sind, wenn wir auch den Parasit selbst noch nicht haben nachweisen können. Wahrscheinlich entwickelt sich derselbe in fäkalen Ausleerungen, aber erst, wenn dieselben ausgetrocknet sind; aus den frischen, nassen Fäces verdunsten nur Wasser und fäkale Gase, keine molekulare Körper. Daher bewegen sich die Angehörigen ohne Gefahr um den Kranken. Die Verbreitung geschieht jedenfalls nicht in der Form von Gasen, denen eine gleichmäßige, unbeschränkte Diffusion zusteht, und sie kann so wenig aus der Tiefe eines feuchten Grabes heraus stattfinden, als es, nach früheren Auseinandersetzungen für andere angebliche Leicheninfektionen möglich ist. Sehr wahrscheinlich kann der Typhusparasit schon an die Ausleerungen von Personen gebunden sein, welche nur so leicht erkrankt sind, daß die typhöse Natur der Krankheit nicht erkannt, daß dieselbe nur als Diarrhöe aufgefaßt wird, oder er wird mit beschmutzter Wäsche und von anscheinenden Rekonvaleszenten weiter getragen. Daher das Auftreten an Stellen, wo man keine Ursache zu haben schien ihn zu fürchten. (Dietl, Typhus in München.) Es gehört zu den Eigentümlichkeiten des Typhus, daß er oft an räumlich sehr beschränkte Orte gebunden ist. Er erscheint mehr in den großen volkreichen Städten, als auf dem platten Lande, wenn er auch in einzelnen Dörfern und Gehöften endemisch vorkommen kann. Manche Städte sind als Typhusorte berüchtigt, so München, während er in Oberbayern fast unbekannt ist und nur von auswärts importiert auftritt. Aber auch in den Städten sind einzelne Häusergruppen, ja einzelne Häuser und in diesen selbst bestimmte Zimmer bevorzugt. In dem St. Bartholomewhospitale bemerkte man vor längerer Zeit, daß die Kranken, welche die Betten in der einen Saalecke einnahmen, regelmäßig von typhösen Zufällen ergriffen wurden. Man untersuchte und fand, daß eine in der Wand liegende Abzugsröhre schadhaft geworden war. Sie wurde ausgebessert und "der Typhus verschwand. Viele Jahre später wiederholten sich dieselben Zufälle; ein alter Beamter erinnerte sich des früheren Vorgangs; es bestanden dieselben Fehler und wurden auf dieselbe Weise wieder beseitigt. In allen Städten gibt es sog. Typhusdistrikte, selbst einzelne Typhushäuser, in welchen derselbe von Zeit zu Zeit eine Anzahl von Personen endemisch befällt, ohne sich weiter zu verbreiten. Sehr oft haben diese Wohnungen anscheinend nichts was sie von anderen auszeichnet. In meinem Wohnorte sind solche Hausepidemien sowohl in dem inneren, tiefliegenden Teile der Stadt, in welchem das Grundwasser sehr häufig bis in die Keller steigt, und in der Nähe eines sehr unsauberen Grabens, als auch auf der Höhe, auf kiesigem Boden, in ganz freier, luftiger Lage, mit sehr reinem Wasser vorgekommen, *nie aber in der Nähe des Friedhofes,* an welchen hier zahlreiche Wohnungen sehr nahe heranreichen. Sehr oft kommen bekanntlich solche typhöse Hausepidemien in Lokalen vor, welche eine sehr dichte, zahlreiche Bevölkerung haben, in Gebärhäusern, Arbeitshäusern, Gefängnissen, auf Auswandererschiffen, und wie oft haben Kasernen des Ausbruchs einer Typhusepidemie wegen geräumt werden müssen, Überhaupt hat die Dichtigkeit der Bevölkerung, welche freilich nur ein Ausdruck für einen Komplex von Ursachen ist, den vorwiegendsten Einfluß auf die Mortalitätsrate in Städten und die Entwicklung von endemischen Krankheiten. Auf Sutherland Terrace London, sterben 8:1000, in St. Giles, Holborn 40 bis 42:1000, an der ersten Stelle wohnt der reichste Adel, an der letzteren der irländische Pöbel. In manchen Fällen hat nachgewiesen werden können, daß üble Einrichtung der Latrinen, die unvorsichtige Verstopfung eines Abzugskanals die Veranlassung gegeben und die Beseitigung solcher Übelstände hat die Gefahr zu heben vermocht. Es läßt sich vorstellen, daß wenn der Boden eines einzelnen Hauses mit Dejektionsstoffen und den in denselben enthaltenen Parasiten durchtränkt ist, eine gewisses Maximum der Durchtränkung, oder eine markierte Ungleichheit der Temperatur der Bodenschichten, der Fundamente und der des durchwärmten Hauses, ein Ausströmen der Bodenluft begünstigt. In allen diesen Fällen liegen die Ursachen in dem bewohnten Hause selbst und nicht etwa in der Nähe eines Friedhofes. Faulende animalische Bestandteile gibt es in dicht bewohnten Orten außer den menschlichen Leichen außerdem genug, ohne daß wir immer ersichtlichen Schaden von ihnen tragen. Es ist daher auch sehr möglich, daß in einer alten, dicht bevölkerten Stadt, in welcher noch Friedhöfe bestehen, auch einmal eine Typhusepidemie ausbricht; es wäre zu verwundern, wenn es anders wäre. Ein Beweis, daß dieses Zusammentreffen das Fortbestehen eines Kirchhofes mit dem Auftreten einer lokalen Typhusepidemie, die Schuld an der Epidemie gegeben habe, ist, wo so viele Ursachen zusammentreffen, durchaus nicht geliefert. In London bestanden die Friedhöfe vor kurzem zum Teil noch innerhalb der Stadt fort. Obgleich nun in London viele Ursachen zusammentreffen, um die Mortalitätsziffer zu erhöhen, so ist die Sterblichkeit daselbst doch sehr mäßig, geringer als in vielen kleineren Städten, in welchen lange nicht so viele, das Leben bedrohende Ursachen zusammentreffen und beträgt durchschnittlich unter 24:1000[10]. Noch jetzt ist ein großer Teil von London auf Themsewasser angewiesen, welches man in großen Reservoiren sich hat setzen lassen und dann filtriert hat. Dieses Wasser ist also so schlecht als möglich, aber ohne nachweisbaren Einfluß auf die Gesundheit. Ähnlich verhält es sich in anderen größeren Städten. In der Statistik von Leipzig von Ernst Hasse heißt es:

„Bis jetzt ist es nicht gelungen, den ursächlichen Zusammenhang zwischen dem Genusse des Trinkwassers und jedem Auftreten von

---

[10] Vergleiche weiter unten, Friedhöfe in London und Paris.

Krankheiten, Typhus, Buhr, Darmkatarrhen, mit Bestimmtheit nachzuweisen. Die Erkrankungen sind in Leipzig nicht häufig, wenigstens entschieden seltener, als in anderen Orten von ähnlicher Bevölkerung und gleicher historischer Entwicklung. Indessen sind doch in den letzteren Jahren zeitweilig kleine, lokalisierte Epidemien vorgekommen. Auffällig war es nun, daß mehrere derselben sich zeigten in Straßen und auf Grundstücken, wo die öffentlichen und privaten Pumpbrunnen *gutes Wasser* liefern, während Typhuserkrankungen in geringer Anzahl, zum Teile gar nicht sich zeigten in Straßen mit entschieden schlechtem Wasser. — Im Jahre 1876 trat in einer Straße der nordöstlichen Vorstadt gleichzeitig eine größere Zahl von Ruhrerkrankungen auf. Es herrschte gerade bei hochgradiger Hitze große Trockenheit. Das Wasser der städtischen Wasserleitung war sehr getrübt, so daß man sich dem Gebrauche der alten Pumpbrunnen wieder zuwendete. Ärzte schrieben die Schuld dem Wasser und namentlich dem aus einem bestimmten Brunnen zu. Mit dieser Annahme stand aber in entschiedenem Widerspruche, daß in dem stark bevölkerten Grundstücke, auf welchem sich dieser Brunnen befand und dessen Wasser von den Bewohnern allein benutzt wurde, nicht ein Fall von Dysenterie vorkam, während dieselbe sich in den nächstgelegenen Häusern und der ganzen Straße sehr stark zeigte. Diejenigen Teile von Leipzig, im Inneren der Stadt, in welchen die Mortalitätsziffer die größte ist, sind von dem Friedhofe am weitesten entfernt, die gesundesten stoßen unmittelbar an ihn an.

Nägeli (die niederen Pilze) spricht die Meinung aus, daß Kirchhöfe inmitten einer Stadt für die Gesundheit der Umwohner ganz ungefährlich seien. Man kann dieser Meinung beipflichten, wenn es auch vollkommen gerechtfertigt erscheint, dieselben überall aus den Städten zu entfernen. Die Toten gehören nicht unter die Lebenden. Die Ursachen, welche früher die Anlage von Kirchhöfen in den Städten bedingt haben, existieren nicht mehr und schon die Beschränkung und die Kostspieligkeit des Bodens erfordert ihre Verlegung.

Noch sicherer, als für den Typhus, steht der fäkale Ursprung der Ruhr fest, wenn uns auch die Infektionskörper, durch welchen dieselbe verbreitet wird, so wenig als für jenen bekannt sind.

Die von den Krematisten zur Unterstützung aufgeführten Beobachtungen; Kritik derselben

In Ermangelung von wissenschaftlichen Erklärungen, in welcher Weise die angebliche gesundheitsschädliche Wirkung von Friedhöfen zu Stande kommen soll, hat man eifrig nach Erzählungen gesucht, man kann sie nicht Beobachtungen nennen, welche den Beweis solcher schädlichen Einwirkungen liefern sollen. Ich habe nicht die Absicht, auf eine ausführliche Wiederholung und Kritik aller dieser Schauergeschichten einzugehen, ich will mich vielmehr darauf beschränken, nachzuweisen, mit wie wenig Kritik solche aufgeschwollene Zeitungsenten benutzt worden sind. Zunächst will ich die Bemerkung wiederholen, daß wenn die Friedhöfe wirklich die Infektionsherde für contagiöse Krankheiten wären, man nicht nötig haben dürfte auf Jahrhunderte zurückzugreifen und einige dürftige Belege aus entfernten Gegenden, aus unkontrollierten Mitteilungen zu entnehmen, daß vielmehr die Ausbreitung von Krankheiten von ihnen jeden Tag und überall vorkommen müßte, da es Friedhöfe von jeher überall gegeben hat.

Die meisten der Erzählungen, welche man zusammengestoppelt hat, beziehen sich aber überhaupt nicht auf Nachteile, welche von offenen Friedhöfen, wie sie jetzt überall in kultivierten Ländern bestehen, ausgegangen sind, sondern auf solche, wie sie vor alter Zeit in einigen größeren Städten bestanden haben, oder auf die unvorsichtige Eröffnung von alten Grüften, in Kirchen insbesondere, auf Zustände also, welche längst beseitigt sind, und welche die heutige Frage, die Notwendigkeit unsere Bestattungsweise zu ändern, durchaus nicht mehr berühren. Schon deshalb könnten also solche Belege, wenn sie von den Krematisten zur Unterstützung ihrer Bewegung benutzt werden um einen förderlichen Schrecken in die ängstlichen Gemüter des Publikums zu werfen, zurückgewiesen werden, sie gehören nicht zur Sache, sie treffen den heutigen Zustand nicht, auch vorausgesetzt, daß die Facta richtig, wahr und nicht gleich anderen Zeitungsenten unzuverlässig, unkontrolliert und aufgebauscht sind. Bei allen solchen von hier und da zusammengetriebenen Nachrichten hat man aber immer zuerst zu fragen, ehe man an die Kritik derselben geht: ob das Faktum überhaupt nur wahr ist und diese Mühe der Untersuchung haben sich die Krematisten nicht genommen, jede Erzählung war ihnen recht.

Wenn die Friedhöfe wirklich den Nachteil auf den Sanitätszustand ausüben, den die Krematisten behaupten und der sie berechtigen soll, auf eine prinzipielle, enorm kostspielige, tief in die Sitten des Volkes eingreifende Veränderung des bisherigen Herkommens zu dringen, so müßte sich derselbe in der Mortalitätsstatistik ausdrucken, es müßte da, wo die frühere Beerdigung innerhalb der Kirchen und Kirchhöfe aufgehoben worden ist, von dem Augenblicke an, wo es geschehen, und unabhängig von gleichzeitigen anderweitigen hygienischen Verbesserungen, eine merkliche Verminderung der Mortalitätsziffer eingetreten sein, insbesondere aber dürfte verlangt werden, daß bei einem solchen vereinzelten Fall, wie sie vorgebracht worden, der Beweis geliefert werde, daß nur der Leicheneinfluß und nicht eine der vielen sonstigen Ursachen, welche krankheitserzeugend in bewohnten Orten wirken, im Spiele gewesen sind. Das Publikum läßt sich vom Greifbaren und dem, was seinen Vorurteilen und hergebrachten Ansichten entspricht, leiten, für Krankheitsursachen namentlich führt es einen uralten Plunder von Aberglauben fort. Die Wissenschaft aber fordert reine Beobachtungen und strengere Beweise, als sie von diesem und jenem Pfarrer oder Küster, oder Redakteur eines Lokalblättchens geliefert zu werden pflegen.

Die Statistik ist die in exakten Zahlen ausgedrückte Erfahrung; die neuere Zeit hat viel getan, um die aus zerfahrenen Reminiszenzen zusammengestellte Erfahrung durch genauere Statistik zu ersetzen. Wenn man nun von einer Reihe von Städten die Mortalitätszahlen unter einander vergleicht, so muß sich alsbald die Bemerkung aufdrängen, daß die Sterblichkeit in den Städten, in welchen die enorme Anhäufung von Leichen den größten Einfluß hätte ausüben müssen auf der Skala der Mortalität bei weitem nicht am tiefsten steht, daß namentlich Paris und London, ganz besonders die letztere Stadt, deren in der Tat höchst tadelnswerte Leichenbestattung bis 1848 fortbestand, durchaus nicht den Einfluß empfunden hat, der so eifrig von den Gegnern der Erdbestattung (Trusen, Ercolani, Küchenmeister) hervorgehoben worden ist, vielmehr unter den gesünderen Städten steht. Wer sich ein wenig mit dem Gesundheitsdienste in Städten als Armenarzt beschäftigt hat, weiß, daß auf denselben und die Sterblichkeit ganz andere und sehr komplizierte Verhältnisse von vorwiegendem Einflüsse sind, als die Nähe oder Ferne eines Friedhofes, welche, wenn man als ein Wohltäter oder Retter des Menschengeschlecht auftreten will, in viel höherem Grade einer

Verbesserung bedürfen, als etwa eine Abänderung der Leichenbestattung.

Von dem größten Einflusse auf die Gesundheit der Bewohner einer Stadt und der Höhe der Mortalitätsziffer ist vor allem die *Dichtigkeit* des Zusammenwohnens. Das Wort Dichtigkeit der Bevölkerung drückt ein sehr kompliziertes Verhältnis von gesundheitsschädlichen Ursachen aus. Mit der Dichtigkeit der Bevölkerung zusammen geht die Armut, das bittere Elend, Mangel an genügender und guter Nahrung, Enge, Ungesundheit und Überfüllung der Wohnräume, schlechte Luft und Mangel an Licht und Bewegung. Immoralität, Völlerei, Rohheit, Begünstigung von Ansteckung, mangelhafte Besorgung der Kinder in der ersten Lebenszeit, große Kindersterblichkeit der vorwiegend außerehelich geborenen Sprößlinge.

Die dichteste Bevölkerung drängt sich immer in den ältesten, unsaubersten, verrotteten Teilen großer alter Städte zusammen, in engen Winkelgassen, luft- und lichtlosen Höfen und Hinterhäusern. Da, wo Friedhöfe noch in Städten bestanden, werden sie sich nicht in den neuen, luxuriös gebauten Stadtteilen, sondern um die alten Kapellen und Kirchen in den ältesten Stadtteilen befinden, wo der Boden der Straßen und der Häuser seit alter Zeit von Unrat aller Art durchseugt und getränkt ist. Eine kränkliche Bewohnerschaft, kranke rachitische Kinder, elende verhungerte Weiber, versoffene Männer, finden sich hier stets, auch wenn die Gegend niemals einen Kirchhof einschloß, und wenn der Typhus Jahr aus Jahr ein hier herrscht, so braucht man, namentlich für den contagiösen, irischen Flecktyphus, die Ursachen nicht in der zufälligen Nähe eines Friedhofes zu suchen.

Einen weiteren Einfluß auf die Höhe der Mortalitätsrate einer Stadt wird aus der Zahl der Ortsfremden, Zuwanderer entspringen, welche sich in ihr aufhalten, ob sie Gebärhäuser und große Spitäler besitzt, in welche zahlreiche Auswärtige in schweren Krankheiten eintreten, fast nur um daselbst zu sterben.

Die Höhe der durchschnittlichen Mortalitätsziffer einer Stadt drückt übrigens nicht ohne Weiteres den Gesundheitszustand aus. Ungesund kann eine Stadt sein aus klimatischen oder lokalen, territorialen Ursachen, trotzdem daß die städtischen Einrichtungen vortrefflich und die Lebensweise der Einwohner nicht unbedingt fehlerhaft ist, so Rom, Bombay, Kairo, New Orleans. Ungesund wird eine Stadt, in dem hier zu betrachtenden Sinne, durch die Mangelhaftigkeit der städtischen Einrichtungen, zu enge Bauart, mangelhafte Wasserversorgung und Abfuhr der Unreinigkeiten u.s.w. Aber auch in allen diesen Beziehungen kann die städtische Verwaltung untadelhaft sein, während trotzdem die Stadt eine hohe Mortalitätsziffer hat. Die Ursache liegt dann wahrscheinlich in der Beschaffenheit, der Lebensweise, der Beschäftigung der Einwohner. So kann eine hochgradig industrielle Stadt, in der ein korruptes Proletariat lebt, den Anforderungen einer guten Sanitätspolizei besser entsprochen haben, als eine stille Provinzialstadt, eine kleine Residenz, deren Sanitätsziffer ansehnlich niederer steht.

In Wien und besonders in London hat sich der Fortgebrauch der Friedhöfe innerhalb der Stadt am längsten erhalten und ist in beiden erst ganz in der neuesten Zeit abgestellt worden. Die Sanitätsverhältnisse beider Städte, namentlich aber von London, sind daher von Krematisten (Trusen) am meisten benutzt worden, um die Gefährlichkeit der Friedhöfe für die Gesundheit zu beweisen. London ist aber eine relativ gesunde Stadt, trotzdem daß die Beschaffenheit ihrer Einwohner, deren Beschäftigung, der Zuzug vieler Fremden, ihre großen Spitäler ihre Mortalitätsziffer weit über die aus den Lokalverhältnissen unumgänglich notwendig hervorgehenden Ziffern steigern müssen. Sie ist in einzelnen Teilen von London sehr ungleich; in dem reichen Teile, in Sutherland Terrace, wo die Häuser, in Gärten liegend, nur dünn bewohnt sind, nur 25 Einwohner auf den Hektare kommen, ist die Sterblichkeitsrate noch besser als in den neugegründeten amerikanischen Städten, während in dem engen, nur von dem armen irischen Proletariate bewohnten Teile von St. Giles, St. Luke, Holborn, wo 500 bis 600 Einwohner auf den Hektare kommen, die Sterblichkeit 37 bis 42 pC. beträgt. Man sieht hieraus, daß es vorzugsweise die Dichtigkeit der Bevölkerung ist und was mit dieser zusammenhängt, sowie deren Lebensweise, von welcher die Höhe der Mortalitätsrate abhängt; und daß es sehr ungerechtfertigt ist dieselbe von einer einzelnen Ursache, namentlich der Anwesenheit eines Friedhofes abzuleiten. Der Flecktyphus herrscht unter dem irischen Proletariate in allen englischen und schottischen Städten und in den Teilen derselben, auch wenn keine Friedhöfe sich in denselben befinden; die Unsauberkeit, die Liderlichkeit, Armut und die Dichtigkeit der Bevölkerung bringen ihn mit sich.

Der general board of health betrachtet das Mortalitätsverhältnis von

23:1000 als dasjenige, welches in einer Stadt geduldet werden darf, wenn sie noch als gesund betrachtet werden soll, und verfügt, daß eine Untersuchung angestellt werde, sobald die Mortalität diese Ziffer anhaltend übersteigt. Sie geht aber in den wenigsten alten Städten, und in London insbesondere, fast nie unter dieselbe herab, und schwankt in einzelnen Jahren, auch von Epidemien abgesehen, in einer nicht ganz unbedeutenden Skala.

Man ist somit im Stande, mehrere Gradationen des Gesundheitszustandes aufzustellen und diejenigen Städte, welche die Kirchhöfe am längsten geduldet haben, gehören nicht zu den schlimmsten, sowie die, aus welchen sie am frühesten und vollständig entfernt worden sind, oder welche sie nie innerhalb der Stadt besessen haben, nicht zu den besten gehören, so daß aus der statistischen Zusammenstellung hervorgeht, daß der Bestand von Friedhöfen innerhalb großer Städte neben den anderen Ursachen, welche nachteilig auf die Sterblichkeit einwirken, *im Ganzen,* keinen bemerklichen Einfluß, der in Zahlen ausgedrückt werden kann, ausübt.

Die Krankheiten, für welche Gräber als Ausgangspunkt angenommen werden, sind außer plötzlichen Todesfällen, welchen keine ausgesprochene Krankheit vorausging, einige, nicht alle contagiösen Fieber, von welchen also angenommen wird, daß deren Contagium im Grabe sich erhalten, der Fäulnis widerstehen und unter Umständen frei werden, sich verflüchtigen könne, wenn nicht gar, daß es erst in der Tiefe des Grabes sich neu erzeuge. Besonders sind Pest, Typhus und gelbes Fieber, welche in begünstigten Gegenden, — auch entfernt von jedem Grabe oft genug vorkommen, an welche man denkt, wenn man von der krankheitserregenden Eigenschaft der Gräber spricht, während an anderen contagiösen Krankheiten, welche nur zeitweise und durch ein bestimmt nachweisbares flüchtiges Contagium entstehen, an Scharlach, Masern nicht gedacht wird, daß deren Ansteckungsstoff sich von einer Leiche, welche an derselben Krankheit gestorben war, verbreiten könne. Hier wird die Sache zu bestimmt, als daß sie für so ungenaue Behauptungen brauchbar wäre.

Der Aussatz, der schwarze Tod (Cholera?) und die Pest waren die epidemischen Krankheiten, durch welche im Mittelalter Europa in fast jährlicher Wiederkehr dezimiert wurde. Sie sind verschwunden und haben also, auch in Bezug auf ihre Verbreitungsweise, nur noch ein theoretisches Interesse.

Professor Bianchi nimmt an, daß der Ausbruch einer *festartigen* Krankheit zu Modena 1828 veranlaßt worden sei durch Umgraben an einer Stelle an welcher *300 Jahre* zuvor die Opfer der Pest begraben worden sein sollen. Die letzten Reste einer Leiche sind aber schon nach dem zehnten Teil dieser Zeit aus dem Boden gänzlich verschwunden. Ebenso nimmt Cooper[11] an, daß die Cholera in London 1854 wesentlich verschlimmert worden sei zu Folge von Ausgrabungen an einer Stelle, an welcher 190 Jahre zuvor die Leichen von Pestkranken eingescharrt worden waren; als ob die Cholera nicht auch ohne dieses Zusammentreffen mit sehr verschiedener und sehr großer Intensität aufzutreten pflege (Lancet, Sept. 16, 1864). Pariset[12] der von der französischen Akademie nach Ägypten geschickt worden war, um die Ursachen der Pest zu studieren, glaubt, daß die Exhumation einer einzigen Leiche, welche 12 Jahre zuvor beerdigt worden war, genügte, um eine gefährliche Krankheit (welche?) in einem Kloster zu veranlassen. Im Jahre 1823 soll die Pest in Ägypten ausgebrochen sein, weil 12 Meilen von Kairo entfernt ein Kirchhof geräumt worden war.

Houiller und Fernel behaupteten 1854, daß während die Pest (?) in Paris herrschte, die Krankheit in der Nähe des cimetière de la Trinité (dem engsten und dem dichtesten bewohnten Teile der Stadt) am meisten verbreitet gewesen sei.

In allen diesen Erzählungen wäre, die exakte Wahrheit derselben vorausgesetzt, höchstens das Aufeinanderfolgen zweier Tatsachen, aber entfernt nicht deren ursächlicher Zusammenhang nachgewiesen. In einem Lande aber, wie Ägypten, in welchem die Pest früher fast jedes Jahr auftrat, darf man dieselbe nicht in einem bestimmten Jahre aus einem einzelnen Vorgange ableiten.

Ein großer Teil der Erzählungen, durch welche der gefährliche Einfluß von Leichengasen bewiesen werden soll, bezieht sich auf die unvorsichtige Eröffnung von seit langer Zeit geschlossenen Grüften. Daß Personen, welche unvorsichtig in dieselben einsteigen in Gefahr kommen können, ist früher schon zugegeben worden, sie hängt von der Anhäufung von irrespirablen Gasen, dem hohen Kohlensäuregehalt der

---

[11] Cooper, on the cause of some Epidemies. Glasgow 1879.
[12] Von der Ausdünstung der grande voicrie hat er selbst aber keine Nachteile verspürt

Bodenluft ab, und der Scheintod, oder auch der wirkliche Tod, welcher eintreten kann, ist eine Erstickung, welche in ganz derselben Weise in allen seit langer Zeit geschlossenen Brunnen, Kellern und Grüften vorkommen kann und also in keinem Zusammenhang mit der jetzt üblichen Erdbestattungsweise steht. Die Ohnmacht oder der Tod treten plötzlich ein, nachdem vielleicht Beklemmung und Konvulsionen eine kurze Zeit vorausgegangen, nicht in Folge einer Krankheit. Zum Beweise pflegen folgende Fälle ungefähr angeführt zu werden; bloße Meinungsaussprüche übergehe ich. Licetus: drei Leichenräuber werden tot aus einer Gruft mit Haken herausgezogen. Ihre Leiber waren geschwollen, schwarz (asphyktisch) (de an. antiq.); ein Totengräber, welcher die Schuhe einer Leiche stehlen wollte, wird tot aus der Gruft gezogen (Ramazzini), drei Totengräber, welche in ein von der Tiber geöffnetes Grab eintreten, sterben einer nach dem anderen plötzlich. Lancisi, de noxis paludor effluv. II. epist. 1: (Sumpfgas). Ehrlich: eine alte Frau stirbt plötzlich an einem Grabe. Ein Totengräber, der in eine Gruft hinabsteigen wollte um die Leiche einer Nonne zu anderen beizusetzen, stirbt plötzlich, nebst zwei anderen, welche ihm nachgingen (Unzer, III. 198. In Montpellier stürzt der Totengräber, welcher auf einer Leiter in ein Grab steigt, asphytisch hinunter, ein zweiter, der diesen retten will, wird ohnmächtig und beklemmt, ein dritter bekommt Atemnot, ein vierter bleibt tot auf der Leiter, ein fünfter und sechster ebenso, sie werden von Beklemmung befallen oder starben unter Konvulsionen. Lichter, welche man hinabgelassen, verlöschten. Hunde und Katzen, welche versuchsweise hinabgelassen wurden, starben. Unzer, Hamburg. Magaz., B. 7.

Solche Zufälle kommen in unseren Weingegenden in guten Jahren immer vor, unsere Weinbauern sehen darin aber nichts übles und wissen sich zu wahren. Eine rechte Sensationsente wird von Küttlinger mitgeteilt und ist oft wieder abgedruckt worden. Erlangen, 1854, 11, auch von ernsthaften Gelehrten; unschuldige Personen waren, weil sie beschuldigt wurden, den Abendmahlswein, in welchem, als er in heißer Jahreszeit stehen geblieben viele Fliegen ertrunken waren, vergiftet zu haben, wegen Vergiftung auf ein Pfaffengeschwätz hin eingekerkert und gefoltert worden. Ich würde mich jedoch schämen eine solche alberne Anekdote als eine wissenschaftlich bedeutungsvolle zu würdigen und einer Kritik zu unterwerfen. Wer sie lesen will findet sie bei

Trusen S. 101 und Ullersperger und Ercolani. Die Leiche eines blödsinnigen Menschen wurde erst nach einigen Tagen auf dem Sarge einer Frau gefunden, er war in sehr strenger Winterkälte vermißt worden, nach Trusen war er durch den Leichendunst gestorben, nach meiner Ansicht wahrscheinlicher erfroren, wozu Blödsinnige wegen mangelnder Energie besonders ausgesetzt sind.

In Saulieu herrschte 1773 eine katarrhalische Epidemie. Die Leiche eines sehr fetten Mannes wurde in der Kirche begraben und 20 Tage später eine zweite Leiche, wobei das Grab der ersten geöffnet wurde. Ein widerlicher Geruch verbreitete sich und bei vielen Personen verschlimmerten sich die Symptome der herrschenden Epidemie. Rieke a.a.O. Ähnliche Nachrichten über die möglichen üblen Folgen der Eröffnung von *ummauerten Grüften* macht Küttlinger aus Erlangen und Nürnberg bekannt. Nach demselben werden in denselben auch Maden und Fliegen *erzeugt,* durch welche Contagien und der Milzbrand auf Menschen übertragen werden können! Eine ähnliche kleine Reihe von plötzlichen Erkrankungen nach der Eröffnung von Grüften findet sich bei Orfila (exhumat. judic.), der jedoch nicht verfehlt hinzuzufügen, daß er ihnen keinen Wert beilege.

Für die Ausbreitung der Pocken werden einige wenige angebliche Erfahrungen aufgeführt. Der Totengräber von Chelwood bei London öffnete ein Grab, in welchem *30 Jahre* zuvor ein Mensch begraben worden war, der an den Blattern gestorben sein sollte. Bald darauf verbreitete sich eine Blatternepidemie in diesem Dorfe und in dessen Umgebung. Kieke erzählt (über den Einfluß der Verwesungsdünste, Stuttgart 1846, 71), daß nach der Eröffnung eines Grabes, in welchem ein Blatternkranker bestattet war, der Totengräber *plötzlich* gestorben, der Baumeister an Blattern erkrankt sei.

Von der Verbreitung anderer Contagien aus Gräbern, Scharlach, Masern wird nichts berichtet.

In der voranstehenden Zusammenstellung habe ich absichtlich keine meinen Zwecken dienliche Auswahl des vorliegenden Materials getroffen, sondern *alle* Beobachtungen mitgeteilt, welche sich von Solchen, die sich am ernstlichsten mit der Sache beschäftigt und aus welchen die Spätern nur ausgeschrieben haben, mit aufgeführt sind, von Trusen und Rieke. Wenn man dieses angebliche Beobachtungsmaterial aber übersieht, so kann man sich nur wundern, daß Männer, welche mit Recht

Anspruch auf wissenschaftliche Bedeutung haben, auf ein so dürftiges, unzuverlässiges, unkritisches, aus zwei Jahrhunderten zusammengestoppeltes Beobachtungsmaterial, eine wissenschaftliche Ansicht und eine praktische, tief in das Leben eingreifende Änderung gründen wollen. Was bleibt übrig, wenn man die alten Erzählungen abzieht, welche aus einer Zeit stammen, in welcher man gar nicht die Kenntnisse besaß, welche zu einem gegründeten Urteile gehören, von Personen herrühren, welche unfähig zu einer richtigen Beobachtung waren, der nötigen chemischen Kenntnisse gänzlich entbehrten und eine Schauergeschichte erzählen, wie man sie auf Jahrmärkten hört.

Fast alle diese Beobachtungen sprechen vom *plötzlichen* Tode nach der Eröffnung von Grüften, und da es kein Gift in denselben gibt, welches eine solche Wirkung haben kann, so kann nur Asphyxie in Kohlensäure, oder vielleicht Stickstoff gemeint sein, wie sich dieselben überall in geschlossenen Räumen aus der Bodenluft ansammeln können, sich aber nicht auf Gräber und offene Friedhöfe beziehen. Die meisten setzen überhaupt eine Leichtgläubigkeit voraus, wie man sie zu wissenschaftlichen, exakten Untersuchungen nicht mitbringen sollte.

Einem nüchternen Kritiker muß es sehr auffallen, daß zwar eine Anzahl von asphyktischem Tod, aber keine einzige vorgebracht wird, durch welche entschieden der Ausbruch des Typhus von einem Friedhofe nachgewiesen werden soll. Die Behauptung von Trusen für London wird später zurückgewiesen werden. Ercolani meint zwar, daß hunderte, ja tausende von Beispielen bereit lägen, sie finden sich aber so wenig in seinem Buche, als in unseren täglichen Erfahrungen, denen sie sich in Menge darbieten müßten, wenn sie vorkämen.

Auf dem Kirchofe Père la chaise betrug der Turnus für die Räumung der Reihengräber der Armen nur eine viel zu kurze Zeit, nur 5 Jahre, doch ist weder auf diesem, noch auf sonst einem Pariser Friedhofe ein Nachteil aus dem allzu raschen Wechsel, Wiedereröffnung und neuen Benutzung der Gräber entstanden, obgleich die Wohnungen bis dicht an die Tore des Friedhofes reichen. Da das Gesetz, durch welches die Friedhofbenutzung von Napoleon I seit dem Jahre XII der Republik besteht und nicht einmal sorgfältig beobachtet worden ist, so hat der Turnus seit jener Zeit zwölfmal stattgehabt, unzählige, noch sehr frische Leichen von Personen, welche an allen möglichen Krankheiten gestorben waren, die Leichen aus den Spitälern, sind jedes Jahr exhumiert worden, die Behörden haben sich aber nicht gedrungen gefühlt, besondere Vorsichtsmaßregeln zu ergreifen, um ihre Totengräber zu schützen oder die Anwohner zu warnen, denn die Eröffnung der Gräber und das Fortschaffen der Reste hat keinen Schaden gebracht. Als in den Jahren 1849—50 die church yards in London auf Anregung des general board of health geräumt wurden, untersuchte Waller Lewis, der mit der Aufsicht betraut war, mehr als 22000 derselben und öffnete gegen 100. Obwohl die Umwendung eines so sehr durchtränkten Bodens wohl hätte krank machen können, so wurde dieser Arzt doch von keinem anderen Nachteile als von einem vorübergehenden Darmkatarrh befallen. In einer Gruft der Andreaskapelle wäre der Küster beinahe erstickt, wenn ihn Lewis nicht rechtzeitig zurückgerufen hätte. Es ist diese eine großartige, seit vielen Jahren fortgesetzte Beobachtung, gegen welche die vereinzelten, unzuverlässigen Schauergeschichten und Zeitungsenten ganz zurücktreten müssen. In Neapel und Palermo besteht gegenwärtig noch die abscheuliche Bestattungsweise, welche schon die Römer für ihre Armen- und Sklavenbevölkerung auf dem Esquilin in Anwendung brachten, man wirft in der erstgenannten Stadt den Körper, täglich zu 15 bis 20 in tiefe Gruben, deren man jetzt so viele als Tage im Jahr hat und täglich eine öffnet. In diesen scheußlichen Gruben sammeln sich also die Leichenüberreste von vielen Jahren; und wenn deren Ausdünstung so entschieden todbringend wäre, wie die Krematisten behaupten, so würde man sicherlich niemand finden, der die Leichen dahin schafft. Der schreckliche Gebrauch hat sich aber seit den ältesten Zeiten erhalten.

In Italien, Frankreich und manchen Teilen von Deutschland ist es Sitte, am Allerheiligentage die Grüfte der Familiengräber zu öffnen, die Familienglieder und viele Freunde versammeln sich bei denselben um einem Gottesdienste beizuwohnen und um das Andenken an die Verstorbenen zu erneuen; daß jemals einer, der dieser schönen Sitte folgte, deshalb krank geworden sei, ist nicht bekannt.

Das englische Gesetz erlaubt den Munizipalräten, auf der Stelle geräumter Churchyards öffentliche Gebäude, u.a. auch Schulhäuser zu errichten. Die Krematisten begleiten die Anführung dieser gesetzlichen Bestimmung mit einer Anzahl!!! Gewiß kann man bessere Plätze für Schulhäuser finden, aber nachteilig hat sich diese Erlaubnis nicht bewiesen. Auch bei uns, z.B. in dem luftig gebauten Darmstadt, stehen das Polytechnikum und das neue Gymnasium zum Teile auf dem Terrain des alten Friedhofes ohne Nachteil.

Die Friedhöfe in großen Städten; Paris

Die frühere Sorglosigkeit in Bezug auf die Totenbestattung und die Gewohnheit, dieselben bei den Kirchen, in Mitten der Städte, unterzubringen, hat die Anhäufung der Toten seit Jahrhunderten fortbestehen und zu einer ebenso großen Kalamität anwachsen, als die Schwierigkeit ein besseres, der gegenwärtigen Anschauung entsprechendes Verfahren einzuleiten, die äußerste Höhe erreichen lassen. Der Verwaltung keiner großen Stadt ist es erspart geblieben, mit den Schwierigkeiten, welche aus solchen eingewurzelten Mißständen entstanden sind, kämpfen zu müssen. Sie haben sich aber nirgends mehr ausgebildet gezeigt, als in Paris und London, teils wegen des Alters, teils wegen des Volksreichtums dieser Städte. Diese mögen daher als Beispiele dienen, um zu zeigen, wie groß allmählich die Kalamität durch die Bestattung der Leichen in der Stadt angewachsen war, und welche Hindernisse sich bei dem Bemühen ergeben, ein Besseres und Dauerndes an die Stelle des früheren zu setzen.

Die Zahl der Leichen, welche jährlich in Paris bestattet werden muß, beträgt rund 42000 und dieselbe wird, bei der enormen Vergrößerung und Zunahme der Bevölkerung, in rascher Progression wachsen. Wie überall, so fand auch in Paris die Bestattung der Leichen früher innerhalb der Stadt, in der Area der Kirchen und Kapellen statt, bis der Boden so mit Leichen und Zersetzungsprodukten von Leichen durchtränkt war, daß er nichts mehr aufzunehmen vermochte. Seit die Römer die alte Lutetia besetzt hatten, sind Leichen auf Leichen gehäuft, und wie oftmals ist die Bevölkerung dieser Stadt, deren Zahl jetzt die manchen Königreichs übersteigt, ihrem Boden übergeben worden. Wo früher die Gräberstätten waren, dahin hat die Bevölkerung ihre Wohnungen verlegt, mit diesen ihr industrielles Treiben und der frivolen Lust einer üppigen Großstadt. Während der Schreckenszeit der Guillotine sprach die jeunesse d'orée nur mit zu viel Recht, wenn auch in anderem Sinne, nous dansons sur les tombeaux.

Der Boden von Paris ist mit Leichen überfüllt, er ist so mit Zersetzungsprodukten gesättigt, daß er nicht mehr im Stande ist, die, welche ihm fortwährend zugeführt werden, zu verarbeiten und wegzuführen. Wo bauliche Veränderungen ausgeführt, Straßen durchgebrochen werden, stößt man auf menschliche Gebeine. Die Kirchhöfe, welche die

Stadt außerhalb besaß, sind von der Ausdehnung derselben überholt und nicht mehr im Stande weitere Begräbnisse aufzunehmen. Hiermit sind für die Administration die größten Schwierigkeiten erwachsen, welche wesentlich dadurch verstärkt worden sind, daß kriegerische Bedrängnis, die häufigen Revolutionen und Regierungswechsel, die besten Vorschläge, auch wenn sie schon eingeleitet waren, bis jetzt nicht haben zum erwünschten Ende gelangen lassen und daß Vorschläge, welche lediglich von dem Gesichtspunkte des Gemeinwohls und der Bequemlichkeit und Gesundheit der Bevölkerung hätten betrachtet werden sollen, zu Mitteln politischen Parteigetriebes und klerikaler Opposition gemacht worden sind.

Die Verfolgung des Bestattungswesens von Paris, von der älteren Zeit bis auf die Gegenwart, liefert aber nicht allein einen hochinteressanten Beitrag zur Kulturgeschichte, sondern zeigt auch, welche Schwierigkeiten der Verwaltung einer großen Stadt sich entgegensetzen, um ihre Toten auf eine würdige Weise, welche die pietösen Gefühle der Angehörigen schont und den unerläßlichen Rücksichten für die Gesundheit der Lebenden Rechnung trägt, unterzubringen. Ich folge in dem nachfolgenden der Hauptsache nach der Arbeit von Maxime du Camp[13].

Wie überall, so waren auch in Paris die Kirchen und das Parvis derselben die Bestattungsstätte für die bevorzugten Klassen der Bevölkerung, hohen Geistlichen, Gründern von Kapellen und Altaren, Edelleuten, Magistraten und reichen Personen, welche den Platz teuer bezahlen konnten und dieselben Gründe, die Nähe der Reliquien der Märtyrer, der Wunsch an den Vorteilen des heiligen Ortes, der täglichen Gebete, Teil zu nehmen, waren auch hier natürlich der Bestimmungsgründe, die Kirchen für die Bestattung der Toten zu wählen. Alle die zahlreichen Kirchen und Klöster, welche Paris besitzt und früher in noch größerer Zahl besessen hat, waren zugleich Begräbnisorte. Wo man bei dem Durchbruche von Straßen u.s.w. den Boden aufwühlte, stieß man auf menschliche Gebeine, welche man nach dem alten, seit 1825 geschlossenen östlichen Kirchhof brachte. Sie nahmen dort einen Raum von 1110 m ein und als sie lästig wurden, schichtete man sie 1854 in den

---

[13] Maxime du Camp, les Cimetières de Paris. Revue de deux mondes, 1874. Herold, Bericht von 1874 an den Gemeinderat.

alten Steinbrüchen, von welchen Paris unterhöhlt ist, den Katakomben auf. Alle diese Bestattungsstätten in der Area der Kirchen gehörten den Katholiken. — Die Protestanten besaßen, vor der Revokation des Edikts von Nantes, nur einen konzessionierten Kirchhof, an der Stelle wo jetzt die Ecole des ponts et chausseés sich befindet. Er wurde ihnen 1685 entzogen und sie mußten suchen ihre Toten im Verborgenen zu begraben. Es handelte sich, wenn eine Bestattung entdeckt wurde, um das Leben .oder um Galeerenstrafe; man begrub bei Nacht, in Kellern, Scheunen, Privatgärten, und die Polizei, die Richter des Chatelet, waren angewiesen, den Skandal des Begräbnisses von Protestanten mit der äußersten Aufmerksamkeit zu überwachen und zur Anzeige zu bringen. Selbst königliche Prinzen, Monsieur, der Bruder des Königs Ludwig XIV, verschmähten es nicht, sich zu Denunzianten zu erniedrigen. Das war die klerikale Duldsamkeit jener guten Zeit, zu welcher man so gerne zurückkehren möchte.

Als die protestantischen Staaten, Holland, Dänemark und England reklamierten, wurde ihnen für ihre Landsleute 276 Toisen, von denen 21 durch Gebäude eingenommen waren, in der Schinderstraße, de la Voirie, zu Begräbnissen für ihre Angehörigen zugestanden, auf welchen von 1720 an auch protestantische Franzosen beerdigt werden durften. Die Hugenotten behielten aber, aus Mißtrauen, ihren geheimen Begräbnisplatz in einer Scheune, auf welchem die Leichen von besonders ausgezeichneten Personen von ihnen bestattet wurden. Alle diese kleinen heimlichen Friedhöfe sind jetzt, da die Begräbnisorte simultan sind, bis auf die Erinnerung verschwunden und nur von einem, dem Charnier des Innocens, Cimetier des Innocens, hat sich das Gedächtnis erhalten. Er lag in der Mitte der Stadt und dem bevölkertsten Teile derselben und bestand wahrscheinlich schon zur römischen Zeit, da die Römerstraße aus der Lutetia nach dem Norden über ihn wegging und die Römer es liebten, ihre Toten an dem Hände viel begangener Straßen zu bestatten. Von Philipp August wurde er 1186 von einer Mauer und einem Wassergraben umgeben, in welchem die Nachbarschaft ihren Unrat abzuladen pflegte. Vorher diente er zu Pferdemärkten. Die Kirche des Innocens wurde erbaut und in der Umfassungsmauer Räume, les galetas, angebracht, in welchen man die Knochen aufsetzte. Sie waren mit Gemälden, einer dance macabre, Totentanz, geschmückt und bei ihnen befanden sich die Zellen, in welchen die auf Lebenszeit eingemauerten dem

Mitleide des Publikums überlassen wurden.

Die Gewölbe der Kirche waren so mit Särgen überfüllt, daß man dieselben reihenweise längs der Mauer aufgestellt fand. Die Beerdigungsweise der armen Leute war abscheulich. Es wurden große Gruben gebildet, in welche 1200 bis 1500 Leichen, wie es kam, durcheinander geworfen wurden. Das ganze Terrain hatte nur 1700 Quadrattoisen Ausdehnung, so daß es stets bald vollständig eingenommen war. Man warf dann, um Raum zu schaffen, die ältesten Knochen in die Galetas. — Diese scheußlichen Zustände gaben schon 1554 die Veranlassung zu einer Untersuchung durch zwei Ärzte, Fernel und Houiller, welche auf alsbaldige Räumung, doch ohne jeden Erfolg, drangen. Im Jahre 1773 wurde die Untersuchung auf Veranlassung der Akademie, aber ebenfalls völlig erfolglos, wiederholt. Die Cimetière des Innocens war für die Pariser ein populärer Ort, um welchen Buden und Schankhäuser in Menge standen, auf dem man promenierte, kirchlichen Feierlichkeiten beiwohnte, der am Abend von käuflichen Damen besucht wurde, gleich den Hallen des Palais Orleans und von welchem die Pariser behaupteten, daß auf ihm die Leichen in 36 Stunden verzehrt würden.

Im Jahre 1763 intervenierte das Parlament und nachdem es die Zahl der Leichen, welche jährlich hier bestattet wurden, festgestellt hatte, erließ es 1765 ein arrêt, dahin gehend, daß in Zukunft keine Beerdigungen mehr innerhalb der Stadt und den Kirchen stattfinden sollten vom 1. Januar 1766 an, daß dagegen 7 bis 8 Kirchhöfe außerhalb der Stadt zu errichten seien. — Aber wieder ohne jeden Erfolg. — Im Jahre 1776 trat ein erschreckendes Ereignis ein, welches endlich eine Änderung herbeiführte. Die Aufeinanderhäufung der Leichen hatte den Boden so erhöht; daß man nicht mehr zu ebener Erde, sondern auf mehreren Stufen abwärts zum Eingange der Kirche gelangte, und die Leichen waren, zum Schrecken der Einwohner, in den Souterrains eines benachbarten Hauses durchgebrochen. Der Kirchhof wurde geschlossen; aber erst 1786 gab der Erzbischof die Erlaubnis ihn zu räumen. Man wollte an seiner Stelle einen Gemüsemarkt, der noch besteht, errichten.

Man arbeitete, unter der Leitung von Thouret, des Berichterstatters der Akademie, welcher beauftragt war, über die Gesundheit der Arbeiter zu wachen, mit zahlreichen Arbeitern, welche sich ablösten, Tag und Nacht, zwei Jahre lang, bis die Leichen notdürftig entfernt waren. Die Knochen wurden in die alten Steinbrüche, auf welchen ein großer Teil von Paris steht, die Katakomben, gebracht, von der Geistlichlichkeit 1786 dazu geweiht. Der Platz wurde geebnet, gepflastert, mit einer schönen Fontaine von Lescot geziert. Aber so groß die Zahl der Gebeine war, welche man in die Katakomben geschüttet hatte, so war es doch nur ein kleiner Teil von denen, welche die Erde hier birgt. Bei verschiedenen Gelegenheiten, baulichen Veränderungen und als bei der Revolte von 1830 die Gefallenen hier beerdigt werden sollten, stieß man bei den ersten Spatenstichen auf Knochen von Menschen. Schon zu der Zeit, als man den Kirchhof des Innocens räumte, legte ein Architekt Labrière[14] dem Minister Calonne einen Plan vor, fern von der Stadt bei Aubervilliers eine große Nekropole zu errichten, der aber schon der Revolution wegen nicht ausgeführt werden konnte.

Bis dahin war die Geistlichkeit Eigentümerin der Kirchen und Friedhöfe gewesen und bezog von denselben ein sehr beträchtliches Einkommen. Sie setzte daher jedem Versuch zu einer Änderung sehr hartnäckigen Widerstand entgegen. Durch das Gesetz von 1791 wurde ihr dieses Recht genommen, die Kirchhöfe für Staatseigentum erklärt, mit der Bestimmung, daß sie erst 10 Jahre nach der letzten Beerdigung verkauft werden dürften.

Es wurde eine Anzahl von Friedhöfen gegründet, zum Teile um die Opfer der Guillotine unterbringen zu können und welche die Leichen einer großen Anzahl berühmter Personen aufgenommen haben, für welche jedoch kein allgemeines Interesse besteht.

Im Jahre 1801 veranlaßte der damalige Präfekt von Paris, Frochot, die Errichtung von drei großen Friedhöfen außerhalb der Stadt, einen im Norden, einen im Osten und einen im Süden derselben und glaubte damit dem Bedürfnis für immer oder lange Zeit abgeholfen zu haben. Es sind dies die bekannten Friedhöfe von Père la Chaise, Montmartre und Montparnasse, welche sich jedoch alsbald als zu klein angelegt erwiesen und schon in den ersten Jahren erweitert werden mußten. Drei neue Kirchhöfe entstanden zu Vaugirard, Clamart und Sevres, die jedoch bald geschlossen werden mußten, sowie zwei andere zu Ivrie und St. Ouen, die noch benutzt werden. Durch die Vereinigung der Banlieue mit der Stadt kamen noch 15 Friedhöfe zu denselben und Paris besaß somit deren 20. Die 3 großen Friedhöfe reichen nicht mehr aus, sie sind

---

[14] Labrière, mém. sur la nécessiteé de mettre les sépultures hors de la ville de Paris.

geschlossen und nur die Erbgrüfte werden noch belegt. Die sechs außerhalb der Enceinte liegenden Friedhöfe boten nach Herold 1874 nur noch 24 Hektaren Raum. Durch den bekannten Präfekten unter Napoleon III, Hausmann, wurde der Plan gebildet, 21 km, eine Stunde Eisenbahnfahrt, von Paris entfernt, bei Mery sur Oise, auf einem sandigen, ganz sterilen Terrain, einen großen Friedhof zu errichten und diesen durch eine Eisenbahn mit der Stadt zu verbinden. Das Terrain ist angekauft, die weitere Ausführung aber durch den Krieg von 1870 unterbrochen worden. Derselbe sollte 827 Hektare einnehmen, von welchen 277 für Gebäude, Wege u.s.w. bestimmt waren. Es wurde berechnet, daß derselbe bei einem Wechsel von 30 Jahren für 141, bei einem von 10 für 400 Jahre genügen würde.

Bis zum Jahre 1870 war die Besorgung der Begräbnisse einem Entrepreneur übergeben, welcher alles zur pompe funèbre gehörige zu stellen hatte. Es gab sechs Klassen, von welchen die erste einen Aufwand von 4282 Francs, die letzte von 16 Francs erheischte, später wurden neun Klassen gebildet, die erste zu 7184 Francs, die letzte zu 18,55. Die Stadt bezahlte dem Entrepreneur für jedes Begräbnis 5 Francs, wodurch ihr eine Ausgabe von 268500 Francs erwuchs. Der Entrepreneur war dafür verpflichtet, die ganz Armen unentgeltlich zu beerdigen und der Geistlichkeit 59 pC. von dem Einkommen abzugeben. Dieselbe bezog aus dieser Quelle die Summe von 170953 Francs. Als 1871 niemand die Entreprise übernehmen wollte, gab sie die Stadt dem früheren Unternehmer und es blieb alles bei dem früheren. Bemerkenswert für die Verteilung des Wohlstands von Paris ist, daß, von den 42000 jährlichen Begräbnissen in Paris für die größere Hälfte, für 29000, das Recht des unentgeltlichen Begräbnisses in Anspruch genommen wird. 10 pC. kaufen Erbbegräbnisse, für 27 pC. wird das temporäre Recht für fünf Jahre erworben, aber 63 pC. bleiben Armenbegräbnisse.

Man hat drei Klassen von Gräbern, à perpetuité, deren es verhältnismäßig nur wenige, bis zum Jahre 1874 nur 67216 im Ganzen gab, temporäre, welche mietweise für nur 5 Jahre überlassen werden und Armenbegräbnisse, die Fosse commune.

Die temporäre Konzession gibt Recht auf ein separiertes Grab, welches nach jeder Richtung 3 bis 5 Dezimeter von dem nächsten Grabe entfernt ist. Nach 5 Jahren schon verfällt das Recht und die Stadt verkauft den Platz von neuem.

In den Fosses communes, deren inhumane Einrichtung die Gefühle des Volkes so sehr empörte, werden die Leichen zwar nicht mehr wie früher, wie die Holzscheite auf einander gesetzt und mit kaum einem halben Meter Erde bedeckt, der jetzige Zustand ist aber wegen fortdauerndem Mangel an Raum kaum besser.

Seit dem 14. December 1850 sind die unentgeltlichen Begräbnisse durch ein Reglement bestimmt. Es werden lange Gräben von 1,50 Meter Tiefe gebildet und in diesen die Särge, 20 cm von einander entfernt, neben einander gereiht und mit Erde bedeckt. Wenn die Traverse gefüllt ist, so bleibt sie 5 Jahre lang unberührt. Diese Zeit hält man für genügend, um die Leiche bis auf das Skelett zu reduzieren. Die Knochen werden dann in den allgemeinen Ossuaires oder Charniers untergebracht.

Die Schwierigkeit der Ausführung eines Planes, wie er von dem Präfekten Hausmann vorgelegt worden war, liegen nicht in dem Kostenpunkte, da der Verkauf der Plätze selbst ein lukratives Geschäft bilden kann, indem die Reichen für die Armen bezahlen, sondern in der richtigen Wahl der Entfernung, dem Transporte und der Berechnung der Fläche, so daß sie für eine lange Zeit dienen kann. Man hat bei ungünstigem Wetter die Zahl der Leidtragenden und Besucher gezählt und gefunden, daß deren im Sommer etwa 8000, im Winter 1000 auf den Tag kommen und zu Allerheiligen und Allerseelen bis 370000. Wenn man aber berechnet, daß an Tagen, an welchen die Wasser in Versailles springen, oder an einem schönen Sommertage, nicht mehr nach St. Germain oder Montmoreney gehen, so darf mit Sicherheit erwartet werden, daß auch die Erbauung von Eisenbahnen nach dem Zentralkirchhofe, so wie sie dem Bedürfnisse entsprechen, als ein lukratives Geschäft betrachtet werden kann, zumal wenn derselbe nach dem Plane in einen prachtvollen Park verwandelt wird.

Der Kirchhof von Père la chaise hat, bis er jetzt geschlossen worden ist, weit über 1 1/2 Millionen Leichen aufgenommen. Er besorgte 22 Pfarreien, das Hotel Dieu und das Chatelet. Der Friedhof von Montmartre hat seit seiner Gründung mehr als 150000 Leichen aufgenommen. Die Umgebung von beiden ist dicht bewohnt, Steinhauer, Verkäufer von Blumen und Kränzen, Cabaretiers, Arbeiter aller Art haben hier ihre Wohnungen genommen, aber noch nie sind in diesem dicht bevölkerten Stadtteile epidemische Krankheiten und namentlich niemals sind

Epidemien von Typhus hier ausgebrochen.

Begräbniswesen und Gesetzgebung in Bezug auf Leichenbestattung in England; London

Die Mißstände, welche sich im Verlaufe von Jahrhunderten aus der Sitte, die Leichen innerhalb der Städte, der Kirchhöfe und in dem Kirchenschiff zu bestatten, herausgebildet hatten, waren in England, London insbesondere, womöglich noch viel greller als auf dem Kontinent, zu Paris, geworden. Ich werde weiter unten einige Beispiele zum Belege anführen, bis zu welchem Maße diese Übelstände gediehen waren. Die Ursachen aber, welche dieselben so über alles Maß, weit über den Grad, den sie zu Anfang des Jahrhunderts in Paris erreicht hatten, haben anwachsen lassen und so viel länger als hier erhielten, sind mannigfach. Sie liegen für London in der viel beträchtlicheren Größe der Bevölkerung, dem rascheren Anwachsen und der nackten Armut eines großen Teiles derselben, sowie in der Bauart der Stadt und den Wohnungsverhältnissen des armen Teiles der Bewohner. Die germanisch-anglikanische Rasse ist viel fruchtbarer als die gallisch-romanische und nimmt viel rascher zu. In 50 Jahren, von 1800 bis 1850, hat sich die Bevölkerung von London mehr als verdoppelt und ist von etwa 1 Million auf 2300000 gestiegen und die Zahl der Sterbefälle, welche noch 1842 auf 50000 im Jahre geschätzt wurde, beträgt jetzt mehr als 80000, fast das Doppelte derjenigen von Paris. Es versteht sich von selbst, daß eine so große Zahl von Leichen auf eine zweckmäßige und würdige Weise unterzubringen mit den größten, von Jahr zu Jahr steigenden Schwierigkeiten verbunden sein muß. Ebenso selbstverständlich haben sich dieselben schon längst fühlbar gemacht. In den englischen Verwaltungsgrundsätzen, sowie in dem englischen Charakter, war die Möglichkeit der Abhilfe aber nicht ebenso leicht gegeben, wie anderwärts. Der konservative Charakter der Engländer liebt es nicht, ohne die dringendste Not, von alt hergebrachten Gewohnheiten abzugehen und die Staatseinrichtungen überlassen den Einzelnen, den Gemeinden, den religiösen Korporationen durch Selbstverwaltung vieles zu ordnen, was anderwärts von oben herab mit einem Federstriche reguliert wird. Deshalb dauern manche anerkannte Übelstände und von der Zeit überwundene Einrichtungen, aus Ehrfurcht vor dem Bestehenden und aus Mangel an Initiative bei den Oberbehörden, länger fort, als anderwärts, wo man gewohnt ist alles von Regierungswegen zu verfügen. Somit haben bis in die neueste Zeit in London bei den Leichenbestattungen Zustände fortgedauert, welche man in der Hauptstadt eines zivilisierten Landes für unmöglich halten sollte.

Bis zum Jahre 1842, resp. 1852, wurden die Leichen in London fast ausschließlich in den Kirchspielkirchhöfen, den church yards, Kirchhöfen, sowie in dem Schiffe der Kirchen bestattet. Es existierten nur sehr wenige sog. cemeteries, eigentliche Friedhöfe, außerhalb der Kirchhöfe und zum Teile nur als Succursale derselben, wenn dieselben vollständig überfüllt waren. Schon 1839 entwarf ein Arzt, Dr. Walker[15], ein schauerliches Bild von den Begräbnisstätten Londons. Ähnliches, vielleicht noch etwas schwärzer als die Wirklichkeit gemalt, findet sich in einer Schrift, die Schrecken Londons 1847. Im Jahre 1842 wies M. Sopwich durch einen Plan nach, daß das Areal, welches in London für Begräbnisstätten bestimmt war, etwa die Hälfte von dem betrug, welches erforderlich gewesen wäre, wenn man, wie es die Kegel als Minimum erfordert, 110 Gräber auf einen Viertelacre rechnet und dabei war die mit den Jahren wachsende Überfüllung, sowie die Unmöglichkeit, neuen Raum innerhalb der Stadt zu schaffen, nicht bedacht. Um diese Zeit war das Begräbniswesen in London in einem wahrhaft desperaten Zustande. Im Jahre 1842 wurde die Angelegenheit bei dem Parlamente angeregt und eine Kommission ernannt, welche in wiederholten Berichten von 1842, 1843 und 1850, die bestehenden Zustände durch die Lords Carlisle, Ashley Dr. Erwin Chadwick und Dr. Southwood Smith veröffentlichte. Die nächste Folge war, daß das Publikum und insbesondere die höheren Stände, anfingen sich für eine Änderung des Bestehenden zu interessieren und daß die öffentliche Meinung einen Druck auf die bestehenden Vorurteile ausübte. Im Jahre 1852 trat der bekannte Philantrop Lord Shaftesbury bei dem Oberhause mit Anträgen auf. Er behauptete, daß durch die Kloaken- und Leicheninfektion des Bodens die Einwohner von London die Hälfte ihrer natürlichen Lebensdauer einbüßten, was unzweifelhaft mit den Tatsachen nicht übereinstimmt, da London immer noch eine recht gesunde Stadt war, deren Mortalitätsziffer hinter der mancher anderen, kleineren Stadt zurücksteht, trotzdem, daß die Anhäufung von Armen, Abenteurern, eine weitgehende Liderlichkeit, der Betrieb von Gewerben, welche die Gesundheit und das

---

[15] Walker, Gatherings of graveyards, particularly those of London. 1839.

Leben bedrohen, das Bestehen von zahlreichen großen Spitälern, welche hauptsächlich von Ortsfremden frequentiert werden, die Sterblichkeit weit über die anderer Städte erheben muß. Das Resultat war die Nuisance and Diseases prevention acte, nach welcher, auf die Anzeige von zwei house holders, unter Aufsicht der Gemeinde, eine Untersuchung durch eine Kommission eingeleitet werden kann, welche befugt ist, eine Ordre of removal of nuisances zu erlassen. Nichtbefolgen einer solchen Ordre wird an dem house holder oder occupier mit 12 Schill. täglich bestraft. Einige Beispiele, hauptsächlich aus jenen oben zitierten Berichten entnommen, mögen den Grad zeigen, bis zu welcher Höhe die Überhäufung mit Leichen der church yards in London vor 1842 gediehen war.

Man rechnet in England, daß nicht mehr als 110 Leichen auf einem Viertelacre Land Raum haben, wenn ein zehnjähriger Wechsel statt hat. Nun aber hatten die Church yards von St. Mary at Hill; St. Georges burial ground, Uxbridge Road; St. Olaf, Touley Street, durchschnittlich die zehnfache Zahl, nämlich 1200 per ein Viertelacre. Wie an anderen Orten, wo der ordnungsmäßige Raum fehlt, sind die Särge nicht bloß neben einander, sondern auf einander gehäuft. Auf dem Kirchhof von Canon Chapel, der nur 29' in der Länge und etwas über 28 in der Breite mißt, also nur wenig über 800 Quadratfuß Raum für etwa 250 Särge, sind deren über 12000 angehäuft gewesen (?). (Diese Notiz ist aus der Schrift von Trusen entnommen, welcher ich die Verantwortlichkeit über die Richtigkeit überlasse.) Man stellte die Särge aufrecht in große Gruben, füllte die Lücken mit Kindersärgen aus und bedeckte das Ganze nur ganz oberflächlich mit Erde. In St. Clement Street war ein Keller, in welchen Särge ohne jede Bedeckung mit Erde aufgestellt wurden. Man überdeckte sie nur mit einigen, meistens zerbrochenen, verfaulten Brettern. Ganz in der Nähe war eine Kloake, welche nie gereinigt wurde. Die Leichen kamen aus zwei Arbeitshäusern und einem Spitale und die Gegend ist eine der ärmsten von London, hauptsächlich von Irländern bewohnt, bei welchen der Typhus fortwährend zu Hause ist. Auf den Church yards anderer Religionsgemeinden, als der Hochkirche, sind die Zustände zum Teil noch übler. Auf den Kirchhöfen der Katholiken zu Moorfields und Dockhead, dem der Methodisten zu Woolwith, der Congregationisten zu Shipney, kamen durchschnittlich 1278 Gräber auf den Acre. Auf den church yards von St. Giles, St. Pancras, St. Johns

Chapel, überstieg die Zahl der Gräber die vorige um 282 Gräber, also 2200 Leichen auf den Acre, statt 110 und auf dem general burial ground zu Bunhill kamen sogar 2323 Leichen auf einen Acre. Auf einem Kirchhofe, der nur ¾ Acre mißt (St. Anna Soho) wurden in den letzten 20 Jahren 13782 Leichen beigesetzt und seit 160 Jahren soll dieser church yard 110240 Leichen aufgenommen haben. Die Kirche wurde mit Sargdeckeln geheizt. In dem noblen Stadtteile Westend in Bayswater Road liegt St. Georges Chapel, dessen church yard jährlich über 1000 Leichen aufnahm; er war so überfüllt, daß Platz für einen neuen nur durch Bohren ausfindig gemacht werden konnte (Athenäum, 12. Juli 1851). Wenn in London eine Leiche in einer Kirche beigesetzt werden sollte, so mußte sie in einem bleiernen Sarge eingeschlossen sein. Seit 160 Jahren wurden auf diese Weise 1920 Leichen in dem Schiff der Kirchen bestattet. Als durch Ordre of council die Kirchengrüfte geräumt wurden, fanden sich nur noch 490 Bleisärge, die übrigen 1430 waren gestohlen. Die sämtlichen Begräbnisstätten von London umfaßten vor 1843 nur 250 Acres Landfläche, auf welchen, die Überfüllung abgerechnet, etwa 25000 Leichen beigesetzt werden konnten; ein Drittel des Bedürfnisses. Das waren in der Tat abscheuliche Zustände, welche in London selbst keine Verbesserungen zuließen; denn da, wo der Quadratzoll Raum des Bodens mit Gold bezahlt wird, in den eng gebauten Stadtteilen, ist kein Platz für Kirchhöfe. Auf dem Lande, in den kleineren Städten, selbst in Dörfern waren die Zustände nicht besser, zum Teile noch übler beschaffen als in London, obwohl es weniger an Raum fehlte.

Seit 1846 wurden Verhandlungen über die Verbesserung des Gesundheitszustandes von London, namentlich auch in Bezug auf die Kirchhöfe geführt, welche zum Erlasse von zahlreichen Reglements und Gesetzen, sowohl für die Metropole, als viele Städte und boroughs führte. Da die Übersicht über dieselbe immer schwieriger wurde, so vereinigte man sie in sog. close acts, welche von Baker[16] in einem stattlischen Bande gesammelt und mit Anmerkungen versehen herausgegeben worden sind. Ich werde das wichtigste aus demselben in dem letzten Teile dieser Abhandlung mitteilen.

---

[16] Baker, laws relating to burial, London 1878.

Seit 1852 bis 1862, in 10 Jahren, sind mehr als 500 ordres in council erlassen worden, durch welche etwa 4000 grave grounds in Städten und Dörfern entweder völlig geschlossen, oder reguliert wurden. Unter der letzteren Bezeichnung wird verstanden, daß die fernere Benutzung nur noch für Familiengräber unter gewissen Bedingungen statthaft bleibt. In derselben Zeit sind etwa 400 burial boards, frei gewählte Leichenbestattungscollegien, bestätigt und mehr als $1^{1/2}$ Millionen sind in Ratezahlungen zusammengebracht worden.

Die Friedhöfe in England gehören entweder dem Parish, dem Kirchspiele; oder mehrere Kirchspiele vereinigen sich zur Gründung eines gemeinschaftlichen consecrated Burial ground oder sie werden als lukrative Unternehmungen von Aktiengesellschaften gegründet. Beide Arten stehen unter den gleichen gesetzlichen Bestimmungen, auch in Bezug auf die Höhe der Gebühren. Es scheint jedoch, daß diese Privatcemetry's nur eine geringe Ausdehnung, namentlich außerhalb London, erreicht haben, und daß die parish burial grounds fast überall dem Bedürfnisse genügten. Im Ganzen umfaßten jene 1860 nur 260 Acres und die Zahl der Bestattungen stieg auf jährlich 3400. Zu ihnen gehörten die burial grounds in the East London, City London, (die City bildete in den Gesetzen eine Ausnahme und behielt ihre alten Privilegien) Tower hamlet, Kensal Green cemetry's. Ein prachtvoller, ausgedehnter Friedhof wurde durch die London necropolis and national Mausoleum Comp. zu Woking, Surrey, auf einer wüsten, für den Anbau untauglichen Strecke gegründet.[17] Er steht durch die Southhampton Eisenbahn mit London in Verbindung, von welcher aus gesehen er einen prachtvollen Anblick bildet. Diese Compagnie hat gegenwärtig eine weitere Bedeutung erlangt, weil von ihr ein Antrag auf Gestattung der Leichenverbrennung an den Staatssekretär Gross, und, von diesem vorläufig abgewiesen, an das Parlament gelangt ist, wo er noch der Erledigung harrt. Es haben sich jedoch alsbald Gegenbestrebungen von Laien und Geistlichen erhoben und Gegenassoziationen gebildet, welche ebenfalls mit Gesuchen eingekommen sind, solchen unchristlichen Greul nicht zu gestatten.

So völlig abnorme Zustände der Leichenbestattung, wie sie am An-

---

[17] Literary Gaz., Jan. und Juli 1852; Augsburger allg. Ztg. 1879.

fange dieses Abschnittes aus London mitgeteilt worden sind, haben nicht verfehlen können sehr ernstliche Besorgnisse für den Gesundheitszustand der Umwohner der Church yards zu erregen und ich bin natürlich weit davon entfernt sie für gleichgültig oder unschädlich zu erklären. Sie sind aber jedenfalls völlig abnorm und mit Zuständen, auch den übelsten, wie sie etwa noch im vorigen Jahrhundert bei uns hier und da bestanden haben können, nicht vergleichbar, am wenigsten aber mit den jetzt überall bestehenden.

Solche Überhäufungen mit Leichen in so engen eingeschlossenen Lokalitäten, wie sie in London, mitten in alten, enggebauten Stadtteilen vorkamen, gibt es bei uns nirgends. Sie sind auch in London beseitigt und überall ist der Church yard durch den Cemetery burial ground ersetzt. Aber wenn auch die Ungeheuerlichkeit der früheren Zustände völlig anerkannt wird, so würde es doch sehr fehlerhaft und unwissenschaftlich sein, ihnen allein, oder nur vorzugsweise, die Ursachen mancher Krankheiten, des Typhus insbesondere, zuzuschreiben, in einer Stadt, in welcher auf die Gesundheit eines großen Teils der Bewohner, namentlich in den Wohnungsverhältnissen, vielfache höchst nachteilige Einflüsse einstürmen. Ein großer Teil der Armen in London besteht aus Irländern und wo der Irländer hinkommt, in Schottland, in Glasgow, in Birmingham, in Nordamerika, überallhin bringt er den Flecktyphus mit. Der Flecktyphus klebt ihm wie sein Elend, sein Schmutz als eine Nationalkrankheit an. In den von Irländern bewohnten Stadtteilen von London ist der Flecktyphus zu Hause, auch wenn sie weit von jedem church yard entfernt liegen, und es ist deshalb nicht gestattet diesen allein die Schuld zuzuschreiben. Die Schilderungen, welche die bei den Engländern so beliebten Schauerromane von dem Elende und dem Schmutze der armen Bevölkerung geben, werden von der Wirklichkeit noch weit übertroffen, und dieses Elend verkriecht sich in London nicht bloß in abgelegene Winkel der Vorstädte, sondern findet sich mitten in dem bevölkertsten Teile der Stadt und in den Hinterhöfen und Nebengäßchen von 8traßen, welche von vorn besehen ein ganz sauberes Aussehen, die schablonenmäßige Bauart der neueren Stadtteile darbieten. Ganz ernste Schriftsteller geben uns Darstellungen, welche die Schilderungen von Dickens und Bulwer nur als schwache Kopien der Wirklichkeit erscheinen lassen und wer London aus eigener Anschauung kennt und sich nicht bloß auf Betrachtung der ostensiblen Seite beschränkt hat, wird leicht Beiträge liefern können. Faucher[18] gibt u.A. folgende Beschreibung von Whitechapel, einem hauptsächlich von Irländern bewohnten Stadtteil: Da die Straße nur alle sieben Tage gereinigt wurde, so war aller Unrat, welchen die Bewohner auf die Straße zu werfen pflegten, aufgehäuft und diese sechs Tage lang mit Mist bedeckt. Rechts und links münden schmale Gäßchen ein, welche zu Höfen, man kann sie nicht Plätze nennen, führen und aus diesen wieder in andere Höfe, in welchen Abfluß für Regen und Spülwasser gänzlich fehlte. Jeder Hof war eine Kotlache, in welchem hundertjähriger Kot angehäuft war. Jede Familie in diesem fürchterlichen Labyrinthe hatte nur ein Zimmer, dessen Miete 2 bis 5 Schillinge die Woche betrug. Die Wohnungsnot ist so groß, daß jedes Zimmer, in welchem die bisherigen Bewohner eben am Typhus gestorben sind, schon wieder besetzt ist, ehe es hat im geringsten gereinigt werden können. Ein Kaufmann, der ein großes Faß aufgeschlagen auf der Straße liegen läßt, findet es sicher am nächsten Morgen als Schlafzimmer benutzt. Lord Sandon fand, daß im Kirchspiele St. George, Hannover Square, von 929 Familien jede nur ein Zimmer hatte. Dr. Smith erzählt: In einem kleinen Hause befanden sich vier Zimmer, jedes von einer Familie eingenommen. In einem derselben lagen vier Personen am Typhus krank, im anstoßenden deren drei und ebenso im oberen Stock. Verschiedene Personen hatten in diesen Zimmern gewohnt und alle waren am Typhus erkrankt. In einem einzigen Bette schliefen der Vater und die Mutter, beide 50jährig, ein schwindsüchtiger Sohn, eine 17jährige Tochter und ein kleines Kind, außerdem arbeiteten in demselben Räume drei Schneidergesellen am Tage. Ein Zimmer war von vier Familien eingenommen, von welchen immer mehrere nur ein Bett einnahmen. Solche Zustände kommen in den schönsten, wie in den schlechtesten Stadtteilen vor, überall wo die Armen sich einnisten können. White Chapel, Bethnal Green und St. Giles sind die Brutstatten des Typhus. Nur die Juden bleiben durchschnittlich verschont, weil sie bessere, geräumigere Wohnungen einzunehmen pflegen und dieselben reinlich halten. (Dasselbe wird man

---

[18] Faucher, England in seinen socialen und commerciellen Zuständen. Leipzig, Lork. 2 Bde. 1846.
Ootavia Hill, aus der Londoner Armenpflege, übersetzt im Auftrage der Frau Großherzogin von Hessen. Wiesbaden 1878.

bei uns auf dem Lande bemerken. Die Wohnung des Juden, sein Bett, seine Möbel, sind immer im Vergleiche zu denen auch nicht des armen Bauers, Muster von Reinlichkeit und bequemer Einrichtung.) Jene Zustände aber, wie sie Faucher beschreibt, kommen in allen Stadtteilen vor, auch solchen, welche weit von church yards entfernt sind, und wenn Trusen und nach ihm Küchenmeister u.A. den Typhus in Stadtteilen, welche meistens von Irländern bewohnt sind, auf Rechnung längst geräumter Friedhöfe schieben, so vergessen sie andere, viel mächtigere Ursachen, zu dichte Bewohnung, Elend, Not und fortdauernde Ansteckung des hochcontagiösen Flecktyphus.

Ganz ähnliche Zustände schildert Octavia Hill und ich selbst kann dazu einen Beitrag liefern. Als ich 1852, also 10 Jahre nachdem die Bewegung für Purification der Stadt begonnen hatte, London besuchte, nahm ich, durch den Zufall geleitet, Wohnung in Orchard Street, Oxfordstraßenecke, bei einem Arzte und in einem anscheinend ganz reinlichen Stadtteile. Als ich meine Briefe bei dem Konsul abgab, wurde ich gefragt wo ich wohne und als ich das Haus bezeichnete, schlug der Herr seine Hände über dem Kopfe zusammen, daß ich in einem so verruchten Stadtteile mich habe einmieten können und er selbst wohnte doch nur zwei Häuserquadrate weiter in derselben Straße. Ich beriet mich mit meinem Vermieter, der das eben gehörte bestätigte und mir versprach, mich das Innere des so glatten, schablonenmäßigen Äußeren sehen zu lassen. In seiner, des vielbeschäftigten und beliebten Arztes Gesellschaft konnte ich es wagen, allein nicht. Wir gingen gleich neben unserer Wohnung wie durch ein Hoftor und gelangten in einen geschlossenen Hof, der von Häuserruinen umgeben war, wie ich sie vorher nirgends, auch nicht in dem schmutzigsten italienischen Gebirgsdorfe, gesehen hatte. Die Häuser schief und baufällig, ohne Fenster und Türen, die zerbrochenen Scheiben durch Lumpen ersetzt. In der Mitte dieses Hofes lag ein haushoher scheußlicher Haufen von Unrat, Stroh, Kot, Lumpen, Knochen, der den Hof fast völlig ausfüllte und auf demselben krochen mehr als 100 schmutzige Kinder, nackt, halbnackt, nur mit Rudimenten von Kleidern bedeckt, wie die Maden auf einem faulen Käse herum. Ein etwa 12jähriger Junge, der uns alsbald anbettelte, machte bei allem Elende und allem Schmutz einen drolligen Eindruck; er hatte, statt aller Bekleidung, nur eine Hose, an welcher das eine Bein völlig fehlte. Neben und auf dem Kothaufen lag eine Anzahl besinnungslos besoffener Weiber und eine Gruppe von Männern und Frauen waren mit einer gemütlichen Prügelei beschäftigt. Gearbeitet hat niemand. Mein Begleiter zeigte mir einige Wohnungen. Möbel, auch die einfachsten, fehlten fast überall, statt Bett nur ein Haufen wirres Stroh oder Lumpen, auf denen schwer erkrankte, nackte Kinder, Wöchnerinnen durcheinander lagen. Der Schmutz und der Gestank waren überall der Art, daß sich mir heute noch der Magen umwendet, wenn ich an das Gesehene denke. Ganz von derselben Beschaffenheit war eine Anzahl anderer Binnenhöfe und Zwischengäßchen, in welche ich geführt wurde. Und alles das in einem sehr belebten und von außen ganz gut aussehenden Stadtteile, an einer der Hauptverkehrsadern von London, und — weit von jedem Kirchhofe.

Wenn aber 10 Jahre nachdem die Reaktion gegen die Verunreinigung des Bodens der Stadt begonnen hatte immer noch solche Zustände überall in London vorkamen, so braucht man den Einfluß der längst geschlossenen Church yards nicht zu Hilfe zu nehmen, um die Verbreitung von ansteckenden Krankheiten bei der irischen Bevölkerung von London zu erklären.

Ähnliche Zustände finden sich überall noch, namentlich in allen alten Städten, welche ein zahlreiches Proletariat haben, nur sieht sie der nicht, welcher sie nicht absichtlich aufsucht. Das Elend und das Verbrechen verkriechen sich wie das giftige Gewürm in seiner Höhle, man muß sie aufsuchen um sie zu sehen. In Budapest, welche von den kontinentalen Städten so ziemlich die größte Mortalitätsziffer aufweist, besitzen von der Hälfte der Bevölkerung _ von 79000 Einwohnern nur je 5 bis 9 ein einziges sogenanntes Zimmer gemeinschaftlich. In der Beseitigung dieser Wohnungsüberfüllung und Unreinlichkeit der Wohnungen der Armen liegt die wichtigste Aufgabe für philantropische Ärzte und Gemeindeverwaltungen. Sie fehlen auch bei uns nirgends, mehr oder weniger. In dem schönen lachenden Mainz, der schönsten Stadt am Rheine, gibt es eine große Zahl von Hinterhöfen und Hintergäßchen, sog. Reul (ruelle), welche den oben geschilderten Hinterhöfen, Lane, von London an Scheußlichkeit nicht viel nachstehen. Die Friedhöfe sind aus Mainz seit 1803 weit weg entfernt. In jenen Reuls und dem Zustande ihrer Bevölkerung liegt aber offenbar der Grund, daß in einer gut situierten und so sorgfältig verwalteten Stadt die Sterblichkeit gegen die Zahl der Geburten sich immer noch wie 74:72 verhält und die stärkste im Großherzogtum ist und daß die Bewohnerzahl und die Vergrößerung der Stadt nur von dem Zuzüge von Fremden ermöglicht wird. Dicht hinter dem Bahnhofe liegt ein Gewinkel von Gäßchen und Höfen, die zum Teil so eng sind, daß ein starker Mann sich kaum durchdrängen kann. Ich sah eine mit 3 bis 4stöckigen Baracken besetzte Straße, die mit einer gewöhnlichen Stubentüre abends geschlossen wurde. Kein Haus hat einen freien Hof, wo man einen solchen vermutet, tritt man in ein neues Gewinkel von den elendesten Häusern, alle dicht von dem ärmsten, dem verrufensten Teile der Bevölkerung vom Keller bis zum Dache überfüllt und von Zeit zu Zeit von dem Quellwasser des Rheins überströmt. Hier liegt der durch eine sonderbare Korruption, auch amtlich, so benannte Afterring (das Haus Ofterding, wo der Minnesänger H. v. O. geboren wurde) eine ganz scheußliche Baracke, von einigen hundert Armen dicht bewohnt. Daß in solchen Lokalitäten die Sterblichkeit, namentlich die Kindersterblichkeit, die Geburten stark übersteigt, dazu braucht man zur Erklärung keinen Leichendunsteinfluß.[19]

---

[19] Dr. Florian Kupferberg, ein Beitrag zur Beurteilung der Gesundheitsverhältnisse einer Stadt, mit besonderer Berücksichtigung der Mainzer Verhältnisse. 1877. Helwig, Beitrag zur Mortalitätsstatistik der Stadt Mainz. 2 Hefte. 1874.

Bestattung der Leichen auf Schlachtfeldern

Die Rückwirkung eines mit Leichen übersäten, von Blut getränkten Schlachtfeldes auf die Zivilbevölkerung der Umgebung muß den schlagendsten Beweis dafür liefern, ob und in welchem Maße die Zersetzung von frischen Leichen in dem Boden auf die Gesundheit der Bewohner nachteilig zurückwirkt. Die Verhältnisse, welche im Kriege einen schädlichen Einfluß auf den Gesundheitszustand der Armeen und der Zivilbevölkerung der Gegenden, in welchen große Heere sich bewegen, ausüben, sind jedoch so mannigfaltig, daß, um die Frage, welchen Einfluß die Beerdigung der in der Schlacht Gefallenen ausübt, rein zu stellen, nur mit Auswahl geeigneter Ereignisse verfahren werden kann. Zunächst kann der Gesundheitszustand der Armeen selbst nur mit Beschränkung in die Betrachtung herein gezogen werden; denn auf den Soldaten im Felde stürmen so mannigfache störende Einflüsse auf seine Gesundheit, daß gerade der, welchen die Leichenausdünstung ausüben soll, selten mit einiger Sicherheit und Klarheit aus dem Komplex vieler Ursachen ausgeschieden werden kann. Die plötzliche Änderung der gewohnten Lebensweise und Ernährung, übermäßige Anstrengung, Nachtwachen, Witterungseinflüsse aller Art, Mangel mit Unmäßigkeit abwechselnd, ansteckende Krankheiten, welche die Armee mitgebracht hat und welche sich bei einer dicht gedrängten Menschenmenge mit der größten Leichtigkeit auszubreiten vermögen und anderes mehr. — In den meisten Fällen werden Armeen sich rasch von dem Punkte weg bewegen, auf welchem sie sich geschlagen haben. Die geschlagene Armee zieht sich zurück und der Sieger folgt möglichst rasch nach, beide entziehen sich also den möglichen Folgen der Leichenausdünstung des Schlachtfeldes. Wenn aber Armeen lange unbeweglich auf einem Punkte im Lager oder in einer eingeschlossenen Festung stehen, so entwickeln sich andere mächtige krankheitserregende Ursachen, welche der Leichenzersetzung nicht angehören. Diesen von der Infektion des Bodens abhängigen Lagerkrankheiten sind Armeen von jeher ausgesetzt gewesen, wenn sie längere Zeit unbeweglich an einem Punkte standen und dieselben haben stets höchst nachteilig auf die Kriegsstärke gewirkt. Kaum jemals ist eine Armee diesem Feinde gänzlich entgangen und nur wenn die äußerste Sorgfalt auf die Reinhaltung des Lagerraumes verwendet worden ist. Die Engländer haben im zweiten

Jahre der Belagerung von Sebastopol den Beweis geliefert was am rechten Orte angewendetes Geld und sorgfältige hygienische Maßregeln für die Erhaltung der Heere zu leisten vermögen; denn während auf demselben Terrain Russen, Türken und Franzosen durch Ruhr, Diphterie, Skorbut und Typhus auf das furchtbarste heimgesucht wurden, sind ihre Truppen in dieser zweiten Periode des Krieges, von epidemischen Krankheiten so gut wie vollständig frei geblieben, ungeachtet ihr Lager den Schlachtfeldern von Inkermann, Balaclava und Tractir am nächsten stand. Wo aber eine solche peinliche Sorgfalt auf die Reinhaltung des Lagers nicht verwendet wird oder werden kann, sind Lagerkrankheiten, welche in bestimmter Reihenfolge auftreten, Diarrhöen, Ruhren, Typhen verschiedener Form, Cholera und vielleicht endlich Beulenpest, unvermeidlich. Die Kriege der Russen in der Wallachei, früher und jetzt, der amerikanische Sezessionskrieg am Potomac, der deutsch-französische Krieg von 1870, die beiden Belagerungen von Metz, durch Carl V. 1552 und durch die Deutschen 1870, die Ruhren und der Typhus von Torgau, Dresden, Mainz von 1812, die Belagerung von Paris, haben Belege auch in neuerer Zeit geliefert, welche in keinem größeren Kriege jemals gefehlt haben. Es kommen aber hierbei nicht die Leicheninfektionen, sondern vorwiegend die Rückwirkung der Durchtränkung des Bodens mit Fäkalstoffen in Betracht. Es können also nur die Rückwirkungen großer Gefechte auf die Zivilbevölkerung, welche über dem Schlachtfelde wohnt, in Betracht gezogen werden, welche von Armeen geschlagen wurden, welche noch nicht von ansteckenden Krankheiten heimgesucht waren, die sie auf ihrem Wege ausstreuen, wie die Franzosen nach der Schlacht von Leipzig, und bei welchen dieselben vor und nach dem Gefechte nicht lange einander gegenüber im Lager gestanden haben. Hier muß sich zeigen, welchen Einfluß die Leichenfäulnis im Boden auf eine vorher gesunde Stadt- und Landbevölkerung ausübt, wenn ein solcher überhaupt bemerklich ist, da die Verhältnisse für einen solchen so günstig liegen, wie sie im Frieden niemals vorkommen. Einige tausende von Leichen, von Menschen und Pferden, werden auf einem engbegrenzten Raume und nicht nach und nach in langen Zwischenräumen, sondern mit einem Male, in Massengräbern, durch die Not gezwungen, mit wenig Sorgfalt, oberflächlich bestattet. Die Rückwirkung dieser Massenbestattung müßte natürlich lange bemerklich bleiben, da die Zersetzung dieser Leichen doch nur allmählich, im Verlaufe von Jahren, sich vollziehen kann.

Die neuere Kriegsgeschichte liefert für unsern Zweck brauchbarere Belege, als sie aus älterer Zeit vorliegen, weil jetzt, seit dem in Krimkriege durch den Kaiser Napoleon III. Anregung gegeben worden ist, genauere Belege, nicht allein über die angeblichen Verluste auf dem Schlachtfelde, sondern auch über die gesamte Krankenbewegung amtlich geliefert worden sind. Vor allem sind die unübertrefflichen Berichte, welche die nordamerikanische Regierung aus dem Sezessionskriege mit ungemeiner Liberalität verbreitet hat, die Mitteilungen von Chénu, Scrive, Baudens und Macleod aus dem Krimkriege und dem italienischen Kriege, die statistischen Zusammenstellungen von Engel, sowie der Generalstabsbericht der deutschen Armee als Quellen von Wichtigkeit zu benutzen. Ich muß mich begnügen aus diesem überreichen literarischen Materiale einiges wenige auszuwählen.

Die Schlacht von Sedan am 2. September 1870 gibt eins der brauchbarsten Beispiele. Sedan ist eine mäßig große Fabrikstadt, welche ringsum nahe von volkreichen, wohlhabenden Dörfern umgeben ist. Auf diesem Felde haben am 2. September, dicht um die Stadt und in den volkreichen Vorstädten, sich nahezu 400000 Mann hartnäckig geschlagen und das Gefecht ist bis dicht an die Tore vorgerückt. Beide Armeen waren nicht von epidemischen Krankheiten berührt und haben sich nach der Schlacht rasch von der Stadt wegbewegt, die einen als Gefangene, die anderen als Sieger in ihrem Vormarsche gegen Paris. Weder vor noch nach den Schlachten von Baumont, Rouart und Sedan standen Truppencorps von nennenswerter Stärke auf diesem Felde. Der Einfluß, welchen ein Schlachtfeld mit seinen zahlreichen Toten auf eine dichte Zivilbevölkerung ausübt, liegt also hier möglichst rein vor. Nach der Schlacht waren die Toten nicht sehr sorgfältig in Massengräbern, 40 bis 50 Leichen zusammen, begraben worden. Die Gräber der Deutschen waren etwas sorgfältiger ausgeführt, als die der Franzosen. Die Leichen jener lagen regelmäßig, ein Körper dicht neben dem ändern und ins Kreuz übereinander, so daß nur wenig Zwischenraum zwischen ihnen blieb; die der letzteren waren häufig unregelmäßig durcheinander geworfen, mit großen Zwischenräumen zwischen sich.

Nach der Schlacht erhob sich in den nahen belgischen Grenzorten die Befürchtung, daß durch die Leichenzersetzung epidemische Krankheiten entstehen und sich über die Grenze verbreiten könnten. Die Presse bemächtigte sich der Sache, besonders die Independance beige und die Erregung wuchs so, daß die Regierung sich veranlaßt sah Maßregeln zu ergreifen. Sie schickte am 28. Februar 1871, also volle 6 Monate nach der Schlacht, eine Kommission, bestehend aus den Herren Lante und Créteur, Offiziere und Chemiker nach Sedan, um die Sachlage zu untersuchen. Auf eigene Hand begab sich ein Herr Michel eben dahin. Die Kommission scheint sich die Sache ziemlich leicht gemacht zu haben, obgleich sie von den Behörden möglichst unterstützt wurde. Sie war am 3. März schon wieder in Brüssel zurück und begann ihre Tätigkeit wenige Tage später. Ein Graf Orloff hatte sich angelegentlich der Sache angenommen und zu deren Unterstützung eine ansehnliche Summe aus eigenen Mitteln zugeschossen. Auch sonst waren freiwillige Beiträge eingelaufen. Die Commission begann ihre Tätigkeit damit, die nur oberflächlich verscharrten Leichen tiefer zu bedecken indem sie 1m Erde aufschütten ließ. Wo Leichenteile bloß lagen, wurden sie mit Phenylsäure, Holzkohle oder Eisensulfat überdeckt. Am 14. März wurde eine zweite Sitzung des Gesundheitsrats gehalten, in welcher Oberst Créteur vorschlug, die Leichen mit Teer, Petroleum und Stroh zu verbrennen, was wirksamer und billiger sei und der Rat stimmte diesem Vorschlage bei. Man fing nun an die Gräber zu öffnen. Die deutschen Behörden untersagten jedoch alsbald die Aufdeckung der Gräber der auf ihrer Seite Gefallenen schon am 15. und mit vollem Rechte. Von der Belgischen Kommission sind also bei weitem nicht alle Gräber geöffnet worden, auch außer denen, welche Herr Michel desinfiziert hat. Man bedeckte die Leichen mit Stroh, auf welches Teer oder Petroleum gegossen wurde und das man einige Zeit brennen ließ. Für ein Grab von 20 bis 30 Leichen verbrauchte man zwei Tonnen Teer und doch wurden nur die oben liegenden feuchten Leichen angekohlt. Zuletzt ging der Teer aus, man begnügte sich ungelöschten Kalk aufzustreuen. Créteur behauptete mit nur 27 Arbeitern vom 10. März bis 20. Mai 3213 Gräber mit 45835 Menschen- und Tierleichen desinfiziert zu haben. Wie diese genaue Zählung vorgenommen werden konnte ist schwer begreiflich, da die Leichen aus den Gruben nicht herausgenommen wurden. Nach Lante wurden nur 1022 Gräber geöffnet, also nur 1/3 soviel als Créteur angab und das erscheint schon zu viel. Michel gab an, daß zusammen 1925 Gräber desinfiziert worden seien. Ganz ungeheuerlich ist die Angabe Créteur's über die Zahl der angeblich desinfizierten Tier-und Menschenleichen übertrieben. Obgleich er lange nicht alle Gräber öffnen durfte, berechnet er die Zahl der desinfizierten Leichen auf 45835. Nun sind in der Schlacht auf dem Platze geblieben und auf dem Schlachtfelde beerdigt worden, nach dem Generalstabsberichte: auf deutscher Seite:

Offiziere	187
Soldaten	2132
Pferde	564
	2883

Auf französischer Seite war der Verlust etwas größer. Französische Berichte geben ihn auf 17000 Mann, Tote und Verwundete, mit rund 3000 Toten an. Wenn man also den beiderseitigen Verlust in runder Zahl auf 7000 Mann und Pferde anschlägt, welche auf dem Schlachtfelde begraben worden sind, so hat Herr Créteur, obwohl ihm nur gestattet war, einen Teil der Gräber zu öffnen, doch noch um das *siebenfache* übertrieben. Das Verfahren Créteur's war sehr unvollkommen und insbesondere die Verbrennung sehr unvollständig. Das Öffnen von Gräbern, in welchen die Leichen schon seit sechs Monaten in Fäulnis übergegangen waren, war jedenfalls gefährlicher, als wenn jene unversehrt geblieben wären. Mit ihr wurden den Leichengasen und den Infektionsstoffen, welche bis dahin von der Erde gebunden und unschädlich zurückgehalten sein konnten, der freieste Austritt gestattet. Da es sich um so ganz abnorme, massenhafte Anhäufungen von Leichen, welche schon in vollständige Fäulnis übergegangen sein mußten, handelte, so hätte das Verfahren, namentlich bei den Arbeitern gefährliche Folgen äußern müssen, wenn überhaupt von den Leichengasen Gefahr zu besorgen wäre. Daß die Arbeiter aber erkrankt seien, wird mit keiner Silbe erwähnt. Auch einer Vergiftung des Wassers wird nicht gedacht.

In Sedan und Umgebung waren während der sechs Monate, welche dem Eingriffe Créteur's vorausgingen, *keine Krankheiten* ausgebrochen, welche den Wirkungen der Leichenzersetzuug hätten zugeschrieben werden können. Der Gesundheitszustand der Stadtbevölkerung war ein durchaus günstiger geblieben. Auch später sind keine epidemischen Krankheiten ausgebrochen.

Wie unvollkommen das Verkohlen durch Créteur gewesen sein muß, ergibt sich ans den Versuchen Flek's der 6 bis 8 Tonnen Teer bei offenem Feuer verbrauchte, um 1 Zentner organische Substanz völlig in Asche zu verwandeln. Ähnlich waren die Resultate nach den Schlachten von Wörth und Spichern. Bei beiden standen die noch frischen Truppen nur an dem Schlachttage einander gegenüber und bei beiden blieben auf dem Platze von deutscher Seite rund je 1000 Menschen und Pferde, auf beiden Seiten also ungefähr das Doppelte, welche auf dem Platze begraben wurden. Epidemische Krankheiten sind aber auch in Saarbrücken, Wörth und Reichshofen nicht ausgebrochen.

In der Umgebung von Metz lagen während des letzten deutschfranzösischen Krieges die Verhältnisse nicht so einfach, wie in den vorher angeführten Schlachten. Allerdings standen sich hier noch größere Truppenkörper einander gegenüber und die Zahl der Leichen, welche im Rayon der Festung und in den deutschen Lagern begraben wurde, war nach den zahlreichen blutigen Gefechten eine ungleich größere, als bei Sedan. Aber die Truppen standen Monate lang einander gegenüber und der Boden wurde, außer durch die begrabenen Leichen, auch durch fäkale Stoffe, faulende Tierleichen und Abfälle, trotz aller Sorgfalt, welche von deutscher Seite angewendet wurde, vollständig durchtränkt. Je länger die Belagerung dauerte, desto mehr nahmen die von dieser Bodeninfektion abhängigen Krankheiten zu, und der deutschen Armee drohte dasselbe Schicksal, das ein paar Jahrhunderte vorher die Armee eines anderen deutschen Kaisers vor Metz erfahren hatte, als die Übergabe der Festung glücklich die Verlegung der Truppen möglich machte. In der Stadt waren die Verhältnisse, wegen der mangelhaften Sorgfalt, welche die Franzosen stets gehabt haben, wo es sich um Beseitigung von Schmutz aller Art handelte, noch viel übler, die Stadt und deren Umgebung waren mit Tierleichen erfüllt. Die faulenden Kadaver von Pferden, welche halb zur Nahrung gedient hatten, lagen überall herum. Alle Dungstätten und Latrinen waren mit Kot und Unrat aller Art überfüllt. Die Mosel schwamm voll Pferdeleichen. Verwesendes Lagerstroh lag allerorts, der Gestank und die Unreinlichkeit waren unerträglich. Dabei waren in dem Canton Gorze allein über 14000 Soldatenleichen, zum Teile sehr oberflächlich begraben und in der ganzen Umgebung mehr als 30000. Die Umgebung von Metz ist, außer der Mosel, ziemlich wasserarm und die vorhandenen Brunnen waren verdorben, mehr durch die Fäkalstoffe, als durch die Leichen.

Auch in der Umgebung von Metz wurde in dem Jahre nach der

Schlacht, also ebenfalls erst nach mehreren Monaten und nachdem man vorher die Stadt und das Bazain'sche Lager gereinigt hatte, eine Desinfektion der Gräber und mit mehr Sorgfalt, als von Créteur bei Sedan, vorgenommen und dazu 1200 bis 1400 Mann unter der Leitung von Ärzten verwendet. Man hütete sich aber wohl die Gräber, in welchen die Leichen schon in völlige Verwesung übergegangen sein mußten, vollständig offen zu legen.

Gräber, welche in der Nähe von Wasserläufen und Wohnungen lagen, wurden verlegt, oberflächlich verscharrte Leichen tiefer bedeckt, einzelne Gräber wurden soweit aufgedeckt, bis man den Teil einer Leiche sah und dann Carbol -oder Kalkwasser eingegossen, mit Kohlen und Kalk gefüllt. Größere Massengräber, welche mehr als 6 Leichen zu enthalten schienen, wurden aus Rücksicht für die Gesundheit der Arbeiter nur nach und nach aufgedeckt, Abzugsgraben hergestellt und die Grabhügel wurden dann mit Klee oder Hafer eingesät oder mit rasch wachsenden Bäumen, Eschen, Birken u. dergl. besetzt (von welchen ich jedoch, als ich zwei Jahre später die Schlachtlinie abging, durchaus nichts gesehen habe, die Grabhügel waren nur mit Gras oder Getreide bedeckt). Die Schlachthäuser in Metz wurden neu getüncht und gepflastert, Tierabfälle, Pferdeleichen wurden auf Herden, die von großen Feldsteinen errichtet wurden, verbrannt u.s.w. Diese Desinfektionsarbeiten waren im März begonnen, erst nach fünf Monaten nach der Belagerung und im Mai beendet. Infektionskrankheiten, besonders Ruhren und Typhus waren in beiden Lagern vor der Übergabe der Stadt in sehr starkem und steigendem Maße ausgebrochen. Unter den französischen Soldaten insbesondere war die Zahl der Kranken und Toten sehr groß gewesen, und dieselben waren so geschwächt, daß sie in den Garnisonsorten, in welche sie als Gefangene geführt wurden, in Mainz, Köln, sich nicht zu erholen vermochten und massenhaft hinstarben. In der Umgebung von Metz aber, in Gravelotte, Mars la Tour, Verneville u.s.w. war die Zahl der Infektionskranken nach Aufhebung der Belagerung nicht grois, obgleich zahllose Gräber sich in deren Nähe befanden und die Desinfektion derselben nur sehr unvollkommen gewesen war. Auch in Metz hatten die Desinfektionsarbeiten erst 8 Monate nach der Schlacht von Mars la Tour und Gravelotte und 5 Monate nach der Übergabe der Stadt begonnen.

Aus allen diesen Beispielen ergibt sich also, daß die Bestattung einer großen Zahl von Leichen nach großen Schlachten keinen nachweisbaren bösen Einfluß auf den Gesundheitszustand der Arbeiter und der Bewohner der dem Schlachtfelde nahe liegenden Orte ausübt, auch wenn die Erdbestattung im Drange der Umstände nur sehr unvollkommen ausgeführt werden kann und Tieferlegen der Gräber, sowie die Anwendung von Desinfektionsmitteln erst viele Monate später, wenn die Fäulnis der Leichen längst großartige Fortschritte gemacht haben muß, eingeleitet wird. Bei der Diskussion über die Desinfektion der Schlachtfelder empfiehlt daher Larrey jun. nur die Herstellung sehr tiefer Gräber. Ein Teil der fäulnisfähigen Körper, welche den Boden eines Schlachtfeldes durchtränken, das Blut, welches aus den Wunden geflossen, entzieht sich der Möglichkeit einer Desinfektion vollständig.

Anders verhält es sich mit der Wirkung der Durchtränkung des Bodens mit anderen Faulstoffen, Kot, Urin. Wo diese stattfindet brechen immer Krankheiten, unaufhaltbare Diarrhöen, Ruhren, choleraähnliche Zufälle mit Kopfweh und Wadenkrämpfen, sowie typhöse Fieber aus, deren Verbreitung durch Übertragung von Contagien von dem einen auf den anderen vermehrt wird. Die Zahl und die Intensität dieser Krankheitsformen nimmt in rasch steigender Progression zu. Die Formen werden immer verderblicher in dem Maße, als die Infektion des Bodens und die Entwicklung von Contagien sich vermehren, während die Kräfte und die Widerstandsfähigkeit der Soldaten abnehmen, bis sie schließlich zu einer Kalamität werden, welche auf den Verlauf eines Krieges oft einen größeren Einfluß ausgeübt hat, als eine verlorene Schlacht. Die Belagerung von Sebastopol gibt ein lehrreiches Beispiel, weil hier die Truppen von drei Nationen unter gleichen territorialen Umständen, aber nicht unter gleicher Lagerhygiene, einander gegenüber standen. Die Franzosen haben vor Sebastopol und in den Spitälern von Constantinopel zwischen 60000 bis 70000 Mann, die Engländer 30000, die Russen 300000, nach Chénu 600000 Mann verloren. Dazu kommt eine, große Zahl von Tierkadavern, Abfällen von Schlachtvieh und Unrat aller Art, welche auf einem engbegrenzten Räume im Verlaufe von zwei Jahren in einen harten Kalkboden versenkt wurden. Die Engländer verwendeten die größte Sorgfalt auf Reinhaltung ihres Lagers, gute Einrichtung und Drainierung der Latrinen, Zerstörung eines jeden Unrats, bei Franzosen und Russen war das Gegenteil der Fall. Ruhr und Typhus waren, neben Cholera, die jedoch aus Südfrankreich, wo sie gerade herrschte, eingeführt war, bei Franzosen und Russen die herrschenden Krankheiten; die Engländer blieben frei. Am Ende des Krieges waren die Truppenkörper der Franzosen und Engländer ungefähr gleich stark; die Franzosen hatten beim Friedensschlüsse 19000 Typhuskranke, von welchen 10000 starben, die Engländer 31, von welchen sie 16 verloren haben und ihre Spitäler in Pera standen leer. Der üble Einfluß des Lagers kann sich also nicht weit durch die Luft verbreiten, da die Engländer, deren Lager sich unmittelbar an das der Franzosen anschloß, sich so vollkommen gut, besser als in den Garnisonen der Heimat zu erhalten vermochten. Dieselbe Erfahrung, daß wohl die Nähe von schlecht verwahrten Latrinen und Dungstätten, nicht aber die eines Kirchhofes geeignet ist, die Brunnen zu verderben und den Ausbruch von Diarrhöen, Ruhren und Typhus zu veranlassen, wird in der Zivilpraxis alltäglich gemacht. Es gibt kein noch so kleines Dorf, das nicht seinen Kirchhof hat und wenn in der Nähe eines solchen Infektionskrankheiten ausbrechen sollten, was ja hier so gut möglich ist, als anderwärts, so wird die öffentliche Meinung nicht zögern, dieselben der Nähe der Grabstätten zuzuschreiben. Ruhren und Typhus könnten in den Wohnungen, welche in der Nähe von Friedhöfen liegen, gar nicht ausgehen und die Tatsache, daß dieselben die eigentlichen Infektionsherde seien, müßte seit Jahrhunderten unerschütterlich feststehen. Das ist aber nicht der Fall, denn die Umgebung derselben pflegt im Freien, fern von Latrinen und Dungstätten zu liegen. Dagegen kennt man in jeder Stadt, weit entfernt von jedem Friedhofe, engbeschränkte Typhusherde, in welchen der Fäkaleinfluß der Latrinen sehr deutlich nachzuweisen ist; in Kasernen, in Mainz in der Pionirkaserne zu Castel, die Ulanenkaserne zu Moabit; in Gefängnissen, die Epidemie im Landeszuchthause von Marienschloß, in einzelnen wohlbekannten Privathäusern, wofür sich unzählige Beispiele mit Leichtigkeit beibringen ließen. Der Boden kann in Städten und Dörfern durch Fäkalstoffe sehr rasch imprägniert und die Brunnen verdorben werden, wenn ihnen schlecht verwahrte Latrinen und Dungstätten zu nahe liegen. Die Ausbreitung von Epidemien wird damit sehr wesentlich begünstigt. Man vergleiche hierüber das, was früher über die Beschaffenheit der Friedhofbrunnen gesagt worden ist.

Mittel zur Desinfektion von Schlachtfeldern

Die Desinfektion großer Schlachtfelder ist immer unvollkommen; Sieger und Besiegte können sich nicht viel um die Toten bekümmern, außer etwa vor belagerten Städten. Die verwendbaren Kräfte sind zunächst durch das Aufsuchen und Sammeln der Verwundeten und das Zusammenbringen der Leichen vollkommen in Anspruch genommen. Man darf zufrieden sein, wenn die Leichen möglichst rasch und tief unter die Erde gebracht werden. Zur Anwendung künstlicher Desinfektionsmittel reichen weder die Kräfte, die Zeit, noch die Mittel aus. Die Armee kann dieselben doch nicht mit sich führen, und was etwa von denselben in der Nähe beschafft werden könnte, kann nach großen Gefechten weder in genügender Menge, noch zur rechten Zeit herbeigebracht werden. Ehe man daran denken kann, durch Chlor, Carbol, Eisenvitriol, Zinksulfat, Phenylsäure die Gräber zu desinfizieren, müssen die Leichen längst unter die Erde gebracht sein. Und wie weit würde man nach einer großen Schlacht mit solchen, ans der Nähe beschafften Mitteln reichen? Die putride Zersetzung der Leichen dauert monate- und jahrelang an, während welcher die an und für sich völlig unzulänglichen Quantitäten solcher Mittel durch Regenwasser längst weggespült sein müssen. In den Quantitäten, in welchen sie möglicherweise angewendet werden können, hindern sie ohnedem den Übergang der Leichen in Fäulnis in Massengräbern

nicht. Sehr oft sind die Leichen in einzelnen Gräbern mit Kohle .bedeckt, oder mit Ätzkalk überschüttet worden. Vor Metz legte man die Leichen in Gruben von 17'Tiefe, die Köpfe der einen Reihe über die Füße der anderen und dann ins Kreuz und zwischen jede eine Lage Ätzkalk von 1" Dicke. Übler Geruch wurde nicht verspürt; das Verfahren kam jedoch erst 8 Monate nach der Schlacht zur Anwendung. Auch Sägespäne, mit Zinksulfat getränkt, kamen zur Anwendung, natürlich nur in verhältnismäßig sehr geringen Quantitäten. Selbst diese relativ wohlfeilsten Mittel sind aber nicht massenhaft genug zu beschaffen und deshalb wirkungslos. Der Ätzkalk wird die Leichen nicht zerstören und wird nur die Wirkung haben, daß er durch die Feuchtigkeit des Grabes und des Bodens gelöscht wird, vorübergehend eine höhere Temperatur entwickelt, daß er einen Teil der Kohlensäure und des Wassers bindet und vielleicht eine Decke, eine Art Zement über die

Leiche legt. Der Kalk saugt einige der zusammengesetzten stickstoffhaltigen übelriechenden Körper auf, die sich schon gebildet haben und zersetzt sie in der höheren Temperatur, während er gelöscht wird. Das Kalkhydrat, als eine starke alkalinische Substanz, befördert die Entwicklung von Ammonium aus den stickstoffhaltigen Bestandteilen des Körpers und verhindert die Bildung zusammengesetzter Körper. Alle übrigen Desinfektionsstoffe, selbst Eisenvitriol und Eisenoxydul, werden für ein größeres Schlachtfeld nicht entfernt in genügender Menge zu beschaffen sein. Eisenvitriol, welches noch am leichtesten in Masse zu haben wäre, wirkt sowohl durch seine Säure, als durch seine Basis günstig. Die Säure verbindet sich mit Ammonium zu einem schwefelsauren Salze, das Eisenoxydul geht durch den Sauerstoff der Luft schnell in Eisenoxydhydrat über, übergibt den organischen Stoffen einen Teil seines Sauerstoffgehaltes, womit es wieder zu Oxydul wird und dann beginnt der Prozeß von neuem. Das Eisen wirkt also als Träger des Sauerstoffs und begünstigt die Oxydation der Verwesungsprodukte zu Kohlensäure und Wasser.

Es bleibt daher nichts übrig, als die Leichen auf dem Schlachtfelde möglichst tief, gut und dicht gelegt, an geeigneten Orten, fern von Wasserläufen und Wohnungen zu begraben. Da die Leichen einsinken, so wird es geeignet sein, einen ansehnlichen Erdhügel über jedem Grabe aufzuwerfen und diesen mit rasch wachsenden Pflanzen, Klee, der ziemlich tiefe Wurzeln treibt, zu besamen. Für Bäume reicht die Zeit und die Beschaffenheit des Ackerfeldes nicht aus. Von Herrn Reclam ist der Vorschlag gemacht und auf einem Kongreß durch Zeichnungen erläutert worden, transportable Inzinerationsöfen mitzuführen, um in ihnen Soldaten- und Pferdeleichen zu verbrennen. Er versichert, mit einer Auslage von 2 R.-M. und in 2 Stunden eine Pferdeleiche veraschen zu können, in 24 Stunden also, wenn die Mannschaft Tag und Nacht arbeitet, deren 12. Es müßte dann wohl auch eine besondere Krematistenabteilung jedem geschlossenen Corps, jedem Regimente folgen, wie. Pioniere und Telegraphisten. Und welchen erhebenden Eindruck müßte dieser Nachtrab auf die Soldaten machen:

Auf klapperdürrer Märe,

Reit' einer hinten drein,

Es ist der stärkste von allen,

Es ist der Tod,

oder ähnlich. Projekte, von solcher Sorte, bedürfen keiner ernsten Widerlegung.

Besondere Schwierigkeit macht die Bestattung der Pferde, für deren große Leiber sehr ansehnlich weite Gruben notwendig wären. Es kann keinen Anstand haben die Körper derselben zu öffnen, damit dieselben rascher einsinken. Oft bemächtigt die Industrie sich wenigstens der Felle derselben. Zur Zerstörung von Pferdeleichen ist öfter das Verbrennen in Anwendung gekommen. —Im März 1814 beerdigten die Alliierten und die Franzosen zwar die Leichen der Soldaten, welche bei Paria gefallen waren, man ließ aber die Pferdekadaver liegen. Da die Temperatur im April sehr hoch stieg, so fürchtete man in den Vorstädten von Paris Gefahren für die Gesundheit durch die Fäulnis der zahlreichen Kadaver. Man schleppte die. selben nach Montfaucon und bildete daselbst aus Steinen und Eisenstangen große Roste, auf welche man die Leichen legte und über diese Reisig ausbreitete. Auf 10 Herden wurden mit einem Aufwande von 8265 Francs gegen 4000 Kadaver innerhalb 14 Tagen verbrannt. Der Brandgeruch schwand, sobald Nebel oder Regenwetter sich einstellten.

Ein Ähnliches war durch die belgische Kommission bei Sedan, offenbar nach obigem Muster, geschehen. Man hatte ebenfalls Roste aus Steinen und Eisenbahnschienen gebildet und auf diese die Pferdekadaver gelegt, mit Stroh bedeckt und mit Teer und Petroleum überschüttet. Es erhoben sich gewaltige Flammen, welche nach 1/2 Stunde nachließen, so daß neues Brennmaterial erforderlich wurde. Nach 2 Stunden waren die dickeren Fleischteile immer noch nicht verkohlt, sondern nur oberflächlich geröstet und mit einer Pechschichte bedeckt, welche das Eindringen der Verbrennung erschwerte. Auch tiefe Einschnitte halfen wenig. Das Verfahren erwies sich als zu zeitraubend und zu kostspielig.

Ähnliche Erfahrungen, daß der Prozeß der Verbrennung von Tierleichen auf offenem Feuer zu langwierig ist, wurden schon früher gemacht. In der Nähe von Dresden waren neun an der Rinderpest krepierte Ochsen und mehreres Kleinvieh, 10 bis 12, eingescharrt gewesen. Nach einem Jahre fand man das Wasser von den Brunnen in der Nähe stark mit buttersaurem Kalke? 2 Gramm auf das Liter, verunreinigt, die Kadaver wurden also exhumiert und bei offenem Feuer, Holz und Stroh, verbrannt. Bei einer Partie dauerte der Prozeß 36, bei einer anderen 24 Stunden und doch blieb die Verbrennung nur sehr unvollständig.

Bei der Conference internationale de Paris von 1867 konnten die Mitglieder über les mellieurs moyens des desinfections des champs de batailles, des fosses, des hopitaux, des ambulances de campagne, nicht vollständig einig werden. Man kam überein, daß, wo das Bedürfnis in großem Maßstabe besteht, alle Mittel unzureichend bleiben und daß tiefes Begraben immer noch am meisten ausführbar und wirksam sei.

Leichenbestattung in eingeschlossenen Festungen

Die Bewohner einer belagerten, eng umschlossenen Stadt befinden sich, den nachteiligen Einflüssen gegenüber, durch welche ihre Gesundheit bedroht wird, in einer ähnlichen, jedoch viel ungünstigeren Lage, als eine Armee, welche lange unbewegt in einem Lager steht. Sie werden epidemischen Krankheiten, Typhus, Ruhren nicht entgehen und sich denselben noch viel weniger zu entziehen vermögen, weil ihnen jede freie Bewegung abgeschnitten ist, und von den Krankheiten nicht bloß kräftige, junge Männer, wie im Feldlager, sondern vorwiegend kleine Kinder, Greise, Frauen befallen werden. Dazu kommen der täglich zunehmende Mangel an passender, gesunder und genügender Nahrung, die beständige Aufregung, nächtliche Unruhe, Angst, die Begünstigung contagiöser Infektion durch das enge Zusammendrängen in ungesunden Räumen. So steigt die Sterblichkeit unter der Zivilbevölkerung (Typhus von Torgau, von Mainz) und wird leicht viel beträchtlicher, als unter der Besatzung, für welche der Militärbehörde mit größerer Aufmerksamkeit zu sorgen Ursache hat. Die Zahl der Toten in den Spitälern und in den Privatwohnungen wird leicht so beträchtlich, daß eine regelmäßige Bestattung der Leichen um so weniger möglich ist, als der Feind die Benutzung der Friedhöfe unmöglich gemacht haben kann. (In Straßburg gingen die deutschen Laufgräben mitten durch den Friedhof hindurch.) Wenn aber die Belagerten von Epidemien heimgesucht werden, so leidet die belagernde Armee häufig nicht viel weniger, selbst in dem Grade, daß sie, wie das Heer Carl V. vor Metz, gezwungen wird abzuziehen, und wie nahe standen 1870 unsere Truppen vor derselben Stadt vor dieser Notwendigkeit! Somit wird auch die nächste Umgebung einer belagerten Stadt mit Leichen erfüllt, welche in anderer Weise, als durch Erdbestattung, häufig selbst nur in Massengräbern zu beseitigen, geradezu unmöglich ist. Die Umstände sind dann viel ungünstiger als nach einer großen Schlacht, weil die Leichen von Personen zu beseitigen sind, welche an infektiven Krankheiten gestorben sind und nicht das weite Feld, sondern nur der eng umschlossene Raum innerhalb der Festungsmauern zur Beerdigung zu Gebote steht.

Um mich nicht zu weit von meinem eigentlichen Thema zu entfernen, wähle ich, unter den vielen Beispielen, welche die Kriegsgeschichte liefern kann, die letzte Belagerung von Paris, weil sie uns am frischesten im Gedächtnis liegt und weil wir genauere Nachrichten auch über die Sterblichkeit unter der Zivilbevölkerung besitzen, als dieses in anderen, älteren Berichten der Fall zu sein pflegt.

In der Periode vor dem Kriege, von 1865 bis 1869, betrug die Sterblichkeit in Paris im Durchschnitte jährlich etwa 47000 Individuen, bei einer Bevölkerung von nahezu 2 Millionen Einwohnern. Bei dem Herannahen des Feindes verließen etwa 75000 Personen die Stadt, oder wurden

ausgetrieben. Dieser Verlust wurde aber reichlich ersetzt durch die zuziehenden Mobilgarden und die Flüchtlinge aus der Banlieue, welche innerhalb der Wälle größere Sicherheit zu finden hofften. Der Rationierung wegen wurde eine Zählung vorgenommen, welche eine Bevölkerung von 2020017 Einwohnern ergab. Im August, dem letzten Monate vor der Belagerung, waren 4942 Leichen beerdigt worden. Im September schon, als noch durchaus kein Mangel herrschte, machte sich eine leichte Steigerung der Sterblichkeit auf 5222, bemerklich, welche im Oktober auf 7343 und im November auf 8232 sich erhob. Der Mangel an guter, zureichender Nahrung machte sich unter dem ärmeren Teile der Bevölkerung schon sehr bemerklich und während der Kälte, die für Paria einen ungewöhnlich hohen Grad (11° unter Zero am 24.) erreichte, fehlte es an Brennmaterial. Das frische Holz der Bäume aus den öffentlichen Promenaden konnte den Mangel nicht ersetzen. Mangel an Nahrung, Kälte und Nichtstun trieb die Einwohner zum übermäßigen Genuß des Branntweins, des Absinths, dieses giftigen Getränkes, dem die Franzosen, welche sich früher rühmten, das nüchternste Volk zu sein, sich auch bei uns in der Gefangenschaft so sehr ergeben erwiesen. Dazu kam eine ungemeine Ausbreitung der Pocken; schon in den ersten Monaten der Belagerung war die eine Hälfte der Mobilgarden aus dem Morbihan von Pocken, die andere von Syphilis befallen und der Alkoholismus ungemein verbreitet Im Dezember 1870 stieg die Zahl der Toten .auf 12885 und das Jahr schloß mit einem Verluste von 73563 ab. Im Januar 1871 erreichte die Sterblichkeit den höchsten Grad, sie erhob sich auf 19333, neben 2784 Geburten und 770 Ehen. Im Februar betrug die Zahl der Toten noch 13592, im März noch 11286, fiel aber mit dem Friedensschlüsse, wo die Tore wieder geöffnet wurden, viele der Eingeschlossenen die Stadt verließen, Lebensmittel zugeführt werden konnten, auf 7029, und wenn sie im Mai sich wieder ein wenig, auf 7639, erhob, so lag die Schuld in der unseligen Erhebung der Commune. Im August war die normale Sterblichkeitsrate wieder erreicht. Paris hatte in den zwei Belagerungsjahren nahezu 200000 Einwohner verloren, darunter nur 6083 im Gefolge von Verwundungen, 2625 durch die deutschen Waffen, 3484 durch die Commune. Vor dem Aufstande der Commune wurden genaue Listen mit Namensbezeichnungen der Verstorbenen geführt, während des Kampfes mit den Communards aber nicht mehr. Der Berichterstatter sagt: on tuait partout et on enterrait par hazard, sur les Quais, sur les Bastions, sur les terrains vagues, on ne se préoccupait pas de constatation; un cadavre génait, on l'enfouissait quelque part. Die Zahl der Gräber, von welchen niemand weiß, wen sie einschließen, war sehr groß und durch die ganze Stadt verteilt. Nachdem die Ruhe vollständig wieder hergestellt war, ließ man durch den Inspecteur génöral des cimetières die am meisten lästigen Gräber öffnen und die Toten von neuem beerdigen. Etwa 7000 Leichen sind auf den Kirchhöfen von neuem begraben worden. Mit wie wenig Zeremonie zeigt ein Procés verbal, der ein Schlaglicht auf jene Zeit wirft, er lautet: „Rue Haxo, exhumeé 57 corps, 11 prêtres, 46 gendarmes." Wo die Leichen nicht besonders genierten, ließ man sie, so in dem bois de Boulogne und auf den Straßen vor den Wällen; 700 bis 800 Leichen wurden in einen Schacht geworfen, den man zumauerte. Die Zahl der in den Kämpfen der Commune getöteten ist nie bekannt geworden. Sehr groß war die Zahl der totgeborenen Kinder, 4921 im Jahre 1870 und 3465 im Jahre 1871. Auch diese sind in der Verlustliste nicht mitgezählt.

Die voranstehenden Zahlen sprechen für sich, ich will daher nur einige Bemerkungen, welche mein Thema näher berühren, hervorheben. In dem Gutachten, welches die Medizinalbehörde in München in Bezug auf die Leichenverbrennung abgegeben hat, ist dieselbe, ausnahmsweise für Kriegszeiten zugelassen. Es versteht sich aber von selbst, daß dieselbe während der Belagerung von Paris, bei der großen Zahl der Gestorbenen, aus Mangel an Arbeitskraft und Einrichtung, unmöglich gewesen wäre, wenn man auch das Material, das in dem harten Winter nicht genügte um die Kälte der Wohnungen zu mildern, besessen hätte.

Eine weitere Bemerkung, welche sich uns aufdrängt ist, daß die große rasch zunehmende Sterblichkeit augenscheinlich nicht von dem Einfluß der Fäulnis der in Masse der Erde übergebenen Leichen abgeleitet werden kann. Sie begann schon im ersten Monat der Belagerung, als von einer Schwierigkeit die Leichen unterzubringen noch nicht die Rede sein konnte, und ließ rasch nach, sobald der Schrecken der Belagerung aufgehört hatte und es den Bewohnern möglich geworden war, sich genügend zu ernähren. Die Exhumationen aber begannen erst im Juli und August, nachdem die Sterblichkeit wieder ihre normale Durchschnittsziffer erreicht hatte. Wären die Leichenausdünstungen Schuld gewesen, so hätte sie erst jetzt, nachdem die Kadaver in voller Fäulnis sich befanden und ohne besondere Vorsicht der Luft ausgesetzt wurden, beginnen müssen. So aber zeigte sich ein nachteiliger Einfluß aus dieser Ursache so wenig wie bei Sedan.

Die Zustände während der Belagerung von Metz[20] waren, mit Rücksicht auf die Verschiedenheit der Größe der beiden Städte sehr ähnlich und haben auch wesentlich gleiche Resultate ergeben. — Die Sterblichkeit war sowohl unter dem Militär, als auch unter der Bürgerschaft sehr groß. Von den Soldaten wurden die Gemeinen da wo sie gefallen waren, die Offiziere, so viel als möglich, in den

Dörfern und die in den Hospitälern verstorbenen in einem besonderen Kirchhofe, nahe der Cimetière Chambrière, begraben, die Zivilisten bestattete man, trotz ihrer größeren Zahl, in gewöhnlicher Weise. Im Ganzen starben vom August 1870 bis April 1871 8400 Soldaten, in den Spitälern und unter diesen 1197 Deutsche. Man bildete für die Soldaten Gräben von 50m Länge, 5m Tiefe und 2m Breite. Auf je 2m Länge kamen in eine solche Grube 90 bis 100 Kadaver, die man mit 2 m Erde bedeckte. Als die Leichen eingesunken waren, bedeckte man die Stelle nochmals mit einigen cm Erde, der viel Ätzkalk beigemischt war.

Die Sterblichkeit unter der Zivilbevölkerung stieg in ähnlichem Verhältnisse wie in Paris; sie betrug:

	Männer	Frauen	Zusammen
August	127	91	218
September	177	199	376
Oktober	294	333	617
November	277	324	601
Dezember	189	250	433.

---

[20] E. Grellois, bistoire médicale du Blocus de Metz 1872

Sie stieg also in den ersten drei Monaten, machte dann einen Stillstand und ging im letzten wieder zurück, nachdem die Kranken und Schwächlichen weggestorben waren. Frauen starben mehr als Männer und Arme im Verhältnis zu $^3/4$ mehr als Wohlhabende. Nie wurden bei den Fosses communes unangenehme oder schädliche Emanationen beobachtet. Die Sterblichkeit unter den aus Metz weggeführten Gefangenen blieb zwar sehr groß, da alle von sehr geschwächten Kräften waren, sie haben aber in der Garnisonsstadt, wohin sie geführt waren, keine ansteckenden, fieberhaften Krankheiten unter die Bevölkerung gebracht. In der Mitte des Jahres war trotz der großen Zahl der in und um Metz begrabenen Leichen die normale Sterblichkeit wieder erreicht.

Grellois sagt:

„Grace à ces précautions on pouvait cet eté parcourrir impunement les champs de bataille sans y ressentir aucune odeur charactéristique et il s'est manifesté si peu d'épidémies, que dans les villages voisins des engagements, les chiffres de mortalité n'accuserent cette année aucune augmentation sur les chiffres des années précedentes."

Über die Art, wie die Leichen der Pferde zu beseitigen seien, war Marschall Bazaine sehr in Verlegenheit. Für das Verbrennen fehlte das Material und sie in die Mosel zu werfen, was doch geschah, fürchtete man, um nicht die Kadaver Thionville zuzuführen. Man begnügte sich, sie unter den herrschenden Winden zu verscharren.

Die beiden Belagerungen von Paris und Metz, die einzigen von längerer Dauer während des Krieges von 1870/71, sowie die einzigen, von welchen wir einige genauere Kenntnisse über die Verluste der Zivilbevölkerung, welche schließlich auf das äußerste Maß der Entbehrung gebracht worden war, besitzen, kommen darin überein, daß sowohl durch die zahlreichen, schweren Gefechte, welche rings um diese Städte geschlagen wurden, als auch durch epidemische Krankheiten und Mangel, eine ungemein große Menge von Leichen sowohl rings um die Stadt, bei den Dörfern, als in jener selbst, zum Teil sehr unordentlich und oberflächlich begraben worden sind. Es hat nun, namentlich in der Festung, nicht an verderblichen Krankheiten gefehlt, an denen, welche immer ausbrechen, sobald während eines Feldzuges eine große Menge von Menschen Monate lang dicht gedrängt im Lager steht und die Sterblichkeit ist mit der Dauer gewachsen, aber augenscheinlich hat sie nicht von dem Einflüsse der zahlreichen oberflächlich begrabenen

Leichen von Menschen und Pferden abgehangen und hat sich sehr rasch vermindert, sobald die Lager geräumt waren, obgleich die Leichen blieben und erst im folgenden Jahre einige Versuche zur besseren Beerdigung und zur Desinfektion der Grüfte gemacht wurden, nachdem die Sterblichkeit in Stadt und Dorf längst zur Norm zurückgekehrt war.

Scheintod; Wiedererwachen im Grabe

Ängstliche Gemüter, Frauen, werden von dem Gedanken geplagt, daß sie Scheintod begraben, im Grabe zum Leben wieder erwachen könnten, daß ihr schöner Leib häßlichem Gewürme zum Fraße dienen soll, oder wie schwer die Erde auf ihnen lasten werde. So wenig solche Vorstellungen faktisch begründet sind, so hört man sie doch immer von neuem wiederholen und die Verteidiger der Leichenverbrennung haben nicht versäumt, sich derselben zu bemächtigen, und die Schrecken, wenn der zu früh Beerdigte hilflos im Grabe wieder erwacht, recht schauerlich auszumalen. Das Mittel, welches sie dagegen empfehlen, die Körper statt zu begraben zu verbrennen, ist zwar sehr radikal, denn der veraschte Körper wird freilich nicht zum Leben erwachen, ob es aber angenehmer ist, in dem Siemens'schen Ofen oder im Grabe einen Augenblick zum Bewußtsein zu kommen, möchte lediglich Geschmacksache sein.

Die Idee, daß ein Körper im Scheintode beerdigt werden könne, ist sehr alt und eine Zeit lang auch von Ärzten, Hufeland z.B., sehr hervorgehoben worden. Noch neuerdings haben Trusen und nach ihm Küchenmeister, Ullersperger u.s.w. sie als eine sehr große und häufig erfahrene angenommen. Namentlich sollen die Juden, wegen der früher von ihnen beobachteten Sitte, ihre Toten früh zu begraben, die Sonne nicht zweimal über der Leiche aufgehen zu lassen, der Gefahr ausgesetzt sein. Vergebens sieht man sich aber nach authentischen Beispielen um. Man muß nach abgelegenen Historien, nach Lazarus und dem Jüngling von Nain oder unserem Erlöser zurückgreifen. Man wird mir zugeben, daß der Anblick einer Leiche, auch für Laien, so gut wie niemals Zweifel über die Wirklichkeit des Todes aufkommen läßt. Wenn aber einmal, sehr ausnahmsweise, ein solcher entstehen sollte, so geben unsere Gesetze das Mittel an die Hand, daß kein Scheintoter begraben werden kann. Die Bestattung darf erst drei mal 24 Stunden nach dem Tode stattfinden und nachdem ein Sachverständiger, ein Arzt, Totenbeschauer, ein detailliertes Zeugnis, daß der Tod unzweifelhaft sei, ausgestellt hat. Bestehen Zweifel, so muß die Bestattung noch länger verschoben werden. Nach solchen Vorschriften noch Besorgnis hegen, heißt Gefahren suchen, wo sie nicht sind.

Die Wissenschaft besitzt jetzt Mittel genug, um den Tod sicher zu konstatieren. Das Stethoskop, der Sphygmograph, das Ophtalmoskop, die Benutzung elektrischer Ströme, die Untersuchung des capillären Kreislaufes, geben sichere Hilfsmittel, gegen welche allerdings eingewendet werden kann, daß sie nicht gebraucht zu werden pflegen, eben weil man sie nicht nötig hat; die Zeichen der Leichendekomposition genügen. Ein lebender tierischer Körper besitzt seine Eigenwärme, welche sich unabhängig von der höheren oder niederen Temperatur der Umgebung auf nahezu gleicher Höhe erhält. Im Tode gleicht sich die Temperatur in kurzer Zeit, einer kürzeren, als bis zur Beerdigung gestattet ist, ans, stellt sich mit der der Umgebung ins Gleichgewicht. Das Kaltwerden der Leichen ist dem Laien ein sicheres Todeszeichen. Der Sachverständige kann, im Notfalle, mit dem Thermometer die Temperatur der Höhlen untersuchen und wird dann höchstens, wenn chemische Vorgänge die Temperatur steigern, Ursache haben, die Beerdigung zu verschieben zu verhüten, läge aber in der allgemeinen Benutzung der Leichenhäuser, Leichenhütten für kleine Orte; denn nur die Unbequemlichkeit, die Leichen in der Wohnung bewahren zu müssen, die Vorstellung bei den Juden, daß die Leiche das Haus unrein mache, treibt zu übereilten Bestattungen. Wenn aber diese Gefahr jetzt noch bestände, oder jemals bestanden hätte, so könnte es, wo jährlich in der zivilisierten Welt Millionen von Leichen bestattet werden, im Verlaufe von Jahrzehnten nicht an authentischen Beispielen fehlen. Wo aber finden sich dieselben? Wäre irgendwo seit 50, 60 Jahren ein einziger Fall vorgekommen, so würden unsere nach Sensationsnachrichten lechzenden Zeitschriften ihn bis in das kleinste Dorfwinkelblatt verfolgt und die wissenschaftlichen Zeitschriften würden ihn weitläufig erörtert haben. Wir besitzen aber kein solches Material. Ein Jeder, der in Jahren vorgerückt ist, kann ja einen ziemlich weiten Rayon übersehen, wer von den Zeitgenossen hat aber einen Fall von Begraben im Scheintote, erlebt? In Mainz werden seit etwa 70 Jahren so gut wie alle Leichen im Leichenhause ausgestellt und da deren täglich mehrere eintreffen, sehr gut überwacht. Noch niemals ist aber der geringste Verdacht entstanden, daß ein Scheintoter ausgestellt worden sei. Vor einiger Zeit (1875) wurden die beschäftigsten Londoner Ärzte, Hospitalvorsteher, das Royal College of Physicians aufgefordert, sich darüber auszusprechen, ob ihnen, bei dem gegenwärtigen Stande der Wissenschaft und ihrer Hilfsmittel ein Fall vorgekommen sei, in welchem die Wirklichkeit des

Todes zweifelhaft gewesen. Sie antworteten darauf:

„In Erwiderung der an uns gestellten Frage wünschen wir zu antworten, daß kein Fall der Art zur Kenntnis von einem von uns gelangt ist, und unsere feste Überzeugung auszusprechen, daß die Furcht vor einem solchen Ereignisse ohne Unterstützung durch die ärztliche Erfahrung in diesem Lande ist, sowie weiter, daist die Zeichen des Todes eben so sicher sind nach einer kurzen Zeit nach Aufhebung der Lebensfunktionen, als sie nach mehreren (many) Tagen sein können. Sie betrachten die grundlose Furcht als ein Zeichen des low state of public intelligence." Unterschrieben ist das Aktenstück von Georg Burrows, dem Präsidenten des College of Physicians, v. Fergusson, Jenner, Paget, Watson, Cull, Männern, die ebenso groß in der wissenschaftlichen Anerkennung, als von der ausgedehntesten Erfahrung sind, sämtlich Ärzte von London. — So wenig wie in London sind in Paris Fälle vorgekommen.

Die angeblichen Beweise des Gegenteils beruhen zum Teile auf sehr grober Täuschung, so daß chemische Prozesse, eine Temperaturerhöhung, die Auftreibung der Leiche, oder nur die Schwere, eine Bewegung veranlaßt haben, oder geradezu auf einem Mißverständnisse.

Die Fähigkeit des Bodens den Schall sehr weit hin zu leiten, kann den Anschein geben, als wenn ein Klopfen aus einem Grabe komme. Ein selbst erlebtes Beispiel gibt einen Beleg. Vor Jahren kam aus einem benachbarten Dorfe auf einem schweißtriefenden Pferde, ein Bote, mit der Nachricht, eine vor kurzem begrabene Frau klopfe im Grabe. Man fand die ganze Gemeinde auf dem Friedhofe, der um die Kirche auf einem künstlich aufgeworfenen Hügel liegt, versammelt, Weiber, Kinder, die Geistlichen lagen in lautem Gebete auf den Knien, der Küster lag auf dem Bauche und schrie beständig in das Grab: Katharine, gedulde dich noch einen Augenblick, wir kommen, rüstige Männer schaufelten an dem Grabe. Endlich war der Sarg herausgehoben, er enthielt eine faule Leiche, das Klopfen aus dem Grabe dauerte aber täuschend fort und merkwürdiger Weise im dreiviertel Takte. Ein Küfer schlug in der Nähe im Keller ein Faß auf. Wenn aber jemals ein Mensch, aus unverantwortlicher Sorglosigkeit, Scheintod begraben worden sein sollte, er würde nicht zum Bewußtsein und zur Kenntnis seiner schauerlichen Lage kommen. Zum Leben und zum Bewußtsein gehören Atmen und zu diesem Luft. In der Tiefe des Grabes fehlt aber nicht allein diese, sie muß auch, wenn überhaupt ein Atmen fortgedauert hat, sehr bald mit Kohlensäure überladen sein. Der Feldmarschall Münich hat Soldaten, welche sich feig vor dem Feinde benommen hatten, vor der Fronte, zur Ermutigung der Übrigen, lebendig begraben lassen. Er hat mit dieser russischen Barbarei den Menschen nicht mehr Übeles angetan, als wenn er sie hätte hängen lassen.

Daß, wenn die Leichen, statt sie in der Erde zu begraben, verbrannt werden, ein Fehler ebenso gut begangen werden und ein Scheintoter verbrannt werden kann, versteht sich von selbst. Aus der römischen Zeit liegen zum Beweise dieser Möglichkeit zwei Beispiele vor, trotzdem, daß die Römer angesehene Personen spät zu bestatten pflegten. Plinius VII, 52: Aviola, ein vir consularis und L. Lamia, ein vir praetorius, sollen auf dem Rogus wieder zum Leben erwacht sein; sie konnten aber nicht gerettet werden, praevalente flamma.

Die Vorstellung, daß der Leib scheußlichem Gewürme zum Fraße dienen soll, erfüllt reizbare Gemüter mit Ekel. Man. hat so oft davon gesprochen, in Kirchenliedern davon gesungen, daß der Leib den Würmern zur Speise dienen soll, daß niemand an der Wahrheit zweifelt. Man denkt dabei wohl zunächst an Regenwürmer und Scolopendren; beide leben ausschließlich von Vegetabilien und können in der Tiefe des Bodens, in welche man die Leichen legt, nicht existieren, weil sie hier keine Nahrung finden. Sie sind reine Vegetarier. Die Eier der Musca carnivora können mit der Leiche in das Grab kommen, wenn sie über der Erde auf feuchte, jauchende, oder schon faule Stellen gelegt worden sind. Sie gehen nach etwa 10 Tagen aus, können aber nur von völlig gelösten Flüssigkeiten leben und unter der Erde nicht fortexistieren.

Die Römer hatten schon, als Mittel die Bestattung im Scheintode zu verhindern, die Sitte, einen kleinen Körperteil abzuschneiden, Digitum abscindere, also zuzusehen, ob die Capillarzirkulation noch fortbestehe. Wenn man dessen bedürfte, so könnte man diesen Versuch auch jetzt noch in Anwendung bringen.

Der Gedanke, wie schwer die Erde auf dem Toten lasten wird, ist eine Illusion, der Tote fühlt nichts; er ist aber alt und findet sich bei den Völkern des Altertums in vielen rührenden Aussprüchen, welche wir adoptiert haben, ausgedrückt. Sit tibi terra levis; — amica tellus ut des hospitium ossibus; — ne gravis esse velis ; — molliter ossa cubeant; — tu levis ossa tegis, u.a.m. Solche Ausdrücke, welche bei römischen

Schriftstellern und auf Grabinschriften häufig sind, setzen voraus, daß bei weitem nicht alle Leichen verbrannt und die Asche in Urnen beigesetzt wurde und daß man sich den Körper noch vollständig als vorhanden dachte.

Reizbare Personen helfen sich selbst gegenwärtig mit der Anordnung, daß ihr Grab mit Steinen ausgewölbt werde.

Einfluß religiöser Vorstellungen auf die Gestaltung der Leichenbestattung

Von den ältesten Zeiten an und bei allen Nationen, welche sich über die niedersten Stufen der Kultur erhoben haben, sind die Ideen über Sterben und Grab von den religiösen Vorstellungen beherrscht. Der Mensch hängt an der süßen Gewohnheit des Daseins und der Gedanke, daß dieses Leben zu Ende gehen muß, erfüllt die Seele mit Grausen. Nur sehr wenige vermögen sich mit dem Gedanken vertraut zu machen, daß wir nur ein Atom in dem Weltall sind, aus welchem wir hervorgegangen und in welches wir als ein Atom zurückkehren müssen. Die Liebe zum Dasein, der Egoismus, hat zu allen Zeiten in den Menschen, welche über die nächsten Bedürfnisse hinauszudenken vermögen, die Hoffnung erweckt, daß mit dem Tode nicht alles zu Ende sein werde. Ein ausschließlich seeliges, körperloses Leben kann man sich aber nicht denken, wie man sich überhaupt nichts vorstellen kann, wofür man nicht, wenigstens in Analogien, eine Anschauung gehabt hat. Die Ideen von dem Fortleben nach dem Tode treffen also immer, wenn man auf den Grund geht, mit der der Fortexistenz des Leibes zusammen. Man hat sich, wenn man an ein Fortleben im Jenseits gedacht hat, doch immer persönlich vorgestellt, mit allen Attributen, allen Schmerzen und Freuden eines menschlichen Leibes. Der Krieger sieht seine Kampfgenossen beim fröhlichen Trinkgelage, der Jäger reiche Jagdgründe, der Muhamedaner reizende, ewig jungfräuliche Houris, der Askete sieht sich in ewiger Anbetung und in dem Schauen des Unendlichen. Immer aber ist das Fortleben nach dem Tode ein persönliches, leibliches und auch die Kirche lehrt es nicht anders. Doch ist diese Idee des leiblichen Fortlebens von keiner Religion bestimmter ausgedrückt worden, als von der christlichen, welche den Armen und Elenden für die Entbehrungen auf dieser Welt auf die ewigen Freuden hinweist; deshalb hat auch keine Religion die Asketik so ausgebildet um den Himmel zu erwerben, als die christliche. Römer und Griechen nahmen das Fortleben nach dem Tode an; die Seelen der Verstorbenen irrten vor der Pforte des Hades herum, bis der Körper begraben war, um dann in ewiger Düsterheit eine Existenz ohne Sorge, aber; auch ohne Freude hinzubringen. Buddhisten und Juden verweisen für ein gerechtes Leben auf Belohnung auf dieser Welt. Der Gerechte erlebt zahlreiche Kinder und

Reichtum, der Böse, der Abtrünnige vom Glauben, wird mit Armut und Krankheit, dem Verluste seiner Familie, dem Untergange seines Geschlechtes gestraft. Ehre Vater und Mutter auf daß es dir wohl ergehe und du lange lebest *auf Erden*. Nur das Christentum erwartet die Auferstehung des Leibes und die Belohnung oder Bestrafung desselben in einem zukünftigen Leben. Die Vorstellung einer Höllenstrafe im ewigen Feuer wäre ein Unsinn gewesen ohne Leib, der das Feuer fühlt, deshalb aber auch widerstrebte die christliche Kirche von den ältesten Zeiten an, der willkürlichen Zerstörung des Leibes. Diese Idee von dem persönlichen, leiblichen Fortleben nach dem Tode, dem Wiedererwachen, ist ein wesentlicher Teil der kirchlichen Lehre geworden. Möge sie ein jeder sich zusammenlegen wie er kann. Sie ist für viele ein Trost, eine Hoffnung, die ihnen das Sterben und die Trennung von den Ihrigen erleichtert, und glücklich der Gläubige, der in Überzeugung glauben kann. Weil aber solche religiöse Vorstellungen einen so mächtigen und wohltätigen Einfluß auf das Sterben und über das Grab hinaus haben, so steht uns kein Recht zu, wir mögen selbst darüber denken, was wir wollen, dieselben zu ignorieren oder zu verletzen; wir müssen sie hinnehmen wie sie sind.

Die Hauptstellen sind: Johannes II. 28, 29: Verwundert euch nicht, es kommt die Stunde, in welcher alle, die in den Gräbern sind, werden seine Stimme hören und werden hervorgehen die da Gutes getan zur Auferstehung des Lebens, die aber Böses getan haben zur Auferstehung des Gerichts und Pauli Brief I an die Korinther.

Für die große Masse des Volkes, die Frauen, für gemütvolle Seelen, reicht das exakte beschränkte Wissen nicht aus, sie bedürfen etwas was über dieses hinausgeht, da beginnt, wo dieses aufhört und nur zu oft sich an die Stelle desselben setzt, den Glauben.

Mit dem Glauben an ein Fortleben nach dem leiblichen Tode, an ein ewiges Leben, in welchem Lohn oder Strafe für zeitliche Handlungen zu erwarten, werden der Tod und das Grab Aufgaben der Tröstungen der Religion und die Diener derselben nehmen mit Recht die Pflicht für sich in Anspruch diese Tröstungen zu spenden, das Grab zu heiligen und den Vorgang bei den Bestattungen nach ihren Satzungen und Riten zu regeln. Sie überlassen den bürgerlichen Behörden nur die Befugnis die rechtlichen und polizeilichen Verhältnisse zu ordnen. Aber auch ein felsenfester Glauben vermag das Grauen und den Abscheu nicht zu beseitigen, den die Zersetzung des Körpers auf die Sinne ausübt und den Gedanken zu überwinden, daß man in nicht allzu ferner Zeit selbst diesem Zustande entgegengeht. Wissenschaftliche Demonstrationen, daß es sich ja das eine wie das andere Mal um wesentlich gleiche Vorgänge, um die Herstellung von Sauerstoffverbindungen handle, verfangen nicht, Wissenschaft und Glaube sind zwei Gebiete, welche sich nicht decken. Der Glaube beginnt, wo die Wissenschaft aufhört und sucht noch begreiflich zu machen, was unbegreiflich ist und wofür sie keine andere Beweise hat, als wieder den Glauben. Die Wissenschaft ist wandelbar, fortschreitend, stets bereit Neues aufzunehmen und Irrtümer abzuschwören, wäre sie es nicht, so wäre sie keine Wissenschaft, sondern ein blinder Glauben. Der Glauben aber muß unwandelbar sein, gäbe er einen einzigen Satz auf, so würde sein ganzes Gebiet wankend und er sänke zu einer bloßen Moralphilosophie herab. Das begreift man auf ultramontaner Seite sehr wohl. Servet und Galilei sind ihrer wissenschaftlichen Überzeugung wegen der eine verbrannt, der andere gefoltert worden. An der Richtigkeit ihrer Lehre zweifelt jetzt niemand mehr, aber zugestanden ist der priesterliche Irrtum nicht geworden. Es ist daher auch vergebens mit wissenschaftlichen Gründen gegen den Glauben ankämpfen zu wollen. Man muß ihn entweder mit dem Schwerte ausrotten, oder ihn hinnehmen, mit ihm akkordieren und versuchen, ob die Zeit seine Irrtümer berichtigt.

Totenbestattung bei den verschiedenen größeren Völkerstämmen der alten Welt; allgemeine Vorbemerkung

Das Gefühl, daß nicht allein den Lebenden, daß auch den Toten Rechte und Achtung zustehen, ist ein so natürlicher Ausfluß des menschlichen Geistes und Gemütes, daß wir demselben bei allen Völkern, nicht allein bei hoch zivilisierten Völkern, sondern auch bei solchen begegnen, welche sich kaum über das Tier erhoben haben. Aus diesem Gefühle der Liebe und pietösen Anhänglichkeit an die Verstorbenen entspringt die Sorge für eine würdige Bestattung der Leichen. Ganz ohne Sorge und Anhänglichkeit für die Toten ist kein Stamm des Menschengeschlechts, der jetzt die Erde bewohnt, wenn auch die harte Notwendigkeit im Kampfe um das Dasein bei den Stämmen, welchen die rauhe Natur ihres Wohnsitzes nur geringe, schwer erreichbare Hilfsmittel gewährt, die Schwierigkeit, das eigene, kümmerliche Dasein zu erhalten, die Anhänglichkeit an die Toten und die Feierlichkeit der Bestattungsgebräuche auf ein Minimum zurückdrängen können. Die Grundlage der psychischen Entwicklung der Menschen sind in deren physischen Organisation begründet, und wie diese im wesentlichen überall gleich ist und stets gleich, nur im Maße verschieden war, so haben sich ihre Äußerungen auch überall und zu allen Zeiten im Wesentlichen bei allen Rassen in gleicher Weise geäußert und in Bezug auf die Behandlung der Toten nur nach den Hilfsmitteln, welche dem Menschen geboten waren, die Gestaltung seines Familien-, Stammes- und Staatslebens, der Entwicklung seiner religiösen und sittlichen Begriffe, der Beschaffenheit des Bodens, des Klimas des Landes, welches er bewohnt, seiner Lebensweise, ob Nomade oder seßhaft, modifiziert. Überall aber führen die Bestattungsgebräuche auf die Notwendigkeit zurück, sich dem widerlichen Eindruck, den die verwesende Leiche macht, zu entziehen. Der ganz rohe Mensch, der noch keine Wohnung besitzt, welche Wert für ihn hat, verläßt dieselbe und mit ihr die Leiche, der etwas höher kultivierte verbirgt dieselbe und sucht sie vor den Einwirkungen der Witterung und der Tiere zu schützen, und bei noch höherer geistiger und Familienentwicklung entsteht ein Totenkultus, der sich nicht selten zu wahrhaft verschwenderischem Leichenpompe und den schönsten, edelsten Äußerungen der Kunst erhoben hat. Die Hoffnung auf ein Leben im Jenseits, der Glaube an die Berührung mit dem Göttlichen, hat die Leichenbestattung zu einem religiösen Akte gemacht und mit einem Ritus umgeben, welcher der Religionsanschauung entnommen ist. Solche Einflüsse haben die Bestattungsgebräuche bestimmt, lange bevor es eine geschriebene oder monumentale Geschichte gab. Die Gräberfunde aus vorgeschichtlicher Zeit sind daher wesentliche Hilfsmittel geworden, um den sittlichen und religiösen Zustand, das Familien- und Stammesleben, die Abstammung und Wanderung von Völkern festzustellen, von welchen uns sonst keine Kunde geblieben ist. Wir sehen in der Sorgfalt, mit welcher die Toten bestattet worden sind, das Maß der Hilfsmittel und der Kunstfertigkeit, wir erkennen in ihnen die Standesgliederung, sowie die religiösen Anschauungen längst vergangener Völker.

Was uns aber in dem Schoße der Erde zur Erkennung des sittlichen und physischen Zustandes längst untergegangener Völker erhalten worden ist, das finden wir auch jetzt noch bei den verschiedenen Naturvölkern, welche die Erde gegenwärtig bewohnen, repräsentiert; denn noch jetzt ist die Erde von Stämmen besiedelt, deren Begriffe sich kaum über den Zustand des Tieres erheben, die kaum etwas anderes kennen, als im harten Kampfe mit einer hilfsmittelarmen Heimat, oder in sorglosem Dasein, wo die Natur alles Notwendige freiwillig gewährt, ein stationäres Dasein hinzufristen. Eine solche stationäre Existenz haben wohl alle Rassen einmal gehabt, bis, im Verlaufe von Jahrhunderten, die allmähliche, langsame Vermehrung der Hilfsmittel und die Berührung mit schon höher kultivierten Rassen auch die Möglichkeit gesteigert hat, die Zahl der Kombinationen zu vermehren, welche in rascher Progression zu einem feiner entwickelten Leben führen muß. In der anthropologischen Vergleichung des Kulturstandes der Stämme, welche gegenwärtig die Erde bewohnen, besitzen wir also ein Mittel den Entwicklungsgang, den das Menschengeschlecht im Ganzen von der untersten Stufe bis zur höchsten Verfeinerung genommen hat, zu verfolgen, und die Schlüsse, welche wir aus den Gräberfunden vorgeschichtlicher Völker bilden, zu kontrollieren und zu ergänzen.

Was man die prähistorische Zeit zu nennen pflegt, ist ein höchst unbestimmter Begriff, ohne Anfang, sowie ohne Ende. Im Anfange sehen wir den Menschen in einem Zustande, welcher sich wenig von dem der Raubtiere, die er bekämpfen mußte, unterschied, ohne Wohnung, ohne

Schutz gegen die Witterung, ohne mächtige Waffe, wehrloser als das Tier, dem die Natur sie gegeben hat. Wie lange dieser Zustand des rohesten Naturlebens gedauert hat, wer kann das bestimmen. Die Überreste, welche eine glückliche Lagerung in trockenen Höhlen von dem Höhlenmenschen erhalten hat und die Produkte jener uralten Kunstfertigkeit, welche in Verbindung mit den Überresten ausgestorbener Tiere, des Mammut und Höhlenbären gefunden werden, sind gewiß nicht die ältesten. Die minder günstig gelagerten sind spurlos verschwunden.

So lange der Mensch aber kaum in anderer Weise existierte als das Tier und sich von demselben nur durch seine Entwicklungsfähigkeit, aber kaum durch seine Entwicklung unterschied, mit anderen seines Geschlechts noch in keiner weiteren Verbindung stand, als daß er seine Jungen bis zur erlangten Selbstständigkeit aufzog, hat er auch seine Toten nicht anders behandelt, als das Tier es tut; er hat sie verlassen, oder ins Freie geschleift, wo ihre letzten Überreste längst zerstört sind. Die ältesten Überreste des Menschen, des Höhlenmenschen, deren man jetzt eine Menge kennt, finden sich entweder in ganz trockenen Höhlen, oder in Kalksinter eingeschlossen und somit dem zerstörenden Einflüsse der Luft und des Wassers entzogen. Sie finden sich in ganz ungeordneter Lagerung, von Moder und Knochenstücken von Tieren umgeben. Augenscheinlich ist der Sterbende einfach da liegen geblieben und seine Leiche ist bis auf einige Stücke der härteren Knochen, des Schädels und der Zähne, verwest, wo er seinen letzten Atemzug getan hat.

Von diesem Zustande der rohesten Tierähnlichkeit, bis dahin, wo der Mensch einige Fortschritte in der Kultur gemacht hat, sich eine Wohnung gebaut, Waffen, wenn auch nur von Stein, den er in tauglicher Beschaffenheit aus weiter Entfernung sich hat holen müssen, das Feuer gebraucht, Tiere zu seinem Nutzen gezähmt hat, ist ein ungeheurer Sprung. Zwischen dem Höhlemenschen bis zum Pfahlbauern liegt eine Periode von ganz unberechenbarer Länge. Die letzteren existieren auf Borneo, in China u.s.w. noch heute und daß jene Leute von schon hoch entwickelter Kultur waren, zeigt u.a. eine Abteilung auf der Trajanssäule, wo man den Imperator bei der Zerstörung eines pannonischen Pfahldorfes beschäftigt sieht. Die Plattform des Dorfes ist von Palisaden umgeben, welche wie die der Batta und Dajaks mit Menschenköpfen gespickt sind, die Wohnungen sind Bretterhütten, denen ganz gleich, welche sich die Rheinschiffer auf Flößen zu errichten pflegen und die voll Schrecken flüchtenden Bewohner sind gut in Beinkleidern und Tuniken bekleidet.

Sobald der Mensch sich in seinem Familienleben soweit erhoben hatte, daß er anfangen konnte, seinen Gefühlen der piötesen Anhänglichkeit an seine verstorbenen Angehörigen Ausdruck zu geben und sich ein Mittel der Erinnerung an dieselben zu schaffen, war das nächstliegende, die Leiche mit solchen Materialien zu bedecken, wie sie die Natur des Landes bot. So bedecken noch gegenwärtig die Anwohner des Polarmeeres, denen weder Brennmaterial zur Zerstörung der Leiche zu Gebote steht, noch der hart gefrorene Boden gestattet dieselben in die Erde zu versenken, den Körper mit einem Steinhaufen, der die Bären abhalten soll sich desselben zu bemächtigen, während die Wilden der zentralamerikanischen Urwälder, die Indios do Matto, aus ähnlichen Gründen einen hohen Reiserhaufen auf demselben auftürmen. Nomadenstämme verscharren die Leiche in der Kibitke und ziehen mit ihren Herden weiter. Das Bedecken mit Erde und Steinen war für Völkerstämme, welche in der freien Natur leben, überall das nächstliegende, natürliche. So entstand der einfache Tumulus, das Hügelgrab, welches deshalb, weil es das einfachste, auch mit den dürftigsten Hilfsmittel erreichbare Mittel ist, die Leiche zu verbergen; vor Tieren und Witterung zu schützen und die Stelle zu bezeichnen, wo die Leiche liegt, von allen Naturvölkern angenommen worden ist. Hügelgräber finden sich daher überall vom Himalajah und Sibirien, den Küsten des Polarmeeres an, durch Rußland, die Balkanhalbinsel hindurch, in Pannonien, Deutschland, Frankreich, Italien, in Großbritannien, überall wo man ihnen Aufmerksamkeit zugewendet hat und sie nicht durch Regen, Winde und die Arbeit des Menschen zerstört und unkenntlich gemacht worden sind. Insbesondere aber war das Hügelgrab stets das bequemste und oft einzige. Mittel, um nach Gefechten die Massen von Leichen zu bewältigen, welche mit einem Male zu entfernt sind. Die einfachen Hügelgräber gehören daher nicht einer besonderen Rasse, einem besonderen Volke an, sie finden sich in allen Klimaten und auf dem Boden der verschiedensten Völker, sie sind der natürlichste nahe liegende Behelf von Stämmen, deren beschränkte Hilfsmittel ein weiteres noch nicht gestattet haben, die Bestattungsweise der Urbewohner, der Autochtonen, und können, wo sie sich überhaupt erhalten haben, neben den verschiedensten anderen, mehr komplizierten Bestattungsweise der jüngeren Generationen sich finden.

Der nächste Fortschritt in der Grabornamentik ist, das Grab mit großen Steinen, wie die Umgebung sie bietet, zu bezeichnen, oder dieselben in bestimmter Ordnung bei demselben aufzustellen und so entstehen die Dolmen, Menhirs, Cairns, die Kurgane, oder dem rohen Steine künstlich einige Formen zu geben, ein sog. Mütterchen, eine Baba aufzustellen. Hiervon ist der Schritt nicht mehr weit, von rohen Steinen eine Grabkammer zu bauen und über dieser den Erdhügel aufzutürmen, der um so höher wird, je größer die Zahl der Teilnehmer bei der Bestattung, das Ansehen des Verstorbenen war.

Für alle diese Verhältnisse aus dem Urzustände des Menschen ist das Interesse ein ausschließlich anthropologisches und es kann nicht meine Absicht sein, hierauf einen so vielfach und von den besten Forschern behandelten Gegenstand, der mir nur einen Übergang zu bestimmten Begräbnisformen bei Kulturvölkern liefern sollte, einzugehen.

Unter den Bestimmungsgründen, welche einen wesentlichen Einfluß auf die Gestaltung der Bestattungsgebräuche ausüben und ihnen einen religiösen Charakter aufgeprägt haben, nehmen die Ansichten über die Fortdauer nach dem Tode, der Wunsch, das Andenken der Verstorbenen zu erhalten und zu ehren und im Zusammenhang damit die Ausbildung der Standesungleichheit, die ersten Stellen ein.

Jacob Grimm in seinem vortrefflichen Aufsatze (über das Verbrennen der Leichen; Abh. der k. Academie der Wissenschaften zu Berlin 1849) führt die Gründe, aus welchen die Völker des Altertums zu der einen oder der anderen Totenbestattungsweise gebracht worden sein sollen, auf den Einfluß ihrer Lebensweise und der Natur ihres Landes zurück. Er nimmt an, daß die kriegerischen Nomadenvölker aus diesen Gründen zum Verbrennen der Leichen, Ackerbauer zum Begraben in der Erde gebracht worden seien. Nun aber lehrt die Geschichte weit eher das Gegenteil: die Nomaden, die Bewohner des alten Canaan, Abraham und seine Nachfolger, die nomadisierenden Stämme von Zentralasien und Sibirien, die Mongolen und Tataren, Araber und Beduinen, die Völker des Nordens von Amerika und Asien begraben, während die seßhaften Römer, Germanen, Skandinavier, Helenen, die unkriegerischen, seßhaften Hindoo den Leichenbrand kennen. Leichenbrand und Gruftbegräbnis kommen an gleicher Stelle vor, wo Völker verschiedener Abstammung sich mischen, Etrusker und Italiker, Pelasger hatten Grüfte und Gräber, Latiner verbrannten die Leichen. Augenscheinlich haben unter so gemischten Völkern andere Verhältnisse, als allen gleiche, die Beschaffenheit des Bodens und der Lebensweise gewirkt, um bei dem einen Stamme die Erdbestattung zu erhalten, bei dem ändern den Rogus gebräuchlich zu machen. Auch eine andere Auffassung, daß das Begraben in Grüften der Steinzeit, das Verbrennen der Bronzezeit zukomme und mit der Eisenzeit wieder das Begraben aufgekommen sei, ist nicht haltbar. Diese Einteilung in drei Perioden, Stein, Bronze, Eisen, wird überhaupt ziemlich allgemein als hinfällig betrachtet.

Der Gebrauch dieser Materialen hat mit den religiösen und pietösen Anschauungen der Urbevölkerungen keinen Zusammenhang und sie bezeichnen allenfalls nur das Alter der Periode. Stein-, Eisen- und Bronzegeräte sind aber oft in demselben Grabe zusammen gefunden worden. Nächst dem Golde, welches gediegen vorkommt, war die Bronze das Metall, welches zuerst zur Verwendung, namentlich zu Waffen, aufkam. Das Zinn aber, welches zur Fabrikation der Bronze erforderlich ist, kommt in der alten Welt nur an wenig Orten vor. Die Etrusker fanden es in ihrem eigenen Lande, in geringer Quantität, zu Monteris bei Massa und die Phönizier holten es von den Zinninseln, Cornwallis. Die anderen Fundorte, Zinnwalde im Erzgebirge, Spanien waren im Altertume nicht bekannt. Bronze war daher für die meisten Völker des Altertums ein schwer und nur durch Handel zu erwerbendes Material, für welches man nur wenig Gegenwert zu bieten hatte, das daher kaum anders, als zu Waffen und kostbaren Schmuckgegenständen verwendet wurde. Reines Kupfer ist merkwürdiger Weise nur äußerst selten in Gräbern zu Waffen verwendet gefunden worden. Eisen und namentlich Gußeisen wurde noch später bekannt, wie die Neger Völker in Innerafrika auch heute nur noch Schmiedeeisen zu fabrizieren verstehen. Solche metallene Gegenstände waren daher von höchstem Werte, die zu ersetzen man keine sichere Gelegenheit hatte. Man mochte daher leicht die Steinwaffe, den Schmuck, die kunstvolle Vase den Toten mit in das Grab geben, aber weniger bereitwillig das nicht zu ersetzende eiserne Schwert. Die Beschaffenheit der Beigaben, Stein, Bronze, Eisen stehen daher in einigem Zusammenhange mit dem Alter eines Grabes, sie bezeichnen aber keine bestimmte Periode, es finden Übergänge statt, wie nach und nach mit der Entwicklung des Handels und nachdem die Tauschmittel zunahmen, die Berührungen der Völker häufiger wurden, auch die Erwerbung so kostbarer Materialien erleichtert wurde. Der trojanische Krieg fand die hellenischen Stämme schon auf einer hohen Stufe der Kunstfertigkeit angelangt (sie hatten u.a. kunstvoll getriebene Metallgefäße, freilich zum Teil durch Seeraub erworben; — Nestor erquickt Menelaus aus einer kunstvollen Vase mit einer pramnischen Bowle), und doch bedienten sie sich noch der Bronzewaffen. Ebenso hoch standen die Etrusker vor der Erbauung Roms, obwohl ihre Geschichte noch zum Teile der Bronzezeit angehört.

Daß ein menschlicher Körper nach seinem Tode fault, sich in einer abscheulichen Weise in seine Elemente auflöst, ist eine Erfahrung, der sich niemand entziehen konnte. Die Idee des persönlichen Fortlebens nach dem leiblichen Tode führte daher notwendig dazu, neben dem in seine Atome zerfallenden, zerstörbaren Körper, eine unverwüstliche, unsterbliche Seele anzunehmen. Man denkt sich aber die unsterbliche Seele mit all den Gefühlen und Eigenschaften begabt, mit all den Kräften versehen, welche sie nur in Verbindung mit ihrem zerstörten Körper besessen und ausgeübt haben kann. Das Paradies ist eine Erde, welche irgendwo in unbekannter Ferne liegt und von welcher alles das weggenommen ist, was hier unangenehm berührte, und wo in ewiger Fülle alles gegeben wird, was in diesem Leben gewünscht worden war.

Theosophische Anschauungen, daß die Freuden des Paradieses in der ungetrübten Anschauung des Ewigen bestehen, vermag sich vielleicht niemand in Wahrheit klar zu machen, jedenfalls nicht die große Masse des Volkes.

Indem man sich aber das Jenseits so materiell und die auferstandene Seele so individuell und an den Leib des Menschen, den sie belebt hatte, gebunden, vorstellte, war es natürlich den Körper, der die Wiederbelebung der Seele erwartet, nicht willkürlich zu zerstören. Humanen Gefühlen der Anhänglichkeit und Liebe an die Person des Verstorbenen widersteht es überhaupt diesen Leib, den wir geliebt haben, bloß aus Nützlichkeitsgründen zu zerstören und nur eine eingewurzelte Gewohnheit, oder die dringendste Notwendigkeit, vermögen solche Gefühle abzustumpfen. Ich kann mir keine gefühlvolle Mutter denken, welche sich dazu versteht, den Leib ihres armen Kindes selbst zu zerstören, nur um ihn auf geschickte Weise zu beseitigen. Dazu gehört ein Doctrinarismus, den einfache Menschen nicht besitzen.

Da die Auferstehung von den meisten Menschen kaum als etwas anderes, als ein Ortswechsel des Individuums gedacht wird, so war es auch ein nahe liegender, wenn auch sehr naiver Gedanke, das Grab mit alledem zu versehen, was das Individuum im Jenseits, oder auf der Wanderung zu demselben, bedürfen könnte, mit Nahrung und Getränke, mit Waffen und Schmuckgegenständen, den besten Gewändern des Verstorbenen, dem Streitrosse, den Hunden und Falken desselben, am Ende auch mit Sklaven und Frauen, welche dem Toten im Paradiese dienen sollten. Als Zeichen der Anhänglichkeit und Liebe haben Freunde und Kampfgenossen; das Beste, was sie besaßen, auf dem Grabhügel geopfert, daher die reichen Gräberfunde die in den Hügeln angesehener Personen gefunden zu werden pflegen.

Bedeutender als der Einfluß des Klimas und der Lebensweise hat sich bei der Gestaltung der Begräbnisgebräuche die Abstammung, die Rasse erwiesen. Aus der unzählbaren Menge kleiner Verschiedenheiten bei der Leichenbestattung treten bei den Völkern der alten Welt hauptsächlich vier Methoden, welche prinzipiell von einander abweichen, hervor und jede derselben gehört einer ändern Rasse an, deren Stämme, wenn auch im Verlaufe langer Zeitperioden, weit von einander gerissen und politisch sehr verschieden geartet sein können, doch in dem Bau ihrer Sprache, ihren religiösen Anschauungen und namentlich auch durch ihre Begräbnisgebräuche den Ausgang in uralter Zeit aus dem gleichen Punkte nachweisen, womit ich natürlich nicht behauptet haben will, daß diese Stämme bei ihrer langen Wanderung, in Berührung und Vermischung mit anderen, unter vollständiger Veränderung ihrer Lebensbedingungen, nicht manches angenommen haben, was ihnen ursprünglich fremd gewesen sein mochte. Die Bewegung aber, welche diese Stämme gemacht haben, und die Kultur, welche sie mit sich gebracht haben, ist von Osten nach Westen, von dem Innern von Asien nach Europa gegangen.

In der nördlichsten Richtung haben sich Stämme eine Zeit lang in ungeheueren Schwärmen bewegt, welche der mongolischen Rasse angehören. Es waren Nomaden, ohne festen Wohnsitz, Reiterstämme ohne Ackerbau. Sie sind von den Steppen, nördlich des großen asiatischen Mittelgebirges, von den Quellgebieten der nördlichen asiatischen Flüsse, des Ob, des Jenissey, der Lena, aus Sibirien ausgegangen, gegen den Ural, das kaspische Meer, über die Steppen von Rußland, Pannonien und vorübergehend bis nach Deutschland, auf ihrem Wege Alles, was ihnen entgegentrat, mit sich fortreißend und vernichtend gezogen. Diese Stämme haben ihre Toten, meistens unverbrannt, auf der ebenen Erde bestattet, indem sie große Erdhügel über ihnen aufhäuften.[21] Die Kurgane und Mogile's, die sich jetzt noch, trotzdem, daß ihr leicht zerstörbarer Bau sie wenig gegen die Witterung und die Raubsucht der Schatzgräber schützte, von Sibirien an, durch die russische Steppe hindurch, in ungeheurer Zahl vorfinden. Sie enthalten meistens unverbrannte, seltener verbrannte Leichen, und neben diesen Schmuckgegenstände, Waffen und die Überreste von Pferden, Sklaven und Frauen, welche auf dem Grabe geopfert worden waren. In Sibirien, den ältesten Sitzen des Volkes, sind diese Kurgane und die Gräberbeigaben sehr einfach, sie werden aber immer größer und die Beigaben immer reicher, je weiter die Horde sich nach Westen in höher kultivierte Länder plündernd ausgedehnt hat.

Ein anderer Völkerstamm, der sich von dem Innern Asiens über Europa verbreitete, wurde von der indogermanischen, arischen Rasse gebildet. Der Ausgang derselben wurde in einer viel früheren, wahrhaft prähistorischen Zeit, als der mongolische vollzogen. Bei den Völkern dieses Stammes, die außerdem durch gleichen Sprachbau verbunden sind, kommt allein der Leichenbrand vor. Zu ihnen gehören die Hindoos, manche Gebirgsstämme des Himalajah und von Birma, Slaven, Skythen, Germanen, Skandinavier, Kelten und Latiner. Alle haben den Leichenbrand längst aufgegeben, der sich nur bei den Hindoos bis in die neuere Zeit erhalten hat. Alle Stämme, welche den Leichenbrand angenommen hatten, sind seßhaft, Ackerbauer und Städtebewohner gewesen, mit Ausnahme der Skythen. Bei keinem Stamme, welcher die Leichenverbrennung angenommen hatte, war dieselbe jemals die allgemeine Bestattungsweise. Sie war vielmehr stets ein Vorrecht der Erwachsenen, der Männer aus den höheren Ständen und Kasten. Frauen und Kinder wurden nicht verbrannt, oder die ersteren nur um dem Gatten als Dienerinnen in das Jenseits zu folgen. Niemals ist der Mann der vor ihm verstorbenen Frau auf den Scheiterhaufen gefolgt. Nur bei einigen Negervölkern, bei welchen zuweilen das Weib Herrscherin ist,

---

[21] Albin Kohn und Dr. C. Mehlig, Materialien zur Vorgeschichte des Menschen im östlichen Europa. B. 2. 1879.

nimmt sich dieselbe einen oder einige Männer zu ihrer Unterhaltung mit. Wo auch die Leichenverbrennung angenommen war, wurde sie niemals bei allen Ständen gleichmäßig geübt. Nur Mitglieder der bevorzugten Klassen wurden verbrannt, das gemeine Volk und die zahlreichen Sklaven begraben, oder in Grüfte geworfen. Aus dieser engen Beschränkung der Leichenverbrennung auf einen kleinen Bruchteil des Volkes ergibt sich aber auch schon, daß dieselbe niemals einen hygienischen Zweck hatte. Sie war ein Vorrecht der Fürsten, Kriegshäuptlinge, der Freien, der Reichen und bevorzugten Klassen. Die Leiche und alles was von ihr berührt wurde, galt für unrein. Das Feuer, als ein heiliges, alles reinigendes Element, mit welchem man den Göttern Opfer brachte, war bestimmt, das Unreine zu reinigen und das Profane zu heiligen. Sowie die Flamme des Rogus sich erhob, frei gen Himmel, oder niedergedrückt und gedämpft, so wurde das Maß des Wohlwollens der Götter gedeutet.

Bei den Hindoos, den Sikhs und einigen kleinen Gebirgsstämmen im Himalajah und an der Grenze von Birma, den Khassia, hat sich der Leichenbrand bis vor kurzem erhalten, während er bei allen übrigen Stämmen indogermanischer Rasse außer Übung gekommen ist. Auch bei den Hindoos fängt der Gebrauch an unter dem Einflusse der Europäer zu verschwinden. Ich beschränke mich, da der Vorgang so oft beschrieben ist, auf einige wenige Bemerkungen. Auch bei den Hindoos ist bekanntlich der Leichenbrand nichts weniger als allgemein. Nur die Anhänger des Wischnu und die höheren Kasten, Bramanen und Krieger, Ksahtrias, verbrennen Leichen, die übrigen begraben, oder überlassen sie dem Fraße wilder Tiere und der Hunde, oder werfen sie in den Ganges, um sie von Krokodilen fressen zu lassen. Zur Zeit als die Cholera 1826 in Patna herrschte, war der Ganges so mit Leichen überfüllt, daß die Boote beständig an dieselben anstießen. Auch die zahlreichen mahomedanischen Stämme und die Buddhisten begraben die Toten, sowie die meisten autochtonen Gebirgsstämme. Die Parsen überlassen sie auf der Plattform turmähnlicher Gebäude den Geiern. Sie halten die Benutzung des Feuers, das ihnen als Symbol der Gottheit heilig ist, zur Zerstörung einer unreinen Leiche für eine sündhafte Entheiligung.

Nur bei den höheren Kasten haben sich die Frauen mit den Männern lebendig verbrennen lassen. Es war ein Vorrecht, kein Zwang für sie. Erst wenn die Frau ihren Entschluß kund gegeben und an dem Scheiterhaufen angekommen war, wurden, wenn sie bei dem schrecklichen Anblick wankelmütig zu werden anfing, einige Zwangs- und Betäubungsmittel angewendet. Ihr Fanatismus war jedoch meistens so groß, daß es derselben selten bedurfte. Nur die wirklichen Frauen und unter diesen eigentlich nur die erste, haben das Vorrecht, sich mit dem Gatten verbrennen zu lassen, nicht aber die Haremsklavin, auch nicht die Braut, oder die Frau, wenn sie schwanger war. Gezwungen im eigentlichen Sinne wird keine. Sie schreitet freiwillig mit ihren besten Gewändern und ihrem Schmucke, den sie an ihre Freunde verteilt, von Freunden und Verwandten in feierlichem Zuge begleitet, von lärmender Musik umtönt und stürzt sich ohne Zwang in die Flammen, die entweder von einem freien Scheiterhaufen oder aus einer Grube aufsteigen. Doch weiß der Maler Hildebrand, der einer der letzten Suttis beigewohnt hat, die Szene nicht abschreckend genug zu schildern. Oft haben englische Offiziere der Witwe jeden Schutz, doch vergebens, angeboten. Auf dem Scheiterhaufen nimmt die Frau die Leiche ihres Gatten auf den Schoß. Sie bringt, indem sie das Sutti begeht, ein Sühnopfer für alles, was ihr Gatte im Leben Übles begangen haben kann, für ihn, für ihre Familie und für sich selbst und geht unmittelbar mit ihrem Gatten in die ewige Glückseligkeit ein. Sie hat bei dem Sutti zum ersten Male Gelegenheit, ihre eigene Schönheit unverschleiert und öffentlich und ihren Schmuck zu zeigen. Wenn die Frau sich nicht zu dem Opfer entschließen kann, so wird sie zwar nicht gewaltsam gezwungen, sie wird aber ebenso mißachtet, als ihr Andenken geehrt worden wäre, wenn sie sich hätte verbrennen lassen. Sie tritt aus ihrer Kaste und ihrer Familie, sie muß sich die Haare abschneiden, muß geringe Kleider und darf keinen Schmuck mehr tragen, nicht wieder heiraten u.s.w. Die Engländer haben in den ihnen unmittelbar untergebenen Bezirken das Sutti ziemlich abgeschafft. Der Fanatismus der Frauen ist jedoch so groß, daß nicht selten Witwen mit der Leiche ihres Mannes in die unabhängigen Gebiete reisen, um das Sutti begehen zu können.

Auch bei manchen kleinen Gebirgsstämmen ist das Sutti im Gebrauche; bei den Khassia, einem birmanischen Stamme, wird die Leichenverbrennung zum Familien- und bei Vornehmen zum Volksfeste. Wenn während der heftigen Regenzeit das Holz nicht brennen will, legen sie die Leiche in einen rohen Sarg und bedecken sie mit Honig, um sie zu konservieren, bis die Regenschauer aufgehört haben. Auch die Babylonier pflegten in Honig zu konservieren; die Leiche Alexander des Großen wurde in Honig eingemacht nach Alexandrien transportiert. Als Rossellini in einem Mumiengrab, einen Topf mit anscheinend ganz vortrefflichem Honig fand, kostete er denselben. Dabei wurden einige Haare gefunden und als man an denselben zog, kam die Leiche eines kleinen Knaben zum Vorschein, die also ein paar tausend Jahre sich wohl erhalten hatte.

Die dritte Gruppe, bei welcher sich besondere Begräbnisgebräuche entwickelt hatte, bilden die semitischen, ismaelitischen Völker und ihre Kolonien. Sie haben das

Gruftbegräbnis gewählt und ausgebildet und bestatteten die Toten entweder in natürlichen Höhlen, wozu das Kalkgebirge der von ihnen eingenommenen Gebiete reichlich Gelegenheit bot, erweiterten und schmückten dieselben nur aus, oder sie bildeten künstlich Felsengräber, Felsennekropole und Labyrinthe, oft von wahrhaft wunderbarer Ausdehnung, welche jetzt noch, nachdem sie schon seit Jahrtausenden beständig geplündert worden sind, immer noch reiche Fundgruben archäologischer Entdeckungen, Zeugen einer uralten, hochentwickelten Kultur sind. Zu den Völkern, welche diesen Bestattungsgebrauch angenommen hatten, gehören die Babylonier und Assyrer, Perser, Meder, die Kleinasiaten, Lycier, Carier, Lydier, die Israeliten, die Phönizier und deren Kolonien an den Küsten des Pontus und des Mittelmeeres, Etrusker, die Bewohner der Inseln des ägeischen Meeres, von Sardinien, Korsica, Apulien, Cyrenaica. Die Leichen wurden unverbrannt beigesetzt. Ein großer Teil der Italiker und Griechen ist, auch während der Blüte der römischen Zeit, fortwährend diesem Gebrauche gefolgt.

Das Mumifizieren der Leiche, um sie für ewig zu erhalten, findet sich in der alten Welt nur bei Ägyptern und Nubiern und hat sich nie über das Niltal ausgedehnt. Es hängt wesentlich mit der Idee der Seelenwanderung zusammen. Die große Masse von Mumien machte die Herstellung von unterirdischen Grüften, Felsennekropolen und Labyrinthen unerläßlich, um dieselben von Menschen und Tieren, welche sich im Verlaufe von Jahrhunderten zu Millionen anhäuften, unterbringen zu können. Die Ägypter hatten also das Felsengrab, wie die Semiten und Ismaeliten, aber in Verbindung mit der Mumifikation der Leiche. Die Mumifikationen, welche sonst vorkamen, auch in der neuen Welt, sind keine künstlichen, sondern natürliche Wirkungen des Bestattungsortes und hängen mit dem Einbalsamieren der Ägypter nicht zusammen. Von den übrigen großen Völkergruppen könnten nur noch die Anhänger des Fo, Buddhisten, der Sintoreligion in Betracht kommen, wenn es ein Interesse hätte, die Begräbnisgebräuche auch solcher Stämme herbeizuziehen, welche auf unsere eigene Kultur keinen Einfluß ausgeübt haben. Da dieselben keine Vorstellung von einem Fortleben nach dem Tode haben, so macht die Leichenbestattung auch keinen Teil ihres religiösen Ritus aus. Die Familie ist das Zentrum, um welches sich ihr Leben dreht. Das Andenken der Voreltern wird geehrt und so strebt man auch in der Familie und in der Heimat bestattet zu werden. Der chinesische Kulie wird in Kalifornien Sorge tragen, daß seine Gebeine in die Heimat und zu seiner Familie zurückgebracht werden.

Von allen verschiedenen Bestattungsweisen ist nur das Begraben der unversehrten Leichen in der Erde, oder in gemauerten Grüften übrig geblieben. Alle zivilisierten Völker der alten und neuen Welt, sowie alle Religionsgemeinden, Christen, Juden, Mahomedaner, Buddhisten begraben heutigen Tages ihre Toten, und wenn man annimmt, daß die Kultur fortschreitet, daß die ungeteilte Ausbreitung einer Sitte deren Zweckmäßigkeit beweist, so hat das Erdbegräbnis Methoden überwunden, welche minder zweckmäßig und den Bedürfnissen der bürgerlichen Gesellschaft minder angepaßt, den religiösen und pietösen Gefühlen der großen Masse des Volkes minder entsprechend waren. Auch die geschichtliche Entwicklung spricht also für die Erdbestattung.

Leichenbestattung in der ältesten christlichen Zeit

Die Christen haben zu keiner Zeit die Leichen ihrer Glaubensgenossen verbrannt, sondern sie begraben. Doch ist diese Enthaltung von der Feuerbestattung nicht sowohl die Folge einer evangelischen Lehre, als vielmehr die Forterhaltung eines Gebrauches, der schon lange vor der Entstehung des Christentums bestand, aus welchem sich aber allerdings sehr bald ein Gegensatz gegen das Heidentum und gegen heidnische Gebräuche entwickelte. Die ersten Christen waren bekehrte Juden, unter denen sie lebten, und die von Paulus bekehrten waren Griechen, bei beiden war aber die Feuerbestattung nicht üblich und sie hatten durchaus keinen Grund, sich derselben zuzuwenden. Die Erdbestattung zeichnete den Christen nicht von den Heiden aus; sie bestand, namentlich unter den Armen, in dem größten Teile der damaligen Welt, auch in Italien und in der nächsten Umgebung von Rom, und es konnte nicht auffallen, keinen Verdacht erregen, auch als die Verfolgungen der Christen anfingen, wenn diese eine Sitte forterhielten, welche von Alters her unter dem bei weitem größten Teile der Bevölkerung üblich war. Die Behauptung der Krematisten, daß die Feuerbestattung während der ersten 2 Jahrhunderte auch bei den Christen herkömmlich gewesen sei, ist irrig; während der Entwicklung und dem Fortschritte des Christentums hat ein Teil der Heiden die Toten noch verbrannt, die Christen aber nicht, und in dem Maße, als das Christentum zur Herrschaft gelangte, verschwand die Leichenverbrennung als ein heidnischer Gebrauch. Im dritten Jahrhundert, zur Zeit des Constantin und der Helena, mag sie gänzlich verschwunden gewesen sein.

Allerdings aber findet sich kein bestimmter Ausspruch, kein bestimmtes Verbot in dem neuen Testamente, durch welches die Feuerbestattung untersagt wird, und die Geistlichen in Gotha waren daher vollständig im formellen Rechte, als sie behauptet hatten, die Feuerbestattung verstoße gegen kein bestimmtes Dogma. Jesus, der unter Juden lehrte, hatte keinen Grund, sich über diesen Punkt auszusprechen; er sagt weder etwas für, noch gegen die eine oder andere Bestattungsweise. Auch für Paulus lag eine solche Veranlassung nicht vor. Der Gegensatz trat erst hervor, als das Christentum sich auch über Teile des römischen Reiches zu verbreiten begann, in welchen, wenigstens bei den Reichen, die Feuerbestattung üblich war und auch diese anfingen zum

Christentum überzugehen.

Das Christentum aller Konfessionen hat vieles aus sich entwickelt, oder aus dem alten Testamente entnommen und seinen Angehörigen als Glaubenssatz vorgelegt, was auch nicht explizit in den Evangelien steht, und solche Sätze und Gebräuche sind für diejenigen verpflichtend, welche innerhalb der Kirche stehen. Die heutigen Gebräuche, der Ritus der verschiedenen christlichen Konfessionen, sind nicht mehr die der Urchristen. So hat auch über die Bestattung der Toten die Kirche sehr frühzeitig ihre Gebräuche ausgebildet, von welchen sie jetzt nicht ohne weiteres abweichen kann. Orthodoxe evangelische Geistliche berufen sich schon auf den Ausspruch der Genesis: terra es et in terram reverteris, um zu beweisen, daß man den Leib der Erde nicht entziehen dürfe. Hauptsächlich aber stützt sich die kirchliche Anschauung, daß der Leib der Erde unzerstört übergeben werden müsse, um am Tage der Auferstehung die Seele wieder aufzunehmen, darauf, daß auch der Heiland in die Gruft versenkt, nach drei Tagen wieder auferstanden und von vielen leiblich gesehen worden ist Paulus, Corinther, I, 12.

„So die Toten nicht auferstehen, so ist Christus auch nicht auferstanden, ist aber Christus nicht auferstanden, so ist euer Glauben eitel, so seid ihr noch in euren Sünden. So sind auch die, so in Christo entschlafen sind, verloren. — Ich will und kann mich natürlich hier in die theologischen, mystischen Spitzfindigkeiten und philosophischen Versuche, diese und ähnliche Stellen zurecht zu legen, nicht einlassen, weder an die verhimmelnden der Orthodoxen, noch an die materiellen von Feuerbach und Schopenhauer. Es kommt mir nur darauf an, darzulegen, was an Glaubensansichten besteht, nicht aber, wie weit ich mit denselben übereinstimme. Mir scheint die Ansicht des Apostels gewesen zu sein, daß der Leib auferstehen werde, wozu die leibliche Auferstehung Christi ein Beispiel gegeben. So ist die Sache auch in der ersten christlichen Zeit, sowohl von Heiden, welche aus Haß gegen die Christen das Fleisch möglichst zu zerstören suchten, um dessen Auferstehung unmöglich zu machen, als von Christen, welche die Zerstörung vermieden, aufgefaßt worden[22]

---

[22] Als ein Curiosum, wohin der blinde Auferstehungsglaube führen kann, bietet sich das Verfahren des General Magnitzky, Kurator der Universität Kiew, der 1826 die Präparate der schönen anatomischen Sammlung dieser Universität, unter Vortritt und dem Segen der Geistlichkeit und Glockengeläute begraben ließ,

Als die Christenverfolgungen sich erhoben und die Märtyrerverehrung aufkam, verbrannten die Heiden die in Masse hingeschlachteten Christen, um ihnen, indem sie die Leichen heidnischen Gebräuchen unterwarfen, eine Schmach anzutun, ihre Auferstehung, sowie die Verehrung ihrer Reliquien unmöglich zu machen.

Bei den großen Christenverfolgungen von Vienne und Lyon 173 und Smirna 163 unter Marc Aurel, wurden die Leichen, nachdem sie mehrere Tage über der Erde gelegen hatten, verbrannt und die Asche in das Meer oder in die Rhone geworfen, damit sie nicht gesammelt werden könne. Von dem Bischof Polycarp, der damals das Martyrium erlangte, heißt es: „nos ossa Polycarpi nacti condidimus ubi it fieri decebat", d.h. er wurde in den Katakomben beigesetzt. Daß von den Heiden bei den Verfolgungen der Christen die Leichen derselben aufs möglichste zerstört, verbrannt, und die Asche zerstreut wurde, war ein Akt des rohesten Religionshasses, der sich über das Grab ausdehnte und den Christen die Hoffnung der Auferstehung des Fleisches rauben sollte. Gegen diese Tyrannei lehren die Kirchenväter, daß die Christen der ewigen Seligkeit teilhaftig werden könnten, wie auch ihr Leib bestattet worden sei, ob in der See versunken, von wilden Tieren zerrissen, oder verbrannt. Der Christ müsse der eigenen Religion und nicht den dichterischen Fabeln der Heiden Glauben schenken, nach welchen die Seele erst zur Ruhe kommt, wenn die Gebeine begraben sind.

„Nec ripas datur horridas, nec rauca fluentia transportare priusquam sedibus ossa quiescant.

---

damit jede Kreatur an dem Tage der Auferstehung zu ihren richtigen Knochen gelangen könne.
Ich glaube nicht, daß der tapfere russische Offizier und Vertreter der Wissenschaftlichkeit wußte, was schon viele Jahre vor ihm der heilige Bonifacius gegen diese anatomischen Greuel der Leichenzerstückelung und Präparation gesagt hat, er würde seinen Ucas auf eine sehr angesehene Autorität habe stützen können. Bonifacius bestimmt Extrav. comm. lib. 3 tit. 5 und 6:
„Corpus Defunctorum exenterantes et immuniter decoquentes ut ossa carnibus separata fuerint, sepeliendo in terram suam, ipso facto excommunicati sunt."
Er bestimmt, daß es gänzlich verboten sein solle, den Körper von Edelleuten, um sie in ferne Begräbnisse bringen zu können, zu zerstücken und die Eingeweide herauszunehmen, die dann gewöhnlich ins Wasser geworfen, das Fleisch aber von den Knochen durch Kochen abgelöst wurden, so daß nur die letzteren in die Heimat kamen. Der Körper der Gläubigen dürfe nicht auf diese Weise impie et crudeliter behandelt werden. Mau möge die Leiche einstweilen begraben, dann verbrennen und nur die Asche in die Heimat schicken. Zuwiderhandelnde sollen exkommuniziert sein und die Exkommunication dürfe nur von dem apostolischen Stuhle gelöst werden

Jesus habe versprochen, daß kein Haar auf dem Haupte seiner Jünger verloren gehen könne und so dürfe man die nicht fürchten, welche den Leib töten, aber den Geist nicht töten können. Gott sei alles möglich und wie er die Welt aus Nichts geschaffen, so vermöge er auch die zerstückten Teile des Leibes zusammenzufügen. In der Tat wird dem, welchem die Möglichkeit, daß die chemischen Elemente des verwesten Körpers sich wieder zusammenfinden können, glaubbar ist, auch das andere Wunder, daß auch die zu Pulver verbrannten Teile sich wieder zusammenfinden, annehmbar sein. In dem Zwiegespräch zwischen einem Heiden und einem Christen, Octavius, von Minucius Felix heißt es, Kap. 34:

„Jeder Körper, er mag nun in Staub vertrocknen, oder in Flüssigkeit aufgelöst, in Asche verwandelt, oder in Dunst verflüchtigt werden, wird uns entzogen, aber er wird von Gott, dem Behüter der Elemente aufbewahrt. Wir fürchten nicht, wie ihr glaubt, irgend einen Nachteil von eurer Begräbnisart, aber wir halten die ältere und bessere Begräbnisart fest" und der heilige Augustin sagt: „Es ist ein schöner Zug, die Leichen mit einem gewissen Pomp zu beerdigen (humare) und dieselben an einem Orte zu bestatten, wo ihr Andenken leichter erhalten werden kann und ihnen die Gebete, welche den Märtyrern dargebracht werden, mit zu Gute kommen. Dieses sei aber mehr ein Trost für die Lebenden, als ein subsidium mortuorum." In solchen Anschauungen lag der Anfang der Sitte nicht allerorts, sondern in und um die Kirchen und Märtyrerkapellen zu begraben. Da jedoch die Christen in der ältesten Zeit weder Kirchen noch Kapellen hatten, so war es selbstverständlich, daß sie ihre Toten, wie die Römer, in der Nähe der Städte, an den Hauptwegen, bestatteten, meistens in Särgen, selten nur in Tücher gehüllt, auf einer Bahre, oder nackt. „Jede Stadt oder Burg hat vor den Toren die Gräber, jeder, der in sie eintritt, kann sehen, was er selbst ist; jedermann hat die Schule der Demut vor sich. Chrysost. homil. 64." — Gebrauch wurde, die Leichen in den Kirchen, möglichst nahe am Altare und den Heiligenschreinen, oder doch wenigstens in den Vorhöfen, den Kirchhöfen zu bestatten. — Auch der Arme werde selig. Coelo tegitur qui non habet urnam. „Wie man aber das Andenken an einen Verstorbenen in seinen hinterlassenen Kleidern, Ringen u.s.w. ehrt, so soll man auch den Körper des Toten ehren, *propter fidem resurrectionis*. Corpori autem humando quid impenditur non est praesidium salutis, sed humanitatis officium, secundum affectum quo nemo unquam carnem suam odio habet." Sti Aurelii Augustini Hipsoniensis episcopi de cura gerenda pro mortuis ad Paulinum. Edit. Benedictina Vol. VII, p. 2 und de civitate Dei c. 22.

Ähnlich drückt sich Tertullian, de Resurrectione, 1. l, aus: „Sed Vulgus invidet, existimans nihil superesse post mortem, et tarnen defunctis parentant, et quidem impensissimo officio pro moribus eorum, pro temporibus sepultorum, ut quos negant sentire quidquam, etiam desiderare praesumant. At ego magis ridebo vulgus tunc quoque cum ipsos defunctos atrocissime exurit, quos post modum gulosissime nutrit iisdem ignibus et promerens et offendens. O pietatem de crudelitate sacrificat et insultat cum crematis cremat."

Als die Zahl der Christen im römischen Heere zunahm, kam der Widerstreit zwischen heidnischen und christlichen Gebräuchen im Militärdienste häufig zum Ausbruche, bald von den Heiden, bald von den Christen veranlaßt. Die große Christenvorfolgung unter Diocletian wurde wesentlich mit dadurch veranlaßt, daß die gallischen und pannonischen Legionen, welche hauptsächlich aus Christen bestanden, ordonanzwidrig das Kreuz an ihren Helmen befestigten, und ebenso wurden die christlichen Legionen zu Karthago gezwungen, der Lagerdisziplin wegen, die heidnischen Gebräuche bei Leichenbestattungen mitzumachen, etwa so, wie heutigen Tages Lutheraner gezwungen worden waren, bei Frohnleichnam und anderen katholischen Kirchenfesten die Parade mitzumachen und vor der Monstranz zu präsentieren. So Tertullian, de corona militis kap. 9 et cremabitur ex disciplina castrensi christianus, qui *cremari non licuit,* cui christus merita ignis indulsit.

Tertullian tadelt also entschieden, daß man, unter den Heiden, die Toten verbrannte und dennoch Speiseopfer brachte, und bezeichnet unzweifelhaft, daß es den Christen, dem christlichen Soldaten, nicht anstehe, den Leib zu verbrennen.

Also schon im zweiten Jahrhundert war der Gegensatz der Leichenverbrennung als eines heidnischen und des Erdbegräbnisses, als eines Christen anständigen Gebrauches, sehr bestimmt ausgesprochen./ Es steht dem Christen, der innerhalb der Kirche steht, nicht zu, das Fleisch, das der Auferstehung harrt, gleich wie Christus leiblich auferstanden ist, den Leib, der ein Tempel Gottes ist, wie die Theologen sich ausdrücken, willkürlich zu zerstören. Dieser Satz ist allen Bekennern christlicher Konfession von strenger Richtung gemeinsam.

In der katholischen Kirche treten noch andere Motive hinzu, die Leichenverbrennung zu mißbilligen. Die Verehrung der Märtyrer und Heiligen, sowie deren Reliquien, welche von der ältesten christlichen Zeit an eine so große Bedeutung für sie hatte, von dem byzantinischen Hofe und der Kaiserin Helena so sehr befördert worden waren und durch das ganze Mittelalter hindurch auf das eifrigste betrieben wurde und noch heutigen Tages eine so hohe Stelle in der römischkatholischen und griechischen Kirche einnimmt, kann unmöglich gestatten, daß die katholische Geistlichkeit sich mit der Leichenverbrennung, der Verwandlung von Leichen in unkennbaren Staub, vertraut mache. Daher haben auch hohe katholische Geistliche, der Bischof Guibert von Paris, als die Frage an sie herantrat, sich *gegen* die Leichenverbrennung, als einer dem Heidentum entstammten Sitte, welche die Ehrfurcht vor den Toten und den Gräbern zu vernichten, und die Bestattung auf eine bloße Utilitätsmaßregel zurückzuführen drohe, verdammt. Der katholische Ritus hat sich der Leichenverbrennung noch nicht angepaßt und möchte sich auch, trotz alles theatralischen Pompes, den man aufgewendet hat, schwerlich anpassen lassen. Er verlangt einen geweihten Ort, einen locus religiosus, an welchem bei dem sepulcrum solemne kirchliche Feierlichkeiten abgehalten werden können, Orte, de quibus orationes atque missae solemnes tam pro vivis, quam pro defunctis, frequentius celebrantur." Corp. jur. canon. de sepulcro III, 28.

Man wende hier nicht ein, daß gerade in einem katholischen Lande, in Italien, die Leichenverbrennung die meisten Verehrer gefunden habe. Es stimmt dieses mit der alten Wahrnehmung zusammen, daß, gerade in rein katholischen Ländern, in welchen die Priesterherrschaft sich am meisten fühlbar macht, der Mißstand eines verrotteten gedankenlosen Zeremoniendienstes, die Unkirchlichkeit und der Atheismus eines Teiles der Gebildeten, neben einem verdummten Köhlerglauben der Massen des Volkes, sich am meisten bemerklich machen. Das ist die natürliche Folge eines Mißbrauchs der Religion; Atheismus und der borniertste Aberglaube gehen immer mit einander. Übrigens ist das Geräusch in Italien auch viel größer, als der Erfolg.

Ein anderes Motiv für die Kirche, der Leichenverbrennung nicht zuzustimmen, liegt in der Lehre von den ewigen Strafen. Obwohl die Geistlichkeit in katholischen und auch in protestantischen Ländern

(Calvin, Servet) keinen Anstand genommen hat, Andersgläubige lebendig zu verbrennen, so schien es ihr doch stets bedenklich, auch Leichen zu verbrennen, und somit den Leib, der zum ewigen Feuer bestimmt sein kann, schon durch die irdische Flamme in Asche zu verwandeln. Ich gebe nur die Tatsache, ohne deren Rechtfertigung zu übernehmen, und hiernach scheint es mir, daß die Feuerbestattung in katholischen Ländern und unter dem Teile der katholischen Bevölkerung, welcher sich von seiner Kirche nicht trennen, die Begleitung des Geistlichen nicht entbehren, an geweihtem Orte, auf dem Kirchhofe, begraben sein will, keinen Anklang finden kann.

Somit muß ich also annehmen, daß die Leichenverbrennung an dem größten Teile der Katholiken, demjenigen, welcher noch an den Satzungen und den Gebräuchen seiner Kirche hält, spurlos vorübergehen wird, daß die Diener einer Kirche, welche so fest an ihren alt hergebrachten Riten hält und welchen für ihre eigene Meinung so wenig Spielraum gelassen ist, nicht ohne tiefeingreifende Veränderungen in der Organisation derselben, welche nicht zu erwarten sind, sich Vorschlägen gefügig zeigen wird, zeigen kann, die von jeher, durch die Kirchenväter, von ihr verdammt worden sind.

Auch an dem Widerstande der katholischen Kirche wird die Gestaltung der Leichenverbrennung zu einer allgemeinen Sanitätsmaßregel scheitern. — Das Canonische Recht, Decret. Greg. in Lib. III, tit. 28 spricht nur von Begräbnissen, namentlich bei Kirchen und die Cap. 1 bis 13 beschäftigen sich fast ausschließlich mit der Bestimmung der zu entrichtenden Gebühren.

Nicht bloß die Mohammedaner, auch die Christen haben ihren Glauben mit dem Schwerte ausgebreitet und die Heiden haben ihre Märtyrer so gut als jene. Unter den heidnischen Gebräuchen, welche mit Gewalt unterdrückt wurden, kommt auch die Feuerbestattung vor. Unter den germanischen Stämmen haben die Sachsen mit am längsten dem Eindringen des Christentums widerstanden. Carl der Große, ein untertäniger Knecht der Priester, dessen Milizheer stets von einer Menge von Geistlichen, Bischöfen, begleitet war, hat deshalb auf das grausamste unter ihnen gewütet. Bei seinem zweiten Feldzuge gegen sie wurden, da sie zum Heidentume zurückgefallen waren, alle männlichen Bewohner, welche in die Gewalt der Franken fielen, niedergehauen, welche die Höhe der fränkischen Axt, der Francisca, erreicht hatten, also alle bis etwa zu den zwölfjährigen Knaben. Den Sachsen wurde, um sie der heidnischen Sitte zu entwöhnen, bei Todesstrafe der Genuß des Pferdefleisches und die Verbrennung der Leichen untersagt: „Capitulare Paterbrunense von 783, cap. 7, 22. Pertz, monum. pagan. german. 1. 3, p. 49:

„si quis corpus defuncti hominis secundum ritum Paganorum flamma consumi fecerit et ossa ejus ad cinerem redegeret, capite punietur;"

sowie:

„jubemus ut corpora Christianorum saxanorum ad cimeteria eccleaiae deferantur et non ad tumulos Paganorum."

Minder grausam verfuhren die deutschen Ordensritter gegen die heidnischen Pruteni, Preußen. Sie hatten 20 Jahre lang mit ihnen und ihrem Herzoge, Swantopol, gekämpft und die Unterwerfung war lange nicht so vollständig, als die der Sachsen durch den Frankenkönig. Es kam keine vollständige Unterwerfung, sondern im Jahre 1229 nur ein Vertrag zu Stande, dessen Bestimmungen die heidnischen Preußen nur sehr unvollkommen Folge leisteten. Es kam ihnen zwischen ihren Wäldern und Sümpfen schwer an, die Gebräuche ihrer Väter aufzugeben, ihre Götter, die sanfte Hela mit der träumerischen Maria Magdalena, ihren langgelockten Kriegsgott mit dem glatzköpfigen St. Veit und anderen Heiligen, in denen sie mit Recht doch nur ein Heer von Göttern sehen konnten, zu vertauschen. Die alten Preußen und Pommern glaubten, daß der Tote im Jenseits das Leben dieser Welt, nur freudiger, fortsetze. Man suchte seine Leiche möglichst zu konservieren und, 6 Monate und länger, im Hause zu behalten dann wurde der Verstorbene in seine schönsten Kleider gehüllt und zu Wagen zur Begräbnisstätte, auf einen Hügel, unter stattliche Bäumen, unter lautem Wehklagen geführt. Die berittenen Begleiter feierten Kampfspiele, Wettlauf und Trinkgelage am Grabe, während die Priester, die Tulissonen und Legasonen Loblieder anstimmten. Dem Manne gab man Schwert und Messer, Knechte und Mägde, Hunde und Jagdvögel, der Frau Nadel und Zwirn, Schmuck mit ins Grab. Vita Sti Ottonis; — Olaus magn. monum. danic. p. 50. Der Körper wurde dann auf einem Strohbette verbrannt und über ihm ein Kurgan aufgeschüttet mit einem Steinkranz; so bei den Häuptlingen; mit Niederen machte man wenig Umstände, man bestattete sie im freien Felde oder unter Bäumen.

Der Vertrag wurde unter eifriger Teilnahme des päpstlichen Legaten, als dessen Lehnsleute die Ordensherrn sich betrachteten, von dem Landmeister Heinrich von Wida geschlossen. Da er unter dem Einflüsse der Geistlichkeit zu Stande gekommen war, so umfaßte er auch vorwiegend kirchliche Bestimmungen. Die Neubekehrten wurden von dem Legaten belehrt, daß alle Menschen gleich seien und nur durch die Sünde ungleich würden. Sie gaben das feste Versprechen, für sich und ihre Nachkommen, von ihren Priestern abzulassen und die Toten nicht mehr mit Pferden, Waffen, Gesinde zu verbrennen, sondern auf den Kirchhöfen zu begraben. Noch lange aber pflegten sie die Leichen heimlich wieder auszugraben und unter ihren heiligen Bäumen zu bestatten.

„Promiserunt quoque quod inter se non habebunt Tullissones et Ligaschones, homines videlicet mendacissimos, histriones, qui quasi gentilium sacerdotes in exsequis defunctorum et tormentorum infernalium poena permerentur, dicentes malum, bonum et laudentes mortuos de suis furtis et spoliis immundiciis et rapinis ac aliis vitiis et peccatis quasdum viverent perpetrarunt et erectis in coelum luminibus exclamantes mendaciter asserunt se videre praesentem defunctum per medium coelum volantem, in equo armis vulgentibus, decoratum, nisum in manu tenentem, et comitatu magno; in aliud seculum praecedentes;

sie versprechen also: Orden u.s.w. Macrob. Saturn. 7:

„quid ipsi et haeredes eorum in mortuis comburendis et subterrandis, vel quidem in aliis quibusdam ritus gentilium de caetero non servabunt sed mortuos suos juxta morem Christianorum in cemeteriis sepellient et non extra."

In beiden Fällen erscheint also sowohl dem Frankenkönige, als den deutschen Ordensherren und dem päpstlichen Legaten die Leichenverbrennung unbedingt als eine heidnische Sitte, welche deshalb von denen, welche sich zum Herrn des Landes gemacht und die Einwohner bekehrt hatten, mit Gewalt unterdrückt wurde.

Älteste christliche Begräbnisstätten in Italien; die Katakomben

Die Katakomben sind die ältesten christlichen Begräbnisstätten, welche uns zum Teile erhalten sind. Ihre Benutzung geht, nachweislich durch die Gräberinschriften, bis in das erste Jahrhundert p.Ch. hinauf, wenn auch bei den römischen Schriftstellern erst später, im zweiten und dritten Jahrhundert, von ihnen gesprochen wird. Sie sind die ältesten, christlichen Denkmäler und für die Archäologie von der größten Wichtigkeit. Die Literatur über dieselben ist daher auch eine sehr ausgedehnte und eingehende, so daß es sich von selbst versteht, daß ich von meinem Standpunkte aus mich nur auf das Wichtigste einlassen kann, indem ich des näheren auf die unten angegebenen Hauptquellen verweise.

Die Katakomben, wie sie jetzt gewöhnlich genannt werden, nach ihrer älteren Bezeichnung Coemeterien oder Dormitorien (erst im fünften Jahrhundert erscheinen die Ausdrücke Catacumba oder Catatumba), sind große Grabgallerien, welche künstlich, tief in den weichen Kalk oder Tuffstein eingehauen sind, mit zahlreichen, bald regelmäßig, bald unregelmäßig verteilten Nebengängen und Grabkammern, Hallen, Cubiculis, Brunnen, Puteis, welche bis in einen Aquädukt führen, oft mehrere Stockwerke, durch Treppen verbunden über einander, mit sehr zahlreichen Grabnischen in den Wänden, bestimmt zur Aufnahme von vielen tausenden unversehrter Leichen.

Sie unterscheiden sich also von den halb oder ganz unterirdischen Grüften, wie sie bei den Juden, Etruskern und Römern üblich waren, daß sie nicht zur Aufnahme von einzelnen Leichen, oder denen einer Familie, oder, gleich den römischen Columbarien, eines Consortiums, den Dienern eines vornehmen Hauses, der Familia desselben bestimmt waren, sowie von den Nekropolen, wie sie an den Küsten von Kleinasien und des Mittelmeeres erhalten sind, bei welchen zwar viele Felsengräber bei einander in Bergabhänge eingetrieben sind, aber die einzelneu Gräber gesondert, nicht in weit verzweigten Gängen enthalten sind, sondern als Begräbnisstätten einer bedeutenden Gemeinde dienten; sie waren die allgemeinen Friedhöfe derselben.

Über die Entstehung ‚der Katakomben ist vieles unrichtige angegeben worden, was sich zum Teile aus ihrer Architektur, zum Teile aus unzweifelhaften Dokumenten leicht widerlegen läßt.

Man hat sie für alte Wasserleitungen, namentlich aber für Gruben ausgegeben, aus welchen man die rötliche Puzzolanerde gegraben habe, welche zur Herstellung des römischen Zements benutzt wurde, oder um Bausteine zu gewinnen. Die Katakomben kommen aber nicht allein vor wo der vulkanische Tuff die Gewinnung des Pulvis puteolanus gestattet und seine Wegführung leicht war, sondern auch in Kalk und Sandsteinen Ein einziger Blick aber auf den Grundriß einer solchen Katakombe muß genügen, um augenblicklich jedem begreiflich zu machen, daß sie nicht zu industriellen Zwecken, als Steinbrüche angelegt sein konnten, sondern nur zu der Bestimmung, zu welcher sie benutzt wurden, als Grabgallerien und Vereinigungsorte zu kirchlichen Zwecken. Freilich bestehen sie nicht mehr in ihrer ursprünglichen Gestalt; das weiche Gestein hat sich zerbröckelt, ist eingestürzt und hat viele Gänge ausgefüllt und unzugänglich gemacht, und man hat, nachdem sie aufgehört haben (im fünften Jahrhundert) als Grabkammern und Orte für die Märtyrerverehrung zu dienen, keine Sorge mehr getragen, sie zu erhalten.

Zur Zeit der Verfolgung, im 2. bis 4. Jahrhundert, haben die Christen dieselben absichtlich unzugänglich gemacht, nur versteckte Eingänge erhalten, dem Haupteingange den Anschein einer Sandgrube, Arenaria (daher der Namen, den sie häufig führen) gegeben, dann aber, als die Christen vollständig geduldet und endlich, als sie zur Herrschaft gelangt waren, haben einige Päpste, von welchen mehrere selbst in ihnen begraben sind, sich Mühe gegeben, sie zu restaurieren und prächtig herzustellen, bis sie, vom fünften Jahrhundert an, wo sie gänzlich aufhörten als Grabstätten zu dienen, wieder zerfallen und in den Zustand gekommen sind, in welchem sie sich jetzt noch befinden.[23]

Die Idee, daß sie nur für ihren besonderen Zweck ausgebaute alte Puzzolangruben oder Steinbrüche seien, widerlegt sich weiter leicht aus ihrer Architektur; das Gestein, in welches sie (bei Rom) hineingetrieben sind, ist für beide Zwecke unbrauchbar, für Puzzolanerde zu ungleich, körnig, lehmig, für Bausteine zu weich; es läßt sich fast mit dem Messer schneiden, es ist aber fest genug, um Gänge, Hallen und Nischen ohne

---

[23] Bosio, Roma subterranea. Lib. IV, cap. 47, p. 199. Der Grundriß des Coemetarium des oberen Stockwerks des Calixtus und der folgenden Tafeln, Grundrisse des Coemet. Tortunensis, Hermetis, Marcellini und anderer.

Untermauerung zu bilden. Sandgruben und Steinbrüche sind oft in ihrer Nähe, enthalten aber keine Leichen. Ihre ganze Anlage widerspricht, daß sie jemals zu industriellen Zwecken gedient haben konnten, da sie nahe der Spitze eines Hügels zu liegen pflegten und ein viel bequemerer Zugang im Tale zu haben gewesen wäre. Zur Gewinnung von Stein und Zement würde man nach der einfachsten Überlegung das Tal, den Fuß der Berge gewählt haben, wo das Gestein weniger verwittert und leicht für den Transport zugängig ist; man würde Tagbau getrieben, wie am Laacher See, nicht aber labyrinthartig verschlungene enge Gänge gebildet haben, in welchen eine einzelne Person kaum aufrecht gehen kann, Lasttiere sich gar nicht zu bewegen vermögen. In manchen Katakomben führt eine enge, steile Treppe fast senkrecht in den Berg hinein, bis zu der Gesteinsschichte, welche zur Herstellung der Galerie und Kammern den geeignetsten Grad von Festigkeit besitzt. Die einzelnen Stockwerke der Galerien sind durch ähnliche Treppen unter einander verbunden, dazwischen kommen große hohe Hallen, welche augenscheinlich als Versammlungsorte der Gemeinde, als unterirdische Kirchen gedient haben, und nahe am Eingange, oder an den Enden der Seitengänge, geräumige, regelmäßig viereckte Kammern, welche dem Lichte zugängig sind und der Tradition nach zu Wohnungen, selbst einer Anzahl römischer Bischöfe gedient haben. (Bosio II, 207.) Wie sollte man solche Einrichtungen getroffen haben, wenn man industrielle Zwecke verfolgt hätte? Auch die oftmals ausgesprochene Meinung, daß die Katakomben von Anfang an, so lange die Christen noch nicht öffentlich auftreten konnten, als heimliche Versammlungsorte derselben, für ihren Gottesdienst und zur verborgenen Bestattung ihrer Toten gedient hätten, läßt sich leicht widerlegen. Die ältesten Katakomben sind Bauwerke, welche sich in der Nähe einer großen Stadt weder heimlich herstellen, noch heimlich von tausenden von Menschen zur Feier von Mysterien benutzen ließen. Wohin hätte man heimlich die Masse von Schutt bringen sollen, welche die zahlreichen Gänge geliefert haben? Unmittelbar nach einem offenen Eingange, der durch ein weites, geschmücktes Tor gebildet wurde, folgte bei den meisten ein hoher, geräumiger Saal mit Altären und Sitzen für den Bischof und die Presbyteren, in welchem feierlicher Gottesdienst gehalten zu werden pflegte (Fr. Bosio, lib. IV, Iconograph. Coemet. Hermetis et Sanctorum p. 207, wo gleich am Eingange eine ganz komplette Kirche sich befindet) und hinter diesen erst die labyrinthischen Gänge, in welchen in künstlich ausgearbeiteten Nischen eine enorme Zahl von Leichen beigesetzt ist, und welche nur im Verlaufe von vielen Jahren, von Jahrhunderten, in dieser immens verzweigten Ausdehnung ausgegraben werden konnten. Und solcher Coemeterien gab es allein in der Umgebung von Rom mehr als 60! Die Krypten sind oft mit Marmortafeln geschlossen und mit Inschriften versehen, mit Marmorsärgen von kunstvoller Arbeit und durch Malerei und Skulptur geziert, von welchen, namentlich die erstere, aus der älteren Zeit, von guten Künstlern herrührt. Die Gräber enthielten vielfach Wertgegenstände, Gold und Edelsteine. Wie kann man sich vorstellen, daß solche Einrichtungen von einer Gemeinde heimlich hergestellt und Jahrhunderte lang in der nächsten Nähe einer großen Stadt, einer turbulenten Bevölkerung und einer wachsamen Regierung gegenüber hätten gebraucht und erhalten werden können? Denke man sich, daß in der Nähe einer unserer Kapitale eine nicht geduldete, verachtete, vogelfreie Gemeinde von vielen tausend Köpfen sich in einen Berg eingräbt, um in unterirdischen Bäumen heimliche Mysterien zu feiern und unter geheimen Gebräuchen tausende von Toten zu bestatten, in Paris etwa in den Steinbrüchen des Montmartre, wie lange würde das Getreibe dauern, bis die Polizei und der süße Pöbel der Sache ein Ende gemacht hätte. In Rom aber führte man in der ersten Kaiserzeit notgedrungen ein strenges Polizeiregiment und hatte einen Pöbel, dessen liebenswürdige Eigenschaften denen der Communards nicht nachstanden. Die Katakomben sind also von Anfang an zu den religiösen Zwecken und als Begräbnisstätten hergerichtet gewesen, zu welchen man sie allein gebraucht hat. Sie sind aber, oder doch viele von ihnen, nicht ursprünglich als christliche Begräbnisstätten entstanden, sie sind von den Christen nur benutzt und ausgebaut worden, nachdem sie von den Heiden verlassen waren. Ihre Benutzung hatte daher für diese durchaus nichts Neues und Auffallendes gehabt. Solche Nekropolen oder Hypogäen bestanden seit uralter Zeit in Griechenland, Großgriechenland, Kalabrien, an der Süd- und Ostküste von Sizilien, an der Südküste von Sardinien, in der Cyrenaica, überall wo griechische oder phönizische Kolonien hin gekommen waren, auf der chersonesischen Halbinsel, in Kleinasien und namentlich in der Campagna und der Nähe von Rom und Neapel. In der Umgebung von Rom sind bis jetzt allein mehr als 60 Coemeterien aufgefunden worden, welche jetzt teils nach Märtyrern und Päpsten, welche in denselben bestattet gewesen sein sollen, teils nach Straßen und Besitzern genannt werden. Alle sind völlig ausgeplündert und die meisten derselben sind verfallen und vermauert. Das Coemeterium des Calistus ist das am besten erhaltene und am meisten bekannte. Daß die Römer für ihre arme Bevölkerung, die Sklaven und die hingerichteten Verbrecher auch solche unterirdische, in den Berg eingehauene, allgemeine Begräbnisstätten, am Esquilinus, hatten, die freilich nicht aus einzelnen Grabnischen bestanden, sowie daß, als jene geräumt werden mußten, um den Gärten des Maecenas und des Nero an dieser Stelle Platz zu machen und die übelberüchtigte Vorstadt in einen noblen Stadtteil verwandelt wurde, viele neue Coemeterien, auch von Privaten, in einiger Entfernung von der Stadt angelegt wurden, wird weiter unten angegeben werden; diese mögen einen Teil derjenigen ausmachen, deren Ruinen man jetzt noch kennt. Da es durch oft wiederholt eingeschärfte Gesetze durchaus verboten war, innerhalb der Stadt zu begraben, so liegen sie alle in einiger Entfernung außerhalb derselben, zwischen dem ersten und vierten Meilensteine, wo sich geeignete Gesteinsschichten fanden. Diese waren für die Bewohner der Stadt bestimmt, denn erst jenseits des vierten Meilensteines finden sich andere für die Bewohner der Umgebung.

Diese gemeinsamen Galeriengräber, auf welche ich später zurückzukommen gedenke, hatten, von Alters her, der Bevölkerung pelasgischen Ursprungs, von Süditalien, Großgriechenland zu Begräbnisstätten gedient. Es haben deren auch unstreitig eine Anzahl um Rom herum von der ältesten Zeit her bestanden, welche jedoch von den Schriftstellern, so lange sie nicht durch ihre Benutzung von den Christen und in dem damaligen Kulturkampf eine besondere Bedeutung erhielten, kaum und nur ganz vorübergehend erwähnt werden. Als aber unter den ersten Kaisern das Leben in Rom immer mehr luxuriös wurde und auch die Leichen des Plebs durch besondere Beamte haufenweise verbrannt wurden, kamen die Coemeterien der Kataomben für die Heiden außer Gebrauch, denn man findet, mit ganz seltenen Ausnahmen, nur Loculi, Nischen, für Särge mit unverletzten Leichen, keine solche für Aschenurnen. Sie konnten daher von dem ersten Jahrhundert an von den Christen für ihre Leichen, die sie in die heidnischen Nischen einführten, aus welchen die alten Leichen entfernt wurden, benutzt werden. Daß dieses der Fall war, zeigt eine Menge Nischen, an welchen der Schlußstein nur umgedreht ist, und an der nach innen gewendeten, also dem Beschauer nicht sichtbaren Seite, eine alte, halbausgelöschte heidnische Inschrift mit heidnischen Emblemen, auf der äußeren eine christliche trägt. Man hat aus der ersten Hälfte des ersten Jahrhunderts jedoch nur sehr wenig sichere Belege, daß die Christen die alten, verlassenen Coemeterien für sich benutzt hätten (die Apostel Petrus und Paulus sollen in der Krypta des Sebastianus bestattet sein). Mit dem Ende des ersten und mit dem zweiten Jahrhundert aber fangen sie an häufig zu werden. Es ist dieses eine leicht erklärliche, ganz selbstverständliche Tatsache; denn solche weit ausgedehnte Gräbergalerien konnten nur da entstehen, wo sich große Gemeinden gebildet hatten, welche das Bedürfnis zu ihrer Benutzung und die Mittel zu ihrer Herstellung hatten. Wo sich vorerst nur einzelne Familien bekehrt hatten, wird man in Einzelgrüften bestattet haben, wie es die Juden und die ersten Christen außerhalb Roms taten. Die Christen waren in den ersten zwei Jahrhunderten zwar nicht beliebt bei der Bevölkerung von Rom, aber doch keiner Massenverfolgung ausgesetzt. Sie galten als eine jüdische Sekte, was sie Anfangs ja auch waren, und wurden ihres Glaubens wegen so wenig verfolgt, als die übrigen jüdischen Sekten, von denen die eine, die Essener, aus denen die Christen hervorgegangen zu sein scheinen, eine besondere Abzweigung, die römischen Essener, in Rom hatte. Die Römer waren im Ganzen tolerant und ließen jeden nach seiner Façon selig werden. Es war ihr Grundsatz, fremden Göttern Altäre in Rom zu errichten, um sich auch deren Gunst zu sichern. Sie glaubten von denselben nicht genug haben zu können, und wie man jetzt etwa außer allen möglichen christlichen Konfessionen auch Mohammedaner, Hindoos, Japanesen in London duldet, wenn sie nur nicht gegen die Gesetze verstoßen, so mochten in jener alten Zeit Isisdiener, Monoteisten, Germanen, ruhig in Rom leben, Eigentum erwerben, wenn sie nur keine Unruhen erregten. Das Einschreiten der römischen Behörden fing erst an, als die nach der Zerstörung von Jerusalem nach Rom gekommenen Juden und Christen, die in Palästina begonnenen Streitigkeiten auch hier fortsetzten. Die ersten Anfänge des Christentums erschienen den Römern sehr unbedeutend und gleichgültig. Tacitus Annalen Lib. IV sagt: „In Palästina sind einige Unruhen, auf Anregung eines gewissen Chrestus, ausgebrochen, welche der Präfekt von Syrien, Ursinius, sehr bald unterdrückt hat." Der große römische Geschichtschreiber hatte keine Ahnung von der welterschütternden Bedeutung dieses kleinen Ereignisses. Noch unter der Regierung des blödsinnigen Claudius heißt es, daß im Jahre 51 die Juden aus Rom verbannt worden seien, weil sie, auf Anregung eines gewissen Chrestus, Unruhen erregt hätten. (Judaeos, impulsore Chresto, assidue tumultuantes, Romae expulit. Sueton, c. 25.) Unter Nero wurden Christen am Leben gestraft, als Anhänger einer neuen Sekte, welche bösem Aberglauben huldige. Sueton, Nero c. 16. Tacitus, Annalen XV, 14 spricht mit großem Abscheu von den Christen und erzählt, daß Nero die Schuld des großen Brandes auf sie geschoben habe (an. 64 p. Ch.), weil sie ohnedem wegen ihrer Schandtaten bei dem Volke sehr mißliebig gewesen seien. Sie wurden deshalb unschuldig mit den ausgesuchtesten Strafen belegt „et quaesitissimis poenis afiecit quos, per flagitia invisos, vulgus Christianos appellabat." Die Unterdrückung bestand jedoch nur eine kurze Zeit; die Christen traten bald wieder, nicht allein in Kleinasien, sondern auch in Rom auf, wo sie in derselben Weise, derselben Verbrechen und daß sie gegen das ganze Menschengeschlecht in Haß sich vergangen hätten, beschuldigt und in der barbarischsten Weise mißhandelt wurden. Für die römischen Kaiser war, seit den letzten Jahren des Tiberius, des Calligula, Commodus und Nero, das Zuschauen zu Folterungen von raffiniertester Grausamkeit ein letztes Mittel, ihre abgestumpften Gefühle zu erregen. Man hüllte die Christen in die Felle wilder Tiere und ließ sie von Hunden hetzen, man bestrich ihre Gewänder mit Pech und zündete sie wie Fackeln an, die lebendigen Fackeln des Nero, schlug sie ans Kreuz u.s.w. Nero gab zu diesen Belustigungen seine Gärten her und bewies sich bei der Ausführung selbst tätig.

Ganz ähnliche Verfolgungen gegen die Christen, ihrer Religion, oder wie der Schriftsteller sagt, ihres Aberglaubens wegen, berichtet Plinius secundus, als Prokonsul in Bythinien, am Anfange des zweiten Jahrhunderts an Trajan, epist. X, 98. — Ich übergehe jedoch die nähere Angabe, weil sie mit meinem speziellen Zwecke nicht unmittelbar im Zusammenhange steht. Die Erzählung der christlichen Schriftsteller wird aber durch solche unverdächtige Zeugnisse römischer Quellen, von Augenzeugen und Mitwirkenden, nur allzusehr bestätigt. Auch die Gräberfunde in den Katakomben sprechen nur deutlich, welche Grausamkeiten man sich zur Unterdrückung des Christentums erlaubt hat und mit wie wenig Erfolg. Man kann eben eine berechtigte Idee weder einsperren, noch totschlagen, oder verbrennen; sie steht immer mit verstärkter Kraft wieder auf. Von dem Jahre 200 etwa an erscheinen die Ausbrüche leidenschaftlich erregten Volkshasses gegen die Christen im römischen Reiche und das Einschreiten der Behörden gegen die Benutzung der Coemeterien. Tertullian in dem Briefe an den Statthalter Scapula erzählt, das Volk habe die Aufhebung der christlichen Coemeterien mit lautem Geschrei gefordert: „Areae non sint, areae ipsorum non fuerunt, messes enim suas non egerunt" und im Jahre 250, während der Decianischen Verfolgung, erklärt der Präfekt Aemilianus dem Bischof Dionysius von Alexandrien:„es wird in keiner Weise weder euch noch anderen erlaubt sein Zusammenkünfte zu halten, oder in die Coemeterien zu gehen." Ähnliches geschah durch den Prokonsul Paternus, indem er dem Bischof Cyprian erklärt, die Kaiser Galienus und Valentinius hätten befohlen, daß an keinem Orte Zusammenkünfte gehalten, oder die Coemeterien besucht werden dürften. Dasselbe wiederholte sich 311, als der Kaiser Maximinus durch eine Deputation der Einwohner von Antiochien ersucht worden war, die Zusammenkünfte der Christen in den Coemeterien zu verbieten. Dagegen hatte der Kaiser Gallienus, nachdem sein Vater Valerian im Kriege gegen die Perser gefallen war, ein Toleranzedikt erlassen, durch welches den Christen die ihnen entrissenen Coemeterien zurückgegeben wurden und wiederholte diesen Befehl nach einiger Zeit, in einem Rescript an die Bischöfe.

Aus den vorausgehenden sehr wenigen Mitteilungen ergibt sich, daß die Christen schon von der ersten Hälfte des ersten Jahrhunderts an eine gehaßte und wegen des Glaubens sehr grausam behandelte Religionsgenossenschaft waren, deren Mitgliederzahl aber trotz aller Mißhandlungen in stetem Wachsen blieb, so daß sie, von dem dritten Jahrhundert an, in einem großen Teile des römischen Kelches die Mehrzahl bildeten, in Kleinasien, Cartago, Pannonien, Gallien, während in Rom selbst das Heidentum sich länger erhielt, bis Constantin es für gut fand, sich in den Christen den Beistand einer mächtig gewordenen politischen Partei zu sichern, trotzdem daß er bis an das Ende seines Lebens als Oberpriester den Göttern opferte. — Es fragt sich nun, wie trotz dieses Gegensatzes die Christen im Stande waren, in den ersten Jahrhunderten Korporationseigentum zu erwerben, Gemeindebeamten zu bestellen, Zusammenkünfte zu halten, welche unmöglich geheim bleiben konnten und so großartige, prachtvolle Werke auszuführen, wie die Katakomben sind und mit den über ihnen errichteten Basiliken waren. Es haben dabei verschiedene Motive und Umstände zusammengewirkt. Für die Christen zunächst bestand das Bedürfnis, von den Heiden, wie im Leben, so auch in dem Tode getrennt zu bleiben, wie ja auch die Juden, aus denen sie entstanden sind, sich überall getrennt hielten. Wie sie im Leben eine eng verbündete Brüderschaft bildeten, welche sich streng von dem Umgang mit den Heiden entfernt hielt, so konnte es auch ihren Gefühlen um so weniger entsprechen, ihre Gräber mit denen der Heiden zu untermischen, als ihre Friedhöfe vorerst die einzigen Orte waren, auf welchen sie zugleich ihren Gottesdienst abhalten konnten. Es kamen ihnen daher die alten, früher von den Heiden phönizischen Stammes benutzten Gräbergalerien, welche jetzt verlassen waren, sehr zu statten, als bequem vorbereitete Orte, welche von ihnen zu dem früheren Gebrauche ohne Aufsehen und Anstoß wieder benutzt werden konnten.

Auch daß sie ihre Toten nicht verbrannten konnte bei den Römern keinen Anstoß erregen, denn das Begraben war in einem großen Teile von Italien, bei Etruskern, Italikern und Griechen die herkömmliche Bestattungsweise, und auch in Rom selbst, nicht allein bei den ärmsten Klassen, auch bei den Gentilen nicht ungewöhnlich. Schon die zwölf Tafelgesetze erwähnen das Begraben, neben dem Verbrennen.

Im römischen Reiche war die Bildung von geheimen Gesellschaften, Häterien, welche den Deckmantel zu den gröbsten Ausschweifungen geben konnten, streng verboten, die Bildung von Genossenschaften aber, zu bestimmten öffentlichen Zwecken, fand in den Gesetzen keinen Widerstand, sondern Unterstützung. Solche Genossenschaften konnten Korporationsrechte und Eigentum erwerben, Beamte bestellen, Versammlungen halten, ohne von den Staatsbehörden gestört zu werden. Ein solche gesetzlich vollkommen zulässige Genossenschaft, war die der Leichenkassengesellschaft, einer Wohltätigkeitsanstalt, wie wir sie auch heutiges Tages besitzen, bestimmt, armen Leuten die Kosten für die Bestattung ihrer Angehörigen minder drückend zu machen, ein Institut, welches in der römischen Kaiserzeit, in welcher es in Rom der Unbemittelten so viele gab, ein dringendes Bedürfnis war. Ein Gesetz gestattet die Bildung solcher Leichenbrüderschaften: „Permittitur tenuioribus stipem menstruam conferre dumtamen semel in mense coëant; Digest." XLVII, 22. 1. Es war also den wenig Bemittelten, tenuioribus, gestattet, monatliche Beiträge unter sich zu sammeln, ein Korporationsvermögen zu bilden, ein Grundstück, eine Area, zu besitzen, um gemeinsame Gräber zu errichten und Versammlungen zu bestimmten Zeiten abzuhalten. Darauf bezieht sich ergänzend auch eine Inschrift aus Lanuvium, welche Mommsen mitteilt:„de collegiis et sodalitalibus 87 seq. Qui stipem menstruam conferre volunt in funera, conferendi causa unde defuncti sepelliantur etc." Diese Leichenkassengesellschaften vermehrten sich rasch, vom Anfange des ersten bis in das dritte Jahrhundert, so lange die Christen keine andere Form und Vorwand und kein anderes Recht für ihre Zusammenkünfte und die Erwerbung von Zusammenkunftsorten hatten. Die Genossenschaften nannten sich nach irgendeiner Gottheit, oder nach einem ihrer Gründer, einem hervorragenden Wohltäter, oder auch nur nach der Straße, wo sie ihre Zusammenkünfte hielten. Sie hatten darin volle Freiheit. Ihre Hauptzeremonie bestand in der Feier ihres Stiftungstages, des Todestages hervorragender Mitglieder und die Kollegien besaßen dafür besondere Kalender, in welchen Tag und Reihenfolge der Festlichkeiten angegeben waren, der Anfang der Kirchenbücher, Kalender mit den Heiligen- und Märtyrerfesten mit Bestimmung der Kirchen, in welchen sie abgehalten wurden, so:

III. Non. Märt.: Lucii in Callisti.

VI. Id. Decembr.: Ecdichiani in Callisti.

XIII. Kalend. Febr.: Fabiani in Callisti et Sebastiani ad Cata cumbas.

VIII. Id. Augusti: Systi in Callisti, oder:

Prid. Kal. Jan. Silvestri in Prescillae.

IV. Id. Aug.: Laurentii in Tiburt.

III. Calend. Decembr.: Saturnin, in Thrasonis.

Krüll, christliche Alterthumsk. B. 1. Sp. Northcote Spenc: antiquit. Ruinart, acta Martyr. 1. 3.

Diese Jahresgedächtnisse wurden Oblationes pro die defuncti genannt und sind schon im.zweiten Jahrhundert von Tertullian (de exhortat. castitat) erwähnt. Man brachte Opfergaben und schmückte die Gräber wie an Allerseelen mit Blumen.

Es war gestattet, Gesellschaftshäuser zu besitzen, welche unter dem Namen Schola oder Triclinium gingen. Am Ende des zweiten Jahrhunderts hatten sich diese Leichenkassensollegien sehr vermehrt; sie. standen unter dem Schutze der Gesetze, welche die Verletzung und Beraubung der Gräber von der ältesten Zeit an hart verpönten, der öffentlichen Meinung, welche den Gräbern die größte Ehrfurcht trug und ihre Privilegien wurden von Septimius Severus auf das ganze Reich ausgedehnt. Es ist leicht einzusehen, wie bequem es den Christen wurde, unter dem Anscheine einer Leichenkassengesellschaft Genossenschaften zu bilden, Grundstücke, Areae, zu erwerben, Vereinigungen zum Jahresgedächtnis der Verstorbenen zu halten, Festlichkeiten, Mahlzeiten, Agapen zu feiern, ohne der Heimlichkeit zu bedürfen. Wir besitzen eine Menge Beweise dafür, daß am Ende des zweiten und im dritten Jahrhunderts solche Kollegien, Gemeinden, im ganzen römischen Reiche bestanden, sowohl aus den christlichen Schriftstellern, als aus Inschriften; so spricht Tertullian, indem er von den Coemeterien in Cartago handelt, von der Area sepulturarum nostrarum als von einer ganz öffentlichen Sache. Die Gemeinden hatten, außer den höheren Geistlichen, ihre Beamten, die, ohne selbst Geistliche zu sein, doch gewissermaßen zu denselben gezählt wurden, den Capsararius (capsa, Kiste), den Kastenmeister und die Fossores, die Gemeinschaft der Totengräber, mit einem Vorsteher, in dessen Familie das Amt häufig erblich war, und der alles zur Bestattung Gehörige zu besorgen hatte. Die Coemeterien und die in denselben begangenen Festlichkeiten waren zu dieser Zeit natürlich ganz öffentliche, wohlbekannte, den Christen rechtlich zustehende Einrichtungen.

Wir besitzen aus dem vierten Jahrhundert, also aus der Zeit, in welcher die Benutzung der Coemeterien durch Constantin den Christen wieder völlig freigestellt war, einige Beschreibungen ihres damaligen Zustandes. Hieronymus gegen 350 p.Ch. erzählt Comment in Ezech.: „Als ich mich, noch ein Knabe, in Rom befand, um in Künsten und Wissenschaften unterrichtet zu werden, ging ich mit meinen Altersgenossen an Sonntagen zu .den Gräbern der Apostel und den Krypten, welche tief in die Erde gegraben zu beiden Seiten der Wände die Leichname tragen und so finster sind, daß hier beinahe das Wort des Propheten in Erfüllung geht: „sie müssen lebendig in die Hölle fahren." Ps. 55. Nur spärlich mildert ein von oben, nicht durch Fenster, nur durch Löcher herabfallendes Licht die Finsternis. Wie langsam schreitet man vorwärts und von dichter Nacht umgeben tritt uns das Wort Virgil's entgegen: „Grauen umströmt ringsher, auch die Stille ist selber entsetzlich." Aeneis II, 755. Vos. Der spanische Dichter Prudentius beschreibt in einer Hymne im fünften Jahrhundert diese Grüfte und die Totenfeierlichkeiten, welche in ihnen gehalten wurden. Nach der Übersetzung von Bellermann:

„Nahe dem äußersten Wall, wo in Gärten gedeihet der Obstbaum,
Tut sich in Spalten versenkt, eine bergende Gruft auf.
Steil ist der Weg, der auf Stufen hinein in ihr tiefes Geheimnis
Dich durch Windungen hinführt bei verschwindendem Lichte;
Denn nur den Eingang besucht in den obersten Spalten des Tages Licht und erhellet zugleich spärlich die Schwellen der Gruft.
Dann, wo bequemer der Weg, durch die dunkle Nacht und des Raumes Täuschende Wölbungen stets schwärzer und schwärzer erscheint,
Da begegnen dir tief in des Felsdachs Spalten begraben
Öffnungen, werfend des Tage Strahl in die Höhle hinab.
Wie auch der Weg sich verschlinget und dahin .und dorthin gewandt ist
Schmal sind die Gänge und hoch wölbt sich ihr schattiges Dach.
Dennoch" u.s.w.

„Zahlreich waren in Rom die Behausungen beiliger Toten,
Die wir, o Valerian, Christi Geweihter, gesehen,
Aber verlangst du auch in den Stein gegrabene Züge,
Fragst nach Namen, dann ist schwierig davon Bescheid.
So viel Volk der Gerechten verschlang unheiliger Eifer,
Als noch das Troische Rom heimische Götter verehrt.
Meist wohl nennet ein Grab durch deutliche Zeichen den Namen, Dir einen Märtyrer bald, bald einen sinnigen Spruch;
Aber es schließet auch oft die verschwiegenen Gräber ein stummer Marmor, welcher allein zeigt der Begrabenen Zahl.
Zwar ist vergönnt zu wissen, wie viel der Leichen gehäuft sind, Eng auf einander, Namen erfährest du nicht.
Wohl erinner' ich mich heut, daß ich sah, wie ein einziges Grab Sechzig Tote zugleich schützend dort unten verbarg,
Deren Namen allein nur Christo dem Herrn bekannt sind."

An diese poetische Darstellung reihe ich die Beschreibung der Coemeterien, wie sie jetzt aus ihren Ruinen zu entnehmen sind.

Durch eine hohe Pforte führt eine Treppe hinab in die Schichte festeren Gesteins, welche sich zur Herstellung von Gängen und Hallen geeignet zeigte, und dann zunächst in eine hohe Halle oder in mehrere unter einander kommunizierende Hallen, welche zu gottesdienstlichen Versammlungen dienten. Daß man diese ganz zuvorderst gelegt hatte versteht sich von selbst, da man der Gemeinde nicht zumuten konnte, durch enge Gänge, durch welche kaum ein Einzelner durchschlüpfen kann, in eben so enge luft- und lichtlose Galerien zu gelangen. In diesen Hallen sind noch rohe Altäre und aus Stein gehauene Bischofssitze erhalten. Von ihnen gehen Galerien tief in den Berg hinein, lange Gänge mit steilrechten Wandungen und flachgewölbten Decken, von welchen, meistens im rechten Winkel, aber auch unregelmäßig, zahlreiche Seitengänge abgehen, welche hier und da wieder von anderen Gängen durchkreuzt werden. Sie stehen in dem Ende durch enge Treppen mit den tieferen Stockwerken, deren zwei bis drei über einander liegen, in Verbindung. Von der oberen Galerie gehen Luftlöcher, Luftschachte, Luminaria, nach der Oberfläche, um Luft und ein spärliches Licht einzulassen. Alle diese Gänge, sowohl die Hauptstollen, als die Wände der Treppen und Nebengänge und der Hallen, sind ganz mit Grabnischen bedeckt, welche, nach der Höhe des Gangs zu 3 bis 4, aber auch zu 10 und 14 über einander liegen, stets mit der Langseite gegen den Gang hingewendet (s. Bosio). Dieselben sind knapp so geräumig, daß sie eine ausgestreckte Leiche in sich aufnehmen können, für Knaben daher kleiner, als für Erwachsene, und nach außen durch einen eingekitteten Stein, oder eine Zement- und Mörtelschichte, geschlossen. Die Zahl dieser Grabnischen ist in allen Coemeterien um Rom herum zusammen und in den einzelnen größeren sehr ansehnlich. Pater Marchi schätzt sie auf mehrere (6) Millionen. Es mögen aber auch, da die Coemeterien aus sehr alter Zeit stammen, viele Nischen von der christlichen Epoche an noch unbesetzt gewesen sein. Für die Katakomben in Neapel schätzt Bellermann die Zahl der alten Grabnischen auf 170,000. Die Leiche war ohne Sarg, nur in Leinewand eingewickelt und mit Aromen umgeben. Aschenurnen sind nicht vorhanden und keine Leiche ist verkohlt, einige wenige ausgenommen, welche angebrannt sind und für die Leichen von Märtyrern gelten, unter ihnen einige Kindergerippe. Die Inschriften sind, da der Schlußstein nur wenig Raum bot, immer sehr kurz; sie geben selten mehr als den Namen, das Alter, den Todestag und einen frommen Spruch, sehr häufig ist das Konsulat genannt. Eine andere Bezeichnung für das Jahr kannte man noch nicht, die Bezeichnung des Todestages erschien wichtiger als die des Jahres, der Gedächtnisfeier wegen. An vielen ist ein Merkzeichen, eine Münze, ein heller Stein u. dergl. in den Mörtel eingedrückt, um das Grab unter den vielen wiederfinden zu können, wenn es keine Inschrift hatte. Sie reichen bis in die Zeit des Domitian. Die meisten derselben sind lateinisch, einige griechisch abgefaßt, und oft findet sich auf der Rückseite die Spur einer älteren, heidnischen Inschrift, wenn ein altes Grab benutzt und nur der Schlußstein umgedreht worden war. Beispiele solcher, fast sämtlich sehr ähnlicher Inschriften sind:

Victoria refrigerer(et) inspiritus in bono.

Mögest du erquickt werden und dein Geist im Glück.

.... N. Jun.

Juibas

in Pace et Pete

pro Nobis.

Nonen des Juni.

Lebe in Frieden und bitte für uns.

Bene merenti sorori Bon . . . VIII Calend. Nov. Deus Christus omnipotens spiritum tuum refrigeret in Christo; s. eine große Zahl solcher Inschriften bei Bosio und Rossi, Inscriptiones christianae urbis Romae.

Manche Nischen wurden schon bei Lebzeiten des späteren Inhabers bestellt und wohl auch für zwei und mehrere Personen, Mann und Frau, oder eine Familie eingerichtet. Solche Doppelgräber hießen bisomeu und trisomen und der Fossor besorgte den Verkauf des Platzes.

Cucumio et Victoria

se vivos fecerunt,

Capsararius de Antoninianis.

Cassier der antoninischen Bäder.

Emtus locus ab artemisia bisomus hic est, et pretium datum Hilaro fossori, in praesentia etc.

Marcus Anton.: Restitutus fecit hypogaeum sibi et suis fidentibus in Domino.

Manche Grabnischen haben seitliche enge Öffnungen, welche gemacht worden waren, als es noch verboten war, die Gräber zu öffnen. Die Gläubigen steckten durch dieselben ihre Hände und Tücher, Brandeae, um die Leiber der Märtyrer zu berühren, das sog. Märtyreröl zu sammeln, Reste der Leichenlampe, welche dann weit hin als Gegenstand der Verehrung versandt wurden.

Als Zufluchtsstätte für die ganze Gemeinde, um sich vor den Verfolgungen der Heiden zu sichern, oder gar um sich in denselben zu verteidigen, konnten die Katakomben natürlich nie dienen. Es hätte die Übermacht genügt, die Eingänge zu schließen, um die Eingeschlossenen gleich den Kabilen in der Höhle von Zaatscha, oder den Indianern in den Höhlen der black mountains in der kürzesten Zeit durch Hunger zu töten, oder zur Übergabe zu nötigen. Ein solches Schicksal ist 30 Christen bereitet worden, welche sich bei der Valerianischen Verfolgung in einen Nebengang des Coemeterium an der Via Salaria geflüchtet hatten. Der Eingang war vermauert und der Gang selbst von dem Luminare aus mit Schutt gefüllt worden. Sie wurden widerstandslos getötet, wie Bergleute in einer verschütteten Grube. Einzelnen mochten die versteckten Gänge des Labyrinths, in welchen es leicht war, den Verfolgern auszuweichen, für kurze Zeit während den Verfolgungen zur Zuflucht dienen. Als die Zeit der Verfolgungen begann wurden die großen Eingänge verschüttet und unkenntlich gemacht, man bewahrte sich mehr versteckte, in Sandgruben verborgene Nebeneingänge.

Schon oben ist erwähnt worden, daß bereits in der ersten Hälfte des ersten Jahrhunderts die Christen bei den Römern verabscheut und wegen ihrer Religion, die man einen abscheulichen Aberglauben nannte, mißhandelt waren (Plinus ep. ad. Traj), gefoltert und getötet wurden. Der Haß richtete sich aber doch vorerst nur gegen einzelne und die Grausamkeiten, Folterungen, auch von jungen Mädchen (durch Plinius sec.) gingen von den Behörden aus. Der Haß nahm aber zu und ging auf die niederen Volksklassen über, je mehr die Christen an Zahl wuchsen und nach und nach anfingen eine politisch mächtige Partei zu werden, die namentlich auch in der Armee zur Bedeutung gelangte, und von den sich bekämpfenden Gegenkaisern benutzt wurde. In der zweiten Hälfte des zweiten Jahrhunderts bestanden die gallischen und pannonischen Legionen größtenteils aus Christen, deren keckes Auftreten die diacletianische Verfolgung hervorrief. Statt der bisherigen Duldung fanden die Christen von der zweiten Hälfte des zweiten Jahrhunderts an feindliche Entgegnung. Im Jahre 257 verbot Valerian den Christen, die Coemeterien zu betreten; die Eingänge wurden geschlossen und die Begräbnisstätten konnten nur noch heimlich durch Nebengänge besucht werden. Manche, welche das Verbot mißachteten, erlitten hier den Märtyrertod. Man betrachtete von jetzt an ihre Gemeinschaften nicht mehr als unschuldige Wohltätigkeitsgesellschaften, sondern als staatsgefährliche Häterien, welche mit Gewalt unterdrückt werden müßten. Viele Gänge wurden absichtlich oder durch die Wirkung der Zeit verschüttet oder unzugängig gemacht und der Cavaliere Rossi (Roma sotteranea) konnte, indem er gerade diese verschütteten Gänge aufräumen ließ, einige unversehrte Nischen aufdecken, welche der Plünderung durch die Barbaren entgangen waren. Dieser Zustand des beginnenden Zerfalls wurde durch die Anerkennung der Christen durch Constantin den Großen eher gefördert, als beseitigt. Die Christen bekamen jetzt die Freiheit Basiliken zu erbauen und viele derselben wurden über den Coemeteriis errichtet, welche durch die Fundamentierung derselben zum Teile zerstört wurden. Daß unter den ältesten christlichen Basiliken sich häufig eine unterirdische Kirche, Krypta, befindet, rührt von diesem Gebrauche her, Basiliken über den alten Coemeterien und den unterirdischen Kirchen derselben zu errichten. — Der Gebrauch, in den unterirdischen Coemeterien zu bestatten, nahm dagegen ab, je mehr die Kirchen auf der Oberfläche der Erde entstanden und die Reliquien der Märtyrer nach diesen gebracht wurden, der lebhafte Wunsch also, in der Nähe eines Märtyrergrabes bestattet zu werden, bei den Basiliken Erfüllung finden konnte. Eine kurze Wiederbelebung der Bestattung in den Coemeterien wurde durch den Papst Damasus um 366 angeregt, der seine ganze Sorgfalt und seine Mittel auf die Erhaltung und Verschönerung derselben verwendete. Er wünschte selbst in denselben bestattet zu werden, wenn er nicht gefürchtet hätte, die Ruhe der Märtyrer, deren Gräber er aufsuchen ließ, zu stören.

„Hic fateor Damasus volui mea condere membra, sed cineres timui sanctos vexare piorum."

Um diese Zeit, 370, nahmen, wie die Inschriften nachweisen, die Bestattungen in den Katakomben wieder zu, um aber nach dem Tode des Damasus bald für immer aufzuhören. Es waren keine Mittel zur Unterhaltung vorhanden ; das Kirchenvermögen wurde zu anderen Zwecken, zur Erbauung von Sanctuarien und Basiliken verwendet. Die Fossores, denen die Besorgung allein anheim fiel, verkauften nur noch hier und da eine Nische. Ein Epitaph aus 381 sagt: „Accepit sepulerum inter limina sanctorum, quod multi cupiunt, sed rari accipiunt." Im Jahre 410 wurden bei dem Einbrüche der Gothen unter Alarich die Katakomben zum ersten Male geplündert und später, als 450 findet sich keine Grabinschrift mehr. Das Collegium der Fossores ging hiermit von selbst auseinander, die unterirdischen Coemeterien wurden nur noch von frommen Touristen besucht, welche ihre Namen an den Gräbern verewigten. Die liturgischea Vorschriften passen nur noch für die Begräbnisse auf der Erdoberfläche und in Kirchhöfen. Zum zweiten Male und sehr gründlich geplündert und verwüstet wurden die Katakomben 537, als Vitiges mit seinen Gothen auf der Via Salaria heranrückte und Rom belagerte, sowie dann nochmals von Totila und von den Longobarden unter Astolph 757. Italien und die Campagna insbesondere waren völlig verwüstet und entvölkert. Die Päpste, Paul I, Paschalis I, Leo III. entschlossen sich, die Katakomben zu räumen und die Gebeine der Märtyrer in die Kirchen zu versetzen. Die Knochen derselben wurden wagenvollweise ausgefahren und verhandelt und da nicht allein jede Kirche irgend eine Reliquie zu besitzen wünschte, sondern auch viele Private nach dem Besitze trachteten, so war der Handel mit diesen Knochen ein sehr lebhafter und einträglicher. Zur Zeit Karl's des Großen waren die Katakomben ziemlich ausgeräumt und fingen an zu zerfallen, sie wurden geschlossen, oder zu anderen Zwecken, zu Weinkellern, Ställen und dgl. benutzt. Von 1430 an wurden die Katakomben wieder Gegenstand der Neugierde, von Reisenden besucht und dann von wissenschaftlichen Archäologen ausgebeutet. Während man denselben, Antonio Bosio, Marangani, die Erhaltung genauerer Kenntnisse dieser merkwürdigen Denkmäler aus der ersten christlichen Zeit verdankt, hat die unverständige Habgier anderer auch manches zerstört. Viele Monumente, schön gearbeitete Marmorsärge, sind in das Museum Vaticanum gebracht, manches ist aber auch zerstört worden. Agincourt wünschte die schönste Frescomalerei, die schönsten Denkmäler der ältesten christlichen Kunst, welche der Zerstörung durch die Barbaren entgangen waren, zu erhalten, sie abzulösen und hat sie mit diesem Versuche nur zerstört. In der neueren Zeit sind besonders Rossi, der P.Marchi, Secchi, Polidori, Cavedone, aus den deutschen Reinwald, Binterim, aus England Spencer

Northcote, Roch und der Kardinal Wiseman zu nennen. Auch auf Veranlassung des Kaisers Napoleon[24] ist ein prachtvolles Werk über die römischen Katakomben herausgegeben worden. Denen, welche den Gegenstand in archäologischer Beziehung studieren wollen, fehlt es also nicht an literarischem Materiale; das Werk von Bosio hat deshalb besonderen Wert, weil es vor 200 Jahren verfaßt, noch manches unversehrt fand, was seitdem zerstört ist.

Die Grabnischen sind jetzt völlig leer, sie enthielten aber auch, ehe sie geplündert worden waren, verhältnismäßig nur wenige Gegenstände von Wert, Lampen, Ringe und anderen Schmuck, in Kindergräbern Spielzeug, einige Elfenbeinfiguren und dgl. Zahlreich sind die Embleme, welche entweder al fresco oder enkaustisch an den Gräbern, den Decken der Gewölbe, gemalt, oder, aus der späteren Zeit, in Marmor ausgemeißelt sind. Sie stellen größtenteils christliche Symbole dar, die Taube, das Lamm, den Fisch, die Palme und den Ölzweig, den Weinstock, den Anker, das Schiff, das Monogramm Christi, den Phönix, oder auch historische Szenen, das Abendmahl, den guten Hirten mit dem Lamm, das Wunder der Brote, die Arche, Adam und Eva, die Auferstehung des Lazarus, die drei Männer im Ofen u.s.w. aber auch heidnische Gegenstände, Rebengewinde in pompejanischem Geschmack, Ulysses an den Mast gebunden, Bilder aus dem Seeleben,

Wettrennen, Hahnenkämpfe, Widder, Löwen, Orpheus unter den wilden Tieren, Amor und Psyche u.s.w. dar. Das Heidentum spielt noch in die christliche Zeit herüber, das Bild des Gekreuzigten kommt nicht vor; es erscheint nicht vor dem 7. Jahrhundert, dagegen findet sich oft das Monogramm Christi, auch versteckt, ΙΧΘΥΣ ιησους Θεου Ὑιος Σωτήρ. Merkwürdigerweise sind die älteren Gemälde die besseren; sie stammen aus einer Zeit, in welcher die Kunst weniger verfallen und der Geschmack noch weniger barbarisch war.

Die Coemeterien blieben, auch nachdem sie als Grabstätten verlassen waren, eine ergiebige Fundgrube für archäologische Forschungen und für die in der katholischen Kirche in hohem Preise stehenden Reliquien von Märtyrern. Schon im 8. und 9. Jahrhundert fingen die Päpste Paul I., Paschalis I und Leo IV. an, die römischen Kirchen mit Märtyrerreliquien aus den Katakomben zu versehen. Der Eifer für das Auf-

---

[24] Desbassayes de Richemont.

finden von Reliquien wurde neu erregt, als im 16. Jahrhundert Sixtus V. und im folgenden Clemens VIII., Paul V. und Gregror XV. das Geschäft des Reliquienhandels dem Jesuitenorden übertrugen. Unter Urban VIII. wurde eine besondere Kommission niedergesetzt, welche die Echtheit zu prüfen hatte. Sie erklärten alle Loculi für Märtyrergräber, welche einen Palmzweig als Symbol hatten und ein Blutgefäß enthielten. Die beschränkenden Einwürfe von Mabillon, Papebrock und Muratori wurden von der Kirche streng zurückgewiesen und die Ernte fiel sehr reichlich aus. Allein im Jahre 1672 wurden nach Boldetto 428 Märtyrergräber geöffnet und die Knochen nach allen Weltteilen verhandelt, außer denen, welche die Privatspekulation umtrieb, denn der Verkauf wurde auch Privatpersonen überlassen. Die Gräber enthalten außer den oben angegebenen angeblichen Zeichen nichts Auszeichnendes. Sie tragen die gewöhnlichen kurzen Inschriften, wie Ospita dulcis anima; Aeterius in pace. Der in Anagni samt seinem Blute verehrte Glaubenszeuge Dorotheus war erst 6 Monate alt, als er das Märtyrertum für seine Glaubenstreue auf sich nahm. Bellermann, die ältesten christl. Begräbnisse, S. 248. Der Körper eines 14jährigen Knaben, vom Kopfe bis zu den Schenkeln angebrannt, fand sich, offenbar hastig beigesetzt, neben einem anderen Gerippe in demselben Loculus. Er ist in das Jesuitencolleg zu Lorette gekommen.

Die Palme steht zuweilen mit dem Ölzweig, als Symbol der Ruhe, dann aber auch, und nach Constantin, als Palmbaum auf dem Goldgrunde, als Zeichen des Sieges. Der Sieger in den Kampfesspielen erhielt als Siegeszeichen den Palmzweig. Auf Gräbern erscheint die Palme und der abgelöste Palmzweig als Symbol der christlichen Überwindung, des Sieges, der Unsterblichkeit, des Paradieses, und dieses Symbol kommt sehr häufig auf Gräbern, namentlich denen kleiner Kinder vor, die entfernt nicht mit dem Martyrium in Beziehung stehen.

Die Gefäße von grünem Glase fanden sich bald in dem Innern der Loculi, bald sichtbar in den Wandungen derselben eingemauert. Sie enthalten häufig an ihrem Boden einen roten, vertrockneten Satz, der von den Jesuiten für das Blut der Märtyrer ausgegeben worden ist, welches die Gläubigen gesammelt, mit Tüchern aufgefangen und jenen mitgegeben haben sollen. Daß es geschehen, ist durch kein schriftliches Zeugnis beglaubigt und es erscheint vernünftiger, daß wenn es geschehen wäre, man dasselbe eher außerhalb des Grabes als ein wertes Andenken aufbewahrt, als der Leiche mitgegeben hätte. Sie enthielten den geweihten (roten) Wein des Totenmahls, der in den Gefäßen, welche zugängig in die Wand eingemauert sind, zuweilen, bei den jährlichen und monatlichen Totenfesten, erneuert wurde. Auf mehreren Basreliefs ist das Trauergeleite bei der Leichenmahlzeit dargestellt; die Teilnehmer sitzen an einem mit einem Tuche gedeckten Tische, haben Amphoren um sich stehen und führen Trinkschalen zum Munde, gleich denen, welche man in den Loculis eingeschlossen findet Am berühmtesten ist das Blut des heiligen Januarins geworden, welches am 19. Sept., dem Jahresgedächtnistage, wieder flüssig werden muß, wenn, dem Glauben der Lazzaroni nach, der Stadt nicht ein großes Unglück zustoßen soll. Der arme Heilige, der bald nach seinem Tode schon so manches Unangenehme erfuhr, wird geschimpft, wenn er sein Blut nicht rasch will flüssig machen. Als die Franzosen unter Championet am Ende des vorigen Jahrhunderts in Neapel standen, wollte das Blut absolut nicht flüssig werden, so. daß ein Aufstand gegen sie drohte. Der französische General ließ 3 Kanonen vor der weit geöffneten Türe der Kathedrale aufführen und den Geistlichen bedeuten, er werde mit Kartätschen in die Kirche feuern lassen, wenn das Blut nicht alsbald flüssig würde; es wurde flüssig. Solche Glasgefäße, Trinkschalen, finden sich in sehr vielen, auch vorchristlichen Gräbern, oft zusammen mit einem irdenen Topfe, einer Urne, welche die Speise enthielt. Daß der Bodensatz in ihnen, in Italien, wo man fast nur dunklen, roten Wein hat, rot ist, darf weniger Wunder nehmen, als daß es für Blut ausgegeben wird, welches im Faulen seine reine Farbe verliert. Es finden sich solche gläserne Trinkschalen u.a. auch in den heidnischen (fränkischen) Gräbern von Sinzheim, Selzen, Oberflacht.

Außer den unterirdischen Coemeterien in der Umgebung von Rom gibt es deren in Unteritalien, Großgriechenland, Sizilien und Sardinien eine große Menge, welche im Wesentlichen denen von Rom gleich sind. Die Anlage der meisten derselben ist nur regelmäßiger, weniger labyrinthartig verwirrt, als die des Calistus u.s.w. bei Rom. Sie hatten nur den Bedürfnissen einer minder großen Bevölkerung zu entsprechen. Am berühmtesten sind die von Neapel, welche gegenwärtig noch benutzt werden, um die Leichen der in den Hospitälern Verstorbenen auf die roheste Weise unter zu bringen (Bellermann, über die ältesten christlichen Begräbnisstätten und besonders die Katakomben zu Neapel), zu Nola, Canosa, in Apulien, Capua, in Sizilien zu Palazzuolo (Acrae), von Girgenti, (Agrigentam), die Latomien von Syracus, die Aeradina an der Straße von Lentini (Leontium, Chiusi, Aquila, Castel a mare, St. Vito, Cuneae). Viele sind völlig verschüttet und jetzt unzugänglich geworden. Sie sind entweder in den weichen Stein der Bergabhänge eingehauen, oder in der Ebene als Plattengräber eingerichtet. In Campanien, der Süd- und Ostküste von Sizilien wird kaum ein größeres Bauwerk ausgeführt, eine Straße in den Berg vertieft; ohne daß man auf Gräberfelder stößt. Da sie alle unterirdisch waren, so haben sie dem Ackerbau kein Terrain genommen. Noch immer werden neue entdeckt. Die berühmten Katakomben von Nola, um welche sich der Bischof Paulinus große Mühe gegeben hatte, liegen eine halbe Stunde von dieser Stadt entfernt, bei dem kleinen Orte Cimitele, getrennt von den heidnischen Gräbern, welche sich durch die schönen Gemälde auf den Aschenurnen, welche man in ihnen gefunden hat, auszeichnen. In Sizilien liegen die Grabnischen nicht neben und über, sondern hinter einander, oft 6 bis 8.

Die Gräber, welche in der Krim aufgedeckt worden sind, rühren augenscheinlich aus verschiedenen Zeiten und von verschiedenen Nationen her: Scythen, Kimmerier, asiatische und griechische Kolonisten, Avaren mit künstlich mißformten Schädeln, haben auf diesem Boden ihre Spuren hinterlassen. Hier sollen nur einige kurze Mitteilungen im Anschluß an das, was über die italienischen Katakomben gesagt worden ist, über einige Grüfte, Gräber und Katakomben gegeben werden, welche in den letzten Jahren aufgedeckt worden sind. Andere, welche mit Kirchen in Verbindung stehen, sind aus religiösem Widerstande unzugänglich.

Eine Gruft bei Kertsch, dem alten Pantacapaeum, ist offenbar das Grab eines scythischen Fürsten und Kriegers. Es ist eine Grabkammer mit zierlichen Freskogemälden, an Wand- und Decke ausgeschmückt, Blätter und Blumengewinde darstellend, verschlungenen Kreisen und 12 strahligen Sternen und Kriegsszenen darstellend, in welchen Krieger von verschiedener Bewaffnung und Tracht, zu Fuß und zu Pferde gegen einander kämpfen. Ein einzelner Sarg befand sich an der hinteren Wand der engen Krypta. Stassow, von welchem diese Mitteilung herrührt, fand weder Gerippe, noch Waffen und Schmuck; doch war das Grab unstreitig vorher schon geplündert.

Die Stadt Berdyczeu steht ganz auf weit ausgedehnten Katakomben, welche mit denen in Mittel- und Unteritalien die allergrößte Übereinstimmung zeigen. Auf Veranlassung des Gouverneurs von Kiew wurden dieselben von einer Kommission, zu welcher der städtische Architekt Kopansky gehörte, untersucht. Nach der Mitteilung desselben bildeten diese Katakomben finstere, enge Gänge, welche teils nur in den Boden ausgegraben, teils ausgemauert sind und sich nach allen Richtungen hin durchkreuzen. Hier und da sind größere, viereckte oder runde Kammern ausgehauen. In den Wänden befinden sich die Grabnischen. Die Länge dieser Gänge soll im Ganzen gegen 400 Werst, 57 Meilen, betragen. Auch hier wiederholen sich Sagen, daß diese weitverbreiteten labyrinthischen Gänge als Zugänge zum Wasser, oder als Zufluchtsstätten gegen die Einfalle der Feinde, der Tataren, gedient haben sollen, die sich, ebenso wie in Bezug auf die römischen Katakomben, aus ihrer Architektur und der Besetzung mit Leichennischen, leicht widerlegen. Offenbar gehören diese südrussischen Katakomben einem Volke desselben Ursprungs an welches auf derselben Kulturstufe stand, wie dasjenige, welches die süditalienischen Coemeterien gegraben hat.

Leichenbestattung bei den Hebräern des alten Testaments

Bei der geschichtlichen Darstellung der Begräbnisgebräuche der Völker der alten Welt, beginnen wir billig mit den Hebräern, nicht allein deshalb, weil sie zu den ältesten Kulturvölkern gehören, sondern auch, weil aus ihnen das Christentum hervorgegangen ist und weil ihre poetischen, geschichtlichen und gesetzlichen Bücher des alten Testaments noch heute eine Quelle sind, aus welchen viele ihre ethischen und religiösen Anschauungen schöpfen, sowie weil die unter uns lebenden Juden, so viel als es die Gesetze erlauben, die Gebräuche ihrer Väter mit treuer, zäher Anhänglichkeit erhalten. Es war daher für diejenigen, welche eine Änderung unseres Leichenbestattungswesens herbeizuführen wünschen, wichtig, den Nachweis führen zu können, daß schon im alten Testamente die Leichenverbrennung vorkomme. Die Versuche, diesen Beweis zu führen, sind jedoch sehr unglücklich ausgefallen. Sie beruhen auf Unkenntnis und falscher Auslegung mißverstandener Stellen.

Die religiösen Zeremonien, die Ansichten von dem Tode und dem Leben in dem Jenseits bei den älteren und neueren Juden, glaube ich nicht berühren zu sollen.

Die Hebräer, wie sämtliche semitische, ismaelitische Völker Asiens, Phönizier, Lycier, Moabiten u.s.w. haben die Leichen nicht verbrannt, sondern in Grüften, natürlichen oder künstlichen Höhlen, teils vereinzelt, teils in großen Nekropolen vereinigt, oder in Erdgräbern begraben. Wenn man keinen anderen Beweis aus den zahlreichen poetischen und geschichtlichen Schriften des alten und neuen Testamentes für diese Behauptung hätte, so würden schon die unzähligen Gräberfunde, welche um Jerusalem und in Kleinasien gemacht worden sind und welche stets nur die Einrichtungen für unzerstörte Leichen, keine Aschenurnen ergeben haben, genügen, um die Tatsache festzustellen. Die Behauptung, daß bei den Hebräern neben den Gruftbegräbnissen auch Leichenverbrennung im Gebrauch gewesen sei, welche Wegmann-Ercolani mit Hinzufügung von Zweifeln an der Richtigkeit, Küchenmeister und Ullersperger dagegen, nicht nach eigener Prüfung, nach jenem, als ausgemacht annehmen, stützt sich nur auf einige mißverstandene Stellen.

Die erste und hauptsächlichste bezieht sich auf den Tod Sauls. Die

Darstellung ist an verschiedenen Stellen des alten Testaments nicht ganz übereinstimmend mitgeteilt. Samuel, I, 21, II, I; Chronica I, 11, 12. Das Wesentliche ist: „Saul hatte, ohne, oder gegen den Rat der Priester, auf die Weissagung einer Zauberin, auf dem Berge Gilboa gegen die Philister gekämpft und war für diese Vernachlässigung der priesterlichen Autorität gestraft worden. Sein Heer war fast völlig vernichtet, sein Sohn war gefallen, er selbst durch Pfeilschüsse schwer verwundet und in der äußersten Bedrängnis. Ohne Hoffnung auf Rettung bat er, nach der einen Stelle, einen Amalekiter, den er zufällig antraf, nach einer anderen seinen Waffenträger, ihn zu töten, damit er nicht in die Hände der Feinde falle, nach einer dritten stürzte er sich selbst in seinen Speer. Waffenschmuck und die Krone mit dem Helm, Armringe, wurden unter großer Gefahr durch jenen Amalekiter zu David gebracht, der ihn zum Dank dafür zusammenhauen ließ, weil er die Hand an den Gesalbten gelegt hatte. Die Philister hieben Saul den Kopf ab und nagelten denselben an die Türe des Tempels ihres Götzen Dagon in ihrer Stadt Dan. Die Leichen Sauls und seines Sohnes aber warfen sie über die Mauern der Stadt Bethsan, zum Fraße der Geier. Um diese Schmach zu tilgen, machten sich nächtlicherweile sämtliche streitbare Männer von Jabes auf, nahmen die geschändete Leiche ihres Königs, verbrannten sie und begruben die Gebeine unter einer Eiche nahe bei ihrer Stadt und fasteten 7 Tage. Hier handelt es sich also nicht um einen bei den Hebräern herkömmlichen Gebrauch, sondern um einen völligen Ausnahmezustand, in einem von dem Feinde weithin verwüsteten Lande, um die Leiche des Königs vor weiterer Schändung zu sichern. Ähnliches ist auch bei anderen Völkern im Kriege ausnahmsweise geschehen. Auf dieses Ereignis bezieht sich das schöne Klagelied Davids, der nicht versäumte sich die Kriegserfahrung zu Nutzen zu machen und zu befehlen, den Knaben den Gebrauch des Bogens zu lehren. Samuel I, 19.

Mit Saul hat also wirklich eine Leichenverbrennung stattgehabt, aber nur als ganz exceptioneller Vorgang. Die beiden anderen Stellen, auf welche man sich beruft, sind völlig mißverstanden. Jeremias XXXIV, 5 und Amos XX, 3 beziehen sich überhaupt nicht auf Tatsachen, sondern auf Prophezeihungen. Jeremias kündet Zedekiah an, er würde im Frieden und nicht durch das Schwert sterben, und man werde *über* seiner Leiche brennen und klagen, wie *über* den Leichen der Könige seiner Vorfahren, d. h. man werde *über* dem Grabe Brandopfer bringen und Räucherwerk verbrennen, wie das bei den Juden allgemeine Sitte war. Ebenso mißverstanden ist die Stelle Chronica II, 21, Nach Josaphats Tod war der älteste seiner Söhne, Joram, König geworden, die übrigen hatte man mit einigen Burgen abgefunden, Joram aber erwürgte seine Brüder und nahm ihr Land in Besitz, wie das so Gebrauch ist im Orient, er selbst aber war unglücklich im Kriege, verlor ein Gebiet nach dem ändern, wurde verwundet und verfiel in eine ekelhafte Krankheit, bei der alles Eingeweide von ihm ging. Als er gestorben war, machten sie *über* ihm keinen Brand, wie sie *über* seinen Vätern getan hatten, und begruben ihn auch nicht in der Stadt Davids, unter den Gräbern der Könige. Auch hier handelt es sich also nicht um Leichenverbrennung, sondern daß einem Fürsten, der sich grausam benommen hatte und in eine ekelhafte Krankheit verfallen war, was als eine Strafe Gottes betrachtet wurde, die Feier des Leichenbegängnisses, des Brandopfers und der Räucherung versagt worden war. Räucherungen und Brandopfer waren allgemeiner Gebrauch bei den Hebräern, dem sich auch die Armen nicht leicht entzogen. Jesus tadelt den Übereifer seines Jüngers, der die arme Frau zurechtgewiesen, daß sie Räucherwerk verbraucht habe, statt das Geld zu Nützlicherem zu verwenden und an seiner Leiche selbst wurden Myrrhen und Aloe verbrannt.

Daß ein König nicht in der Stadt Davids beigesetzt wurde, ist öfter vorgekommen und es wird jedesmal angegeben, wenn es, wegen schlechten Wandels, Abfall zum Baaldienst, oder wegen Aussatz geschehen ist. Die Stelle bei der Stadt Davids, Jerusalem, in welcher 9 Könige ruhen, im Tale Josaphat, (Robinson, Palästina, I, 78. II, 175. Thexius, Ilgen's Zeitschrift für Theol. 1844) ist nicht wieder aufgefunden. Aber Gruftgräber, mit Särgen von der Länge des Körpers, keine Urnen, sind im Tale Josaphat und Hemmon viele aufgedeckt. In dem Lande der Chaldäer, zu Warka in Mesopotamien, sind die Särge von gebranntem Ton, grün glasiert, mit Figuren von Kriegern und mit eben solchen Deckeln geschlossen. Sie enthalten nur noch Spuren von Skeletten. (S. Kennet Loftus, Art Journ. 1850. Athenaeum 1850.) Die Hebräer benutzten von den ältesten Zeiten zur Beisetzung der Toten teils natürliche Höhlen, deren das Kalkgebirge von Palästina viele darbot, teils künstlich in den Berg an steilen Abhängen eingehauene Grüfte, teils rohe Stein und Erdgräber. Die Grüfte gingen teils horizontal in den

Boden, wie sie die Natur gebildet hatte, teils brunnenartig in die Tiefe, so daß sie nur mit Treppen erreicht werden konnten. Genes 23, 17. 35, 8. Jesaias 16. Chron. 2, 16. Joh. 11, 38. Matth. 27, 60. Luc. 44 und an vielen anderen Stellen. Die Anhänglichkeit an die Familie, die Achtung der Kinder gegen die Eltern, das gute Familienleben unter Mann und Frau ist einer der ehrenden Charakterzüge des hebräischen Volkes; sie ersetzt ihm den Mangel des Vaterlandes, für welches ihm nur ein elegisches Gedächtnis geblieben ist. Dieser Charakterzug treibt den Juden, auch im Tode mit seinem Volke und den Seinigen, seinen Vorfahren vereint zu bleiben. Auch da, wo die äußeren Schranken zwischen Christen und Juden gefallen sind, wo sie bürgerlich gleich gestellt und die Ehe gestattet ist, sind doch die Scheide wände zwischen den christlichen und jüdischen Friedhöfen meistenteils noch geblieben. — Wer in alter Zeit es irgend vermochte, hat sich eine Familiengruft für mehrere Generationen genügend eingerichtet. Als Sarah gestorben war, erwarb Abraham im Lande der Hedither ein mit Bäumen besetztes Stück Land, auf welchem sich zwei Grüfte be fanden, um 40 Sekel und begrub hier sein Weib, neben welchem er später selbst beigesetzt wurde. Jacob, der Enkel Abrahams, war nach Ägypten zu seinem Sohne Joseph, der dort in die haute finance eingetreten war, gegangen. Nach seinem Tode wurde er einbalsamiert und mit großem Gefolge über den Jordan in die Gruft seiner Väter geführt. Joseph war völlig Ägypter geworden und wurde nach ägyptischer Weise im Sarkophag beigesetzt. Aus dieser Neigung, die Bestattung in Familiengräbern zu suchen, stammt der Ausdruck „er ist zu seinen Vätern versammelt" statt begraben. Erst in viel späterer Zeit wurden für Arme und Fremde in Judäa auch allgemeine Gräber eingerichtet. Die Tradition corp. jur. canon. will wissen, daß auch Adam und Eva und Lia in der Gruft Abrahams beigesetzt seien.

Bei den Hebräern war, wenigstens vor der babylonischen Gefangenschaft, der Glaube an eine Fortdauer nach dem Tode nicht allgemein, noch weniger die Hoffnung auf eine Auferstehung des Leibes, an Belohnung für das Gute, an eine Bestrafung für das Böse im Jenseits. Sie haben, wie auch Tacitus ihnen nachsagt, wohl die Unterirdischen, aber nicht die Himmlischen gekannt. Die Seelen der Abgestorbenen kamen in einen unterirdischen, hohen, dunklen Raum, wo sie ohne Leid und ohne Freud der Erscheinung des Messiah zu warten hatten. Die Idee, daß Lohn oder Bestrafung für Handlungen in diesem Leben in dem

Jenseits zu erwarten seien, ist überhaupt keine vorchristliche, sie hat sich, sowie die Asketik, erst bestimmter mit dem Christentum entwickelt, das den Armen und Elenden für ihre Entbehrungen auf den Lohn im Jenseits und den reichen Sünder auf die Strafe in der Hölle verweist. Hebräern und Heiden war aber die Idee gemeinschaftlich, daß die abgestorbene Seele ruhelos herumirre, so lange der Körper nicht begraben war.; Daher war das Begraben der Leichen eine heilige Pflicht, die auch Fremden und selbst Feinden nur als Äußerung der äußersten Rohheit und des Hasses versagt wurde.

Der Redliche, der Glaubenstreue, der fest an seinem Glauben hängt, wird nach hebräischer Vorstellung schon in diesem Leben belohnt, durch reichen Kindersegen, Glück, reichen Erwerb und langes Leben. Ehre Vater und Mutter, auf daß es dir wohl ergehe und du lange lebest *auf Erden.* Der Christ würde sagen, auf daß du die ewigen Freuden erfährst; der Unredliche, Abtrünnige, wird mit Armut, Krankheit und frühem Tode gestraft. — Aus diesen Vorstellungen haben sich verschiedene Eigentümlichkeiten der hebräischen Bestattungsweise entwickelt. Da man an kein leibliches Fortleben nach dem Tode dachte, so wurde der Leiche auch nichts in die Gruft mitgegeben, was zu ihrem leiblichen Wohlbefinden dienen konnte, kein Schmuck, keine kostbaren Gewänder, keine Speise, keine Geräte, kaum jemals dem Krieger sein Schwert. Daher sind die Gräberfunde aus hebräischen Grüften sehr mager und keines zeichnet sich, nach seinem Inhalte, von dem ändern aus. Man hat die Leichen gewaschen, gesalbt, mit Räucherwerk umgeben, aber nicht geschmückt. Aus demselben Grunde ist den Hebräern nie der Gedanke gekommen, Sklaven oder Frauen auf dem Grabe zu opfern, damit sie dem Manne als Diener im Jenseits zur Hand seien.

Nach hebräischer Anschauung ist die Leiche unrein und macht das Haus, in welchem sie liegt, sowie alles, was mit ihr in Berührung kommt, unrein. Daher die Sitte möglichst bald zu begraben; wenn der Tod am Morgen eingetreten war, schon vor Einbruch der Nacht, wenn am Abende, am nächsten Morgen. Diese Sitte besteht unter den heutigen Juden überall noch fort, wo nicht polizeiliche Gesetze entgegengetreten sind. Um die Unreinheit der Berührung mit dem Grabe zu vermindern, pflegte man die Grabsteine jährlich zu übertünchen, daher braucht Jesus das Gleichnis von den übertünchten Gräbern.

Die hebräische Gruft war völlig schmucklos. Man vermied es selbst die Steine zu bebauen und zu glätten, das Gotteswerk durfte zum Altar und zum Grabe nicht durch Menschenhand verändert werden. Der Eingang wurde zum Schütze gegen die wilden Tiere nur durch einen schweren rohen Felsstein geschlossen. Sprüche der Weihe und der Erinnerung, durch welche die römischen Gräber so erhebend gemacht werden, fehlen auf den palästinischen Gräbern, sowie jedes symbolische Bildwerk. Die Leiche lag in der Gruft auf dem rohen Steine, wahrscheinlich ohne Sarg, nur in Tücher eingehüllt, auf der Bahre. Wie bei dem Opfer Abraham den rohen Stein benutzte, so war auch die Gruft nur mit einem rohen Steine geschlossen und das Steingrab nur von rohen Steinen aufgebaut, selten gemauert. Solche Gräber, aus rohen Felssteinen zusammengesetzt, sind unter dem Landvolk des heutigen Palästina noch üblich. Man macht eine Mulde in den Deckelstein, in welcher sich der Regen sammelt, zum Tranke für die armen Vögel; ein schöner Zug in einem so wasserarmen Lande. — Wenn man im freien Felde, nicht in Felsabhänge begrub, so wählte man gern den Platz unter stattlichen Bäumen und setzte ein kleines Monument, eine kurze Säule. So wurden Salomo (Könige II, 43), Rehobeam (Könige III, 14), Jehu (Könige II, 11), Elisa, Abner, Rahel u.s.w. begraben. Selbst einzelne Körperteile wurden begraben, das Haupt Isaboths, den man in seinem Bette meuchlings ermordet hatte, wurde in Abners Grab beigesetzt. Nur schweren Verbrechern versagte man das Grab, um die Rache über die Ewigkeit auszudehnen. Die Mörder Isaboths wurden in Stücke gehauen, die man zum Fraß der Tiere an Bäume aufhing; nach hebräischen Vorstellungen eine sehr grausame Behandlung. Auf dem Grabe des Verbrechers wurde ein Steinhaufen, ein Schandmal, aufgetürmt, zu welchem jeder Vorübergehende einen Stein, als Zeichen der Verachtung, hinzufügte. Diese Sitte, den Toten ein möglichst einfaches, schmuckloses Grab zu geben, haben die heutigen Juden bewahrt. Auch der reichste wird seinen verstorbenen Angehörigen selten mehr als eine möglichst einfache Steintafel auf das Grab setzen.

Aus alter Zeit wird nur von wenigen monumentalen hebräischen Gräbern Erwähnung getan und in neuerer Zeit gehen nur aufgeklärte Reformjuden ein wenig über diese Einfachheit hinaus und verschmähen auch den Gebrauch der hebräischen Sprache.

Die Verbrennung der Leichen war bei den Hebräern so wenig ein allgemein geübter Bestattungsmodus, daß dieselbe vielmehr als eine infamierende Hinzufügung zur Todesstrafe angedroht war, Moses III, 20,19 und 21,9, besonders bei Fleischesverbrechen. Wenn ein Mann ein Weib nimmt und zugleich deren Mutter, so sollen der Mann, sowie die Frauen verbrannt werden; desgleichen wenn eines Priesters Tochter huret, so soll sie verbrannt werden, denn sie hat ihren Vater geschändet. Auch der Talmud zählt die Verbrennung der Leichen zu den heidnischen Gebräuchen. So streng das Gesetz aber war, so lax waren die Sitten. Moses setzt fast gegen alle Fleischessünden die Todesstrafe, gegen jene beiden durch die Verbrennung der Leiche verschärft, man weiß aber, daß diese Gesetze nicht mit dieser Strenge ausgeführt wurden und daß die Hebräer unter sich in fleischlichen Dingen sehr laxe Sitten hatten.

Außer durch zahlreiche Stellen in den eigenen Schriften der Hebräer wird diese Auffassung ihres Charakters und ihrer Gebräuche durch eine merkwürdige Stelle bei Tacitus, historiarum lib. V, 1 bestätigt.

Sie dient als Einleitung zu der Geschichte der Zerstörung Jerusalems durch Titus und beginnt mit einer sagenhaften Geschichte des jüdischen Volkes. Indem Tacitus dann zu einer nicht sehr schmeichelhaften Darstellung des Charakters und der Sitten desselben übergeht, sagt er u.a.: „Unter sich üben sie die größte Treue, sie sind daher zur Übung gegenseitigen Mitleides stets bereit, gegen andere aber hegen sie einen feindlichen Haß. Sie essen nicht mit Nichtjuden und sind zurückhaltend, im Beischlafe (discreti cubilibus) enthalten sie sich, obgleich ein zu geschlechtlichen Ausschweifungen sehr geneigtes Volk, doch der Vermischung mit Fremden. Unter sich halten sie aber nichts für unerlaubt. Sie haben die Beschneidung eingeführt, um sich durch diese Verschiedenheit auszuzeichnen. — Das Volk zu mehren wird empfohlen, daher gilt es als ein Verbrechen, einen aus den Angehörigen zu töten. Sie sind des Glaubens, daß die Seelen derer, welche im Gefechte fallen, oder hingerichtet werden, ewig lebten. Daher die Liebe zur Kindererzeugung und die Verachtung des Todes. *Sie begraben die Leichen nach ägyptischer Sitte und verbrennen sie nicht.* Sie glauben an die Unterirdischen, nicht aber an die Himmlischen (Infernis persuasio, coelestium contra). Sie enthalten sich des Schweins, aus Erinnerung des Schadens (clades), den sie erlitten, als sie von Ausschlägen (scabies) geschändet waren. Sie verehren nicht, gleich den Ägyptern, viele Tiere, sondern nur einen Gott im Geiste, der ewig und unveränderlich ist. Sie haben daher kein Bildnis desselben in ihren Städten und Tempeln u.s.w.

Man sieht, die Abneigung gegen die Juden ist nicht erst christlichen Ursprungs.

In dem Sinne der voranstehenden Auseinandersetzung der mosaischen Gesetze und Gebräuche antwortete der jüdische Gemeindevorstand der Stadt München, auf eine Anfrage des dortigen Gemeinderats, dem ein Antrag zur Herstellung von Verbrennungsöfen zugegangen war: es sei für sie überflüssig auf diese Frage einzugehen, da doch kein Jude sich werde verbrennen lassen. Dieselbe Antwort hat mir ein in talmudischen Schriften sehr bewanderter Gelehrter gegeben; er meint, die Juden seien zu klug, um ohne Not von ihren althergebrachten Gesetzen abzugehen und sich unnötige Kosten zu machen.

Nach der Rückkehr aus dem Exil haben sich die Vorstellungen der Hebräer über Fortleben nach dem Tode, Auferstehung, Belohnung und Strafe in der Ewigkeit geändert und bei den Sekten, in welche das jüdische Volk geteilt war, sich verschieden gestaltet. Die Sadducäer hielten die althebräische Anschauung fest, daß mit dem Leben alles zu Ende sei und daß Lohn sowie Strafe schon auf dieser Welt verteilt würden. Sie glaubten nicht an die Auferstehung. Sie legten Jesum die Frage vor und begleiteten sie mit einem verfänglichen Beispiele. Nach jüdischem Gesetze mußte der Bruder, um das Geschlecht zu erhalten, die Witwe des verstorbenen Bruders nehmen, wenn dieser keine Kinder mit ihr gezeugt hatte. Nun haben 7 Brüder eine Frau nach einander besessen, wem gehört sie im Jenseits? Jesus antwortete keinem, denn im Himmel wird nicht gefreit. Matth. XXII, 23, Marcus XII, 18, Lucas 20, 27. Die Pharisäer lehrten aber nach dem Exil, daß die Seele nach dem Tode zum Leibe zurückkehren werde. Die sanften Essäer endlich, deren Lehren so nahe an die der Christen herantreten, lehrten die Unsterblichkeit der Seelen und Vergeltung nach dem Tode, doch keine Auferstehung der Leiber. Die Seelen, aus dem reinsten Äther gebildet, stammen vom Himmel und werden durch eine unwiderstehliche Kraft zur Erde gezogen, wo sie vom Leibe, wie von einem Kerker festgehalten werden, bis sie der Tod erlöst, die Seele schwingt sich in die Höh', der Leib zerfällt ohne Hoffnung auf Auferstehung. Die Seelen der Gerechten kommen in einen paradiesischen Aufenthalt jenseits des Ozeans, die der Bösen in die dunkle, kalte Geole zu ewigen Strafen. (Joseph. Ant. 18, 1. 5. Bell, judaicum 2, 8. 11.) — Hier erscheinen also schon die ewigen Strafen, oder ewiger Lohn für Handlungen in einem irdischen vergänglichen Dasein.

Bei einem Volke, welches wie die Juden mit der zähesten Treue die Sitten und Gesetze seiner Väter bewahrt, welches, nachdem es längst aufgehört hat eine geschlossene Nation zu bilden und unter alle Völker aller Klimate zerstreut, trotz schwerer Anfechtung und Bedrängnis heute noch die Sittengesetze befolgt, die ihm vor mehreren tausend Jahren auf dem Sinai gegeben worden sind, unbeirrt, daß die Wissenschaft längst über dieselben hinaus gegangen ist und deren Veranlassung als unrichtig, unzutreffend und den gegenwärtigen Verhältnissen nicht mehr entsprechend nachgewiesen hat, das heute noch nach der uralten Zeiteinteilung rechnet, Speisegesetze befolgt, für welche kein vernünftiger Grund mehr vorliegt, die Beschneidung übt, wie zu der Zeit, in welcher dieselbe den Freien von dem Unfreien unterschied, von einem solchen zähen Volke ist nicht zu erwarten, daß es einer wissenschaftlichen Idee wegen, deren Wert sehr bezweifelt werden kann, in einer so ernsten Sache, wie Sterben und die pietöse Behandlung der Toten doch sind, seine altehrwürdigen Gebräuche ändern werde. Die Juden werden daher unzweifelhaft fortfahren, ihre Toten zur Erde zu bestatten, wie es ihre Väter getan haben und die Krematisten werden keine Anhänger unter ihnen gewinnen, als höchstens solche, welche längst aufgehört haben Juden zu sein. Orthodoxe Juden und solche, wenn auch von vorurteilsfreier Gesinnung, die aber doch nicht mit ihrem Volke brechen wollen, und deren gibt es sehr viele, werden der Neuerung nicht beitreten. Die Juden werden demnach, nach der Ansicht der Freunde der Kremation, wenn auch in anderem Sinne, als man es ihnen im Mittelalter vorgeworfen hat, fortfahren die Brunnen zu vergiften

Felsengräber; Kleinasien, Lycien, Etrurien, Inseln des Mittelmeeres

In Kleinasien, sowohl im Innern, Assyrien, Armenien, dem heutigen Kurdistan, als besonders längs der Küste des mittelländischen Meeres, sind an vielen Orten Gräberstädte, Nekropolen, zum Teile von ungeheuerer Ausdehnung aufgefunden worden, welche, wenn sie auch unter sich einige Verschiedenheiten im einzelnen darbieten, doch wieder in allen wesentlichen Dingen so sehr unter einander übereinstimmen und so sehr von der Begräbnisweise der übrigen Kulturvölker dieser Gegenden abweichen, daß man notwendig zu der Überzeugung hingedrängt wird, daß man in ihnen Denkmale vor sich hat, welche einem Geschlechte augehören, dessen Teile zwar im Verlaufe der Zeit weit auseinander und aus jedem politischen Zusammenhange gerissen worden sind, das aber dennoch durch die Gleichmäßigkeit, wie es seine Toten geehrt und bestattet hat, den uralten, vorgeschichtlichen Zusammenhang und Ausgang aus einem Punkte nachweist. Diese Stämme haben keine geschriebene Geschichte hinterlassen und die Sprache auf ihren Denkmalen, der hebräischen nahe verwandt, ist fast völlig unverständlich geworden. Nur gelegentlich erfahren wir von ihnen hier und da etwas aus ihrer Berührung mit anderen Völkern, Persern, Griechen, Römern und doch zeigen ihre Nekropole, daß sie Staaten und Städte von großer Macht, langer Dauer, uralter, weit fortgeschrittener Kultur und mächtiger Volkszahl gebildet haben mußten; sie waren Völker durch Schönheitssinn, Pietät, Unabhängigkeitsliebe ausgezeichnet. Die Gräber reden hier eine Geschichte von uralter Kultur, welche ursprünglich von der griechischen wesentlich abweicht, für welche bis jetzt jedes andere Dokument fast vollständig fehlt.

Die Monumente, auf welche ich hier Bezug nehme, finden sich in großer Menge an der Südküste von Kleinasien, dem alten Lycien, Bythinien, Carlen, in Lydien, dann auf Zypern, Rhodos und verschiedenen kleinen Inseln des ägeischen Meeres, auf Sizilien, Korsika, Sardinien, in der Cyrenaica, in Apulien und ganz besonders in dem alten Etrurien. Überall also in den Landesteilen, welche an das Meer grenzen und von seefahrenden Völkern erreicht und kolonisiert werden konnten. Von allen diesen sind die etruskischen Gräber, durch den hohen Wert der in ihnen eingeschlossenen Kunstschätze und weil sie am leichtesten erreicht und ausgebeutet werden konnten, bei weitem die wichtigsten geworden. Etrurien aber war nicht das Land, wo die Sitte dieser Felsengräber entstanden und die Kunst, mit der sie geschmückt worden sind, zuerst ausgebildet worden ist.

Herodot sagt, daß die Etrusker selbst sich als eine Kolonie, welche aus Kleinasien, aus Lydien gekommen, angesehen haben und die Übereinstimmung ihres Alphabets, sowie ihrer Gräberform unterstützt die vage Angabe. Die Phönizier wohnten ursprünglich am persischen Meerbusen. Die Lycier, welche sich, wie Herodot berichtet, Tramilae nannten, aber leiteten ihren Ursprung aus Zypern ab, wie Zypern von Ägypten aus besiedelt worden ist. An allen diesen Orten aber findet sich dieselbe eigentümliche Bestattungsweise, in weit ausgedehnten Nekropolen, nahe bei, doch nicht in den Städten, Grabkammern von verschiedener Größe in den Felsen ausgehauen und sehr nahe übereinstimmende architektonische Formen, so daß die Annahme nicht unberechtigt erscheint, daß die Kultur von Osten her, von Assyrien, nach Westen vorgedrungen, aber auch nicht ohne Einfluß aus Ägypten, über Zypern, geblieben ist und von Kleinasien durch eine weitere Kolonisation nach Italien und den Inseln und insbesondere nach Etrurien gekommen sei. Ich darf mir nicht erlauben auf diese ebenso interessante als schwierige Untersuchung einzugehen. Ich habe mich aber für berechtigt gehalten, den kulturellen Zusammenhang der lycischen und etruskischen Gräber anzunehmen und dann wieder darauf hinzuweisen, wie diese Bestattungsweise geeignet sein kann, Licht auf andere, über welche noch Kontroversen bestehen, Katakomben und Hypogäen zu werfen.

Die Gräber auf Zypern (s. Cesnola Cypern) waren weniger bekannt, als die von Lycien, Lydien und Carien, durch Fellows, Stuart[25], Hayard, Hamilton u.a. Es wird daher am besten sein, nach einer allgemeinen Charakteristik, eine kurze Beschreibung der lycischen Nekropolen voraus zu stellen.

Wie in allen uralten Kulturländern, so haben auch in Lycien und den benachbarten kleinasiatischen Staaten die Zeit, der kulturelle Fortschritt, sowie die politischen Veränderungen, der Wechsel der Herrschaft, ihren Einfluß auf die Gestaltung der Denkmale geäußert. Die

---

[25] Stuart, aconnts of monuments of Lydia and Phrygia I. II. Ch. Fellows, an account of Disooveries in Lycia. London 1841.

Lycier hatten schon einen ansehnlichen Staat gebildet, als sie von Crösus unterjocht wurden. Sie sollen sich in ihre Hauptstadt eingeschlossen, diese, nachdem sie ihre Frauen und Kinder getötet hatten, verbrannt haben und dann selbst bei einem Ausfalle sämtlich gefallen sein. Da ein solches Ende für ein ganzes Volk unmöglich ist, so ist vielleicht diese Zeit der Unterwerfung durch die Lydier diejenige (530 n. Chr.), in welcher ein Teil der Lycier auswanderte und fremde Gebiete kolonisierte, wenn nicht schon viel früher Kolonien ausgeschickt gewesen sind. Das lydische Reich wurde durch die Meder, durch Harpagus den Satrapen, von Cyrus d. A. unterjocht, auf diese folgten griechische Kolonisten, dann Römer, Byzantiner, genuesische und venezianische Kolonien und jetzt ist das stark entvölkerte Land von armen, mit der Welt fast unbekannten türkischen Bauern eingenommen.

So haben sich die Quellen verschiedener Kultur mehr als in vielen anderen Ländern hier gemischt.

Jetzt liegen die Ruinen von Xanthus so durcheinander geworfen, daß Fellows ohne weiteren Grund annahm, die Stadt sei durch ein Erdbeben zerstört worden. In weiter Umgebung ist das Gestein jedoch nicht vulkanisch, sondern Kalk. In den alten Denkmalen sind deutlich zwei Perioden zu unterscheiden, die altlycische, mit wenig kunstvollen Monumenten und eine spätere, griechische, welche zum großen Teile mit der vollendetsten Kunst geschmückt sind. In der Anordnung, als Felsengräber, kommen jedoch beide überein und finden sich auch sehr häufig in derselben Nekropole nebeneinander. Außerdem sind persische, assyrische Einflüsse unverkennbar. Die einfachen, altlycischen Gräberinschriften mit altgriechischen, phönizischen Buchstaben, in lycischer Sprache, deren Kenntnis beinahe vollständig verloren gegangen ist, die späteren sind mit griechischen Inschriften versehen.

Man findet verschiedene Formen von Grabmonumenten; einige wenige Erdaufschüttungen, Tumuli, mit Grabkammern, wie am Bosporos, welche vielleicht den Urbewohnern angehören, dann Felsengräber und Hochbauten, Sarkophage, diese insbesondere werden auf ihren Inschriften als Heroon bezeichnet. — Das Übereinstimmende bei aller Mannigfaltigkeit der Form im einzelnen besteht in folgendem:

Die Felsen-, Höhlengräber, auf welche es hier hauptsächlich ankommt, sind in einer unglaublichen Zahl über das ganze Land verbreitet, überall aber in Nekropolen auf einzelnen Punkten vereinigt. In einer einzigen Tagereise kann man die Überreste von 20 Städten mit ihren Nekropolen erreichen. Die ungeheuere Menge, in welcher sie an einzelnen Stellen vereinigt sind, zu Makri, Pinara, im Tale des Xanthus, zu Tlos, Telmessos u.s.w. zu vielen tausenden, beweist, wie dicht das Land im hohen Altertume bevölkert war und welche hohe Stufe der Kultur seine Bewohner schon erreicht hatten, sowie die lange Dauer der Periode, in welcher diese Bestattungsweise im Gebrauch war.

Alle diese Nekropolen liegen in der Nähe von Städteruinen, deren Name zum Teile nicht mehr bekannt ist, sonst aber aus den Grabinschriften hervorgeht und von welchen freilich jetzt oft nur kaum noch, erkennbare Reste übrig sind. Das Gebirge, der Cragus, ein Zweig des Taurus, ist ein Kalk-, Marmorgebirge, welches sehr steil abfallende Höhen, mit engen, von schroffen Wänden eingeschlossene Täler bildet. Die Ruinen der Akropolen nehmen die Spitze der Höhen ein, in deren steile Wandungen, oder in eine gegenüber liegende steile Bergwand, sind die Höhlengräber in den Fels eingehauen. Oft liegen auf Stunden weit Grab an Grab. Natürliche Höhlen, wie sie im Kalkgebirge so häufig vorkommen, mögen die erste Idee gegeben haben, wie auch in Palästina, die lycischen Gräber selbst aber sind ausschließlich Kunstprodukte, nicht bloß künstlich erweiterte Höhlen.

Die ältesten, wohl auch die Gräber der Armen, sind einfache, der Länge nach in den Fels sich erstreckende Höhlen, mit quadratischen oder nach oben gewölbten Wandungen. Sie sind jetzt längst alle geöffnet und geplündert, es scheint aber, daß viele derselben überhaupt nie geschlossen waren, daß man sich vielmehr für den Schutz der Leichen auf die Sitte und auf die Schwierigkeit des Zugangs verlassen hat, indem sie an pfadlosen Steilabhängen lagen, an perpendikulären Felswänden, so daß zu dem Eingange vielleicht nur von oben herab an Seilen, oder auf hohen Leitern zu gelangen war, wie an dem runden, einem Turm gleichenden Fels von Pinara (Fellows S. 139).

Die geschmückteren Gräber aber, aus der späteren, sowie aus der griechischen Periode, haben verschiedene und sehr künstlerisch ausgebildete Formen.

Eine charakteristische Eigenschaft, die sich bei den etruskischen Gräbern und denen von Kyrene wiederholt, ist die, daß sie entweder das Wohnhaus, oder den Tempel nachnahmen. Der Tote kommt nach seinem Ableben in eine Behausung, welche der gleich ist, welche er im

Leben bewohnte, oder in welcher er seine Götter verehrte. —In den Hausgräbern wurde die lycische Holzkonstruktion nachgeahmt, in welcher der türkische Bauer jener Gegend noch heute seine Wohnung zimmert, mit einer bis ins kleinste gehenden Genauigkeit. Sehr häufig ist nur der Felsen geglättet und die Frontseite des Hauses nachgebildet. Das mäßig steile Dach mit einem Fries, unbehauene, runde Balken, dicht neben einander als Decke, ins Kreuz gelegte, quadratisch gehauene Balken, eine Türe mit Panelen, gewöhnlich rechts und links ein Fenster. Selbst die Holznägel und Zapfen, im Stein nachgeahmt, mit welchen die Balken zusammengefügt sind, wurden nicht vergessen. Türe und Fenster sind gewöhnlich falsch, können also nicht geöffnet werden und der Zugang geht von oben, oder das Grab ist völlig unverschlossen, wenigstens gegenwärtig.

Bei anderen Gräbern ist nicht bloß das Portal ausgearbeitet, sondern es bildet einen mehr oder weniger weit heraustretenden Vorsprung, eine Vorhalle, die Felswand zur Seite mit schönen Skulpturen, einzelnen Figuren in Lebensgröße oder ganzen Gruppen, Kampf- und häuslichen Szenen, Opfer, Wagenrennen u.s.w. geziert. Wo die Lokalität sich dazu eignete, an Bergvorsprüngen, tritt das Haus, wie ein kleines Wohnhaus, ganz frei aus dem Felsen herausgehauen, wie bei den Felsengräbern zu Myra (Fel-1ows S. 200). Andere Gräber imitiren den Tempel mit einem steilen, geschmückten Giebeldache, mit ionischen und dorischen Säulen geziert, oder einen Altar. Die Skulpturen, welche an den Gräbern der späteren Zeit angebracht sind, gehören der schönsten griechischen Kunstperiode an und zeigen oft noch Reste früherer Bemalung, womit sie den etruskischen und italischen, welche diese sehr zahlreich, aber wenig Skulpturen darbieten, ähnlicher werden.

Durch den Porticus tritt man zuweilen in eine Vorkammer, oft auch direkt in eine Grabkammer, von 7 und mehr Fuß Höhe und verschiedener Größe. Die Decke wird, wo der Fels nicht sicher war, durch einen Pfeiler, über welchen ein Steinbalken gebreitet, oder einiges Mauerwerk unterstützt. An den Wänden sind enge Nischen parallel neben einander, von verschiedener Größe, für Erwachsene und Kinder und oft noch Raum für Nachfolgende, oder Steinbänke zur Aufnahme der Leichen angebracht.

Alle die künstlerisch ausgestatteten und hausähnlichen Gräber waren Familiengräber und je nach der Größe derselben mehr oder weniger geräumig oder für mehrere verwandte Familien angelegt. Sowohl die griechischen, als die lycischen Inschriften bezeichnen die Familie, welche zur Benutzung berechtigt war und bedrohen den Mißbrauch durch Unberechtigte mit Geldstrafe. Ihr Inhalt ist stets sehr ähnlich und bei den lycischen etwas knapper als bei den griechischen. Eine solche Grabinschrift lautet unter anderem:

„Das Grab des Eperastus, des Sohnes von Philocles, eines Bürgers von Tlos und seiner Frau Nannis und ihrer Erbin Soteris, der Tochter des Eperastus und ihre Nachkommen, sowie für diejenigen, welchen sie Erlaubnis geben und deren Mann Zeno, sowie ihre Milchschwester. Aber sonst soll es niemand erlaubt sein bei uns begraben zu werden, wenn ich nicht selbst oder meine Schwester es gestatten, wer dagegen handelt soll an das Volk von Tlos 1000 Denare zahlen und an den Denunzianten die Hälfte."

Oft ist noch zugefügt, daß die Bußandrohung in dem Stadtarchiv durch den Hohepriester eingetragen sei. Die lycischen Inschriften sind kürzer, aber soweit sie entziffert werden konnten, von ähnlichem Inhalte. Fellows gibt eine Anzahl, eine darunter lautet, nach dem genannten: „Dies Werk gemacht Mumrofe, Gitenove's Sohn, für selbst, Weib sein und Mutter, wer begräbt hierin bezahlt eine bedeutende Adas III." Einige Worte sind unerklärt geblieben und ähnlich viele. Ähnliche Strafandrohungen finden sich auf italischen Gräbern, doch nicht in Geld. Auf einem Grabe zu Cumae lautet die Inschrift:

„*Das* Grab des Tata, des Parfümeurs, wer es beraubt wird blind."

Eine andere Form der Grabmonumente, welche etwas weniger häufig vorkommt, sind die Stelen, Sarkophage. Es sind säulenartig, sehr mannigfaltig und kunstvoll geschmückte Monumente aus Marmor von ansehnlicher Größe. Das sog. Löwengrab hatte eine Höhe von 17. An der Spitze ist ein vorspringendes Fries und unmittelbar unter diesem befindet sich eine Grabkammer, ein Sarkophag. Ein Teil derselben ist durch Fellows nach London gebracht und in dem britischen Museum seit 1841 aufgestellt, wo sie nebst den Monumenten aus Nineveh einen der Hauptzierden desselben bilden. Sie sind unter dem Namen des Grabes der Chimära, des Löwengrabes, des geflügelten Wagens bekannt. Solche Gräber dienten den Säulenheiligen zur Wohnung.

Die Gräber sind alle völlig leer. Der Größe der Nischen nach zu urteilen waren sie jedenfalls für ganze Leichen und nicht für Aschenurnen berechnet gewesen. Sie sind offenbar schon in sehr alter Zeit geplündert worden und die Leichenreste sind, bei der Länge der Zeit, spurlos verschwunden. Viele von ihnen sind später, in der römischen Zeit, von späteren Bewohnern der Gegend benutzt worden, bald als Gräber, bald als troglodytische Wohnungen. Noch gegenwärtig dienen viele der größeren derselben armen Uruckfamilien als Wohnungen, oder auch nur als Ställe. Auch anderwärts geschah gleiches, Plinius nennt die Einwohner von Petra Troglodyten und die Nabataer fand Hieronymus an derselben Stelle, in alten Gräbern wohnend. Man wird dabei an die Stelle bei Jesaias XXXII, 16 erinnert: „Was hast du hier? Wem gehörest du an, daß du dir ein Grab hier bauen lassest, als der sein Grab in der Höhe bauen läßt, und als der seine Wohnung in den Felsen machen läßt?"*

Eine Benutzung der Höhlengräber zu Schlupfwinkeln räuberischen Volkes in Galiläa erzählt Josephus Lib. l, c. 16: „Die Höhle der Räuber war an einem ganz unzugänglichen Bergabhange gelegen, über einem Abgrunde und nur auf einem sehr schmalen Pfade erreichbar. Herodes ließ seine Soldaten in Kästen mit Seilen zu dem schmalen Eingange hinunter."

Die Gräber, welche Stuart in Lydien und Phrygien, also bei einem stammverwandten Volke, u.a. zu Dogantin in Carien, Arara, auf einem völlig von Gräbern durchhöhlten Berge aufgefunden hat, sind den lycischen so völlig gleich, daß man die Beschreibung nur wiederholen müßte, wenn man auf dieselben eingehen wollte.

Auf Rhodos, welches, Lycien nahe gegenüber liegend, den Anstoß von dort empfangen haben wird, sind von Ross zu Lindos Gräber aufgefunden worden, welche mit den lycischen vollkommen übereinstimmen und als Muster der Form gelten können. Sie gehören der späteren griechischen Periode an und zeigen, statt der Nachahmung des Holzbaues, griechische Bauformen und Dekorationen. Ein griechischer Porticus mit zum Teile freistehenden dorischen Säulen trägt, aus dem Felsen gearbeitet, ein Architrav, Fries und Gesimse. Durch den Porticus tritt man in eine Grabkammer mit Nischen zur Aufnahme von Särgen oder Leichen längs der Wände.

Ähnlich, nur ausgedehnter, sind die Gräber, welche gleichfalls Ross auf Zypern zu Cortyna und Kos und Delos und bei dem Dorfe Galinopori bei einer Stelle Kaleh, die Burg genannt, gefunden hat. Die Felsengräber liegen dem jetzigen Dorfe gegenüber in einer bedeutenden Höhe, in den steilen Kalkfels eingehauen. Es ist ein Komplex von künstlich in den Berg eingegrabenen Galerien mit drei Eingängen (also eigentlich eine Katakombe), -zu welchen man nur auf schmalen Wegen gelangen kann. In der Mitte läuft ein 4 m breiter Gang, auf welchen seitlich Nebengänge und Kammern stoßen. In der Nähe sind noch viele Höhlengräber. Auf den kleineren griechischen Inseln finden sich zahlreich Gräber, welche in der Anlage ganz gleich sind, nur mehr vereinzelt, nicht zu großen Nekropolen vereinigt; denn die kleinen, sterilen Inseln konnten unmöglich schon im Altertume eine sehr zahlreiche Bevölkerung ernähren. Die Felsengräber auf der kleinen Insel Thera, gleichfalls von Ross aufgefunden, haben vielleicht deshalb ein höheres Interesse, weil von hier aus, im 7. Jahrhundert v. Gh., Cyrene gegründet worden ist, einem Orakelspruche folgend. In dieser blühenden, griechischen Kolonie, in dem heutigen Barka an der tripolitanischen Grenze, ist der aufsteigende Felsboden in der Nähe der Stadt terrassenförmig in Absätzen bearbeitet. Alle Absätze sind dicht mit Grabkammern besetzt, welche genau denen der späteren Periode in Lycien gleichen. Jede Kammer hat einen Porticus, der mit dorischen oder ionischen Säulen geschmückt ist. Einzelne Gräber sind, wie in Pinara und Tlos, vollkommen frei aus dem Felsen herausgearbeitet und stellen kleine Felsenkapellen dar. Die Grabkammern selbst sind von verschiedener Geräumigkeit, wie sie die Größe der Familie, für welche sie bestimmt waren, zu erfordern schien. Dicht an die Nekropole stoßen die Ruinen der alten Stadt.

Felsengräber auf der Insel Childromia, welche von derselben Konstruktion wie die bisher beschriebenen, nur zum Teile aus Kalkstein aufgemauert sind, haben deshalb ein Interesse, weil sie noch nicht geplündert waren, als sie von Ross geöffnet wurden. Die unverbrannten Leichen legen in einem Steinkasten, neben welchem ein kleinerer Steinbehälter sich befand, der zahlreiche tönerne Gefäße, Schalen, Lampen und Spiegel von Bronze enthielt.

Auf Sizilien gibt es eine große Menge von durch die Kunst gebildeten Felsennekropolen, die meisten in der Nähe von Syracus und Girgenti; die Cava Ispica von Caltanisetta, Paluzzuolo bei dem Castell d'Assaro und San Filippo d'Aquino, zwischen Sperlinga und Nicosia, die Cava del Shambineto u.a. bei den Ruinen von Erbessus am Arbasus. Zu den bekanntesten gehören die Nekropolen von Syracus und bei dem Städtchen Ispica. Von den ersteren wird oft behauptet, daß sie wohl aus alten Steinbrüchen entstanden sein möchten. Wenn man aber sieht, daß diese Felsengräber, Nekropole, überall, wo die kleinasiatischen Kolonien hin gelangen konnten, nach demselben Plane und in einer Form und Ausdehnung entstanden sind, welche den Gedanken an die Benutzung von zufälligen Bildungen, Höhlen und Steinbrüchen völlig ausschließen, so erscheint diese Annahme auch für Syracus als sehr hinfällig. Das Umgekehrte, daß diese Gräber und die bearbeiteten Steine aus ihnen später zu anderen Zwecken benutzt worden sein können, kann eher richtig sein.

Die Nekropole in der Schlucht bei Ispica stimmt mit denen von Macri, Tlos, Pinara vollkommen über ein. In einem engen Tale, welches von einem kleinen Bache durchströmt ist, sind die steilen Felswände auf weite Entfernung ganz von Felsengräbern durchbohrt, deren Eingänge jetzt eben so schwer zugängig sind, als die in Lycien und unstreitig von einem Volke desselben Stammes errichtet worden sind.

Bei dem Castell d'Assaro und San Filippo d'Aquino sind die steilen Talwände bis zur äußersten Höhe mit Grotten, welche in den Fels eingetrieben sind, dicht bedeckt. Inschriften und Skulpturen sind an den sizilianischen Felsengräbern selten, doch beweisen deren zwei, welche sich im Tale vom Castell d'Assaro finden, die Bestimmung zu Gräbern; diese sind jetzt von wohlhabenden Bauern bewohnt. Zu Paluzzuolo ist die Spitze des steilen, nur auf einem schwierigen Pfade ersteigbaren Berges von einem Kastell gekrönt, die Ostseite von einer Gräberstadt eingenommen. Auch die Süd- und Ostküste der Insel Sardinien ist mit ähnlichen Nekropolen von Felsengräbern bedeckt und gleiche finden sich auf Korsika. J. W. Tindal (the Island of Sardinia. London 1849) wollte in den ersteren canaanitische Formen, nach der Marotte mancher Engländer, überall zerstreute Judenstämme zu finden, erkennen, was wohl nur insofern einige Begründung hat, daß es Bauwerke sind, für welche die Muster sich in Kleinasien wiederfinden und daß sehr ähnliche auch in Galiläa vorkommen. Die Israeliten sind jedoch nie ein kolonisierendes, seefahrendes Volk gewesen.

Auf Sardinien kommen Bauten in sehr großer Zahl vor, deren Bestimmung immer noch rätselhaft ist. Man nennt sie jetzt Noraghen, ein Wort, dessen Etymologie unbekannt ist. Es sind deren jetzt noch mehr als 3000 vorhanden und viele mögen zerstört sein. Sie bestehen aus einem mit großen Steinen aufgemauerten, runden, turmähnlichen Mittelbau, welcher gewöhnlich zwei völlig dunkle Gemächer enthält; Leichenreste und Beigaben zu Leichen finden sich nicht. Dennoch ist es am wahrscheinlichsten, daß sie Grabmonumente sind, aus welchen zufolge ihres hohen Alters und Plünderung die Spuren ihrer alten Bestimmung verschwunden sind. Schon im Altertume war dieselbe unbekannt. Varro sagt, daß an ihnen an einem Kranze Glocken aufgehängt gewesen seien und diese Reminiszenz besteht noch bei den sardinischen Bauern. Sie erinnert an die Beschreibung des Grabes von Porsenna in Clusium.

Nekropolen mit denen, welche bisher aus Gegenden beschrieben worden sind, welche an die Küsten des Mittelmeeres anstoßen, völlig übereinstimmen, sind auch in großer Zahl in dem Innern von Kleinasien, in Assyrien, Armenien, dem heutigen Kurdistan nachgewiesen worden. Sie sprechen deutlich für die weite Ausbreitung, den genealogischen und kulturellen Zusammenhang der Rasse, welche diese eigentümliche Form der Totenbestattung bei sich ausgebildet hat, wenn auch dieselbe politisch und sprachlich weit auseinander gegangen ist. Austin, Henry Layard, Nineveh and Babylon, beschreibt diese Gräber, welche er am Wansee fand, in folgender Weise: „Neben Gräbern mahomedanischen Ursprungs, dem Turbeh des Sultan Bajandur, findet sich eine tiefe Schlucht, durch welche eine brausender Bach strömt und welche mit einem dichten Walde von Obstbäumen gefüllt ist. Die Höhen zu beiden Seiten, senkrecht emporsteigende Felswände, sind mit Eingängen zu künstlichen Höhlen, alten Gräbern, vollständig durchlöchert. Auf einem hohen Sandsteinfelsen stehen die Reste einer Akropolis, die Ruinen der alten armenischen Stadt Khelat. Zu manchen der Gräber gelangt man auf schmalen, halb zerfallenen Treppen, nicht ohne Mühe und Gefahr. Die Eingänge sind glatt, geebnet oder mit einem Gesimse verziert. Sie führen in ein größeres Gemach, mit dem häufig Seitenkammern in gleicher Höhe oder zu denen einige Treppenstufen führen, in Verbindung stehen. Sie sind nicht geschlossen. An den Wänden finden sich Blenden, in welchen früher die Leichen lagen. Kleinere Nischen waren zur Aufnahme von Lampen und Opfergaben bestimmt."

Ganz ähnliche Gräberstädte, bemerkt Layard, gibt es in allen Gebirgen Assyriens und Persiens, nirgends aber hat er deren so viele zusammengesehen als in Akhlat.

Bei Bavian finden sich solche Felsengräber mit künstlich skulpturierten Portalen, Könige oder Priester darstellend. An einer anderen Stelle, einem isolierten steilen Felsen zu Wan, sind die Eingänge zu künstlich in den Stein gehauenen Gräbern. Der Grundriß T. II. stimmt ganz mit dem überein, wie er von Fellows u.s.w. für die Gräber an der Südküste gegeben worden ist. Auf einer engen Treppe gelangt man zu einem schmalen Felsrande, über welchem das Gestein sorgfältig geglättet und mit Keilinschriften bedeckt ist. Ein 7' langer Gang führt in eine Halle, 34' lang, 21' breit und 7' hoch, von welcher vier Türen in eben so viele kleinere Gemächer sich öffnen. Rings an den Wänden sind Nischen. Die Nebengemächer gehen rechtwinkelig von der größeren Vorhalle ab. Kleinere, fensterähnliche Nischen waren wohl zur Aufnahme von Lampen und dergleichen bestimmt. Die Keilinschriften sollen die Taten und Feldzüge eines Königs, Argistis, preisen. Hinks Mem. of the Inscriptions of Wan. In einem der Gemächer befindet sich ein halb ausgefüllter Brunnen, den zu erwähnen deshalb nicht ohne einiges Interesse ist, weil auch in den Katakomben in der Umgebung von Rom, welche man vielleicht als eine weitere Entwicklung der Felsengräber betrachten darf, in den tieferen Gängen sich solche Brunnen finden.

Wenn man das Ganze im Zusammenhange überblickt, so erscheint es als unverkennbar, wie ein gleicher, tief in das Volksleben eingreifender Gebrauch sich von dem Innern von Asien, Persien, Babylonien aus, über Kleinasien bis zu dem Mittelmeere ausgebreitet hat und von da durch Kolonisation zu den griechischen Inseln, den Küsten von Griechenland, Nauplia, an die Küste von Nordafrika, nach Italien und den italischen Inseln gelangt ist. Wenn der uralte Zusammenhang der Völker dieser Gegenden auch nicht mehr durch politische Institutionen und durch die Sprache verraten wird, so ist er durch die Gleichheit der Begräbnisweise bewiesen.

Gräber in Etrurien und Süditalien; Apulien

Schon früher ist erwähnt worden, daß die Etrusker selbst annahmen, daß ihre Voreltern aus Kleinasien, aus Lycien, in das Land eingewandert seien, aus welchem sie die Pelasger, sowie diese selbst die Urbewohner, die Siculer, vertrieben hatten. Da es völlig unwahrscheinlich ist, daß etruskische Kolonien nach Kleinasien gekommen, so findet diese Sage in der Übereinstimmung vieler Eigentümlichkeiten, namentlich auch der des Plans ihrer Grabmonumente, ihre Bestätigung. Das alte Etrurien, das Land westlich vom Apennin, ungefähr das heutige Toskana, samt Modena, Massa, Lucca u.s.w. und mit südlicher Ausdehnung bis zum Nordufer des Tiber, welcher die südliche Grenze gegen Latium bildete, nahm in alter Zeit eine viel größere Ausdehnung ein, als später, bis zu den Alpen, war aber durch die Gallier beschränkt und von dem Teile des Volkes, dessen Nachkommen jetzt noch die Täler von Althochrhätien in der Schweiz und Tyrol bewohnen, getrennt worden. Monumente etruskischen Ursprungs finden sich jedoch in diesem Teile ihrer uralten Wohnsitze nicht mehr. Nur die Sage und die Ortsnamen weisen auf den früheren Zusammenhang hin. Dagegen dehnte sich das Land weit nach Süden über den ehemaligen Kirchenstaat aus. Die pontinischen Sümpfe waren in jener alten Zeit dicht bewohnt und da wo jetzt, zur Sommerzeit, das Land völlig menschenleer ist, oder nur einzelne, von Fieber geschüttelte Douaniers, Postknechte und Hirten beherbergt, standen zur etruskischen Zeit mehr als 30 blühende Städte, deren Volksreichtum durch die ausgedehnten Gräberfelder nachgewiesen wird, wo jetzt, im Buschwald verborgen, kaum noch Spuren derselben vorhanden sind und von welchen zum großen Teile selbst die Kenntnis des Namens verloren gegangen ist. Viele derselben waren schon zur Zeit der römischen Republik, durch die Folgen des Kriegs oder durch die Wirkung der Malaria, des Aërazzo, zu Ruinenstädten geworden oder zu elenden Weilern herabgesunken und ihre Gräber schon von Galliern und Römern geplündert. Wenn trotzdem seit einigen 20 Jahren enorme Schätze von Gold und Kunstwert aus der Erde entnommen worden sind und täglich noch entnommen werden, so daß alle Museen mit etruskischen Kunstschätzen reichlich versehen werden konnten und viele Private sich deren erfreuen, so beweist dieses wieder nur, wie alt die Kultur in diesen Ländern ist und wie dicht die

Bevölkerung in einer Gegend war, die jetzt nur temporär, zur Zeit der Ernte, von spärlichen Bewohnern besucht wird. Das Land gehört jetzt, wie überhaupt in Italien, größtenteils einzelnen großen Grundbesitzern, der arme, unwissende Bauer ist nur Pächter. Ein großer Teil gehörte früher der Königin von Sardinien und dem gleichfalls verstorbenen Prinzen von Canino, Lucian Buonaparte, jetzt deren Erben. Diese haben von Zeit zu Zeit selbst Scavi angestellt und die gefundenen Schätze verhandelt, oder die Erlaubnis zu Ausgrabungen an Unternehmer, Spekulanten, Scavatori erteilt. Das Land hatte, ehe es von den Römern in Besitz genommen war, eine politische Konstitution, ähnlich der der früheren Eidgenossenschaft; zahlreiche kleine städtische Republiken, mit einem herrschenden Patrizierstande und Klerus, oder unter einzelnen Häuptlingen, Könige genannt, denen einige zugewandte und untertänige Orte zur Seite standen, die sich bald unter einander bekämpften, bald sich gruppenweise zur Abwehr äußerer Feinde unter einander verbanden. In dieser Zerstückelung lag die Ursache, daß sie einem schwächeren und kulturell untergeordneten, aber einigen Feinde, den Römern, nach langen Kämpfen unterlagen. Schon lange vor der Gründung Roms und der geschichtlichen Zeit war Etrurien ein hoch kultiviertes Land; die Etrusker bearbeiteten kunstreich Metalle, Gold, selten Silber, Erz, das sie aus ihrem eigenen Lande, Monteri (mons aeris) bei Massa, gewannen, sowie das Eisen der Insel Elba, ihrer Stadt, Populonia gegenüber, zu Waffen, Geräten und kostbarem Schmuck; sie verstanden es mit Gold durchwirkte Gewänder zu weben, bereiteten kostbares Tongeschirr, die etruskischen Vasen, die schon im Altertume so hoch geschätzt wurden, daß man über dem Wunsche, sie zu besitzen, die Ehrfurcht vor den Gräbern vergaß, und vertrieben diese und andere Gegenstände weithin durch Land- und Seehandel, der nicht frei von Seeraub blieb (Genthe, die Handelswege der Etrusker nach den Küsten des Mittelmeeres und über die Pässe des Bernardin und Julier). Sie besaßen große ummauerte Städte, fast immer auf der Spitze von steilen Bergen gelegen, wie noch heutigen Tages viele alte Orte in Italien und ihre Städte in Graubünden, Ardez (Ardea), Lavin (Lavinium). Die Lage dieser Städte, unbequem für alles andere, als die Verteidigung, beweist, in welch unruhig kriegerischem Zustande das Land von der ältesten Zeit her war. An den Steilabhängen dieser Felsenburgen, da wo die Rinnsale zweier Bäche zusammenstoßen, an den Berglehnen der beiden sich gabelnden Täler, oder an nahe liegenden Steilabhängen, nie in den Mauern der Städte selbst liegen. Auf meilenweite Entfernung sind, wie in Lycien, auf Zypern und Cyrene, die Felsennekropole ausgebreitet, mit welchen sie, dem Hauptplane nach, stets vollkommen übereinstimmen. Die Unabhängigkeit der einzelnen Städte Republiken, sowie die Verschiedenheit des Terrains erklärt, neben der kulturellen Zeitperiode der Entstehung, die untergeordneten Verschiedenheiten, welche sich vorfinden. — Die Beschaffenheit dieser Nekropolen und ihre Große (die von Tarquinii bietet Raum für mehrere Millionen), ähnlich den Nekropolen von Vulei, Bieda u.a., läßt einen allmählichen Fortschritt in kultureller Beziehung, von einfachen zu geschmückteren erkennen. Außer dieser lokalen und allmählich sich gestaltenden Fortschritte lassen sich auch bei den etruskischen Gräbern zwei Hauptperioden unterscheiden, wie bei den lycischen: eine altetruskische, mit steifen, starren Formen und schlechter Zeichnung und eine spätere, bei welcher der griechische Einfluß, namentlich von Corinth aus, in der Form, der künstlerischen Ausführung und der Wahl der Objekte der Darstellung unverkennbar ist. Später noch treten römische Einflüsse hinzu. Außerdem aber finden sich auch in Etrurien Monumente, Hügelgräber, Tumuli, welche einem älteren Volke, den Autochtonen oder den Pelasgern, angehören, sowie weit ausgedehnte Katakomben.

So wie Lycien, so ist auch der gebirgige Teil von Etrurien ganz von Felsennekropolen durchhöhlt, welche zum Teil eine enorme Ausdehnung auch an Stellen haben, wo sich jetzt kaum eine menschliche Wohnung oder nur ein elendes, schmutziges Dorf befindet, oder die Ruinen sind ganz im Buschwalde versteckt. Das Gräberfeld bei Corneto, dem alten Tarquinii, hat eine Ausdehnung von acht (englischen) Meilen in der Länge und sechs in der Breite (George Dennis, die Städte und Begräbnisplätze Etruriens). Sie alle aufzuzählen und auf die archäologische Bedeutung dieser Gräber einzugehen, würde den Zweck dieser Arbeit und meine Kräfte übersteigen. Ich begnüge mich auf die wichtigsten hinzuweisen: sie finden sich in Tarquinii (Corneto), wohl das ausgedehnteste Gräberfeld, zu Veji, der alten Hauptfeindin von Born, zu Vulei, in einer fast unbewohnten Wüste, dem Prinzen von Canino gehörend, wo keine Spur der alten Stadt mehr sichtbar ist, zu Caere (jetzt Cervetri) Perugia, Chiusi (Clusium), wo das Grab des Porsenna gestanden haben soll, Civita Castellana, Castel d'Asso, Falerii, Volterra,

Bieda, Norchia, Statonia und vielen anderen Orten von minderer Bedeutung. .

Die Beschaffenheit der Gräber ist ganz nach demselben Plane, wie die früher beschriebenen kleinasiatischen und es finden sich dieselben Verschiedenheiten, teils von dem Terrain abhängig, teils von dem Bedürfnisse des Besitzers und seiner Familie, seinem Reichtume, sowie endlich von der Kulturepoche. Das Gräberfeld von Cortona gilt noch als voretruskisch, als pelasgisch.

Es gibt Gräber in dem ebeneren Teile des Landes, zu Piano dei Pozzi, Nepi, welche brunnenähnlich, mit einem engen Schachte in die Tiefe gehen und sich unten zu einer Grabkammer von verschiedener Größe erweitern. Ein solcher enger Schacht bildet den einzigen Eingang; rechts und links sind Löcher in der Wand desselben eingehauen, in welche der Besucher seine Hände und Füße einsetzen mußte, um wie ein Bergmann in die Grube einzufahren. Der obere Eingang ist mit einem Tumulus bedeckt, welcher einen aus großen Steinen gebildeten Gang überdeckt. Ähnlich in Chiusi, der Grotta della Schimia. Andere sind ganz den kleinasiatischen gleich in die steilen Berglehnen eingehauene Grabkammern, Nachahmungen des Wohnhauses. So bei Norchia, Castel d'Asso und Tarquinii, an der Marta, Vulei, Falerii, Bieda.

Die steilen Felswände sind weithin mit in den Fels gehauenen Portalen bedeckt, deren Giebel mit Fabeltieren, Greifen, geflügelten Löwen oder Götterfiguren, kämpfenden Männern, Gespenstern, Männern mit verzerrten Köpfen, schwere Hämmer schwingend, Prozessionen u.s.w.[26] Der Eingang führt in eine Grabkammer, ein Atrium, an welche häufig einige Nebenkammern rechtwinkelig anstoßen und welche wie das Wohnzimmer geschmückt sind. Die Wände und Pfeiler sind meistens gemalt, mit düstern, noch sehr frischen Farben, graubraun, mit abwechselnd schwarzen, braunroten und gelblichen parallelen Streifen, mit fabelhaften Figuren und an den Wänden sind an kupfernen Zapfen Waffen, Schwerter, große Messer, Schilde und mannigfaches Geräte, Kämme, Werkzeuge, Schmuckgegenstände aufgehängt. Auf dem Boden stehen zierliche Tongefäße, die schon im Altertume so berühmten und gesuchten etruskischen Vasen.

Die Leichen lagen, in kostbare Gewänder gehüllt, von denen noch

---

[26] Noel des Vergers, l'Etrurie et les Etrusques.

Teile erhalten sind, entweder auf Steinbetten, rechts und links von dem Eingange an den Seitenwänden, oder in Nischen, die in der Wand selbst eingelassen sind, von kostbaren Vasen und Geräten umgeben. Viele dieser Grabkammern sind nur für zwei Personen eingerichtet, Mann und Frau, welche separiert oder zu zweien auf ihren Betten liegen, andere enthalten deren mehr, 10, 20 bis zu 50.

Die Skelette sind, wo das Grab nicht schon früher geplündert war, zum Teile noch recht gut erhalten, zum Teile aber auch bis auf die letzte Spur verschwunden, während die beigegebenen Schmucksachen noch genau der Stelle entsprechen, wo sie die Leiche geschmückt hatten. Bei dem berühmten Gräberfunde von Caere, an der Via Aurelia, nahe bei Rom, dessen Ergebnisse jetzt in dem Museo Gregoriano sich befinden, ist 1845 das Grab eines vornehmen Mannes aufgefunden worden, in welchem die einen, nach den beigegebenen Waffen, zahlreichen Schwertern und Schilden, einen Kriegshäuptling, die anderen, nach den Schmucksachen, einen Hohepriester vermuten, la Tomba della Sedia, von zwei in den Fels gehauenen Stühlen, unseren modernsten Sesseln ähnlich, mit Fußbänkchen, so genannt; hier lagen zwei Skelette, wohl ein Mann mit einer Frau, auf einer Kline. Kostbare Ringe, Ketten, Fibulae von Gold nahmen die Stelle der Stirn, des Halses, von Hand, Fuß und Gürtel ein. Eine Platte von getriebenem Golde, denen der ägyptischen Priester ähnlich, bedeckte die Stelle der Brust. Reste von golddurchwirkten Gewändern waren noch bemerkbar. Dazu eine Menge von Vasen und Schmucksachen von Erz, Silber und Gold. Die Archäologen nehmen an, daß dieses Grab älter als der trojanische Krieg sei. Von den Leichen waren nur noch einige kleine Stücke des Schädels vorhanden, alles übrige war spurlos verschwunden. In anderen Grabkammern lagen die Leichen in Blenden, welche der Länge nach in die Wand eingelassen waren. Die meisten derselben waren ebenfalls für zwei Körper eingerichtet. So lange also, mehr als 3000 Jahre, kann sich ein Knochenstück, wenn es sieh in sehr günstiger, trockener Umgebung befindet, erhalten.

Oft liegen die Nischen reihenweise übereinander, wie Repositorien in einem Büchergestelle, alle der Länge nach in den Berg eingehauen und die Leichen lagen entweder nur in die Gewänder gehüllt, oder in Sarkophagen in denselben. Diese Sarkophage waren zum Teile von kunstvoller Arbeit und kostbarem Material; der in dem Grabe von Caere gefundene war von Alabaster, welcher von weit her gebracht worden sein mußte.

So wie das einzelne Grab das Wohnhaus, so imitieren viele Nekropole in Etrurien die Städte. Die Gräber bilden reihenweise Terrassen, Straßen, von einzelnen größeren Plätzen unterbrochen. Überall nehmen sie möglichst die Höhe des Steilabhanges, 200 bis 400 Fuß über der Sohle des Tales, ein und steigen von da gegen das Tal herab oder auf die gegenüber liegende Berglehne.

In den etruskischen Felsengräbern finden sich für Italien die Vorbilder und Anfänge für zwei andere Bestattungsformen, denen oft ein anderer Ursprung zugeschrieben worden ist, die sich aber nicht allein auf Italien und die Umgebung von Rom insbesondere beschränken: die Columbarien und die Katakomben. Der Übergang aus dem Felsengrab in die eine sowie die andere dieser Bestattungsformen lag sehr nahe. Ein Volk, welches seine Toten nahe bei seinen Städten nur in unterirdischen, künstlich ausgegrabenen Felsengrüften bestattete, mußte ein Mittel suchen, nicht bloß seine Vornehmen, Häuptlinge und Priester, die Glieder wohlhabender Familien, welche sich den Luxus eines eigenen Familiengrabes verschaffen konnten, sondern auch die zahlreichen Armen und Hörigen zu begraben, welche neben einem Adel in Etrurien die Masse des Volkes bildeten. Wo der Raum nicht mehr ausreichte um die Felswand zu unzähligen kleinen Einzelgrüften auszuhöhlen, mußte die Abhilfe zunächst in der Herstellung von Columbarien liegen. Solche finden sich u.a. zu Veji, Musignano, Savona, Pitigliano, Fallerii, Sutri u.s.w. Der Übergang aus dem großen, für eine ansehnliche Familie bestimmten Familiengrab zu dem Massengrab, für eine Klasse der Bevölkerung, einen bestimmten Stand derselben, mußte sehr nahe liegen.

Ähnliche Beweggründe mußten, bei der ganz unendlich großen Zahl der Gräber, zu immer tieferer Aushöhlung des Berges und zur Anlegung von mehreren Stockwerken von Gräbergallerien, welche nur durch enge Treppen oder einer Esse ähnliche Schachte mit einander in Verbindung standen, führen. Solche Katakomben finden sich zu Sutri, Corneto, Ferenti, Fallerii, Civita Castellana und anderwärts. In Civita Castellana ist die Bergwand ganz von Grabnischen ausgehöhlt, deren Mündungen wie Kanonenluken eines Linienschiffes über einander liegen. In den Wänden der Kammern stehen die Leichenrepositorien reihenweise übereinander. Von der oberen Kammer führt ein Schacht wie eine Esse in die tiefere; und so liegen drei Reihen, nur durch diese Esse zugängig, übereinander. In Bieda ist der Steilabhang des Berges in viele Terrassen gebrochen, auf welchen Grab an Grab sich befindet; einige sind einfach in den Fels gehöhlt, mit nach oben hin sich verschmälernden Eingängen, der ägyptischen Form ähnlich, andere haben neben denselben Nischen, zur Aufnahme von Statuen oder geschmückte Portale, Säulen. Die Portale scheinen nie geschlossen gewesen zu sein; anderwärts sind Einrichtungen zu Schiebtoren. Die Grabkammern sind Nachahmungen des Wohnhauses; wie in Lycien läuft der in Stein gehauene Mittelbalken durch die Dachdecke und ist oft von einem Steinpfeiler in der Mitte unterstützt. In Sutri finden sich Grabkammern, nach dem gewöhnlichen Plane konstruiert, ein viereckiges Atrium mit einer Anzahl Nebenkammern, von diesen aber geht ein System der sonderbarsten engen Gänge, welche zu ähnlichen Grabkammern fuhren, die aber jetzt zum Teile verschüttet, zum Teile mit Wasser gefüllt und deshalb schwer zugängig sind. In dieser Anlage zeigt sich derselbe Plan, wie in den ältesten Katakomben von Rom. Am Eingange größere Gemächer, welche zu Wohnungen, zu gottesdienstlichen Handlungen benutzt werden konnten und worden sind, da sie Luft und Licht genug erhielten und von diesen ausgehend labyrinthartig verschlungene, enge dunkle Gänge, hie und da in große Räume sich erweiternd.

Die Katakomben bei Rom sind vielfach als altchristliche Bauwerke aufgefaßt worden, in welchen die Christen ihre Toten heimlich begraben, ihren Gottesdienst gehalten und wohin sie sich bei Verfolgungen wie in eine Festung geflüchtet haben sollen. Solche Bauwerke haben aber in Etrurien, wenige Miglien von Rom entfernt, schon mehr als 1000 Jahre vor dem Auftreten des Christentums bestanden und nicht allein hier, sondern auch in Unteritalien, zu Cumae, von den ägyptischen gar nicht zu reden.

Sie sind in Etrurien von den Römern, nachdem die ursprünglichen Besitzer verschwunden waren, ebenso benutzt worden, wie in Rom von den Christen, nachdem bei den Römern die Verbrennung der Leichen auch bei dem armen Teile der Bevölkerung aufgekommen war.

Die Etrusker haben die Toten nicht verbrannt. In den ältesten etruskischen Gräbern finden sich nur Sarkophage, Grabnischen und Bänke für unverletzte Leichen, keine Aschenurnen und Reste von Geräten,

Gewändern, die den Brand nicht ertrugen. Doch kommen auch Grabkammern mit Aschenurnen vor, zu Corneto, Ferenti, Fallerii, Civita Castellana, Perugia, Volterra, Chiusi. Die Zahl derselben ist aber gering, nicht ein Zehntel und es scheint mir fraglich, ob sie nicht einer späteren Zeit, in welcher sich römischer Einfluß geltend gemacht hatte, angehörten. Dem ältesten Gebrauche gehörten sie nicht an.

Aus dem Felsen frei herausgehauene Hochbauten finden sich wenige. Zu ihnen würde das Grab des Porsenna zu Clusium gehört haben. Es war aber schon in alter Zeit spurlos verschwunden und die Beschreibung desselben, welche Varro gibt, ist so unbegreifbar, daß selbst Plinius, hist. natural. XXVI, trotz seiner Leichtgläubigkeit, sie nicht auf seine Autorität nehmen will. Er meint, sie übertreffe jede Fabulositas und spricht von den Fabulis etruscis, zu denen diese Beschreibung gehöre.

Die etruskische Sprache, welche mit dem altgriechischen Alphabet geschrieben wurde, ist spurlos verloren gegangen. Es gibt leider keine bilinguale Inschrift und alle Versuche der Gelehrten, die etruskischen Inschriften zu entziffern, sind vergeblich geblieben. Man hat gemeint, es möchten wohl in abgelegenen Tälern von Hohenrhätien sich einige Spuren finden, die Bemühungen waren aber fruchtlos. Vielleicht gäben lycische Namen Aufschluß. Nur einige Namen sind in Familiengräbern nachgewiesen, die Volumnii in Volterra, die Caccina, in deren Gräbern alle Urnen diese Namen tragen.

Totenbestattung bei den Römern

Von den Gebräuchen der europäischen Völker bei der Bestattung der Toten haben die Römer für uns die größte Bedeutung, da dieselben die Vorbilder für die Entwicklung unserer Kultur waren, da wir von ihnen die Quellen unseres humanistischen Wissens, unserer Rechtsbegriffe, unserer staatlichen und bürgerlichen Einrichtungen empfangen haben und da uns dieselben, sowohl in ihrer Literatur, als in ihren Monumenten, die ausgiebigsten Hilfsmittel hinterlassen haben, ihre Sitten und Gebräuche zu studieren.

In der Zeit, in welcher die geschriebene, noch halb sagenhafte Geschichte von Rom beginnt, war Italien schon ein altkultiviertes Land, von zahlreichen, ummauerten Städten und Burgen bedeckt, mit geordneten bürgerlichen und religiösen Zuständen, mit See- und Landhandel, der Kenntnis der Behandlung der Metalle, mit Kunst und Verkehr. In dem langgestreckten, vom Meer von allen Seiten umspülten Lande sind die Bewohner von allen Seiten her zusammengetroffen; ein Teil kam zur See, von den hellenischen und asiatischen Küsten, ein anderer, die Pelasger, ist von Norden her in das Land eingedrungen und sie haben die autochtone Bevölkerung in das zerklüftete Gebirge gedrängt oder assimiliert. Aus einer solchen Völkermischung bestand auch die älteste Bevölkerung von Rom, welche sich auf den drei Hügeln der alten Stadt niederließ und die drei ältesten Tribus bildete, die Ramnes, Latiner, Römer, die Titier, Italiker, Samniter und die Luceres, Etrusker. Jeder dieser drei Tribus hatte seine Götter, seine Heiligtümer, seine Sitten in die von ihnen eingenommene Stätte mitgebracht. Von den Etruskern, bei welchen eine finstere, religiöse Richtung und ein mächtiger Priesterstand am meisten ausgebildet waren, sind die höchsten römischen Gottheiten eingeführt worden. Der Ursprung aus drei verschiedenen Stämmen erklärt, daß wir von der ältesten Zeit an und gerade in dieser am entschiedensten ausgebildet, religiöse Gebräuche, namentlich auch in Bezug auf die Leichenbestattung verschiedener Form finden. Der Leichenbrand ist bei den Römern niemals die allgemein übliche Bestattungsweise gewesen. Zunächst wurden in älterer Zeit nur Männer, Knaben, welche schon die Toga virilis erhalten hatten und die Gentiles verbrannt; jüngere Kinder, die noch nicht zum zweiten Male gezahnt hatten, hominem priusquam genito dente cremari mos gentium non est,

Plinius 7. 16, Frauen, Plebejer und später die sehr zahlreichen Sklaven dagegen wurden in sehr wenig umständlicher Weise begraben. Auch unter den Gentilen haben manche Familien die uralte Sitte ihrer Heimat, die Beisetzung der unzerstörten Leiche in Erbbegräbnissen, beibehalten. Cicero (de legibus) sagt, daß das Begraben der Leichen, neben dem Brand, häufig gewesen sei. Das Grab von Numa, des sabinischen Ursprungs war, wurde auf dem Janiculus von Cnejus Terentius aufgefunden; das ungebrannte Skelett lag in einem Sarge. Auch Plinius Lib. VII, c. 14 bemerkt, daß in der ältesten Zeit der Stadt keine Leiche verbrannt worden sei; der Leichenbrand habe erst begonnen, als die Römer durch ihre Kriege in etwas weitere Entfernung von der Stadt geführt wurden. Das Geschlecht der Cornelier, zu welchen die Scipionen, ebenfalls Sabiner, gehörten, hatte den Gebrauch der Beisetzung in der Gruft bis auf Sulla erhalten. Das Familiengrab der Scipionen ist, vor nicht langer Zeit, in einer Vigne bei Rom aufgedeckt worden, mit dem wohlerhaltenen Sarge des ältesten von ihnen, der nach Rom gekommen war, des Cornelius Luc. Scipio barbatus. Das Skelett, an welchem nur der Schädel noch wohl erhalten war, lag in einem aus dem Felsen nur auf drei Seiten herausgehauenen Sarge von Tuffstein, mit einer Inschrift, die seine Siege über Völker aufzählt, von denen die Geschichte sonst keine Urkunde hat. Der Sarg ist später in das Museum Vaticanum gebracht worden und der Schädel von Quirini nach seiner Villa bei Padua. Visconti, opere varie raconte dal Dr. G. Labus. Milano 1827. In der Nähe der Familiengruft befanden sich die Gräber der Freigelassenen der Gens Cornelia. Der erste Cornelier, der bestimmte, daß seine Leiche verbrannt werde, war Sulla. Er fürchtete, daß an ihr Vergeltung geübt werden möge, da er die Leiche des Marius, der als Plebejer nicht verbrannt worden war, aus ihrem Grabe hatte herausreißen und in eine Kloake werfen lassen.

„Jussit Sulla victor acerbiori odio incitatus, quam si tam sapiens fuisset, quam fuit vehemens, quod haud scio an timens suo corpore posse accidere primus e patriciis Corneliis igni voluit cremari.*

In der ältesten historischen Zeit fand das Verbrennen und die Beisetzung der Leiche in den Wohnungen selbst statt und es hatte sich früh schon ein den noch einfachen Sitten des Volkes widersprechender Luxus entwickelt. Diesen Mißbräuchen sind die Decemviri durch die zwölf Tafelgesetze entgegengetreten. Dieselben sind, soweit sie die

Leichenbestattung berühren, wesentlich polizeiliche Verordnungen und Luxusgesetze, bestimmt einem übermäßigen Aufwande zu steuern. Sie haben diesem Zweck, so wenig als die Solonischen Gesetze in Athen, denen sie in Bezug auf das, was sie über Leichenbestattungsgebräuche enthalten, entnommen sind, entsprochen, sind viel mehr, wie Cicero de legibus II ausdrücklich bemerkt, nie vollständig beobachtet worden. Ähnliche gesetzliche Verfügungen sind daher bis in die späte Kaiserzeit, mit gleich unvollständigem Erfolge, mehrfach erlassen worden. In der Tabula X sind diese Gesetze aufgestellt. Das erste bestimmt, daß keine Leiche in der Stadt weder verbrannt, noch begraben werden dürfe. „Hom. mort. in urbe ne sepelito neve urito." Hoc plus non facito. — Das soll *in Zukunft* nicht mehr geschehen, es war also vorher üblich und blieb es trotz des Verbots später, insbesondere war es vollkommen gebräuchlich, in den Suburbanis, in den Vorstädten, die Leichenbestattungen vorzunehmen. In Rom war ein verrufener Stadtteil, das Esquilinum an der servischen Mauer, wo das gemeinste Volk wohnte, gemeine Tavernen und Hurenhäuser sich befanden, dazu bestimmt, bis. er in den noblen Teil der Stadt hineingezogen wurde. Klageweiber, die Praeficae, sollen nur in einfachen Trauergewändern (weiß), die männlichen Begleiter in die Toga gehüllt, dem Sarge vorausgehen. Sie dürfen nicht geschminkt sein (Plin. XI. 29; Cicero, de leg. II). Der Scheiterhaufen soll nur von rohem, nicht von gehobeltem Holze aufgeführt werden; auch sollen keine Purpurgewänder mit verbrannt werden. Dem Kondukt dürfen nur drei Verschleierte, Ricinii, in Trauerkleider gehüllte, und 10 Musiker vorausgehen. Von den Gebeinen darf nichts entfernt werden; es sei denn in der Fremde oder im Kriege. Die Leichen von Dienenden, Servilis, dürfen nicht gesalbt werden und bei ihrer Bestattung soll kein Wein herumgereicht werden. (Es ist ungewiß, ob das Wort circum potare oder circum portare lautet.) Bei der Bestattung aber von Freien kann Honigwein, Mulsum, oder leichter Wein gereicht werden. Bei der Bestattung des Scipio Africanus wurde Honigwein den Vorübergehenden an der Haustüre gereicht (Plinius 38). Der Rogus soll nicht mit edlem Weine besprengt und die glühende Asche nicht mit solchem gelöscht werden. Sumptuosa aspersio rogi et mortui amovetur." Die Anverwandten löschten die Kohlen mit Wein, dazu soll also nur gemeiner Wein genommen werden, was schon Numa verordnet hatte. Plinius XIV, 2. Die Leiche wurde, ehe sie zum Rogus geführt ward, mehrere

Tage in der Area des Hauses, das Haupt gegen die Türe gewendet, ausgestellt, neben ihr eine Räucherpfanne und vor der Türe ein Wasserbecken, damit die Besucher ihre Hände waschen konnten. Die Zeit der Ausstellung wird verschieden angegeben, zwischen 3 und 9 Tagen, meistens 7. Sie wird wohl nach der Jahreszeit verschieden gewesen sein in einem so warmen Lande. Die Leiche galt für unrein und machte das Trauerhaus und die Familie unrein. Wer das Haus verließ tauchte seine Hände in das zu diesem Zwecke aufgestellte Waschbecken. Priesterlichen Personen mußte selbst der Anblick der Leiche entzogen werden. Keine Leiche und kein Leichenteil soll zweimal und an zwei Orten bestattet werden; es ist ein Verbrechen, eine Leiche in das Grab oder die Urne eines anderen zu bringen. Niemand ist gehalten zu dulden, daß ein Rogus näher als 60 Schritte von seinem Hause entfernt errichtet werde, doch ist es ihm nicht verwehrt die Ermächtigung zu erteilen. Nach Cicero wurde diese Bestimmung der Feuersgefahr wegen erlassen und aus demselben Grunde bestimmt, daß die Häuser 21/2' von einander abstehen sollten, so daß man zwischen ihnen durchgehen konnte. Später, zur Zeit des Appius Claudius, wurde die Entfernung auf 2000 Schritte, wohl nur für die allgemeine Ustrina, festgesetzt (Dio Cassius 48), doch wurde diese Bestimmung niemals eingehalten. Die allgemeine Ustrina, war früher in Rom, wie in anderen Städten, innerhalb der Mauern, in einer dicht bewohnten Vorstadt. Man hatte Privatustrinen für einzelne Familien, da sie aber teuer waren, so wurden, wenigstens in der späteren Zeit, als die Verbrennung auch bei den niederen Klassen allgemeiner wurde, allgemeine Ustrinen eingerichtet. Eine solche ist zu Pompeji in Form eines ummauerten Vierecks aufgedeckt worden. Bei Rom hat Piranesi (Antichita di Roma III) eine andere, 5 Miglien vor der Porta San Sebastiano an der Via Appia nachgewiesen. Sie bildet ein großes Quadrat, von Peperinblöcken aufgebaut, im Innern mit einem erhöhten Umgange für das Trauergeleite. In der Nähe befindet sich, zu Pompeji, ein Triclynium funebre mit sanft geneigten Bänken zur Abhaltung der Totenmahlzeit. Gold durfte der Leiche nicht mitgegeben werden, außer etwa das, mit welchem falsche Zähne befestigt waren. In einer Aschenvase fand man sieben in Gold gefaßte Zähne, Tischbein, Vasengemälde, I, 63:

„Dentibus atque comis nec te puderis emtis,
Quid facies oculoLaelia, non emitur." Martial. XII, 23.

In italischen und etruskischen Gräbern sind Gold und Edelsteine in großer Menge und mannigfacher Form gefunden worden, Silber wenig.

Die Grabstätten, welche vor der Stadt errichtet sind, bestehen für ewig; sie müssen erhalten werden, auch wenn die Familie ausgestorben und das Feld in fremde Hände übergegangen ist.

Die Asche wurde von den nächsten Angehörigen in ihren aufgeschürzten Gewändern gesammelt. Bei der Verbrennung des August wurde die Asche von Rittern und senatorischen Personen in aufgelösten Gewändern und mit nackten Füßen gesammelt. Man unterschied die weiße Asche der Knochen von der schwarzen, der Kohle. So lange die Erde die Leiche nicht bedeckt, hat die Stelle ubi crematum est nihil religionis. Cicero II, 2.

In dem Voranstehenden sind die Begräbnisreglements der zwölf Tafeln, soweit sie erhalten sind, gegeben. Weitere Bestimmungen, Einschärfung früher erlassener Gesetze, folgen sich aber während der ganzen römischen Zeit, bis zum völligen Zerfall des Reiches und zeigen, welcher religiöse Wert auf den Totenkultus gelegt wurde.

Unbegraben zu sein galt bei Griechen und Römern als ein großes Unglück, das Begraben der Leiche also, auch eines Fremden, eines Feindes, als eine heilige Pflicht der Humanität. Wenigstens warf man einige Hände voll Erde auf den Körper. Die Seele, deren Körper unbegraben geblieben, mußte 100 Jahre vor den Pforten der Unterwelt herumirren, ehe sie zur Ruhe kam. Wenn die Leiche nicht herbeigebracht werden konnte, wie von im Meere Ertrunkenen, so errichtete man ein leeres Grab und hielt die Leichenfeierlichkeit vor demselben ab. Waren Unregelmäßigkeiten bei der Bestattung vorgefallen, so mußte ein weibliches Schwein, porca piaria, als Sühnopfer geopfert werden. Im Kriege wurde dem Feinde nicht leicht verwehrt, seine Toten zu bestatten; die Verweigerung würde als Beweis eines besonders feindseligen Hasses und von Rohheit gegolten haben. Im Kampf gefallene Soldaten wurden nach Umständen verbrannt oder begraben. Für große Massen wäre das Verbrennen unausführbar gewesen. Wer hätte die 70000 bei Cannae Gefallenen verbrennen können? Als Drusus Germanicus Segest entsetzt hatte, rückte er auch an die Stelle, wo Varus seine letzte Niederlage erlitten hatte. Ein strategischer Grund dafür lag nicht vor, nur die Herstellung der Waffenehre und die Erfüllung einer religiösen Pflicht kannte den mühsamen Marsch in sumpfiges Land, ohne gebahnte Wege und

Brücken, rechtfertigen. Man fand von den Leichen der Gefallenen, sechs Jahre nach der Niederlage, nur die unbeerdigten Knochen. Man sammelte dieselben und barg sie unter einem Tumulus, zu welchem Drusus den ersten Rasen legte. Diese späte Beerdigung wurde von Tiberius nicht gut geheißen; der Anblick so vieler Gefallenen habe den Mut der Soldaten abschwächen müssen. Auch habe es dem Imperator, da er mit auguralen Befugnissen versehen, nicht zugestanden, Leichen zu berühren. Tacitus, Annalen Lib. I, 62u. 63.

Den Anschauungen von der Heiligkeit des Grabes entsprachen die große Sorgfalt, welche auf die Herstellung der Erhaltung derselben verwendet wurde, der Schmuck, der Pomp der Leichenbegängnisse, der rührenden Grabesinschriften, welche bei keinem Volke so einfach, wahr und gefühlvoll gefunden werden, als bei den Römern. Der Schmuck der Gräber und die pietöse Sorgfalt für Erhaltung derselben ist also nicht, wie behauptet wird, aus christlichem Aberglauben entsprungen, sie sind der Ausfluß eines wahrhaft humanen Gefühls. Bei vornehmen Personen wurde die Leichenbestattung von einer besonderen Korporation, den Priestern der Venus libitina, der Leichengöttin, besorgt, welche alles zu diesem Zweck erforderliche bewahrten und gegen Bezahlung lieferten, sowie auch die Totenlisten führten (funera in rationem Libitinae venerunt Sueton). Die Leiche wurde auf das Totenbett gelegt, die Lectica, bei Armen die Sandapila, gewaschen und von dem Pallinctor gesalbt, in die besten Kleider, die Toga, Beamte in das Amtsgewand gekleidet und am Eingange des Hauses, in der Area, den Kopf nach der Türe gewendet ausgestellt. Die griechische Sitte, dem Toten den Obolus in den Mund mitzugeben, kam erst in der Kaiserzeit auf. Sueton, 4. Aug. 100.

Vor die Türe des Sterbehauses wurde eine Zypresse gepflanzt. „Cupressus mortuorum domibus ponebatur ideo quia hujus generis arbor excisa non renascitur, sicut ex mortuo jam nihil sperandum est, quam ob causam in tutela Ditis patris esse putabatur (Festus)". Das Begräbnis war entweder ein funus acerbum, eines kleinen Kindes, oder ein Funus tacitum, vulgäre, ein stilles Begräbnis, oder ein funus indicativum, ein feierliches Begräbnis, welches vom Praeco ausgerufen wurde. Die Formel der Leichenansagung war: „Ollus Quiris leto datus est, L. Titio exsequias ire, cui commodum est, jam tempus est, Ollus ex aedibus exferetur. Varro de 1.1. 7, 42. Zu alten Zeiten fanden alle Leichenbegängnisse bei Fackelschein statt, deshalb meistens bei Nacht oder am späten Abende. Später fand das funus indicativum bei Tage statt. Julian verbot die nächtlichen Begräbnisse. Die Lectica wurde, nicht wie bei den Juden von Fremden, sondern von den Verwandten getragen oder von Sklaven, welche die Freiheit erhielten, bei der Bestattung von sehr ausgezeichneten Personen, von Senatoren und Rittern. Das Tragen der Leiche zum Grabe war ein Freundesdienst, keine Verunreinigung. Alle Begleiter erschienen in Trauergewändern, Männer schwarz, Frauen weiß. Der nächste Verwandte zündete mit abgewendetem Gesichte den Rogus an. Halbverbrannt, semiustus, zu bleiben, galt als eine große Schmach. Bei der Bestattung von Caligula, setzte es der Volkshaß durch, daß die Leiche nur angesengt blieb und bei der Bestattung von Nero gelang es dem Gefolge nur mit Mühe die vollständige Verbrennung gegen den Ansturm des Volkes durchzusetzen. Die Kosten trugen die Erben; die Forderungen, welche entstanden, waren privilegiert und mußten vor anderen berichtigt werden. Da in der späteren Kaiserzeit ein großer Teil des römischen Volkes fast besitzlos war, während doch die Verbrennung sich über alle Volksklassen ausdehnte, so mußte der Staat für die Beerdigungskosten eintreten. Nach einer Verordnung von Nerva bezahlte die Staatskasse für ein Armenbegräbnis 250 Sesterzen, etwa 35 R.-M.

Dem Gefühle der Heiligkeit des Grabes entsprechen die zahlreichen, fast überstrengen Gesetze, welche während der ganzen römischen Geschichte, bis in die späte Kaiser- und christliche Zeit, zum Schutze der Gräber und zur Strafe der Grabesschänder erlassen worden sind. Doch zeigen sich diese wohltuenden Äußerungen einer tiet gefühlten, religiösen Anhänglichkeit an die Verstorbenen nur für die Glieder vornehmer Geschlechter und der Reichen sowie nur für die Römer selbst. Aber ebenso erhebend diese Äußerungen menschlicher Gefühle bei den höheren Ständen sich zeigte, ebenso roh, widerlich war das Verfahren in Bezug auf die Bestattung der Leichen derjenigen, welche weder durch Stand, Familienverbindungen oder Reichtum, Anspruch auf besondere Berücksichtigung hatten. Augenscheinlich war es nicht der humane Sinn, der alle vor der Ewigkeit gleich macht, der die Römer leitete, sondern nur die Familienanhänglichkeit und die Sucht vor dem Volke den Reichtum zu entfalten. Gegen Fremde, Sklaven und Arme war man ohne Gefühl. Nur erst in der späteren Zeit haben die zahlreichen Freigelassenen großer Familien, oft hochgebildete Griechen, welche etwa die Stelle unserer Hofbeamten bei hochadeligen Familien einnahmen und selbst nicht selten sehr reich waren, eine würdigere Bestattungsweise erhalten.

Trotz zahlreicher Gesetze, welche fortwährend erneut eingeschärft wurden, erhielt sich, wie in anderen Dingen des Lebens, ein unvernünftiger Luxus und steigerte sich zu immer größeren Ausschweifungen. Das Leichenbegängnis wurde zu einer öffentlichen Vorstellung, oft zu einer Farce, welche dem Volke gegeben wurde, bei welcher Histrionen, die in Masken erschienen, welche den Verstorbenen vorstellten und seine Manieren nachahmten, Sänger, Tänzer, Musiker, öffentliche Lobredner, Gladiatoren ihre Rolle spielten. Bei dem Leichenbegängnis des Kaisers Vespasian trug der Mime Pavo eine Maske und ahmte mit ihr und in Sprache und Gang den Kaiser nach. Ein ungeheuerer Luxus wurde in der Entfaltung von kostbaren Gewändern, Gold und Gefäßen und endlich in der Errichtung von Monumenten, welche immense Summen verschlangen, entfaltet. Bei dem Begräbnis der Poppea soll Nero mehr Räucherwerk haben verbrennen lassen, als Arabien in einem Jahre zu liefern im Stande war. Das Grab des Hadrian, jetzt die Engelsburg, des August, der Cäcilia Metella, der Gemahlin des reichen Wucheres Crassus und von Theodorich d. G. in Ravenna, zeigen, bis zu welcher Extravaganz man sich in der Einrichtung von Monumenten verstieg. Als den Erben eines unbedeutenden aber reichen Menschen, Cestius nicht gestattet wurde, einige Millionen in Gewändern u.s,w. zu zerstören, erbauten sie die nach seinem Namen benannte, noch vorhandene Pyramide [27]. Kostbare Gegenstände wurden den Leichen nicht mitgegeben; der Sinn, daß sie dem Verstorbenen im Jenseits dienen sollten, wäre ja auch mit der Verbrennung nicht vereinbar gewesen. Die Angehörigen warfen nur unbedeutende Schmucksachen, Ringe oder Haarlocken auf den Rogus, oder man verbrannte bei der Bestattung von Kindern Dinge, welche diesen im Leben lieb gewesen waren, Ponies (Manulos), Singvögel, die man vorher getötet hatte, auf dem Scheiterhaufen (Plin. 4, cap. 2); es ist aber nicht bekannt, daß jemals auch lebende Tiere oder gar Menschen, Sklaven, Frauen dem Feuer übergeben worden seien. Dieser Gebrauch wird nur als Sage oder von entfernten

---

[27] Johanni Kirchmanni, de funeribus Romanorum, Lib. IV viele Ausgaben; Lugd. Bat. 1672. Hauptwerk; Becker, Gallus oder römische Scenen aus der Zeit des Auguetus. Leipzig 1840; Fuhrmann.

Völkern, den Indiern, erwähnt und die Art der Erwähnung zeigt, daß er bei den Römern nicht bestand. So sagt Tertullian (lib. de spectaculis 6) daß es olim gebräuchlich gewesen sei, Gefangene oder Sklaven .zu opfern, oder man bezieht sich auf dasLeichenbegängnis des Patroclos:

„Vinxerat et post terga manus, quos mitteret umbris Inferias caeso sparsuros sanguine flamma." Virgil. AeneisXI;

und Lib. X:

„Quatuor hic juvenes totidem quos educat usens, Viventes rapid inferni quos immolet umbris Captivoq. rogi profundat sanguine flamma. "

Lucian, de luctu, erwähnt, als eines sagenhaften Gebrauchs, der noch bei den Galliern gelte, daß man die Konkubinen und den Mundschenk mitverbrannt habe, wozu der Kommentator Servius bemerkt, daß es noch bei der Bestattung der Könige in Indien Sitte sei, die Lieblingspferde, Sklaven und eine der Frauen, welche sich deshalb um den Vorzug stritten, mit zu verbrennen. Fast mit denselben Worten geben die Erzählung Cicero, Tuscul. 5, Diod. Sic. lib. 29, Strabo 1. 15, Valer. Max. 1.2, c. l, Pompon. Mela von den Thrakern. Man sieht, der Opfertod lebender Tiere und Menschen war den Römern als eine sagenhafte Erinnerung, oder als ein Gebrauch entfernter Völker bekannt, sie betrachten ihn aber als eine Barbarei und sagen nirgends, daß er jemals bei ihnen üblich gewesen. Wenn einzelne sich bei der Leiche einer geliebten Person freiwillig den Tod gegeben haben, so gehört dieses Opfer nicht zu den herkömmlichen Gebräuchen, sondern zu den Beweisen, zu welchen fanatischen Taten eine übergroße Liebe und Anhänglichkeit führen können. Eine der rührendsten Erzählungen ist die von Tacitus histor. lib. II, 49 mitgeteilte. „Otho war bei Bedriacum geschlagen und hatte sich nach einer ruhig zugebrachten Nacht in sein Schwert gestürzt. Sterbend bat er, daß sein Leichenbegängnis beschleunigt werde, damit seine Leiche nicht geschändet werde, ne amputaretur caput. Die Leibgarden trugen unter Tränen die Leiche, indem sie die Hände und die Wunde derselben küßten. An dem Rogus töteten sich einige Soldaten, nicht aus Furcht, sondern aus Nachahmung und Liebe zu ihrem Führer." Andere Beispiele, namentlich von Frauen, mögen hier unerwähnt bleiben; Sitte war dieses Selbstopfer nicht, nur Äußerung leidenschaftlicher Liebe und Schmerz.

Öffentliche Begräbnisstätten, Friedhöfe, für Leichen aus allen Ständen, hatten die Römer nicht. In der ältesten Zeit wurden die Leichen in den Wohnungen oder zwischen denselben, wie in Athen, bestattet; obgleich schon durch Numa, sowie durch die zwölf Tafelgesetze die Beerdigung innerhalb der Stadt untersagt worden war, so wurde diese Bestimmung doch oft aus Gunst umgangen. Der Grund des Verbots war ein religiöser und dasselbe wurde in späterer Zeit oft erneut. „Corpus in civitatem inferri non licet ne funestentur sacra civitatis et qui contra ea fecerit extra ordinem punietur." Paulus recept. Sentent. 1.1, 1.21 und Diocletian ne sanctum municipiorum jus polluatur. Was mit den Heiligtümern in Verbindung stand, durfte nicht durch den Anblick oder die Berührung von Trauergegenständen beschmutzt werden, deshalb durfte auch der Flamen keine Brandstätte betreten und keine Sandalen tragen, deren Leder von einem gefallenen und nicht von einem geopferten Tiere herrührten. Vor dem Pontifex wurde ein Vorhang aufgehängt, damit er das Begräbnis nicht sehe. Die Gräber waren geheiligte Stätten, res religiosae und ihre Verletzung oder Beraubung war ein Sakrilegium. Doch konnten durch die Einrichtung eines Grabes ältere Eigentumsrechte von Privaten und Gemeinden nicht verletzt und die Verlegung eines solchen Grabes konnte durch den Quästor oder den Pontifex verfügt werden.

Wer es vermochte, errichtete auf seinem Grundstück ein Erbbegräbnis, oder erwarb sich zu diesem Zwecke ein Stück Land mit einem zu demselben führenden Wege, welches natürlich in besonderem Werte gehalten wurde. Daher die Klagen der Tribunen Licinius und Sestius, daß viele plebejische Familien kaum so viel Land besäßen, daß sie auf demselben ihr Haus, Tectum und ihre Grabstätte errichten könnten, daß ihnen, vielmehr der Boden noch gepfändet (mulctari) werde, auf welchem, auf ererbtem Grunde, die Gräber ihrer Vorfahren stehen; eines der hauptsächlichsten Agitationsmittel, mit welchen Gracchus seine Agrarbewegung einleitete.

Man errichtete die Familiengrüfte gern an dem Rande vielbegangener Straßen, welche nach den benachbarten Städten führten. Sie sollten die Vorübergehenden an ihre Sterblichkeit erinnern und weil der, welcher erinnert, sich selbst im Andenken erhält. Varro de ling. (Lib. 5). Die Via Appia und Flaminia müssen, so lange die Denkmale noch unzerstört waren, auf Meilen von Rom hinaus einen wahrhaft prachtvollen Anblick dargeboten haben. Auf fruchtbaren Grundstücken wählte man auch deshalb gern den Rand der Straße, damit die Benutzung weniger beeinträchtigt werde. Die Toten sollen den Lebenden nicht die Erhaltung des Lebens erschweren. Vetat ex agro culto eove qui coli possit ullam partem sumi sepnlchro, sed, quae natura agri tantummodo efficere possit, ut mortuorum corpora sine detrimento vivorum recipiat, ea potissimum compleatur, quae autem terra fruges ferre et ut mater, cibos suppeditare possit, eam ne quis nobis minuat, neve vivus, neve mortuus." Cicero, de legibus 2. An sterilen, steinigen Orten dagegen mochte man die Grüfte mitten in das Land verlegen oder in die Abhänge der Berge, ohne Verminderung der Bodenoberfläche, eingraben. Für sehr angesehene Personen wurde das Mausoleum mitten in Gärten errichtet, für Caligula in den hortis Laminianis, für Hadrian in den hortis Domitiae. Auch die Kaiser wurden an den Straßen beigesetzt, Severus an der Appia, Galba an der Aurelia u.s.w. Die Grüfte bestanden meistens aus unterirdischen Gängen, an welche kleine Kammern seitwärts anstießen und welche durch Türen geschlossen waren. In der älteren Zeit waren, um dem Luxus der Monumente zu steuern, auch in dieser Beziehung Gesetze erlassen worden; kein Monument solle erlaubt sein, welches mehr Arbeit verursache, als zehn Männer in drei Tagen verrichten können; nur eine kleine Säule, ein Labellum, nicht über 3 Cubitus breit und nicht mehr Raum bietend, als um den Namen des Verstorbenen und vier heroische Verse, welche Ennius longos nennt, also Hexameter aufzunehmen. Wie wenig diese Gesetze eingehalten wurden, zeigen die noch vorhandenen sumptuosen Ruinen, von welchen früher schon Erwähnung getan.

Eine andere Art der Bestattung bei den Römern war die in den sog. Columbarien, Sammelgräber, welche unter der Erde aufgemauert wurden. Man hat jetzt deren verschiedene, in der Via Appia und Latina. vor der Porta di San Lorenzo, in der Vigna Codini und Sässi u.s.w. aufgedeckt und zugänglich gemacht. Sie sind zum Teile noch wohl erhalten, zum Teile aber schon geplündert und zerstört. Sie scheinen hauptsächlich aus der Augusteischen Zeit zu stammen. Es sind hohe, aufgemauerte Gebäude, mit Pfeilern und mit Gewölbedecken, welche meistens eingestürzt waren, zum Teile aber restauriert sind. Eine schmale Treppe führt in die Tiefe. An den Wänden sind halbrunde Nischen angebracht, jede für je zwei Urnen bestimmt. Das Columbarium der Vigna Codini enthält in den Wänden und Pfeilern 425 Nischen, außerdem einige größere an dem Sockel, Raum für 900 Verstorbene. Die

Nischen liegen in 9 Reihen übereinander und sind schmucklos, mit einem Steine oder mit Stuck geschlossen, die selten mehr als den Namen des Beerdigten angeben. Namen von Bedeutung kommen nicht vor. Es gibt auch Columbarien die etwas kostbarer mit Marmor und marmornen Grabkisten ausgestattet sind. Diese Columbarien sind die Grabstätten von Freigelassenen der kaiserlichen Familien und von fürstlichen Frauen, der Livia Augusta, Octavia, oder sind von Familien errichtet, meistens von Hofbeamten. Es gibt deren auch, welche von Assoziationen errichtet worden waren; so wird an einem Columbarium bemerkt, daß die Mitglieder von acht Mannsstämmen Recht hätten, ihre Toten in demselben beizusetzen. Allgemeine, Gemeindecolumbarien, gab es, wie es scheint, nicht. Die Bildung von Gesellschaften, Leichenkassengenossenschaften, war gesetzlich erlaubt. Sie entsprachen minder angesehenen Personen und geringeren Vermögensverhältnissen. — Franz Reber, die Ruinen Roms und der Campagna. Leipzig 1863. Einige Columbarien enthalten statt der Urnen Särge. In der letzten Zeit der Republik war der größte Teil der Bevölkerung von Rom durchaus mittellos und von anderen abhängig. Eigenen Grund und Boden, den der Bürger, wie seine Vorfahren, mit seiner Familie, unterstützt von wenigen Sklaven, selbst bearbeitete, wie in der alten Zeit, gab es nicht mehr, der Stand der Kleinbauern war gänzlich untergegangen. Schon als Gracchus das Volk auf den Aventin führte, klagte er, „jedes Tier hat seine Höhle, wo es seine Jungen aufzieht, die Römer, welche die Welt mit ihrem Blut erobert haben, haben kein Dach, wo sie ihr Haupt niederlegen können." In der Tat war in der Kaiserzeit, von Cäsar und August an, ein großer Teil der Bevölkerung Roms für ihren Unterhalt ganz auf die Sporteln ihrer Patrone und auf die öffentlichen Getreideverteilungen angewiesen. Personen von einer solchen absoluten Mittellosigkeit konnten aber weder die Kosten für das Bustum, noch für ein Familienbegräbnis oder eine Nische in einem Columbarium tragen. Diese waren notwendig, auch für die Bestattung, wie für die Unterhaltung ihres Lebens, auf die Hilfe der Kommune angewiesen. Wie viel für solche, seit Nerva, für ihre Bestattung aus öffentlicher Kasse gezahlt worden, ist oben angegeben. Personen aber, welche weder das Cortége ihres Patrons vergrößern, noch in den Comitien mitstimmen konnten, hatten für den vornehmen Römer keinen Wert, für diese hatte er kein Mitleid. Daher wurden die Leichen dieser Armen und Lumpen, sowie die der Sklaven, Fremden und Hingerichteten, trotz der herrschenden religiösen Anschauung, mit der äußersten Rücksichtslosigkeit und Rohheit behandelt. Für diese gab es, von der Zeit von August, vor der Porta esquilina, zwischen der servischen und aurelischen Mauer, auf dem breiten Rücken des esquilinischen Hügels, über der Subura einen allgemeinen Begräbnisplatz, welcher von den Schriftstellern bald die Puticuli, bald Puticolae genannt wird. Schon die Alten, Varro, de ling. lat. lib. l, sind über die Etymologie des Wortes selbst nicht einig, ob von Puteus, quia ibi obruebantur homines, oder von puteo quod putescebant ibi cadavera hominum. Pestus Fragm. In dem ersten Falle würde das Wort mit Brunnenschacht, in dem anderen mit Stinkloch, Schindanger zu übersetzen sein. Beides könnte für die Bestimmung und die Beschaffenheit des Ortes angemessen erscheinen. Da hier auch der Tempel der Mephitis nahe dem der Venus Lucina stand, so ist die letztere Erklärung vielleicht die richtigere. Doch hatten schon die älteren Bewohner von Italien solche schachtähnliche Begräbnisstätten. Die Puticuli lagen in einem lärmenden, verrufenen Vorstadtteil, welche auch als Porta Metia (Plaut. Cass.) oder Sestertium (das heißt, was kaum einen Heller wert ist) zuweilen bezeichnet wird und wo selbst gemeine Kneipen, Bordelle, Wohnungen armer Leute, aber auch Begräbnisstätten für anständige Leute und mehrere Haine mit Altären, der Lucus fagutalis u.a. sich befanden[28]. Hier war auch die Hinrichtungsstelle für Sklaven, deren Leichname man am Kreuze faulen ließ und hier wohnten die Henker. Die Puticuli waren große, in den Berg gehauene, mit einer Türe geschlossene Kammern, in welche man die nackten oder halbverbrannten Leichen auf einem schiefen Brette hinabgleiten und faulen ließ. Oder man ließ die Leiche auch einfach über der Erde liegen, am Kreuze hängen und faulen, zum Fraße der Hunde, Wölfe und Geier. Selbstverständlich entstand hieraus ein unbegreiflich häßlicher Zustand, Schmutz und Gestank. Vor einiger Zeit wurden in den ehemaligen Gärten des Constantin, auf dem Grundstück, welches jetzt Bernardo Accaynoli angehört, ein enormes unterirdisches Gewölbe entdeckt, ganz mit vielen tausenden von Skeletten angefüllt. Der Eingang zu demselben war gut geschlossen und die Leichname so dicht auf einander gelegt, daß kaum ein Zoll Raum zwischen ihnen blieb. B. Bacca

---

[28] Cicero, Phil. IX, 7.
Becker, röm. Alterth. I, 554.

führt diese Leichengewölbe auf die Pestepidemien des 12. und 13. Jahrhunderts zurück, es könnte aber auch eines der Puteoli sein, deren es später in Rom viele gab.

Zur Zeit des Augustus wurden die Puteoli am Esquilin geschlossen und weiter von Rom weggelegt. Die Stelle wurde in die Stadt hineingezogen und nobilisiert. August überließ einen Teil des Geländes zu beiden Seiten der Servischen Mauer an Maecen, der auf demselben seine Gärten errichtete. Horaz, Sat. 1.1. Sat. 8. Nero erweiterte dieselben; er legte hier einen öffentlichen Park an, sowie, nach dem Brande, die Aurea domus und die Thermen des Titus. Varro V. 8, V. 5, 12. Liv. 1. 44, 48. Plin. hist. nat. III. 5. 9, 87, XVI. 15. 37. Dyonis IV. 38. Später befand sich an derselben Stelle auch der Hinrichtungsort mehrerer Märtyrer, z.B. des h. Cyprian. Die Puticuli wurden, teils durch Privatmildtätigkeit, weiter weg von der Stadt in den Suburbanis angelegt und zu allgemeinen Begräbnisplätzen für arme Leute hergegeben, sie hießen populär, Culinae, Küchen. Die Leichen wurden entweder völlig nackt oder nur sehr unvollkommen bedeckt und nur unvollständig in Massen verbrannt. Zu je 10 bis 12 Männerleichen legte man eine Frauenleiche, weil diese besser brannten. Auch in den Landstädten bestanden ähnliche Orte zur Armenbestattung, wie in Rom.

Dieser scheußliche Gebrauch besteht, aus alter Zeit, in manchen italienischen Städten noch fort.

In Palermo hat man keine Kirchhöfe. Ein Teil der Leichen, von Reichen, wird in den Katakomben beigesetzt. Für die Armen befinden sich unter dem Kirchenschiff ein Putcolum, in welches die Leichen durch eine Öffnung, die man mit einem Stein schließt, geworfen werden; ganz nach antiker Weise. Von Zeit zu Zeit wird eine Lage ungelöschter Kalk darauf geworfen. In Neapel befinden sich bei der Kirche San Gennaro dei Poveri[29] 366 Gruben, jede mit einem Steine geschlossen. Täglich wird eine derselben geöffnet und die Leichen, welche am Tage eintreffen, ohne Zeremonie hineingeworfen. Mit dem Schlusse des Jahres beginnt man von vorn. Die Grabstätte dient seit länger als 110 Jahren und jede Grube nimmt täglich gegen 20 bis 30 Leichen auf. — In dem Kapuzinerkloster zu Fulda wurde mir ein mit Unkraut überwachsener Ort und an diesem ein Loch in der Mauer gezeigt. Der Bruder, der mich

---

[29] Victor Schulze, die Catacomben von San Gennaro dei Pover in Neapel. Jena 1877.

herumführte, sagte mir sehr ruhig, hier werden wir nach dem Tode auf einem Brette hinunter geworfen und als ich mein Entsetzen ausdrückte, meinte er, die Ratten haben bald mit uns aufgeräumt.

Auch die Leichen der vom Blitz erschlagenen wurden im alten Rom nicht verbrannt, sondern an den Stellen, wo sie getroffen worden waren, beerdigt. Die von dem himmlischen Feuer getroffenen dürfen nicht vom irdischen berührt werden.

Die Ehrfurcht vor den Toten und die Achtung der Gräber ergibt sich bei den Römern auch aus den zahlreichen Gesetzen, welche von den Zeiten der Republik an, durch die ganze Kaiserzeit hindurch, bis in die christliche Zeit hinein, in Bezug auf die Bestattung der Toten und den Schutz der Gräber erlassen worden sind und durch welche die Gräberschänder mit den härtesten Strafen bedroht werden und geht schon aus den Ausdrücken hervor, welche für Beerdigen gebraucht wurden, recta, debita facere. Die Gräber waren res religiosae divis manibus geweiht. Die Bestimmungen der 12 Tafelgesetze, daß innerhalb einer Stadt weder eine Ustrina errichtet, noch eine Leiche begraben werden dürfe, sind oft wiederholt, durch Senatbeschluß unter Consul Dellius, durch Hadrian, Antoninus pius, Diocletian (Paulus in Diocl. Hadrian verbot das Begraben innerhalb der Mauern bei Strafe von 40 aureis), aber eben so oft umgangen worden. Personen, welche sich um den Staat oder um die Stadt verdient gemacht hatten, wurden sogar Begräbnisstätten innerhalb der Stadt, bei den Tempeln, von den Magistraten, auf öffentliche Kosten angewiesen, in Rom von dem Senate, in den Municipien von den Decurionen Orelli. So erhielten in Rom Publicola und Tubertius, Consuln, öffentliche Gräber (Cicero de leg. 2). Doch war das Begraben innerhalb der Stadt, an öffentlichen Orten nicht lex, sondern nur eine besondere Konzession auf Antrag des Collegiums der Pontifices; deshalb wurden die Gräber vor der Porta Collina, bei der Veränderung der Stadt, nicht geschont, sondern exarata sunt, statuit enim collegium locum publicum non potuisse privata religioni obligari (Cicero a. l). Man hatte einen Altar mit einer Ehrentafel gefunden.

Aus der späteren Zeit finden sich folgende Bestimmungen: „Wer eine Leiche, welche der ewigen Ruhe übergeben worden ist, den Strahlen der Sonne bloßstellt, begeht ein piaculum und soll, wenn er ein honestior ist, in insulam verbannt, wenn er aber ein humilior ist, in die Bergwerke geschickt werden, in metalla. Ebenso wenn etwas von einem

Grabe entwendet worden ist. Wer ein Grab geöffnet hat, um eine eigene Leiche in demselben unterzubringen, eine zweite Leiche in denselben Sarkophag zu legen, eine Inschrift auslöscht oder eine Statue wegnimmt, soll als ein Violator angesehen und gestraft werden; de sepulcro violato. Codex 9. t. 15. Constantin ad Trajanum. Wenn ein Sklave aus eigenem Antriebe ein Grab verletzt, so soll er in die Bergwerke verurteilt und wenn auf Befehl seines Herrn, verbannt werden. Wenn etwas aus dem Grabe entwendet worden ist, so verfällt das Haus oder die Villa, wohin es gebracht worden ist, dem Fiskus. Idem ad Limnaeum. Wenn die Richter des Ortes die Bestrafung des Schuldigen versäumt haben, so sollen sie um 20 Pfund Gold gebüßt werden. Wenn jemand Marmor oder Säulen von einem Grabe entwendet, um sie zu benutzen oder Kalk daraus zu brennen, wird er um 10 Pfund Gold gestraft. So ist es auch nicht erlaubt, über einem Monument eine Wohnung zu errichten, wer es getan, soll nach der Beschaffenheit der Person mit öffentlicher Strafarbeit oder mit Exil bestraft worden. Der Aufwand, den die Errichtung von Gräbern erfordert, wird vor anderen Schulden bevorzugt. Der Mann kann das, was er zur Errichtung des Grabes der Frau aufwendet, aus der Dos derselben nehmen. Auslagen, welche zur Errichtung des Grabes aufgewendet worden sind, müssen vor anderen aus der Erbschaft berichtigt werden und wer einen Fremden begraben hat, kann das, was er dazu auslegte, von dem Vater, den Erben oder dem Herrn fordern. (Julii Pauli sententiarum receptarum Lib. 1. Tit. 22. — Digest, lib. XLVII. t. XII de sepulcro violato 1. XI.)

Daß solche Gesetze, wie die oben zitierten, nötig waren, beweist, daß lange vor dem Zerfall des römischen Reichs und der Stadt die alte Ehrfurcht vor den Gräbern gewichen war. Die Gesetze, daß innerhalb der Stadt nicht begraben werden dürfe, wurden nicht mehr geachtet. Die Sitte, innerhalb der Area der Kirchen zu bestatten, wurden nirgends mehr übertrieben, als in Rom zu Anfang der christlichen Epoche. Man benutzte das alte Material und die alten Räume, um die Toten zu bestatten, oft nur wenige, oft viele an einer Stelle. Das Erdreich unter der Piazza Colonna, eines der belebtesten Teile der Stadt, steckt ganz voll von Skeletten; hier war der 1625. zum ersten male entdeckte Kirchhof der Kirche Sta. Maria. Ebenso fand sich auf der Piazza del Pantheon früher der Friedhof Sta. Maria ad Martyros. Im Jahre 1871 wurden über 12000 Ctr. Knochen ausgeführt und neben der Kapelle Sta. Maria delle

Grazie zur Erde gesenkt.

Schon zur Zeit von Jul. Cäsar wurden die etruskischen Gräber, ihrer archäologischen Schätze wegen, geplündert. Die etruskischen Vasen hatten einen .größeren Wert, als die myrrhinischen, die vielleicht von Porzellan waren. Auch die griechischen Gräber zu Corinth entgingen der Plünderung nicht.

Mit der Zeit der christlichen und byzantinischen Kaiser werden die Strafbestimmungen gegen die Gräberschänder noch viel schärfer. Man unterschied zwischen der Schändung des Grabes und dem der Leiche, die der letzteren wurde von Justinian an mit dem Tode bedroht, die Verletzung des Grabes mit schwerer Geldstrafe, Verbannung, Strafarbeit in den Bergwerken und Infamie. Besonders richtet sich die Strenge der Strafbestimmungen auch gegen die Kleriker. Bei der hohen Verehrung, welche man für die Märtyrer hegte und dem großen Werte, den man auf den Besitz von Reliquien derselben legte, war es nicht selten, daß ein frommer Eifer sich zum Raube derselben verleiten ließ. Viele Märtyrer waren auf der Stelle begraben, wo sie den Tod erlitten hatten und man hatte Kapellen mit einem Heiligenschrein über derselben errichtet. Diese waren es namentlich, welche der frommen Habsucht und der gegenseitigen Eifersucht der Priester ausgesetzt waren. So wie früher die Kunstschätze und der den Toten mitgegebene Schmuck von Gold und Juwelen die Habsucht reizte, so wurden es jetzt die Reliquien. Der Reliquienhandel wurde, wie noch heutigen Tages, ein einträgliches Geschäft, mit dem sich die Mönche abgaben und es dabei mit der Beschaffenheit und Echtheit der Reliquien nicht allzu genau nahmen, daher sind viele derselben an mehreren Orten. Es fehlte daher aber auch nicht an Spott. Man vergleiche die frivole Novelle bei Boccaccia, in welcher einem wundertätigen Mönche die Papageifeder aus dem Flügel des Erzengels Gabriel durch den Mutwillen seiner Wirte in Kohlen verwandelt wird, aber auch nicht an Strafbestimmungen gegen die Fälscher und Reliquiendiebe. Augustinus, de opere Monachor 28 erzählt, daß zu seiner Zeit sich viele Mönche mit dem Handel von falschen Reliquien beschäftigt hätten. „Calidissimus hostis (Satan) tum multos hypocritas sub habitu monachorum usque quaque dispersit, circumeuntes provincias, nusquam missos, nusquam fixos, nusquam stantes, nusquam sedentes: alii membra martyrum, si tamen martyrum, venditant, alii fimbrias et phylacteria (amulete) sua magnificant" etc.

Theodosius der Große verfügte (Theod. IX. 7. 67.) „Humanum corpus nemo ad alium locum transferat, nemo martyrem distrahat, nemo mercetur." Doch geht der Knochenhandel aus den Katakomben von Rom heute noch sehr schwunghaft.

Die schärferen Bestimmungen, welche sich in dem Codex Theodosianus legum novellarum, D. Valentiniani I, de sepulcris V finden, sind schon mit den salbungsvollen Worten eingeleitet, welche jetzt noch in päpstlichen und bischöflichen Rundschreiben vorzukommen pflegen. Es heißt daselbst: „In alten Gesetzen habe man die Verletzung der Gräber streng verpönt; die Strenge der Gesetze sei aber außer Übung gekommen, so daß es notwendig geworden, dieselben wieder einzuschärfen. Wer aber wisse nicht, daß den Manen der Verstorbenen durch ruchlose Frechheit (funestis ausibus) und daß der Asche der Verstorbenen schreckliche Gewalt angetan werde. Bei hellem Tage würden die Gräber verletzt und was die Religion verbietet, willkürlich, heiligschänderisch verspottet. Der Tod sei nicht mehr das Ende der Leiden. Wir wissen nämlich und das ist kein leerer Wahn, daß auch die von dem Körper getrennten Seelen Empfindung haben und daß die himmlischen Geister zu ihrem Ursprung zurückkehren. Das wird in den alten Büchern der Weisheit und der Religion, welche wir verehren, erklärt.. Und wenn auch die himmlischen Seelen vielleicht nicht empfinden, so lieben sie doch den zurückgelassenen Körper und erfreuen sich an den Ehren, welche denselben im Grabe bewiesen werden, daher sind Berge von Metall und mühsame Kunstwerke aufgerichtet worden, was gewiß der Vernunft nicht entspräche, wenn man glaubte, daß mit dem Tode alles zu Ende sei. Es ist eine barbarische Grausamkeit und ein Wahnsinn, das letzte Werk denen zu beneiden, welche das Licht nicht mehr sehen und nachdem man ihr Grab zerstört hat, menschliche Überreste dem freien Himmel darzulegen. *Dieses schändlichen Verbrechens haben sich besonders die Geistlichen schuldig gemacht* und nachdem sie die Gräber mit dem Eisen bewaffnet geöffnet haben, haben sie ihre mit der Asche der Verstorbenen besudelten Hände dem Heiligtume des Altares genähert, so sehr in profundam calliginem conscientiae immersi, daß sie glaubten, an den ehrwürdigsten Handlungen teilnehmen zu können, auch wenn sie die Gräber geschändet. Solche Gräuel kann Gott nicht verzeihen, damit aber unsere Zeit nicht mehr durch den Gestank solcher Gräueltaten verunehrt werde, so verbieten wir sie durch folgendes edictales Gesetz."

Auf diese lange Vorrede folgen folgende sehr bündige Strafbestimmungen:

„Wer ein Grab öffnet und die tiefe Ruhe desselben stört oder etwas von demselben entwendet, soll alsbald gestraft werden, Sklaven und Colonen sollen gefoltert und dann hingerichtet, Freie zwar nicht gefoltert, aber ebenfalls hingerichtet werden. Plebejer, welche kein Vermögen besitzen, sollen hingerichtet werden; Wohlhabende und Hochgestellte sollen um Geld gestraft werden und für immer infam sein. Kleriker sind der Todesstrafe, majori supplicio, würdig, denn die caritcas ihres Standes macht ihre Schandtat um so größer. Es ist unerträglich, den Namen der Heiligkeit zu tragen und sich in Verbrechen zu wälzen (abundare criminibus). Sie sollen den Namen eines Klerikers verlieren und mit ewiger Deportation gestraft werden. Auch Priester und Antistes sollen nicht verschont werden. Damit aber kein käuflicher Richter das Gesetz umgehe, so soll der Provinzialvorsteher auf dessen Handhabung achten und Ehre und Amt verlieren, wenn er die Handhabung des Gesetzes vernachlässigt. Denunzianten soll man schützen. Dabam Romae Callypio cons.: „Bei sepulcrorum violatorum, si corpora ipsa extraherint, vel ossa eruerint, humilioris quidem fortunae, summo supplicio afficiuntur, honestiores in insulam deportantur, alii autem relegantur, aut in metalla damnantur. Digest, lib. XI. 7. t. 12.

Es wurde zwischen Verletzung des Grabes und Schändung der Leiche unterschieden, das erstere wurde mit Geld, Verbannung, Infamie und mit Zwangsarbeit in den Bergwerken, die letztere mit dem Tode gestraft. Cod. Theod. Lib. IX. 1.17. Valentin, nov. V. de sepulcris. Sie war crimen capitale und die Strafe konnte nur bei sehr Vornehmen umgewandelt werden. Grabesschänder konnten auch in der Amnestie, welche um Ostern erteilt zu werden pflegte, nicht mit inbegriffen werden und dieses Verbrechen gab der Ehefrau ein Recht, sich wie von einem Mörder scheiden zu lassen.

Gegen den Verfall des römischen Reiches waren die Umgebungen der großen Städte, Rom und Byzanz, mit Grabdenkmalen überdeckt, die selbst mit dem Untergange vieler Familien in Verfall und unter den veränderten Eigentumsverhältnissen auf fremden Boden gerieten. Man fing an, diese herrenlos gewordenen, halbverfallenen Gräber, Nutzens halber, abzutragen. Daher verordnet C. Theodos. 1. IX. t. 17, daß, wer einen Marmor oder einen Stein von einem Grabe nimmt, um Kalk daraus zu brennen oder an einen Kalkbrenner zu verkaufen, für jedes Grab, auch wenn dasselbe auf keinem eigenen Acker steht, um 1 Pfund Gold zu strafen sei. Auch wer nur ein den Einfall drohendes Grab unter einer Erddecke verbirgt oder ganz abträgt, soll 1 bis 2 Pfund Gold Strafe zahlen. Ebenso wer Grabsteine zum Aufbau seines Hauses benutzt. Sklaven, welche auf Befehl ihres Herrn bei der Zerstörung von Gräbern handeln, werden in die Bergwerke geschickt. Das Gebäude, zu dessen Aufbau Grabdenkmäler benutzt worden sind, verfällt dem Fiskus. Constans setzte an die Stelle der von Constantin für den Leichenraub gedrohten Todesstrafe eine Geldstrafe von 20 Pfund Gold.

Nach dem Einfalle der Barbaren und der Verwüstung und Verödung Italiens durch dieselben, hatten schließlich solche harte Bestimmungen zum Schütze der Gräber keinen Sinn mehr. Eine große Zahl von Städten war fast spurlos von der Erde verschwunden; von einer Anzahl alter Städte wußte man damals kaum, wo sie gestanden hatten. Ihre ausgedehnten Nekropolen waren in der menschenleer gewordenen Gegend verschüttet, mit Buschwald bedeckt. Die Eigentumsverhältnisse waren völlig verändert, niemand wußte, wem diese Gräber gehörten, welche der Zufall, der Pflug aufdeckte und niemand hatte ein Interesse an ihrer Erhaltung; sie waren, wie gegenwärtig, in den Besitz des Bodeneigentümers übergegangen. Unter diesen Verhältnissen schien es vernünftiger zu legalisieren, was nicht gehindert werden konnte. Das ist durch Theodorich von Ravenna geschehen. Er erlaubte die Gräber zu öffnen und das Gold aus ihnen zu nehmen, doch solle man die Ruhe der Toten nicht stören, quia nolumus lucra quaeri quae per funesta scelera possunt reperire. — Aurum enim sepulcris juste detrahitur ubi dominus non habetur: immo culpae est innutiliter abditis relinquere mortuorum unde si vita potest susteutare viventium. Non est enim cupiditas eripere quae nullus se dominus ingemescat amisisse. — Cassiodor. Var. IV. 34.

So lange die Christen verfolgt waren, haben sie es nicht wagen dürfen, öffentlichen Gottesdienst zu halten und gegen die so oft eingeschärften Verbote der Leichenbestattung innerhalb der Städte, die außerdem nicht gegen ihre Dogmen verstieß, sich zu widersetzen. Sie begruben im Felde oder in verlassenen Katakomben und Grüften. Als sie aber zur Herrschaft gelangten, die Kaiser und deren Frauen selbst eifrige Christen geworden waren, welche unter der Herrschaft eines übermütigen Klerus standen, fing man immer mehr an die Toten in und bei den Kirchen anzuhäufen. Daher die Bezeichnung Gottesacker und Kirchhof für Totenfeld. Natürlich kamen diese Begräbnisstätten, wenn auch die Kirchen anfangs außerhalb der Städte, in den Suburbanis lagen, mit dem Anwachsen der Bevölkerung nach und nach mitten in dieselben hinein und da es als ein Vorteil, für das Heil der Seele, als eine Ehre für die Überlebenden angesehen wurde, daß die Toten in und bei der Kirche bestattet lagen, so kam es, daß die Friedhöfe sämtlich im Parvis der Kirche und mit dieser mitten in die am dichtesten bewohnten Teile der Städte und Dörfer zu liegen kamen, sowie daß der Boden der Kirchen so dicht als möglich von Grüften und Erbbegräbnissen eingenommen wurde. Da für die ältesten Kirchen die erhabensten Teile des Terrains gewählt zu werden pflegten, so gelangten auch die Kirchhöfe auf den höchsten Teil der Städte. Deshalb lagen fast alle Kirchhöfe auf dem höchsten Punkte der Städte und wenn überhaupt von der Anwesenheit der Friedhöfe in denselben ein Nachteil entsprang, so wurde er dadurch um so größer.

Jetzt sind diese Friedhöfe innerhalb der Städte überall geschlossen. Dem ungeachtet kann es nicht ohne Interesse sein, die Gründe zu verfolgen, wegen welcher die christliche Welt die vernünftigen gesetzlichen Anordnungen der römischen heidnischen Zeit verlassen und einen Gebrauch angenommen hat, gegen welchen aus hygienischen und ästhetischen Gründen mit Recht so vieles eingewendet werden kann. Die Sitte, in den Kirchen und Kirchhöfen Tode zu bestatten, kam erst zu Ende des dritten oder in dem vierten Jahrhundert p.Ch. auf. Auch die ersten christlichen Kaiser hielten an dem Verbote fest, daß weder die Asche einer verbrannten Leiche, noch ein Sarkophag mit einer unverletzten Leiche, innerhalb der Städte beigesetzt werden dürfe und aus denselben Gründen, welche während der älteren Kaiserzeit beigebracht worden waren, ut et humanitatis instar exhibeant et relinquant incolarum domicilio sanctitatem C. Theodos. Lib. IX. tit. 17.1. 6. Justinian, indem er von dem Verbote innerhalb der Städte zu beerdigen schweigt, hält das Verbot in den Kirchen selbst zu bestatten fest. Nemo apostolorum vel martyrum sedem humandis corporibus existimet esse concessum. Cod. Justin. 1. 1, tit. 2 de ecclesia lex. 2. Wer gegen diese Verordnung zu handeln wagt, soll um den dritten Teil seines Patrimoniums gestraft werden. Und damit niemand sich auf die Apostel und Märtyrer berufen könne, das geschah also schon, so sollen auch diese aus den Städten entfernt werden. Der Kirchenvater, der unter dem Namen Chrysostomus schreibt (Johannes von Antiochien), bestimmt daher, daß jede Stadt, jedes Kastell seine sepulchra vor dem introitus habe (um 400). Hiermit ist also die Praxis jener Zeit bezeichnet, bis zu welcher an der Beerdigung außerhalb der Städte festgehalten wurde. Auch noch 100 Jahre später bezeugt Sidonius Apollinaris lib. 3 ep. 11, daß in Gallien und Spanien die Leichen nur im freien Felde bestattet wurden. Die erste Veranlassung der Bestattung innerhalb der Kirche zu suchen, wurde durch die besondere Verehrung gegeben, welche man den Märtyrern erwies und an welchen man, zum Heile der eigenen Seele, teilzunehmen hoffte. Solche Kirchen wurden Martyria genannt, wenn sie wirklich den Körper oder einen Teil eines Körpers eines anerkannten Märtyrers enthielten. Oft wurden auch nur Kirchen über alten Gräberstellen erbaut, von welchen man voraussetzte, daß sie die Überreste von Märtyrern enthielten. Nur sehr hoch gestellten Personen war es anfangs gestattet, in dem Raume solcher Kapellen bestattet zu werden. Dann erlangten Kaiser das Recht in Atrio einer Kirche begraben zu werden; sie sahen das als eine ganz besondere Ehre an, quod maxime ambierat, locum juxta apostolorum memoriam ei concessit (Deus) Eusebii vit. Constant. 1. IV. — Constantius, Sohn Constantins des Großen, hielt es für eine große Ehre, an den Pforten der Kirche begraben zu werden, welche er den Aposteln errichtet hatte; denn den Dienst, welchen die Türsteher den Kaisern verrichten, sollen diese den Aposteln leisten. Und ähnlich an mehreren Stellen. Er hatte den zwölf Aposteln Denkmäler errichtet und sein eigenes Grab mitten zwischen denselben. Arcadius und die beiden Theodosius wurden an den Kirchenpforten begraben. Vom sechsten Jahrhundert an wurde die Sitte, an den Pforten der Kirchen, vor deren Eingang oder im Chorgange zu begraben, allgemeiner, während das Verbot des Begräbnisses innerhalb des Kirchenschiffes immer noch festgehalten wurde. Nur rings um die Mauer, nicht innerhalb einer Kirche wurde die Bestattung gestattet. Corpora defunctorum nullo modo intra basilicam sanctorum sepelliantur, sed, si necesse est, de foris, circa murum basilicae usque adeo non abhorret. Concil. Bracar. I.

Diese Bestimmung, daß zwar nicht innerhalb der Kirche, juxta altare, ubi corpus et sanguis Domini conficitur, aber vor deren Türen, in den Chorgängen begraben werden dürfe, wurde von verschiedenen Konzilien, Arelatense, Moguntino, Nannetense festgehalten. So entstanden die Kirchhöfe, welche, da die Bestattung bei der Kirche als eine Ehre und als ein Vorteil für die Seele erschien, natürlich überall Nachahmung fanden. In dem Konzil von Trebur wurde von Carolus magnus bestimmt, daß kein Laie innerhalb einer Kirche begraben werden dürfe, doch sollten die Leichen, welche sich schon innerhalb derselben befanden, nicht hinausgeworfen, ihre Gräber nur mit einem Steinpflaster so überdeckt werden, daß sie nicht sichtbar blieben. Wenn das wegen der Menge der Leichen nicht möglich sei, so soll die Stelle als ein Kirchhof behandelt und der Altar versetzt werden. Endlich hob Leo sapiens die alten Gesetze ganz auf und gestattete, daß man begraben könne, wo man wolle. Leo, Novelle 53 Quicunque autem sive extra, sive intra civitatem sepellire mortuos volet, perficiendae voluntatis facultatem habeto. MCCC. Die Erlaubnis, innerhalb der Kirche selbst zu bestatten, wurde auf dem Concilium Monguntinum auf die Leichen von Fürsten, Bischöfen, Äbten, Geistlichen und solchen Laien beschränkt, welche sich durch ihre Frömmigkeit besonders würdig gemacht oder Kirchen gestiftet hatten. So schritt der Gebrauch, in den Kirchen zu bestatten, allmählich vor, teils mit zunehmender Erschlaffung der Strenge der Gesetze, teils durch Nachsicht derer, welche sie handhaben sollten und trotz entgegenstehender Konzilienbeschlüsse fingen im 9. Jahrhundert, zunächst in Frankreich, einzelne Familien an, sich Erbbegräbnisse in den Kirchen zu erwerben. Wenn auch das Verbot, innerhalb und bei den Kirchen zu bestatten, oftmals noch wiederholt wurde, so war es doch schließlich ein allgemeiner Gebrauch geworden und fand namentlich dann keinen Einspruch, wenn die Vorfahren eines Verstorbenen schon bei einer Kirche begraben worden waren. So entstanden die Familienkapellen, um welche herum Diener und Colonen ihre Begräbnisstätte fanden. Erst zur Zeit der Reformation erhob sich Einsprache, ähnlich wie man sie jetzt gegen das Erdbegräbnis erhebt. Da die Gestattung in der Kirche zu bestatten eine Quelle reichen Einkommens für die Geistlichen geworden war, so tadelt Andreas Bivet den Gebrauch mit folgenden scharfen Worten: „Hunc morem, quem invenit avaritia et superstitio, valde vellem aqud nos, cum aliis superstitionum reliquis esse abolitum et pristinam consuetudinem revocari ut sepulcra publica in campo libero et aperto, extra civitatum portas constituerentur. Id etiam convenientissimum esset usibus civilibus, quia in locis reclusis, non potest aër non adfici tetro cadaverum odore ita ut nec mortuis hac ratione consulatur, nec viventium pericula caveantur, praesertim morborum contagiosorum tempore, quo promiscue cadavera pestifera conduntur templis, in quibus quotidie convenitur. Quod sane horrendum mihi et aliis multis merito visum est."

Wenn anfangs die Gestattung eines Begräbnisses im Umfange einer Kirche eine besondere Gunst war, so wurde die Bestattung auf dem Kirchhofe später das allgemeine Herkommen, von welchem abzuweichen es besonderer Ermächtigung bedurfte.

Wie schon früher angeführt worden, so ist dieser Zwang, daß *nur* auf den Friedhöfen Leichenbestattungen statt haben durften, schon von Karl d. G. bei harter Strafe eingeschärft worden und wie vor 1000 Jahren, so besteht er noch heute gesetzlich. — Bestünde dieser polizeiliche Zwang, für welchen kein vernünftiger Grund mehr vorliegt, nicht, so wäre die jetzige Bewegung für Änderung des gegenwärtig üblichen Bestattungsverfahrens völlig zwecklos.

Leichenbestattung bei den Griechen; heroische Zeit

Die Leichengebräuche bei den Griechen aus der heroischen Zeit, während welcher zwischen Hellas und Italien noch kaum ein internationaler Verkehr bestand, die italischen Küsten für die Griechen noch ein nebelhaftes, unbekanntes, von Ungeheuern, Kyklopen und Sirenen bewohntes Fabelland waren, stimmen dennoch in so vielen Dingen mit den latinischen überein, daß man ohne Bedenken annehmen kann, sie hätten einen gemeinsamen Ursprung, in so weiter Ferne, daß er diesen Völkern selbst unbekannt geworden war. Die Griechen selbst haben die Anfänge ihrer Kultur aus Kleinasien und Ägypten empfangen. Cadmos war ein Phönizier, Danaos und Cecrops kamen über Zypern aus Ägypten. Die Griechen waren die Vermittler der Kultur durch ihre Kolonien, für die weiter östlich in Italien wohnenden Völker. Quellen für diese früheste Zeit sind die heroischen Dichter Hesiod, Homer und Appolonius, für die spätere die Tragiker, Sophokles, die Philosophen, sowie die zahlreichen Gräberfunde und Vasengemälde. Man darf jedoch nicht übersehen, daß die Nachrichten, welche wir aus jener alten Zeit zusammenstellen, zeitlich und kulturell sehr weit auseinander liegen; der Zug der Argonauten wird auf 1230, der der Griechen gegen Troja auf 1190 a. Ch. verlegt. Sie fallen in eine Zeit, in welcher den Griechen Metallgeräte, Bronze und Eisen, hauptsächlich nur durch Handel oder Seeraub zugeführt wurden. Der didaktische Roman der Cyropaedie spielt etwa um 530. Aus Cicero de legibus ist bekannt, daß die ältesten römischen gesetzlichen Bestimmungen über Leichenbestattung, in den zwölf Tafelgesetzen, unveränderte Reproduktionen der Solonischen Gesetze für Athen sind (Plutarch, Solon). Die Pelasger waren die ältesten Einwanderer in Italien, von welchen die Urbewohner, Siculer, Umbrer, verdrängt wurden. Ein großer Teil von Unteritalien wurde von Bewohnern hellenischen Stammes besiedelt, Großgriechenland, und in diesem Teile haben auch in Bezug auf das Begräbniswesen mehr hellenische und kleinasiatische, als latinische Sitten geherrscht. Später wurden die Griechen Untertanen der Römer und sie haben ihre gesetzlichen Bestimmungen, namentlich in der späteren, byzantinischen, Kaiserzeit, lediglich von diesen empfangen. Das Interesse der Darstellung beschränkt sich daher hauptsächlich nur auf die ältere, die heroische Zeit und liegt vornehmlich in dem Nachweise wie, trotzdem, daß in dieser frühen Zeit die Völker nur in sehr geringer direkter Verbindung standen, die Sitten dennoch eine nahe Verwandtschaft des Ursprungs nachweisen. Die einzelnen griechischen Stämme haben in Nebendingen nicht ganz dieselben Totengebräuche beobachtet, einige von ihnen waren Seefahrer und sind nicht ohne Gegeneinfluß aus Kleinasien geblieben, andere waren Bewohner des Binnenlandes, Arcadier, welche dieses fremden Einflusses mehr entbehrten. Was wir wissen bezieht sich vornehmlich auf die ersteren, besonders auf die Athener und die Inselbewohner. Das meiste Hierhergehörige hat eine vorwiegend poetische und mythologische Bedeutung, wovon wir schon in unseren klassischen Schulen, als einen Teil der humanistischen Bildung, genügende Kenntnis erhalten. Ich halte es daher für überflüssig, auf diesen Teil, mehr als es die Erhaltung des Zusammenhanges erfordert, einzugehen und werde mich hauptsächlich darauf beschränken, die in ethnologischer Beziehung interessante Übereinstimmung der griechischen, kleinasiatischen und italischen Gebräuche vorzulegen.

Die Vorstellungen der Griechen über das Fortleben nach dem Tode, sind denen, welche wir bei den Römern finden, ähnlich. Die Seele .lebt nach der Trennung von dem Körper fort, ohne daß, wenigstens in der früheren Zeit, von einer Bestrafung oder Belohnung für die Handlungen auf dieser Welt die Rede ist. Man könnte auch von den Griechen sagen, sie kennen die Unterirdischen, aber nicht die Himmlischen. Die Seelen gehen in die Unterwelt, das Schattenreich, den Hades, wo sie in Ruhe ohne Freud und Leid existieren und aus der sie heraufbeschworen werden können. Die Vorstellung eines körperlichen Fortlebens mit den Eigenschaften, welche der Verstorbene während des Lebens hatte, existierte nicht. Daher werden dem Verstorbenen wohl Schmucksachen, Liebesgaben, aber nicht die Dinge in das Grab mitgegeben, deren er bei leiblicher Existenz bedurft hätte. Wenn Achill an dem Scheiterhaufen des Patroclos 12 trojische Jünglinge schlachtet, so war dieses ein Akt roher Rache, der die Idee, daß diese seinem Freunde in der Unterwelt als Sklaven dienen könnten, nicht zu Grunde lag, mit der auch die Leichenverbrennung, welche die Mitgabe zerstört, nicht stimmt. Die Unterwelt wird bald im Innern der Erde, bald im fernen Ozean, wohin die Strahlen der Sonne nicht mehr dringen, gedacht. In dieser Ferne liegen auch die Inseln der Seligen, am Westrande der Erde, wohin Kälte, Schnee und Regen nicht mehr gelangen. — Diese Vorstellungen über den Zustand des Schattenreiches zu verfolgen, hat jedoch kein weiteres Interesse für uns. So lange der Körper nicht regelmäßig bestattet war, wurde dem Schatten der Eintritt in das Schattenreich von den Unterirdischen versagt, daher war die Bestattung der Toten eine Pflicht der Humanität für jeden und für die Angehörigen eine Pflicht der Ehre und Pietät. Wenigstens warf man auf eine unbekannte Leiche eine Hand voll Erde. Kimon ließ sich selbst in Haft nehmen, um seinem Vater Miltiades, der eine Summe Geldes der Gemeinde nicht hatte erstatten können, ein würdiges Begräbnis veranstalten zu können. Kinder, deren Vater unwürdig gegen sie gehandelt, sie zur Unzucht verführt hatte, waren von jeder Verpflichtung gegen denselben frei, außer daß sie demselben ein Begräbnis gewähren mußten. Nur Landesverräter und todeswürdige Verbrecher blieben unbeerdigt, den Raubtieren preisgegeben. So war es auch Kriegsgebrauch, daß man die Bestattung der Gefallenen dem Feinde nicht verwehrte. Man schloß Waffenstillstand, um beiderseitig die Toten bestatten zu können und nur als Ausdruck des äußersten Hasses blieben die Toten unbeerdigt. Achaier und Troer schließen II. II. 7. 376 Waffenstillstand, um die Gefallenen ungestört beerdigen zu können; in dem Streite um Salamis begraben die Megarenser ihre Toten im Westen, die Athener nach Osten hin (Plutarch). Nur als eine Äußerung des äußersten Ingrimmes wird dem Feinde die Bestattung versagt und gedroht, daß sie den Raubvögeln und Hunden zur Speise dienen sollen, Ilias II. 8. 379 und viele andere Stellen. Die Besorgnis, daß die Leiche geschändet, verstümmelt, der Kopf vom Rumpfe getrennt werden könne, verfolgt den Krieger vor allem in den Kampf. Ruhmvoll im Kampfe zu fallen ist kein Unglück, wohl aber des Begräbnisses zu entbehren. Als Hector auf heimtückische Weise von Pallas zum Kampfe verleitet und in diesem niederträchtig verraten wird, war es vor allem seine Sorge, daß man seine Leiche schänden, ihr den Kopf abschlagen könnte. Er bittet daher, daß, wenn er fallen sollte, man seinen Leib der Rüstung entkleiden und ihn verbrennen möge. Er bietet Achilleus einen Vergleich an, daß, wer von ihnen im Kampfe fallen sollte, keine Mißhandlung seiner Leiche zu erdulden habe. Doch vergeblich, Hector fiel durch die hinterlistige Unterstützung, welche die Göttin dem Griechen gewährte, seine Leiche wurde um die Stadt geschleift und von den Griechen, welche ihrem toten Feinde gegenüber plötzlich Mut bekamen, mit unzähligen Wunden bedeckt. Priamos mußte den geschändeten Leib seines Sohnes dem rohen Feinde abkaufen.

Der Schatten des Patroclos war Achill im Traume erschienen, um ihn zu mahnen, seinen Leib bald zu begraben, da ihm der Eintritt in die Unterwelt von den Abgeschiedenen verwehrt werde. Trotzdem wird die Bestattung verzögert, die Leiche auf der Lectica ausgestellt und die Totenklage erhoben. Solche Szenen, wie die Leiche auf dem Paradebette liegt, von Frauen mit Efeu bekränzt wird, Klageweiber mit emporgehobenen Händen die Klage erheben, sich das Gesicht zerkratzen, Flötenbläser und Sänger die Trauergesänge anstimmen, finden sich auf Vasen, welche in Grabkammern aufgedeckt worden sind, sehr häufig.

Wenn die Umstände eine regelmäßige Bestattung gehindert hatten, bei Personen, welche im Meere versunken, in der Ferne gefallen waren, so wurde die Totenklage und das Opfer vor dem leeren Grabe dargebracht. Als die Argonauten vor der Mündung des Kalichoron vorbeifuhren, erschien auf dem Tumulus der dort Gefallenen Stehnelos in dem Gewände, mit welchem er in die Schlacht gegangen war und blickte sehnsüchtig nach den Kampfgenossen. Jason ließ die Argo an den Strand ziehen, brachte ein Totenopfer, schlachtete drei schwarze, unfruchtbare Schafe, worauf der Schatten versank.

Der Leichenbrand scheint zu keiner Zeit der griechischen Geschichte der allgemeine oder nur der vorherrschende Bestattungsgebrauch, vielmehr immer nur die Ausnahme für bestimmte Fälle gewesen zu sein. Ich wage diese Behauptung gegen den Ausspruch bewährter Archäologen, wie Guhl und Koner, mit aller der Bescheidenheit, welche einem Nichtphilologen geziemt. Diese nehmen an, daß die Leichenverbrennung die ältere Sitte gewesen und erst mit dem Christentum außer Gebrauch gekommen sei. Ich halte diese Ansicht für entschieden irrig; die ersten christianisierten Griechen haben schon den Leichenbrand nicht mehr gekannt und es ist von demselben in dem neuen Testamente nirgends die Rede.

Für diese Ansicht spricht zunächst das Zeugnis von Xenophon, Cyropaedia, den auch Plinius X. 17. anführt: „At mihi sepulcri antiquissimum genus id fuisse videtur, quae apud Xenophontem Cyrus utitur. Redditur enim terrae corpus et ita locatum adsitum quasi opperimento matris obducitur. Eodemque ritu in eo sepulcro non procul a fontis ara regem nostrum Numam conditum esse accipimus." Von Cyrus selbst wird gesagt, daß er gewünscht habe, möglichst einfach begraben zu werden. Man möge seine Leiche der Erde übergeben, aus der sie entstamme, ohne ihr Gold und Schmuck mitzugeben. Cecrops, der aus Ägypten kam, soll die Gruftbegräbnisse in Athen eingeführt haben, so wie die Feuerbestattung auf die Herculessage zurückgeführt wird. Die Argonauten begruben ihre Toten Appollon. B h od. IV. 480. In der Anabasis wird nirgends des Leichenbrandes, nur der Bestattung der Toten erwähnt. Für eine sehr frühe Zeit gibt die Erzählung, daß die Leiche von Theseus exhumiert wurde, um sie zu transferieren, den Beweis, daß die Erdbestattung schon ein übliches Verfahren war. In dem Streite zwischen Megara und Athen gaben die verschiedenen Bestattungsweisen das Hauptargument für die Rechtsentscheidung (Becker, Charikles). Nach Thukidides wurden die für das Vaterland im Kampfe Gefallenen auf öffentliche Kosten, in dem schönsten Teile der Stadt (Athen) begraben. Er beschreibt die Feier in folgender Weise II. 34. Nach *hergebrachter Sitte* veranstalteten die Athener für die in diesem Kriege zuerst Gefallenen eine öffentliche Bestattung auf folgende Weise: Drei Tage vorher errichteten sie ein Zelt, in welchem sie die Gefallenen ausstellten und wo ein jeder, der wollte, seinen Angehörigen ein Opfer brachte. Bei der Bestattung wurden Wagen, je einer für jede Phyle, mit Särgen von Zypressenholz und in diesen Särgen die Gebeine der Gefallenen fortgeführt. Eine leere bedeckte Kline wird für die Vermißten, die nicht aufgefunden werden konnten, getragen. Bürger, Freunde, Klageweiber begleiten den Zug. Sie bestatten die Gebeine in einem öffentlichen Grabe (also in einer Sammelgrube) in der schönsten Vorstadt von Athen. Dieser Ort dient stets zur Bestattung der im Kriege Gefallenen, mit Ausnahme der bei Marathon Gebliebenen; diese begrub man, als Auszeichnung für ihre Tapferkeit, auf dem Wahlplatze und errichtete über ihnen einen Tumulus, der noch existiert. Ein von der Stadt erwählter Mann hielt die Lobrede. Doch blieben nach Umständen die Gefallenen auch unbeerdigt auf dem Schlachtfelde. Nach Herodot glaubte man, bei dem Zuge Alexanders die gebleichten Gebeine, der lange vorher gefallenen Griechen und Perser an ihrer verschiedenen Härte, noch unterscheiden zu können. In Athen waren nach den Luxusgesetzen, welche Solon erlassen (Plutarch, Solon 21), die Bestattungsfeierlichkeiten sehr einfach, wenigstens in der älteren Zeit, aber ganz auf die Gruftbeerdigung berechnet. Die Leiche wurde ausgestellt, von Verwandten oder gedungenen Frauen beklagt, wobei Übertreibung des

Lobes gesetzlich untersagt war, dann von den Verwandten oder gedungenen Trägern, bei Personen von Auszeichnung auf der Kline, einer tischförmigen Bahre von der Länge des Körpers hinausgetragen, in Begleitung der Familie, von Sängern und Flötenbläsern und Frauen, die jedoch, wenn sie nicht zur Familie gehörten, über 60 Jahre alt sein mußten. — In einem ziemlich holzarmen Lande, wie Griechenland schon im Altertume war, ergab sich die Erdbestattung für den größeren und minder bemittelten Teil der Bevölkerung, als die wohlfeilere Methode, von selbst. — Dem entspricht auch, daß in Griechenland vorzugsweise nur Gruftgräber, mit Särgen von Ton und Beigaben gefunden hat, die nicht auf Verbrennung hinweisen. In dem alten Teile von Athen fand Curtius die Zwischenräume der Häuser ganz mit Gräbern gefüllt.

Verbrennung der Leichen fand also mehr nur ausnahmsweise, im Kriege, statt, um die Gebeine der fern von der Heimat Gefallenen nach Hause bringen und bei den Ihrigen bestatten zu können. So geschah es in dem trojanischen Kriege nach dem Kampfe bei den Schiffen, dem einzigen größeren, einigermaßen geordneten, allgemeinen Gefechte dieses Krieges. Die relativ zahlreichen Gefallenen verbrannte man, um ihre Gebeine bis zur Rückkehr aufbewahren zu können, auf den Rat Nestors. Ilias VII. 330:

„Drum wenn Eos erscheint, laß ruhen das Gefecht der Achaier, Wir dann wollen gesamt uns Stiere anspannen und Mäuler
Unsere Toten zu holen; sofort verbrennen wir diese
Wenig entfernt von den Schiffen, damit die Gebeine den Kindern
Jeder nach Hause mitbringe, wenn einst wir zieh'n in die Heimat. Neben dem Holzstoß lasset uns auch ein gemeinsames Grabmal
Dort im Gefilde erhöhen, dann bauen wir selbst in der Nähe
Eine getürmte Mauer, uns selbst und den Schiffen zur Schutzwehr."

Das Grabmal war also ein bloßes Gedenkzeichen, welches die Gebeine nicht enthielt.

Auch bei dem Zuge der Sieben gegen Theben wurden Scheiterhaufen vor den Toren der Stadt errichtet, um die Toten zu verbrennen.

Es versteht sich jedoch von selbst, daß die Verbrennung von Leichen nicht mehr statthaben konnte, sobald sich große Heere in geordneter Schlacht einander gegenüber standen, weil teils die Zahl der Gefallenen, wie schon vor Plateae, teils die Schnelligkeit der Bewegungen, der Verfolgung oder des Rückzuges, ein so umständliches Verfahren, wie die Errichtung von Scheiterhaufen für viele Hunderte, unmöglich gemacht hätte.

Homer gibt natürlich keine Verlustlisten der vor Troja Gefallenen. Die Beschaffenheit der Waffen aber und die Art des Kampfes, der sich stets fast nur in Einzelkämpfe auflöste, läßt zwar eine ansehnliche Zahl von Verwundeten, aber wenig auf dem Platze Gebliebenen voraussetzen. Fast sämtliche Führer sind nach Hause zurückgekehrt. Griechen und Trojaner mußten aber, einen wahren Kern der Homerischen Erzählung vorausgesetzt, einen großen Verlust an Kranken erlitten haben. Die Stärke der Griechen betrug 150000 Mann, die der Trojaner mit ihren asiatischen und thrakischen Bundesgenossen 50000, ohne die Stadtbevölkerung zu rechnen. Dazu ein ungeheuerer Troß von Sklaven und Sklavinnen, Huren und Buben, wie man im 30jährigen Kriege sagte. Solche Massen stehen nicht zehn Jahre an einem Platze einander gegenüber, ohne durch Krankheiten dezimiert zu werden, zumal bei einer so mangelhaften Lagersanitätspolizei, wie sie die Griechen nur haben könnten. Es läßt sich aber nicht denken, daß für alle diese, welche Lagerkrankheiten erlagen, Verbrennung möglich gewesen.

Eine zweite Veranlassung zur Leichenverbrennung ergab sich bei der Ehrenbestattung sehr angesehener Führer. Solche sind von Homer drei beschrieben: die Bestattung des Patroclos XXIII, die des Hector XXIV und die von Achill. Odyssee XXIV. — Bei der Bestattung des Patroclos, welche auf Anstiften Achills die feierlichste war, unterbrechen die Griechen den Kampf und ziehen zur Hälfte mit Äxten bewaffnet, zur anderen Hälfte mit ihren Streitwagen und Pferden auf mühsamen Wegen auf den Ida, um während mehrerer Tage Holz zu einem Scheiterhaufen zu fällen, der 100 Fuß im Quadrat maß. Das ganze Heer nahm an der Bestattung mit Parade, Klagegesang und Kampfspielen, sowie mit wiederholten, reichlichen Trauermahlzeiten Anteil. Die Bestattung des Patroclos erscheint übrigens in allen Zügen als eine Ausnahme und es tritt bei dem ganzen Vorgange, wie Priamus in der Nacht die Leiche seines Sohnes erkauft, eine rohere Wut und Inhumanität, besonders bei Achill zu Tage, als man sie sonst ei den Griechen findet:

„Und von der Erde aurafft er den schmutzigen Staub mit den Händen, Warf ihn sich über das Haupt und entstellte das herrliche Antlitz, Voll war ringsum sein göttlich Gemach von der dunkelen Asche. Aber er selbst lag da, lang niedergestreckt in dem Staube.

Und er entstellt' und zerraufte das Haar mit den Händen.
Alle die Mägde, geraubt von dem Achilleus und dem Patroclos.
Schrien laut auf, roll Schmerz in der Brust und heraus aus dem Zelte
Rannten sie, zu dem gewaltigen Achilleus hin, mit den Händen Schlugen sie alle die Brust und es lösten sich ihnen die Glieder."

Dann würgt Achill mit eigenen Händen 4 Pferde, 3 Hunde, Ziegen und Rinder, welche um den Scheiterhaufen gelegt werden, bedeckt die Leiche mit Öl, Balsamen und Schweinefett und tötet, mit eigener Hand, 12 edle Jünglinge, um deren Leichen rings um die Leiche seines Waffenbruders zu legen und mit dieser zu verbrennen. Meines Wissens ist dieses das einzige Beispiel, daß wehrlose Kriegsgefangene getötet worden sind, um sie mit einem gefallenen Helden zu verbrennen, welches sich bei den Griechen findet. Da dieselben die Vorstellung nicht hatten, daß die Mitverbrannten in der Unterwelt dem Gefallenen als Sklaven dienen konnten, so war die Ermordung derselben lediglich eine Handlung brutaler Rache. Homer sagt ausdrücklich, Achill habe diese Greuel in der Wut seines Schmerzes selbst ersonnen, es war also doch kein allgemeiner Gebrauch, sondern nur eine ganz vereinzelte Wuthandlung eines rohen Soldaten. Die Verbrennung dauerte einen Tag und eine Nacht und die Pyra wurde erst am anderen Tage gelöscht.

Über der Leiche wird ein Tumulus am Meeresgestade aufgehäuft:

„Daß er vom Meere von Fern, schon sichtbar werde den Männern,
Die jetzt leben sowohl, als einst auch spätem Geschlechtern."

Bei der Leichenbestattung Hectors treten solche rohe Züge nicht zu Tage. Sänger sitzen bei der Leiche, deren Kopf die Mutter in ihrem Schoße hält. Die rührende Schönheit der Klage der Hecuba und der Bitten des Priamus sind sprichwörtlich geworden. Tiere und Sklaven werden bei den Trojanern nicht mitverbrannt.

Verbrannt wurden ferner die Leichen zur Zeit großer Epidemien, der Pest.

Versagt wurde die Verbrennung den Selbstmördern, wie Ajas, der sich im Wahnsinne selbst getötet hatte.

In der frühesten Zeit war es auch in Griechenland und Athen Sitte, in der Stadt selbst, zwischen den Häusern, die Leichen zu bestatten, meist in Särgen von Terra cotta. In Theben errichtete man mit dem Wohnhause zugleich auch die Totenstätte in demselben. Dieser Unsitte sind die Solon'schen Gesetze entgegen getreten und haben das Begraben innerhalb der Stadt verboten. Nur in Lakedämon und Tarent wurde das Begräbnis innerhalb der Stadt beibehalten, damit die Jugend sich an den Anblick des Todes gewöhne. Einzelne verdiente Männer erhielten ausnahmsweise, wie in Rom, ein Ehrengrab in der Stadt, in den Tempeln, so Euclid in dem Tempel der Diana Euclea, weil er in raschem Dauerlaufe das heilige Feuer in die Stadt geholt hatte. Später scheint das Gesetz strenger eingehalten worden zu sein ; Sulpicius schreibt an Cicero, daß er für seinen ermordeten Collegen Marcellus kein Grab in Athen habe erhalten können. Die griechischen Gräber waren meistens Familiengräber und ihre Ausstattung möglichst einfach. Auch hierüber hatte Solon Luxusgesetze erlassen, welche in den 12 Tafeln wiederholt worden sind. Man konnte das Grab hin verlegen, wohin man wollte, meist an öffentliche Wege. — Die Athener hatten jedoch öffentliche Totenfelder, am Pyreos, auf welchen auch die Besitzlosen begraben wurden. Daß sie für diese Sammelgräber gehabt hätten, wie die Römer auf dem Esquilin u.s.w., ist nicht bekannt. Man wählte gern, nach der Vorschrift von Plato, ein steriles Feld, welches kein Getreide zu tragen vermochte. Durch die Toten sollte den Lebenden nicht die Nahrung geschmälert werden. Cicero de legib. 27. Die Toten blieben, wie in Rom, einige Tage in dem Hauseingange ausgestellt, anfangs 7 bis 9 Tage, Solon beschränkte die Zeit und Plato wollte sie so weit verkürzt wissen, bis man sich von dem wirklichen Tode völlig vergewissert haben konnte. Wie in Rom blieben die Luxusgesetze, welche Solon erlassen, erfolglos. Reiche Leute verschwendeten ungeheuere Suramen auf diese Dinge. (Welcker, rh. Arch., n. F. XVII. 399.) Die Toten, sowie die Gräber galten für unrein, doch gewährten die Sitte und das Gesetz den letzteren den größten Schutz, Beraubungen derselben oder auch nur mutwillige Beschädigungen der Gräber wurden gestraft und mit dem Zorne der Götter bedroht. Auf Delos sollte, der Heiligkeit des Ortes wegen, kein Grab gestattet sein und wenn sich dennoch, aus Unachtsamkeit, solche vorfanden, so wurde die Insel von Zeit zu Zeit von ihnen gereinigt.

Die Form der Gräber war sehr mannigfaltig (Guhl und Koner, das Leben der Griechen und Römer, 1 Th. p. 90), teils Tumuli, flache Erdgräber, Steinaufschüttungen, mit oder ohne unterirdische Grabkammern, Gräber mit Tonsärgen, Urnen, doch ohne gebrannte Knochen, einfache Grabsteine, Stelen, aber auch mannigfache Hochbauten von sehr verschiedener Form und monumentaler Ausschmückung.

Wenn auch allgemein bei den Griechen das Erdbegräbnis die vorherrschende Bestattungsform war, die Urnen enthalten meistens keine Asche, so kennt man doch den Namen einer Anzahl angesehener Athenienser, welche verbrannt worden sind und Lucian, de luctu, stellt die verbrennenden Griechen den begrabenden Persern gegenüber. Nach Plutarch wurden Solon, Alkibiades, Timoleon, Pyrrhus verbrannt. Es scheint, daß die zahlreichen philosophischen Schulen ihren Einfluß auf die Sitten ausgeübt haben. Die Pythagoräer begruben, die Stoiker verbrannten, die Platoniker begruben oder verbrannten, nach Belieben. Socrates von Crito gefragt, erklärte, die Sache sei ihm gleichgültig und Diogenes wünschte, daß man ihn auf der Erde möge liegen lassen, einen Stock zur Seite, um die Vögel verjagen zu können. Als man ihm erwiderte, er spüre ja dieselben nicht, meinte er, dann sei es auch gleichgültig, wenn seine Leiche ihnen zum Fraß diene. In späterer Zeit war das Erdbegräbnis in Griechenland entschieden die Regel. Die Gräber sind für Steinoder Tonsärge eingerichtet. Die schwarze Erde, von welcher Schliemann die Reste der Gerippe umgeben fand, weist nicht auf Brand, sondern auf Humusbildung aus der Verwesung der Weichteile der Leichen hin[30].

---

[30] Siehe auch Stackelberg, die Gräber der Hellenen. Berlin 1835. Nathusius, de more humandi cremandi que mortuos apud Graceos, 1863.

Bestattatungsgebräuche bei den westlichen germanischen Stämmen

Eine schriftliche Mitteilung über die Bestattungsgebräuche bei den westlichen germanischen Stämmen besitzen wir nur aus Tacitus Germania § 27. Sie ist sehr dürftig. Julius Cäsar handelt in dieser Beziehung nicht von den Germanen. Aus einer viel späteren Zeit teilt Procop, de bello gothico, von den Herulern, einem gothischen Stamme, einiges mit. Diese äußerst dürftigen Mitteilungen werden aber vervollständigt durch die sehr zahlreichen Gräberfunde, welche durch ganz Deutschland, besonders im Westen und Süden des Landes, mit größtem Eifer gesammelt worden sind.

Es ist jedoch nicht leicht zu bestimmen; was germanisch ist; denn abgesehen davon, daß noch einige Überreste vorhanden sind, welche einer Urbevölkerung angehören, welche der germanischen Einwanderung vorausgegangen ist, so sind auch die Grenzen des alten Deutschlands und die Bestimmung, welche Stämme der germanischen und welche anderen Rassen angehörten, nicht leicht festzustellen. Vorgefaßte Anschauungen, ungenaue Untersuchungen, Vorliebe und ein gewisses patriotisches Gefühl und diesem entgegen Nationaleifersucht, haben den germanischen Stämmen bald ein sehr weit ausgedehntes, bald ein allzu sehr beschränktes Gebiet eingeräumt. Insbesondere haben viele den Kelten auf der einen, den Slaven auf der anderen Seite, als angeblich höher entwickelten Völkern, ein weit in das jetzige Deutschland reichendes Gebiet einräumen wollen und mit Vorliebe die Funde bald als keltische, bald als slavische erklärt. In der Tat mischen sich am Rheine gallische, batavische, mit germanischen Stämmen, sowie unzweifelhaft im Nordosten slavische Bewohner bis tief in die Gegenden gesessen haben und noch wohnen, welche jetzt als deutsche betrachtet werden. Dabei soll man nicht übersehen, daß der Handel aus hochkultivierten Gegenden weiter in das germanische Gebiet reichte, als man sich gewöhnlich vorstellt.

Auf die älteste Periode, aus welcher wir urkundliche Mitteilungen besitzen, folgt die des frühen Mittelalters, der ersten Regungen der Völkerwanderung, in welcher die Germanen anfingen sich an die Stelle des in Trümmer zerfallenden römischen Reiches zu setzen, und, wenn auch Sieger mit den Waffen, doch Besiegte in den Gebräuchen und

Künsten des feineren Lebensgenusses wurden, wie das überall der Fall ist, wenn ein rohes Naturvolk der Sieger eines hochkultivierten wird. Es nimmt dann stets die Sitten, die häuslichen und bürgerlichen Einrichtungen, die Rechtsanschauungen, des Besiegten höher stehenden Volkes in sich auf und paßt seine Zustände den geistig höher entwickelten an. So erscheinen uns die Einrichtungen der germanischen Völker, welche sich zuerst in die Sitze der Römer eingedrängt haben, der Gothen, Franken, Longobarden, auch in Bezug auf den Leichencultus nur als eine Aneignung dessen, was Römer und Byzantiner in sittlicher und gesetzlicher Beziehung ausgebildet hatten.

Neben diesen geschichtlichen Tatsachen geht, wie bei den Römern und Griechen, so auch bei den Germanen, die Tradition einer Heroenzeit, in welcher unsere Voreltern in poetischer Form ihre Götter und die sagenhafte Erinnerung der eigenen Geschichte eingekleidet haben. Was für die ältere Kulturgeschichte der Griechen die Gedichte Hesiod's, H omer's und der Argonautica geliefert haben, das leisten für uns die Edda und besonders die Heldengedichte der Gudrun, der Nibelungen, des Beowulf, und wie die Erzählungen Homers durch die Gräberfunde von Hissarlik und Mikenae in wundervoller Weise wieder aus der Erde erstanden und uns lebendig vor die Augen getreten sind, so haben auch die zahlreichen Gräberfunde uns das Leben unserer Vorfahren plastisch wieder vorgeführt. Die Heroen der germanischen Heldengedichte gehören jedoch noch näher der dokumentierten Geschichte an, als die des griechischen Epos. Der Gothe, Dietrich v. Bern (Verona) und Etzel sind uns nahestehende geschichtliche Personen und Worms, Tronek und Alzey noch heute blühende Orte. Die Statuten der ripuarischen Franken sind älter als das Nibelungenlied.

Die Deutschen als ein Zentralvolk haben, da bei ihnen der Nachahmungstrieb ziemlich stark entwickelt ist, von ihren Nachbarn manches angenommen. Die Gebräuche sind daher, je nach der Richtung in welcher das Volk sich ausgedehnt hat und den Berührungen, in welche es gekommen ist, nicht ganz dieselben. Neben den westlichen germanischen Stämmen am Rhein und an der Donau, welche mit den römischen Sitten sich amalgamiert haben, sind die seefahrenden nordischen, skandinavischen Stämme, so dann die, östlichen, welche mit Sarmaten, Wenden u.s.w. zusammentreffen und zwischen welche ein tatarischer Stamm, die Finnen, sich eingedrängt hat, zu unterscheiden.

Auffallen muß es, daß in den Gegenden, über welche der Strom der hunnischen Invasion ging, Gräber, welche von einem mongolischen Volksstamm, der .doch auf seinem Raubzuge große Verluste erlitten haben muß, zugeschrieben werden können, sich nicht vorfinden.

Die Stelle bei Tacitus, welche sich jedenfalls nur auf die westlichen Germanen, mit welchen die Römer in nähere Berührung gekommen waren, bezieht, sagt, daß dieselben bei Begräbnissen keinen besonderen Ehrgeiz entwickelten, funerum nulla ambitio, nur pflegten sie die Leichen *angesehener* Personen (clarorum virorum) mit bestimmten Hölzern zu verbrennen. (Nach späteren Anschauungen, Sagen und Märchen, die aber jedenfalls aus alter Zeit stammen, ist es der Dorn, Weiß- und Schwarzdorn, der mit dem Grabe und der Bestattung in Beziehung steht.) Den Rogus schmücken sie weder mit Prachtgewändern, noch besprengen sie ihn mit Wohlgerüchen. Jeder Tote erhält nur seine Waffen mit in das Grab und zuweilen wird auch das Pferd mitverbrannt. Über dem Grabe wird ein Rasenhügel errichtet, schwere Monumente, glauben sie, seien den Toten lästig. Die lauten Klagen hören bald auf, den Schmerz der Trauer erhalten sie lange. Für Frauen halten sie es für angemessen die Trauer lange zu bewahren, für Männer das Andenken.

Diese leider so kurze Notiz ist uns aber wertvoll, weil sie die einzige ist, welche wir von den Leichengebräuchen der Germanen aus der ersten römischen Kaiserzeit besitzen.

Der Leichenbrand war nicht allgemein. Die obige Stelle kann so gedeutet werden, daß nur die Clariores überhaupt und zwar mit einem bestimmten Holze, verbrannt, die übrigen aber begraben wurden. Sie kann aber auch so heißen, daß zwar alle verbrannt wurden und daß der Vorzug der Häuptlinge in der Anwendung eines bestimmten Holzes bestand. Bogge (das Gerichtswesen der Germanen) nimmt an, daß das Begraben die Regel gewesen sei, welches nach dem natürlichen Tode, das Verbrennen aber bei den Ermordeten, den in der Fehde und im Volkskriege Gefallenen zur Anwendung gekommen sei. Diese Annahme ist in dieser Fassung entschieden unrichtig, denn auch die poetischen Sagen und die Gräberfunde, wenigstens aus der späteren Zeit, die Einrichtung der Grabhügel und ihres Inhaltes beweisen, daß die Bestattung unzerstörter Leichen sehr häufig war.

Die Zahl der Gräberfunde ist im westlichen Deutschland außerordentlich groß, die Deutung derselben aber, welchem der vielen Stämme, die sich im Besitze des Landes ablösten und auf demselben Boden bekämpften, sie angehören, nicht immer leicht.

Die Gegenden am Rheine, wo Gallier, Bataver und Germanen neben einander saßen, in Schwaben und Hessen, sind überfüllt mit Gräbern, welche freilich der Pflug zum großen Teile unkenntlich gemacht hat. Die Wälder um Gießen herum sind vor dem Pfahlgraben, in dem Habichtwald bei Kassel, dicht mit Grabhügeln besetzt, welche zum Teile aus den Kämpfen mit den Römern, dem Raub- und Mordzuge, welchen Drusus vor seinem Zuge an die Weser bis an die Edder (Adrana) durch Caecina ausführen ließ, herrühren mögen. Sie liegen häufig, viele zusammen, ungeordnet in den Wäldern und lassen vermuten, daß sie die im Gefechte Gefallenen enthalten. Viele schließen keine Spur von Leichenresten und Beigaben mehr ein, entweder weil sie schon früher geplündert worden sind; oder weil die Zeit auch die Knochen zerstört hat. Die Namen von Dörfern und Bergen, Streitberg, Totenfeld u.s.w. erinnern an das Vorgefallene. Das Volk nennt solche Stellen Heidenkirchhöfe. Andere Gräber liegen vereinzelt und die Beigabe zu dem Grabe läßt vermuten, daß sie nicht tumultuarisch die im Gefechte Gefallenen aufnahmen. Die Beigaben zu denselben sind jedoch spärlich. Waffen, ein irdener Topf, vielleicht mit Andeutung von Speise, neben welchem das Gerippe oder wenigstens der Schädel liegt. In den Gräbern um Gießen herum findet man häufig nur einen Schädel neben der Urne, (der Schädel, nebst dem Femur erhält sich am längsten) oder ob man die Sterbenden getötet hat, wie das sonst geschah? Daneben einige Scherben, vielleicht Reste eines Totenmahls, als Schmuck Bronzeringe, Fibeln, dagegen Eisengeräte nur spärlich. Das Eisen war seltener als die Bronze und hat sich der Oxydation weniger widersetzt. Auch die Bronze konnte nur durch Handel erworben werden. Geräte und Spielzeug, sowie Schmuck sind in den alten Gräbern selten. Jedenfalls wurden bei weitem nicht alle Leichen verbrannt, denn nur wenige dieser Gräber enthalten Spuren des Brandes. Die Leichen liegen selten in Steinsärgen, meistens entweder auf der bloßen Erde, oder auf einem Steinlager, von Steinplatten umgeben und mit einer Platte überdeckt.

Die Tumuli, welche über diesen älteren Gräbern aufgehäuft sind, sind meistens abgerundete Hügel von mäßiger Höhe, ohne weiteren Schmuck, oder auch kegelförmige Hügel, selbst hohe pyramidenförmige Aufschüttungen, welche besonders ostwärts von der Elbe vorkommen und vielleicht sarmatischen Stämmen angehören.

Auch in Bezug auf die einzelnen germanischen Stämme, welche sich bei dem Zerfall des römischen Reiches in dessen Besitz teilten, wissen wir über deren Leichengebräuche nur wenig und nur aus zerstreuten Notizen, aus weit von einander abliegenden Zeiten. Von den Herulern, einem gothischen Stamme, der also seiner Abstammung nach slavischen Einflüssen ausgesetzt war, erzählt Procop, de bello gothico II. 14, daß sie diejenigen, welche durch Alter oder Krankheit dem Tode nahe standen, veranlassen, von den Verwandten den Tod zu erbitten. J. Grimm erinnert hierzu an die Sitte der thrakischen Cretonenser, bei welchen, nach Herodot, derselbe Gebrauch bestand. Es findet sich noch gegenwärtig bei hochnordischen Stämmen, daß Greise, welche das harte Leben, welches ihr hilfsmittelloses Land ihnen auferlegt, nicht mehr ertragen können, sich selbst den Tod geben oder ihn erbitten, so daß man bei den Tschuktschen nur robuste alte Männer sieht. Man legte den Sterbenden auf einen Holzstoß, auf welchem sie von jemandem, der nicht zur Verwandtschaft gehörte, denn Verwandtenmord war ein Verbrechen, mit einem Dolchstoß getötet wurden, ehe man den Scheiterhaufen anzündete. Die Asche begrub man. Man glaubte damit den Zorn der vielen Götter, welche die Heruler besaßen, abzuwenden. Der Gebrauch erinnert auch an das, was noch von den Schiffern auf der Wolga mitgeteilt werden wird.

Wenn ein Heruler eines natürlichen Todes starb, so mußte seine Frau sich bald darauf auf dem Tumulus ihres Gatten erhängen; daß es ihr freigestanden hätte, sich mit ihrem Gatten auf demselben Rogus verbrennen zu lassen, ist von Procop nicht gesagt, nicht einmal, daß die Heruler die Leichen derer, welche eines natürlichen Todes gestorben waren, verbrannt hätten. Grimm vermutet es nur. Wenn die Frau sich nicht erhängte, so verfiel sie in ewige Schande, dem Hais und den Beleidigungen der Verwandten des verstorbenen Mannes, in aeternum dedecus et propinquorum mariti offensionem incurrebat.

Das Opfer der Frau ist aus den Eddischen Heldenliedern und Göttersagen bekannt, reicht aber nicht bis in die geschichtliche Zeit. Nanna wird mit Baldr verbrannt und Brunhilde läßt sich mit Sigurd verbrennen:

„Schicklicher stiege die Schwester Gudrun Heut' noch auf den Holzstoß mit dem Gemahl Gäben ihr gute Geister den Rat

Oder besäße sie meinen Sinn."

Sie bittet eine hohe Burg zu bauen, in der alle, welche mit Sigurd sterben wollen, Platz haben:

„Die Burg umziehet mit Zelten und Schilden,
Erlesenem Geleit im Trauergewand.
Und brennt mir zur Seite den teuren Gebieter,
Meine Knechte mit kostbaren Spangen geschmückt,
Zwei zu Häupten und zwei zu Füßen.
Also ist alles eben verteilt."

Zwischen Sigurd und Brunhild wurde, wie bei der ersten Begegnung und wie bei einem fürstlichen Beilager per procuram, das Schwert des Mannes gelegt. — Wenn Sigurd 5 Mägde und 8 Diener folgen, so kann die Türe der Unterwelt nicht auf seine Füße fallen.

In besonderer Weise begruben die Westgothen ihren König Alarich. Ein Sturm hatte die Flotte zerstört, mit welcher er 510 p.Ch. nach der Einnahme Roms nach Sizilien übersetzen wollte und er selbst starb bald darauf in der kalabrischen Stadt Cosenza. Seine Krieger leiteten den Fluß Busenzo aus seinem Bette, begruben ihren König, zu Pferde sitzend, mit Beigabe vieler Schätze und leiteten den Fluß wieder über das Grab. Die Sklaven, welche das Grab gegraben, wurden getötet, damit niemand die Stelle erfahre, wo der König bestattet worden.

J. Grimm führt zwei Stellen aus Sidonius Apollinaris an, welche er als Beweise ansieht, daß die Gothen die Toten verbrannt hätten. In der einen wird gesagt, die Stelle sei so mit bustualibus favillis überdeckt gewesen, daß für neue kein Platz mehr vorhanden; es ist aber nicht gesagt, ob die bustuales favillae nicht aus alter, römischer Zeit herrührten; solche mit Gräbern wahrhaft überdeckte Stellen gab es aber in Italien und der Umgebung von Rom insbesondere sehr viele und sie wurden von den Gothen ausgiebig geplündert. An der zweiten Stelle wird gesagt, daß, als die Gothen 470 geschlagen sich rasch zurückzogen, sie ihre Toten mit den Trümmern der Wagen verbrannt hätten. Es war dieses wohl eine Ausnahmsmaßregel, da die Gothen um diese Zeit schon Christen waren. Die Westgothen haben zuerst in Mittelitalien unter ihrem Könige Theodorich d. Gr. ein Reich gegründet, in welchem dieser bemüht war die barbarischen Sitten und Gebräuche seines Volkes mit römischer Sitte und Verfeinerung zu verschmelzen, womit er den

Grund legte, daß sein Volk das Schicksal des in Trümmer zerfallenden weströmischen Reiches teilte. Theodorich war an dem Hofe des Kaisers Zeno in Konstantinopel erzogen und hatte römische Sitte vollkommen in sich aufgenommen. An seinem Hof in Ravenna wurden die Hofämter, die Titelsucht, das Hofleben des byzantinischen Kaiserhofes beibehalten; Recht und Verwaltung waren byzantinisch, das Land wurde nach römischer Weise kolonisiert und verwaltet. Mit dieser Verquickung barbarischer, germanischer Ursprünglichkeit und römischer Überfeinerung, klerikaler Überhebung und soldatischer Rohheit, ist der erste Grund der staatlichen Mißgestalt gelegt worden, welchen man später das heilige römische Reich deutscher Nation nannte. — Die von den Ostgothen erlassenen gesetzlichen Bestimmungen sind in dem Stile abgefaßt, den man in dem codex Theodosianus und Valentinianus findet und welche ich hier vorausstelle, weil sie sich wesentlich von den gesetzlichen, ungefähr gleichzeitigen Bestimmungen anderer germanischer Stämme unterscheiden. In Bezug auf die Heilighaltung der Gräber finden sich zwei Bestimmungen, welche an die Verbote erinnern, durch welche in dem Codex Theodosianus die Beraubung der Gräber, des Reliquienhandels wegen, oder um die Monumente zum Kalkbrennen und Häuserbau zu benutzen, mit Strafe bedroht worden waren. Die Beraubung der Gräber war um diese zerrüttete Zeit, namentlich für die Kleriker in Italien, ein Mittel reichen Erwerbes. In dem ersten Dekret wird der Präfekt angewiesen, einen Kleriker von dem schändlichen Greuel, die Gräber nach Gold zu durchsuchen und die Ruhe der Toten zu stören, abzuhalten. „Annae comiti Theodorus rex XVIII. Laurentium presbyterum efossis cineribus funestas divitias inter hominum cadavera perscrutatum concussionemque mortuis intulisse, quem oportet viventibus quietam praedicare. Non abstinuisse perhibetur tam crudeli contagio piis dicata concretionibus manus aurum execrabili quaesisse fertur affectu quem suam decuisset egentibus dare substantiam, vel sub aequitate collectam. Quod te diligenti examinatione praecipimus indagare. Ut se veritati dicta perspexeris convenire hominis ambitum eo tantum fine concludas, ne possit supprimere quod ceum non licuit invenire. Scelus enim quod nos pro sacerdotale honore relinquimus impunitum majore pondere credimus vindicandum."

Während also hiernach der Gräberraub als ein scheußliches Verbrechen geschildert wird, das an dem Täter nur deshalb nicht gestraft werden soll, weil derselbe ein Priester war, nimmt Theodorich keinen Anstand, die Gräberfunde an Gold und Silber für den Fiskus in Anspruch zu nehmen. Er scheint stets ein großes Geldbedürfnis gehabt zu haben und die harte Besteuerung nicht allein der Römer, sondern auch der kolonisierten gothischen Soldaten, war ein Hauptgrund der Unzufriedenheit mit seiner sonst so milden und nachsichtsvollen Regierung, welche überall das juste millieu zu finden suchte.

Dudae Saioni Teodor: rex. 34. „Prudentiae mos est in humanos usus terris abolita talenta revocare, commerciumque viventium non dicere mortuorum; quia et nobis in fossa pereunt, et illis in una parte profutura locantur. Metallorum quippe ambitus solatia sunt hominum. Nam divitiis auri vena similis et reliquiae terrae, si jaceat: usu crescit ad pretium: quando et apud vivos sepulta sunt quae tenacium manibus includuntur, atque ideo moderata motione decernimus, ut ad illum locum, in quo latere plurima suggeruntur sub publica testificatione convenias, et si aurum ut dicitur, vel argentum fuerit, tua indagatione de tectum, compendio publico fideliter vindicabis, ita tamen ut abstineatis manus a cineribus mortuorum, quia nolumus lucra quaeri, quae per funesta possunt scelera reperiri. Aedificia tegant cineres, columnae vel marmora ornent sepulchra, talenta non teneant, qui vivendi commercia relinquerunt. Aurum nempe sepulchris juste detrahitur, ubi dominus non habetur: immo culpae genus est inutiliter abditis relinquere mortuorum unde se vita potest sustentare viventium. Non est enim cupiditas eripere, quae nullus se dominus in gemiscat amisisse. Primi enim dicuntur aurum Eacus, argentum Indus, rex Scythiae, reperisse et humano usui summo laude tradidisse. Quod nos in contrarium neglige non debemus[31]."

Es wird in diesem Dekret die Schatzgräberei zu Gunsten des Fiskus autorisiert; ein thesaurus ist aber Gold u.s.w., von dessen Eigentümer keine Erinnerung besteht, nicht das absichtlich vergrabene oder zufällig verlorenes Geld, das einen bekannten Eigentümer hat. Paulus a.a.O.

Im Jahre 1653 wurde zu Tournay, Tornacum, dem alten Königssitze der Franken, ein reiches Grab aufgedeckt, welches für das Grab Childerichs, des letzten *heidnischen* Königs der Franken, gehalten wird, der 481 starb. Erst 16 Jahre später trat sein Sohn Chlodowech zum Chri-

---

[31] M. Aurelii Cassiodori senatoris variarum lib. IV. XVIII und XXXIV.

stentum über. Das Grab enthielt die *unverbrannten* Knochen eines starken Mannes und neben diesen den Schädel eines Jünglings, ein Hufeisen, ein Schwert mit goldenem Griffe, über 100 römische Münzen aus dem fünften Jahrhundert, 300 goldene Bienen, welches Königsemblem Napoleon I. statt der bourbonischen Lilien annahm, und anderes. Die Annahme, daß man das Grab Childerichs gefunden, ist aus dem Reichtume der dem Leichname mitgegebenen Gegenstände sehr wahrscheinlich, zumal es konstatiert ist, daß derselbe zu Tornacum begraben wurde. Jedenfalls war es die Leiche eines sehr hoch gestellten Mannes, welches *nicht* verbrannt worden war. Der Jünglingsschädel gehörte vielleicht dem Mundschenken an, dessen Gebeine, wie die des Rosses, möglicherweise früher zerfallen sind, als die des Königs, wenn sie verbrannt aber nicht in einen Sarg eingeschlossen gewesen sind. Die Gräber in Rheinhessen, Baden und Württemberg, welche nach der Beigabe der fränkischen Nationalwaffe, der Axt, jedenfalls Franken angehörten und aus dem fünften Jahrhundert stammen mögen, enthalten nur unverbrannte Leichen. Jedenfalls beweist dieser Gräberfund, daß bis um das fünfte Jahrhundert, bis dahin reichen die Jahrzahlen der Münzen, die Leichen auch sehr vornehmer Personen bei den Franken nicht (immer) verbrannt wurden. — Ein Capitul 2. 197. Benedicts, gegen 550, enthält die Stelle „admonentur fideles ut ad suos mortuos non agant ea, quae de paganorum ritu remanserunt." J. Grimm bezweifelt, ob dieser Ausdruck sich auf das Verbot der Leichenverbrennung beziehe, was ich doch für höchst wahrscheinlich halte, weil stets, wenn Heiden zum Christentum bekehrt wurden, als ein Zeichen, daß man die heidnischen Sitten aufgebe, verlangt wurde, daß man die Leichen nicht mehr, gleich den Heiden, verbrenne und nicht mehr auf Bergen, unter Bäumen, sondern auf Kirchhöfen begraben wolle. Unter den Sachsen hatte sich das Heidentum am längsten erhalten und ist erst unter Karl d. Gr., nachdem er sie besiegt hatte, unter Androhung der Todesstrafe, unterdrückt worden. Cap. 7. Pertz 3. 49 bestimmt, „si quis corpus defuncti hominis, secundum ritum Paganorum, flamma consumi fecerit, et ossa ejus ad cinerem redegerit capite punietur"; und cap. 22: „jubemus ut corpora christianorum Saxanorum ad cimeteria ecclesiae deferantur et non ad tumulos paganorum." — Die Epistel. 72. Bonifacii (ed. Würdtwein) sagt, daß wenn eine Jungfrau das Haus ihres Vaters durch Unzucht beflecke habe, so soll sie zuweilen (aliquando) gezwungen werden, sich selbst zu erhängen und über ihrer Brandstätte (bustum ejus concrematae et incensae) soll man auch ihren Verführer aufhängen. (Alttestamentarisch; mosaisches Gesetz.)

Die germanischen Stämme, welche am Schlusse der Völkerwanderung sich zu größeren, geordneten Staaten herausgebildet hatten und zum Christentum übergegangen waren, haben gegen das 4. bis 5. Jahrhundert ihre Gewohnheitsgesetze aufgezeichnet, so die Salischen und Ripuarischen Franken, die Longobarden, Westgothen, Bajuvaren, Friesen und andere. In den meisten dieser Gesetzsammlungen findet sich auch ein Abschnitt, durch welchen die Verletzung und Beraubung von Gräbern mit meistens sehr harten Strafen bedroht wurde. Augenscheinlich sind diese Bestimmungen denen des Codex Theodos. nachgebildet. Da jedoch in jener Zeit Leibes und Lebensstrafen selten, fast nur bei Landesverrat verhängt wurden, so finden sich auch in diesen Gesetzsammlungen fast nur Geldstrafen angedroht, aber von einer so beträchtlichen Höhe, daß man annehmen darf, das Geld sei nicht allzu selten und der Geldwert kein allzu hoher gewesen.

Das Salische Gesetz tit. 57 de corporibus exspoliatis bedroht die Beraubung einer noch unbegrabenen Leiche mit einer Strafe von 62 Solidis. War das Grab beraubt oder zerstört, so beträgt die Strafe 600 Denare oder 15 Solidos. Wer einen Toten ausgräbt und beraubt, soll Wargus d. h. ausgestoßen aus seinem Wohnorte sein, so lange bis er sich mit den Angehörigen des Toten vertragen hat und diese selbst um Gnade für ihn bitten. Niemand darf ihm Brot oder Obdach geben und sei es die eigene Gattin, bei 600 Denare Strafe. Der Verbrecher selbst hat 200 Solidos Buße zu erlegen.

Die Leges Alamannorum machen einen Unterschied zwischen der Beraubung der Leiche eines Mannes und der einer Frau, eines Freien und eines Sklaven. Wer die Leiche eines freien Mannes beraubt wird um 40, die einer freien Frau um 80 Solidos gebüßt. Die Strafe für einen Sklaven oder eine Sklavin beträgt 12 Solidos. Die Leges Bajuvar bestrafen die Beraubung eines Kadavers, der den Vögeln preisgegeben war, mit 12 Solidis. Viel höher wird die Strafe bei den Longobarden in dem Edictum Rotharis. Sie beträgt, wenn ein Grab geöffnet worden ist, 900 Solidos die an die Verwandten, oder, wenn solche nicht vorhanden sind, an den Gastaldus des Königs, an den Fiskus zu zahlen sind. Die Beraubung einer offen liegenden Leiche wird mit 80 Solidis gebüßt. —

Noch beträchtlicher werden die Strafen in den Legib. Theodorici regis und in den Legib. Visigothorum und sie beschränken sich in beiden nicht bloß auf Geldbußen. Die Leges Theodorici bestimmen, daß diejenigen, welche nach heidnischen Gebräuchen opfern, wenn sie Niedere sind, mit dem Tode gestraft werden und ihr ganzes Hab und Gut verlieren sollen. Honestiores sollen verbannt werden. Wer innerhalb der Stadt Roms eine Leiche begräbt, soll ein Viertel seines Patrimoniums verlieren und wenn er nichts besitzt, aus der Stadt gepeitscht werden. Die Leges Visigothorum lib. 17. t. 2 de inquietudine sepulchrorum bestimmen, daß die Verletzung eines Grabes um Tode zu berauben, Ornamente und Gewänder zu stehlen, mit 1 Pfund Gold gebüßt werden soll, das Gestohlene ist zurückzugeben. Außerdem erhält ein Freier, der sich dieses Verbrechens schuldig gemacht hat 100 und ein Sklave 200 Peitschenhiebe. Der letztere wird außerdem verbannt, das Gestohlene muß zurückgegeben werden. Wer zu seinem Nutzen einen Sarg stiehlt, hat, wenn die Erben es verlangen, dem Richter 12 Solidos zu zahlen, für einen Sklaven zahlt der Herr. Jener erhält, wenn er es auf eigene Rechnung getan, außerdem 100 Hiebe. .— Das Salische Gesetz enthält eine Bestimmung, welche sich auch schon im römischen Recht findet, daß nämlich der, welcher eine zweite Leiche in den Sarg, Naufo, eines anderen legt, oder zwei Leichen übereinander begräbt, mit 35 Solidis zu bestrafen sei. Die Leges Bajuvarior. dagegen belohnen denjenigen, welcher eine Leiche aufgefunden und ex humanitate begraben hat, so daß die Schweine sie nicht beschmutzen und die Hunde sie nicht anfressen können, mit einem Solidus, den der Herr für seinen Leibeigenen erhält und den die Verwandten zu bezahlen haben, denn es steht geschrieben, mortuos sepillere.

Aus einer viel späteren Zeit bedroht der Sachsenspiegel diejenigen, welche Kirchen und Kirchhöfe berauben, mit dem Rad, wie bei anderen schweren Verbrechen.

„Alle Mordere, unde de den Ploch (Pflug) rovet, oder Mollen (Mühlen) oder Kerken unde Kerkhove unde Vorredere (Verräter) unde Mordbrennere, oder dy ern Bodschap vervet, to eren Frommen, de schal man alle radbrecken."

Von dem den Germanen verwandten Stamme der Angelsachsen entnimmt J. Grimm aus deren Gedichte, Beowulf, daß sie die Leiche ihres Helden, mit seinem Schwert und schwerem Golde, auf einem

Holzstoße mit großer Feierlichkeit verbrannt haben. Zwölf Krieger umritten den Holzstoß. Die Brandstätte wurde mit einem hohen Hügel überschüttet. Es war dieses also germanische Sitte, welche die Angelsachsen aus ihrer Heimat mitgebracht hatten. Von Mitverbrennen des Pferdes oder von Sklaven ist nicht die Rede. Grimm selbst ist über die Auslegung vieler Ausdrücke zweifelhaft.

Die skandinavischen Völker, Dänen, Schweden und Norweger, verbrannten teils ihre Toten, teils begruben sie dieselben. Die Sitte wird auf Odin zurückgeführt, der selbst, sowie sein Sohn Baldr, verbrannt wurde. Baldr's Frau, Nanna, starb vor Gram und wurde mit der Leiche ihres Gatten auf demselben Scheiterhaufen verbrannt. Da man glaubte, daß die Edeln in derselben Weise in Walhalla wieder erstünden, wie sie auf Erden gelebt hatten, so gab man ihnen Waffen, Schmuck und Diener mit, deren sie sich bedienen sollten, im Binnenlande das Pferd und den Seekönigen das Schiff, damit sie über den Strom nach Walhalla gelangen könnten. Das brennende Schiff ließ man mit der Leiche in die See treiben. Es sind dieses also dieselben Ideen, wie bei allen indogermanischen Völkern, nur lokal modifiziert. Die Gemeinen begrub man oder verbrannte sie nur in der Not, nach einer verlorenen Schlacht. In Jütland und auf den dänischen Inseln hat man eine Menge unverbrannter Leichen in Grabhügeln, Kiesgruben und Mooren gefunden.

In der Zeit, in welcher die deutschen Heldensagen niedergeschrieben worden sind, gegen 1200, waren die Germanen längst christianisiert. Die Gedichte selbst spielen in christlicher Zeit, wenn sie nicht, wie das Lied von Troye von Konrad von Würzburg oder Herbort von Fritzlar und Heinrich von Veldeck antike Sagen mittelalterlich travestieren. Diese Heldengedichte haben daher weniger Wert für uns, als die Ilias für die Auffassung vorgeschichtlicher griechischer Zustände, da sie die Volksgebräuche, welche sie schildern, in einem fremden, imaginären Lichte auffassen. Ich begnüge mich daher mit einigen wenigen Mitteilungen. In der deutschen Odyssee, der Kudrun XVIII. Aventure, wird die Bestattung der Toten, welche in dem Kampfe zwischen den Normannen und Mohren auf dem Wülfensande gefallen waren, geschildert. Man sammelt die Toten, die Christen allein und gesondert von den Mohren. Man verkauft ihr Gewand und ihre Kosse und beschließt über die Wahlstadt ein reiches Kloster zu bauen:

Dag hast du wol geraten —
sprach der von Stunnlant
ja sol man verkoufen
in ros und ir Gewant
die da liegene tote
dag man den armen diete
nach ires liebes ende
von ihr guote diesen frumen biete.

Auf die Frage Irolts beschließt man auch die Mohren ehrlich zu begraben.

Do sprach der Degen Irolt
sol man ouch die begraben
die uns schaden thaten
od sol ma sie die raben
und die wilden wolve
auf dem wérde lazen niezen
dorieten daz die wizen
daz sie der einen ligen niht enliezen.

Man begrub nun, Christen und Mohren, jede besonders, unter Beten und Singen, do legte man besunder die wâren beide Kristen unde heiden und brachte damit acht Tage zu. Sie bauen dann über der Stelle ein reiches Kloster, das bei einer späteren Normannenfahrt von den Hegelingen besucht wird, um das Andenken an die Toten zu erneuen. — Da das Gedicht wohl um 900 p.Ch. entstand, so ist in ihm doch unter Friesen oder Normannen vom Verbrennen der Leichen keine Rede.

In den Nibelungen wird Siegfried, als er von Hagen erschlagen war, auf seinen Schild gelegt und die Wunde gewaschen. Dann begann die Klage, während ein starker Sarg von Silber und Gold, mit Stahl verstärkt, von den Schmieden bereitet wird, dann trägt man die Leiche in das Münster, wo Krimhild dieselbe bewacht, während die Pfaffen beten u.s.w. Am dritten Tage wird der Sarg begraben.

In manchen althochdeutschen Liedern ist von- Einbalsamieren die Rede, wohl nur als dichterische Ausschmückung, ohne daß es zur Ausführung kam.

Im Rolandliede heißt es 260, 8:
„Sie bestatten ihn alsus,
cum mirrha et aromatibus" u.s.w.;
oder im Tristan 6481:
„Nun vart sin toder Lichnam gebalsamt schon als im ge-

zam
und ufgebaut und Wurze viel
uf ihn gestouvet ane Ziel
und wart gegen Münster getragen
weinen, schreyen unde klagen u.s.w.
und wurden die Glocken geläutet."

Leichenbestattung bei den Galliern

Julius Cäsar gibt in dem 6. Buche, Abschnitt 19ff., wo er gerade nichts Besseres zu berichten hatte, eine Darstellung der Sitten und des Charakters der Gallier seiner Zeit und stellt ihnen die der Germanen, gegenüber. Diese Vergleichung zweier, sich so nahe berührender Völker, welche häufig gegenseitig in einander übergegriffen haben, ist von hohem Interesse. Sie zeigt abermals, wie viel mehr die Abstammung als die gegenseitige Berührung auf den Charakter und die Gebräuche eines Volkes einwirken. Die Charakterzüge, welche Cäsar von den Galliern seiner Zeit hervorhebt, könnten zum großen Teile auch auf ihre Nachkommen heutigen Tages passen. Er schildert sie als hochfahrend, unruhig, neuerungssüchtig, rasch im Angriffe, unbeständig. Sie sind in zahlreiche Parteien geteilt, welche sich beständig aufs äußerste bekämpfen. Sie haben einen mächtigen, fest gegliederten Klerus, die Druiden, der den Germanen fehlt, der sich in alle Verhältnisse des Lebens einmischt und sie zu regieren sucht. Sie sind bigot (admodum religionibus dedita natio), den Priestern steht ein Oberpriester vor, welcher unbedingte Autorität über die unteren besitzt. Die Priester sind von allen Verpflichtungen gegen den Staat frei, daher ein großer Zudrang zum Priesterstande und den Schulen desselben. Der Unterricht in denselben besteht hauptsächlich in dem Auswendiglernen vieler Verse. Neben den Priestern besteht ein Adel und ein leibeigen Volk. Die Gallier glauben an die Unsterblichkeit der Seele, welche nach dem Tode von einem zum anderen übergeht, daher die Verachtung des Todes im Kriege. Bei der Leichenverbrennung .gibt man den Toten Briefe an die verstorbenen Verwandten mit auf den Rogus (Diodor. V. 28). — Menschenopfer gräulicher Art werden den Göttern dargebracht. Große Götzenbilder werden mit lebenden Menschen gefüllt und angezündet. Man nimmt zu diesem gräßlichen Opfer Verbrecher und wenn diese fehlen auch Unschuldige. Stirbt ein Mann unter verdächtigen Umständen, so werden die Frauen und Sklaven getötet, die man im Verdacht der Schuld hat. Die Leichenbegängnisse sind nach dem Kultus der Gallier prächtig, und kostspielig. Alles, was dem Lebenden am Herzen lag, wird, bei einer richtigen Leichenbestattung, justis funeribus, mit verbrannt, auch Tiere. Das Mitverbrennen von Sklaven und Dienern ist erst seit kurzer Zeit abgekommen (et paulo supra hanc memoriam servi et clientes (cremabantur). — Dasselbe, daß mit den Toten auch das, was sie im Leben lieb hatten und gebrauchten, verbrannt wurde, berichtet auch P. Mela III. 2. 3, sowie daß zuweilen Lebende sich auf den Rogus gestürzt hätten, um mit verbrannt zu werden, erantque qui se in rogos suorum velut una victori libenter immitterent.

In Frankreich sind außerordentlich viele Grabstätten aus den verschiedensten Zeitepochen, besonders im Süden aufgedeckt worden, des Höhlenmenschen aus der Steinperiode, mit Tier- und Menschenknochen; zahlreiche Gerippen von kleinen Pferden, dem nordischen Pony ähnlich; Gerippen, die zuweilen zu Hunderten in einer Höhle, in mehreren Schichten über einander lagen, von einer starken Rasse, deren Kopfbildung von der heutigen abweicht (die Cagots der Pyrenäen). Dann zahlreiche Gräber in den Kalkboden eingegraben, die ausgestreckten Gerippe mit dem Kopfe stets nach Westen gelegt, dabei Bronze, Waffen und Schmuck, Bronzeringe, Schwerter und Pfeile, seltener zugleich Eisenwaffen, nicht auf der Drehscheibe geformte Gefäße. Gräber mit Steinen ausgelegt, Steinplatten im Viereck gestellt und mit einer Platte gedeckt. Die Gerippe liegen lang ausgestreckt. Ihnen sind zweischneidige, kurze Schwerter, Äxte, kupferner Schmuck, Armatur, Panzerstücke, tönerne Gefäße, Perlen von Ton und Glas, auch Bernstein beigegeben[32]. Endlich fand man auch Gräber mit eigentlichen Särgen von Zement, mit Schieferplatten gedeckt, alle ohne Bildwerk und Inschriften[33].

Die Gräber der Franken und Alamannen, deren es in der Rheingegend, der Schweiz und in Frankreich eine sehr große Menge gibt, sind Reihen Kistengräber, aus großen Steinplatten zusammengesetzt. Die Gräber liegen auf Friedhöfen, bei bewohnten Orten, oder an Stellen, deren Bezeichnung noch auf frühere Bewohnung hinweist, hinter der Kirche zum Beispiel, aber nicht in Wäldern zerstreut. Männer- und Frauengräber sind an demselben Platze unter einander gemischt. Jedes Grab enthält nur ein unverbranntes Skelett. Sie liegen meistens in re-

---

[32] Das ältere gallische Schwert war lang und einschneidig, ohne Spitze, nur zum Hiebe eingerichtet.
[33] Gleiche Gräber sind auch am Rheine, wo Kelten saßen, gefanden worden (Sinsheim z. B).
Barbier de Bocace, Description d'une grotte antique située dans la commune de Nogent les Vierges Mém. de la soc. des antiquités de France III. 289.
Bobluge, Note sur des ossemens trouvées dans le village de Bergere ibid. VIII. 301. — Lemaistre, ibid. IX.— Bottin, ibid. III.— Rallier, ibid. XIV.

gelmäßigen Reihen, Überreste von Särgen werden nicht bemerkt. Die Skelette sind meistens lang ausgestreckt, auf dem Rücken liegend, selten in sitzender Stellung, zusammengekauert. In solchen Gräbern, denen man ein Alter von mehr als 1000 Jahren zuschreiben kann, aus der Karolingschen Zeit, ist zwar von Weichteilen und Haaren keine Spur mehr vorhanden, als eine etwas dunklere Färbung des Bodens, die Knochen aber sind noch fast sämtlich gut erhalten, wenn sie auch keinen anderen Schutz gegen den Einfluß der Feuchtigkeit des Bodens hatten, als eine aus rohen Steinplatten zusammengestellte Kiste. Den Männern sind ihre Waffen beigegeben, nicht mehr aber als der Mann zu führen pflegte, die Lanze, der römischen Legionslanze, dem Spiculum nachgebildet, ein größeres breites, zweischneidiges Schwert, welches gewöhnlich über der Brust herüber liegt, ein kurzes Schwert, der Scramosax, an der linken Seite, zuweilen Pfeile, und im Bereiche der rechten Hand die gebogene Axt, die Nationalwaffe der Franken, die Franziska. Die großen, einem Hirschfänger ähnlichen Messer sind die Cultri validi, welche Gregor von Tours bei den Franken beschreibt. Schutzwaffen fehlen. Schmuck wird in Männergräbern wenig gefunden. Frauenskelette tragen Steinkorallen oder Tonkugeln am Halse, auf der Brust und an den Händen. Frauengeräte wird nicht gefunden. Schmucksachen von Erz, Silber und Gold sind von einem etwas barbarischen Geschmacke, römischen Vorbildern ungeschickt nachgeahmt, — fast alle Waffen sind von Eisen. In einem Grabe, das in einem meiner Familie angehörigen Weinberge aufgedeckt wurde, ganz nähe bei den von Lindenschmidt beschriebenen Selzergräbern, befanden sich Panzerteile von Bronze. Sonst scheinen die Franken weder Schilde noch Helme getragen zu haben, wenigstens nicht von Metall, oder man hat sie nicht mit in das Grab gegeben.

In jedem Grabe finden sich zwei Gefäße, ein größeres für Speise, ein kleineres, von Glas, für Getränke. Sie liegen fast alle zu den Füßen des Skeletts. Zwischen den Knöcheln und an dem linken Fuße findet sich fast immer eine Brandstelle, von der aus aber das Skelett nicht verletzt worden ist.

Pferdeknochen sind selten, die Pferde waren unbeschlagen, die Franken fochten, wie die Germanen, zu Fuß.

Leichenbestattung bei den Skythen, mongolischen und tatarischen Stämmen; Kurgane

Die weiten Steppen und Waldgebiete des Nordens von Europa und Asien, des heutigen Rußlands, wurden von uralten Zeiten her, wie jetzt, von vielgeteilten Völkern eingenommen, welche, so verschiedenartig auch ihre von der Natur des Bodens und des Klimas abhängige Lebensweise sein mußte, doch in der gleichartigen Bestattung der Toten übereinkamen. Sie haben dieselben unter Erdaufschüttungen, solchen größeren, Kurganen, oder kleineren, welche Mogili oder Mogila genannt werden, untergebracht. Diese Bestattungsweise ist uralt; Herodot kennt sie schon bei den Völkern, welche er unter dem Namen der Skythen zusammenfaßt, als einen uralten Gebrauch. Das Gebiet, über welches die Kurgane sich ausbreiten, erstreckt sich aber weit über dasjenige hinaus, welches Herodot bekannt war. Offenbar ist der Gebrauch von Norden und Osten vorgerückt und von den Schwärmen der Mongolen und Taren auf deren Raub- und Eroberungszügen, auch weit nach dem Westen von Europa gebracht worden.

Das Gebiet, in welchem die Bestattung unter Kurganen im Gebrauch war, erstreckt sich von Sibirien, den Quellen des Ob, Jenissey, der Lena, der Petschora, den Tundras, zum Kaspischen Meere und dem Aralsee, dem Nordrande des Kaukasus, des Terek, der Wolga, des Don und Dnjepr, den Küsten des Schwarzen Meeres, der Krim, den Ländern der Kasaken, über Groß- und Kleinrußland, bis Polen, Posen und Schlesien. Einzelne Kurgane sind noch im Mecklenburgischen und Böhmen aufgedeckt worden. In größter Menge finden sie sich jetzt im Gouvernement Ekaterinoslaw, bei Kiew, Poltawa, auf der Taman'schen Halbinsel, Charkow, am Oberlauf des Dnjepr, des Don und der Wolga und ihren Zuflüssen, da, wohin Herodot die Wohnsitze der Skythen, der Jazygen, Roxolanen, Massageten, Sarmaten versetzt. Alle diese Stämme waren nur zum geringen Teile seßhaft, sie waren Nomaden, Reiter, Jäger und Flußschiffer. Sie haben keine geschriebene Geschichte hinterlassen, nicht einmal Inschriften auf ihren Monumenten, Gräbern und keine Münzen. Was man von ihnen weiß, stammt aus gelegentlichen Bemerkungen, aus ihren spärlichen Berührungen mit den Nachbarvölkern und aus der späteren Zeit, aus den Zügen der Mongolen.

Das heutige Rußland ist, wie im Altertume, von einem Gemische zahlreicher Völkerstämme bewohnt, welche nach ihrer Rasse, Herkunft, Lebensweise, sehr weit von einander verschieden sind. Die enorme Ausdehnung des Landes, von einem hochnordischen bis zu einem sehr gemäßigten Klima, die Ungleichheit der Bodengestaltung und seiner Produkte bringt eine solche Mannigfaltigkeit als eine Notwendigkeit mit sich. Die Bewohner der baumlosen ebenen Steppe konnten unmöglich dieselbe Lebensweise führen, dieselben Gebräuche ausbilden, als die Schiffer auf den Flüssen, der Jäger in den ausgedehnten Wäldern, der Ackerbauer auf der sogenannten schwarzen Erde, die schon vor Herodot die Kornkammer für Griechenland war. Wenn aber Völker, welche unter so sehr verschiedenen Lebensbedingungen existierten, in einer tief in die pietösen Anschauungen einschneidenden Angelegenheit, die Bestattung der Toten, in der Hauptsache demselben Gebrauche huldigen, so kann sich diese Übereinstimmung nur auf gleiche genealogische Abstammung zurückführen lassen, für welche freilich jeder weitere geschichtliche Anhalt bei Völkern fehlt, welche Jahrtausende hindurch ohne Geschichte gelebt haben. Rußland war das zweite Eingangstor, durch welches die Völkerstämme von Zentralasien gegen Europa vordrängten, sich gegenseitig verschoben und vermischten. Derselbe Boden ist daher in einer uns unbestimmbaren Vorzeit von Stämmen verschiedener Rasse eingenommen worden, was sich noch, in den Schädelüberresten zeigt; Rundköpfe sind auf Langköpfe gefolgt. Dolichocephalenschädel finden sich in den ältesten Kurganen. Die Nachrückenden haben die Sitze eingenommen, welche von anderen, bei ihrem weiteren Vordrängen gegen Westen verlassen worden waren. Stärkere Stämme haben die schwächeren nach dem unwirklichen Norden verdrängt, wo sich eine Sammlung von Völkerbröckeln findet, deren Vorfahren einer glücklicheren Existenz sich erfreuten. Alle diese zunächst nomadischen Stämme sind länger als die westeuropäischen Völker, stationär, ohne Fortschritt zu höherer Kultur, ohne feste Wohnsitze, ohne schriftliche und dauernde monumentale Denkmäler geblieben und die tief im Binnenlande wohnenden sind nur in schwache Berührung mit höher kultivierten Nationen gekommen. Sie waren jedoch nicht ganz ohne Handelsbeziehungen, von Norden her mit den Skandinaviern, Normannen, Warägern, von Süden, dem Pontus Euxinus, mit den griechischen Kolonien an den Mündungen des Borysthenes, des Dnjper. Auf diesen Wegen erhielten sie, und durch Zwischenhandel,

Metalle und Schmuck. Doch war Eisen bei den Skythen (Chalyben) früher bekannt, als in Westeuropa. Herodot IV, 14 erzählt, daß die Hellenen und Skythen von den Stapelplätzen an der Mündung des Borysthenes bis zu den Kahlköpfen, die von Kindheit an kahl sind und an den hohen Bergen wohnen, d.h. bis zu den Uralkalmücken und bis zu den Melanchlanen, den Schwarzröcken an den großen Seen, d.h. bis zu den Ruthenen am Ladoga- und Onegasee, auf ihren Handelswegen gekommen und daß die Königsskythen, von der Stelle, wo die Schiffahrt auf dem Borysthenes aufhört, d.h. der heutigen schwarzen Erde bei Kiew, Getreide bis zum schwarzen Meere geführt hätten. Das Christentum ist nur sehr langsam eingedrungen und auch jetzt noch nicht überall zur Herrschaft gelangt. Man muß aber, wenn man gewisse Gebräuche beurteilen will, diesen Verhältnissen, dem vielfachen Gemisch der Rassen, ihrer langsamen Entwicklung, der langen Dauer des stationären Zustandes Rechnung tragen, wenn es sich um die Bestimmung des Volkes, von welchem gewisse Monumente herrühren sollen und der Zeitperiode, aus der sie stammen können, handelt.

Das Land, auf welchem jetzt noch die meisten und die größten Kurgane mit dem reichsten Inhalte gefunden werden, ist dasselbe, wohin Herodot die Königsskythen, den vornehmsten Stamm derselben, versetzt und der jetzt von den Ruthenen, Groß- und Kleinrussen und den donischen Kasaken bewohnt wird. Herodot beschreibt das Land und seine Bewohner gerade so, wie es noch heute ist; im Süden eine Steppe, welche von einem Reitervolk bewohnt war, das sich für unbesiegbar hielt, durch die weite Ausdehnung seines Landes und weil es nichts besaß, woran man es fassen und schädigen konnte, in der Mitte ein seßhaftes, Ackerbau treibendes Volk, welches auf den Flüssen Getreide und Hanf ausführte, im Norden weit ausgedehnte Wälder, von Jägern bewohnt.

Kurgane und Mogili's sind Hügelgräber, welche sich nur durch ihre Größe und den Reichtum des Inhaltes voneinander unterscheiden. Beide Worte sind tatarischen Ursprungs und bedeuten ungefähr dasselbe, Hügelerdaufschüttung. Die Kurgane sind die größeren und die reicheren, die Grabstätten der Häuptlinge. Sie stehen teils einzeln, meistens aber mehrere zusammen, ein hoher Kurgan von mehreren Mogilis umgeben. In manchen Gegenden ist ihre Zahl so groß, daß sie den Charakter der Landschaft bestimmen, so bei Ekaterinoslaw. Viele sind durch den Regen und die Arbeit des Menschen unkenntlich gemacht. Es sind deren sehr viele geöffnet worden, teils aus wissenschaftlichen Gründen, teils, schon in alter Zeit, aus leerer Neugierde und Gewinnsucht. Die meisten liegen an den Ufern der Flüsse und Bäche, weil in einem öden, menschenarmen, von Sümpfen bedeckten Lande, die Ufer der Flüsse immer am frühesten besiedelt werden, weil diese am ersten den Bewohnern die Möglichkeit geben, sich zu ernähren und in das Innere eines wegelosen Landes einzudringen. In Bezug auf die Bestimmung der Kurgane ist oft die Ansicht ausgesprochen worden, daß sie zur Befestigung oder als Wachposten auf der ebenen Steppe gegen die Einfalle der Mongolen gedient haben möchten. Schon eine geringe Überlegung muß das Unhaltbare einer solchen Anschauung alsbald klar machen. Die Tataren und Mongolen haben selbst Kurgane errichtet, Kurgane und Mogilis, die immer zusammen vorkommen, haben augenscheinlich dieselbe Bestimmung. Welch vernünftiger Mensch aber wird einen wirren Haufen von Maulwurfshügeln, von welchen keiner einen schützenden Wall auf seiner Spitze trägt, keiner mehr als etwa 20 Menschen höchstens Raum zur Aufstellung gibt, Erdhügel ohne Wasser, als zu fortifikatorischen Zwecken, gegen einen Feind, dessen Hauptwaffen Bogen und Pfeile waren, errichtet betrachten, oder Wachhügel in die tief in die Steppe eingeschnittenen Rinnsale der Flüsse und Bäche verlegen! Die Kurgane und Mogilis sind ausschließlich Grab- und Erinnerungsmonumente, die ersteren für die Vornehmen, die letzteren für das gemeine Volk bestimmt. Wenn viele von ihnen leer gefunden worden sind, so ist gleiches auch bei sogenannten Hünengräbern, denen doch niemand eine andere Bestimmung zuschreibt, beobachtet worden. Entweder hat man sie früher schon geplündert, oder die Zeit hat die letzten Reste zerstört, oder man hat sie nicht sorgfältig und tief genug aufgedeckt. — Wenn auch die Einrichtung und der Bau der Kurgane im wesentlichen überall derselbe ist, so ist doch mit Recht hervorgehoben worden, daß ihre Zahl, die Dichtigkeit, mit welcher sie zusammenstehen, sowie der Reichtum der Beigaben zu der Leiche, um so mehr zunehmen, je weiter man nach Westen kommt. Die Kurgane in Sibirien sind klein und ihr Inhalt ziemlich arm. Am ärmsten sind die an den Ufern des Jenissey und Ob. Die größten, zahlreichsten, mit dem reichsten Inhalte als Gräberbeigabe dagegen die, welche im Quellgebiete des Dnjepr und an den Zuflüssen der Wolga, also im ehemaligen Lande der

Königsskythen, vorkommen. Herodot gibt den Grund dafür an; außerdem ist es natürlich, daß Stämme, welche aus den ödesten Gegenden des Nordens raubend und plündernd nach dem Süden gekommen waren, auch ihren Toten reichere Beigaben in das Grab mitgeben konnten, je weiter sie vorrückten.

Die Kurgane sind runde oder spitze Hügel, unregelmäßig von Erde und Stein aufgeschüttet, wie die Gegend sie gab, die größten unter ihnen sind wahre Berge von 20 und mehr Klafter Höhe. Ihre Spitze bildet eine kleine Ebene, ohne Spur eines Befestigungswerkes und ohne Wasser. Im Süden findet sich auf manchen derselben eine rohe Kolossalfigur eines mongolischen Weibes, einer Baba, Mutterchen, selten eines Mannes, oberflächlich, oder wenige Fuße unter der Erde, von welchen jedoch die meisten, bei dem Werte den jeder größere Stein in der Steppe hat, zu ökonomischen Zwecken weggeführt sind. Inschriften finden sich nicht. Ihre Bedeutung ist unbekannt.

Die Kurgane sind über ein so ausgedehntes Gebiet, von *80* ungleichen klimatischen und Vegetationseigenschaften verbreitet und ihre Erbauer sind mit Nationen in Berührung gekommen und von denselben beeinflußt worden, welche unter sich sehr verschiedene Gebräuche ausgebildet hatten, ihre Erbauung erstreckt sich ferner über eine so lange Periode, während welcher die Bewohner selbst sich verdrängt und gewechselt haben, daß einige Verschiedenheit der Einrichtung sich von selbst versteht.

Ein Teil derselben hat in der baumlosen Steppe gelebt und stand mit griechischen und semitischen Kolonisten, bei welchen der Leichenbrand unbekannt war, in Verbindung. In den Kurganen derselben findet man fast nur unverbrannte Leichen, höchstens in den Hügelgräbern, welche die Leichen von Häuptlingen einzuschließen scheinen, finden sich Spuren des Brandes. Dagegen enthalten die Kurgane der waldreichen Distrikte des Nordens und Nordwestens, deren Bewohner mit Normannen, die selbst den Leichenbrand übten, in Handelsverbindung standen, sehr häufig verbrannte Leichen und Urnen mit verbrannten Knochenresten. Herodot beschreibt das Verfahren der südlichen Skythen, bei welchen er den Leichenbrand nicht kennt, nur reiche Totenmahle bei dem Grabe. Oft finden sich die zerkleinerten Knochen mit denen kleiner Tiere gemischt in einer Urne. — Die meisten Kurgane enthalten in ihrem Zentrum, auf dem gewachsenen Boden, oder ein wenig in denselben vertieft, nur ein Skelett. Manche, wohl die Begräbnisstätten der Häuptlinge, schließen in die Mitte ein Skelett ein und um dieses herum, in regelmäßiger Ordnung, die Köpfe nach derselben Richtung, eine Anzahl anderer. Wir wissen aus Herodot, daß bei der Bestattung der Könige die Hofbedienten und die erste Frau getötet und mit begraben wurden. In manchen sehr hohen Kurganen liegen mehrere Skelette etagenweise übereinander, das sorgfältigste Grab ist das tiefste. Es scheint, daß man auf die Spitze eines Kurgan eine zweite und dritte Leiche gebracht und mit Erde überschüttet und somit den Kurgan erhöht hat. Kinderskelette finden sich nicht, wohl aber zuweilen neben dem eines kräftigen Mannes ein schmächtiges, das Skelett der mitbeerdigten Lieblingsfrau. Die meisten Skelette liegen auf der bloßen Erde, zuweilen auf einem Steinlager, einer Tenne von gestampfter Erde.

In den älteren Kurganen findet sich keine Spur von Särgen, von Steinkisten, oder Gewand, in jüngeren sind Reste von Hanf, den Herdot schon als ein Handelsprodukt der Skythen kennt, Wolle und Seide gefunden worden und das Skelett liegt in einer Steinkiste, welche mit Balken überdeckt ist. Die Leichen sind offenbar bekleidet in das Grab gegeben worden; die Schmuckgegenstände liegen an dem Körper da, wo sie über der Kleidung hingehören, es ist von Bekleidung aber selten eine Spur übrig geblieben, als eine Schichte fetter Humuserde, welche sich von dem gelben Sande des Hügels deutlich unterscheidet; sie rührt von der Verwesung der Weichteile her. Die Gegenstände, welche den Leichen beigegeben sind, bestehen vor allem aus sehr zahlreichen Töpfen, Urnen und Tonscherben; in den älteren von sehr roher Arbeit, nicht auf der Drehscheibe geformt, in den jüngeren und jüngsten aber auch von sehr zierlicher Gestalt, glasiert, mit Zierraten, bemalt, vergoldet, offenbar nach griechischen Mustern gearbeitet oder im Handel erworben, viele mit Deckelsätzen versehen. In jüngeren Kurganen sind auch einige Urnen von Eisen gefunden worden. Die meisten dieser Urnen und Tongefäße sind so weich, daß sie bei dem Herausnehmen in kleine Stücke zerfallen, erhärten aber an den Luft. Nur die schwarzglasierten sind fester. Viele sind schon in Stücke zertrümmert durch die Erschütterung und den Druck der Erde, oder weil die Teilnehmer am Leichenmahle das geleerte Trinkgefäß hinter sich zu werfen pflegten und sind deshalb nur als Scherben in den Kurgan gekommen. Ihre Verteilung in denselben ist nicht konstant regelmäßig. Sie sind entweder leer, nur mit Sand gefüllt, oder enthalten kleine Knochenstücke, wie es scheint von kleinen Tieren. Außer diesen Töpfen finden sich am meisten Schmuckgegenstände, in den jüngeren Kurganen von sehr verschiedener und zierlicher Arbeit, Fibeln, zum Heften des Gewandes, an der Schulter des Skeletts, Arm- und Fußringe, Diademe in Schlangenform, Kopfringe mit kleinen Schellen, unseren jetzigen Pferdeschellen gleich, die von Jungfrauen getragen wurden, Jungfernschellen, Kämme, Korallen und Perlen, zu welchen am häufigsten Bronze, verhältnismäßig häufig Eisen, auch als Zierrat, Kupfer, Gold und selten, Silber und Glasfluß verwendet sind. Auch vergoldete Gegenstände, wohl griechische Arbeit, finden sich. Waffen sind relativ selten vertreten, am meisten noch Schwerter von Bronze oder Eisen, gebogen, um eine größere Urne herum, und Pfeilspitzen, auch von Kupfer (aus Perm), Schildbuckel von Bronze und Eisen, Steinwaffen wenig. Der Zustand der Leichen und der beigegebenen Gegenstände beweisen, daß die gleiche Bestattung von einer unvordenklichen, prähistorischen, bis in eine sehr späte Zeit stattgefunden hat. Münzen sind selten, in einem Kurgan fand sich eine deutsche Münze, als Zierrat aufgenietet, von Kaiser Otto aus dem 10. Jahrhundert, auch griechische bei Bromberg aus dem 5. und 6. Jahrhundert von Ch.Levezav. Die Mogila sind ganz von derselben Beschaffenheit wie die Kurgane, nur daß sie kleiner sind, nie gebrannte Leichen und nur minder wertvolle Beigaben enthalten.

Diese kurze Beschreibung der Kurgane findet durch die geschichtlichen Mitteilungen, namentlich bei Herodot IV, 71, ihre vollkommene Erklärung.

In einem früheren Kapitel bemerkt Herodot, daß das Land der Skythen außerordentlich arm an Holz sei, so daß die Einwohner zum Kochen des Fleisches die Knochen des geschlachteten Tieres benutzen, oder das Fleisch in der Haut desselben mit den Knochen kochen, wie es noch gegenwärtig auf den Falklandsinseln und in Patagonien geschieht (carne con cuero Darwin's Reise). Nur einmal im Jahre, zur Ehre des Kriegsgottes (Ares), bringen sie ein Brandopfer, sonst erwürgen sie die Opfertiere nur und essen sie.— Das Begräbnis der Verstorbenen ist verschieden, je nach dem Bange derselben. Wenn *ein Häuptling* gestorben ist, so öffnen sie den Leib desselben, entfernen die Eingeweide, an deren Stelle sie Aromata bringen, worauf sie den Bauch wieder zunähen. Sie halten darauf ein reichlich Totenmahl, von welchem die Leiche auch ihren Teil in Schalen und Urnen hingestellt bekommt. Sie legen dann die Leiche auf einen Wagen und führen sie zu dem nächsten Stamme, wo sich dieselbe Szene wiederholt und so von Stamm zu Stamm, bis zu dem letzten, der Gerrher, welche da wohnten, wo der Dnjepr aufhört schiffbar zu sein, etwa in der Gegend von Kiew. Dort legen sie die Leiche auf die flache Erde, stecken Lanzen um dieselbe herum, welche sie mit einem Hürdendache überflechten. In dem weiten Raume des Grabes begraben sie eine der Haremfrauen, den Mundschenk, den Koch, den Stallmeister, Leibdiener, Herold. Geräte und goldene Schalen; von Silber und Erz besitzen sie nichts. Sie werfen dann um die Wette Erde und Steine auf das Grab; je angesehener der Mann und je größer die Begleitung, desto höher wird der Kurgan. Nach Jahresfrist besuchen sie von neuem das Grab, es werden dann 50 Jünglinge und 50 Pferde geschlachtet, ausgestopft und rings um das Grab aufgestellt.

Wenn ein Skythe aus dem Volke gestorben ist, so laden sie dessen Leiche auf einen Wagen und führen sie bei den Verwandten und Freunden herum. Diese geben dem Geleite einen Schmaus, von welchem sie dem Toten auch vorsetzen. So ziehen sie 40 Tage lang herum, bis sie den Körper unter einem Stein- und Erdhügel bestatten. Die Leichenbegleiter sind unrein; sie reinigen sich in einem Schwitzbade, indem sie drei Speere zusammenstellen, diese mit wollenen Decken umgeben und in diesem Zelte Rauch aus Hanfsamen, den sie auf glühende Steine streuen, entwickeln. Sie fühlen sich in diesem narkotischen Schwitzbade so wohl, daß sie, wie Herodot sagt, vor Wohlbehagen brüllen.

In dieser Darstellung Herodot's findet man eine vollkommene Erklärung der alten Kurgane, wie sie sich in dem Skythenlande noch vorfinden und es ist sicher, daß die Kurgane und Mogila's von dem Volke errichtet wurden, welches Herodot unter dem Namen der Skythen, Bogenschützen (sie selbst nannten sich Skoloter) kannte und nicht etwa von thrakischen Stämmen. Die Leiche ist meistens unverbrannt, sie liegt auf der platten Erde, nicht in einem Grabe, bedeckt von roh aufgeworfener Erde und Steinen, umgeben von Speisegefäßen und Scherben von solchen, die bei dem Totenmahle zertrümmert wurden ; die Leichen von Sklaven liegen nicht in dem Kurgan, sie wurden erst später um denselben herum aufgestellt, nur die vornehmeren Begleiter sind in demselben Erdhügel wie der Herr. Nur in wenigen ist ein zweites kleineres Skelett, wohl das der Lieblingsfrau, welche auf dem Grabe des Mannes getötet wurde, gefunden worden. Speise ist den Toten beigegeben, kein Pferd und kein größeres Tier u.s.w.

Eine andere Erzählung bei Herodot gibt vielleicht eine weitere Erklärung über gewisse Gräberfunde. War bei den Issedonen, einem Stamme, den die Skythen nach Norden, in Gegenden, welche Herodot nur von fabelhaften Völkern bewohnt kennt, gedrängt worden, irgendjemandes Vater gestorben, so bringen die Angehörigen kleines Vieh herbei, welches sie schlachten und zerstückeln, zugleich aber auch die Leiche ihres Wirtes. Sie mischen das Fleisch beider und essen es, den Schädel reinigen und vergolden sie, stellen ihn im Hause als Heiligtum auf und bringen ihm jährlich Opfer. Hiermit erklären sich die Funde von Urnen in Kurganen, welche zerstückte unkalcinierte Knochen von Menschen und kleineren Tieren enthielten, aber keine Schädel und keine Skelette. Herodot, IV.26.

Später, als mehr Kultur und Reichtum in das Land eindrangen, haben sich die Totengebräuche einigermaßen geändert, wenn sie auch in der Hauptsache dieselben blieben. Wir besitzen hierüber eine ausführliche Darstellung von einem arabischen Schriftsteller, Ibn Fozlan, welcher um 920 schrieb, dessen Schrift von einem späteren Schriftsteller Jakut, in Auszügen gegen 1200 mitgeteilt worden ist; derselbe ist von Fraehn in Petersburg 1823 übersetzt worden und findet sich bei Grimm u.a., Kohn. — Das Wesentliche dieser etwas ausgeschmückten Erzählung ist folgendes. Fozlan war auf einer Gesandtschaftsreise von dem Khalifen von Bagdad zu dem Könige der Russen an den Itil (die Wolga) gekommen, wo er sich auch nach den Leichengebräuchen erkundigte. Er hatte Gelegenheit, die Bestattung eines derselben, der mit den Schiffen die Wolga heruntergekommen war, zwar als ein Kaufmann bezeichnet wurd, aber ein sehr vornehmer Mann gewesen sein muß, da er eine Flotille von Kähnen, ein bewaffnetes Kriegsgefolge, Sklaven und Sklavinnen in Menge besaß. Sie legten die Leiche 10 Tage lang in eine Grube, während dessen sie die Kleider bereiteten, welche derselben mitgegeben werden sollten. Man fragte die Diener, wer mit dem Herrn sterben wolle und wie gewöhnlich war ein Mädchen bereit. — Sobald die Bereitwilligkeit erklärt ist, kann die, welche sich erklärt hat, nicht mehr zurücktreten, sie wird von anderen Mädchen bewacht, wohin sie geht. Als der Tag der Bestattung gekommen war, zog man ein Schiff des Verstorbenen ans Ufer. Der Tote wurde aus seinem provisorischen Grabe herausgenommen und samt dem Leichentuch auf eine mit kostbaren Decken geschmückte Bank gelegt, wo er, von einem alten Weibe, das sie den Todesengel nennen, in kostbare, gesteppte Decken eingehüllt wurde. Berauschende Getränke und Speisen, Brot, Fleisch und Zwiebeln wurden umhergestellt. Es wurden nun zwei Hunde, zwei Pferde, zwei Ochsen, ein Hahn und ein Huhn getötet, zerstückt und samt den Waffen des Verstorbenen auf das Schiff gebracht. Das dem Tode geweihte Mädchen wurde von Männern dreimal auf ein Gerüst gehoben, wo sie einige Worte sprach, und wieder herabgestellt. Man reichte ihr ein Huhn, dem sie den Kopf abriß und wegwarf, den Leib brachte man ebenfalls zu dem Toten aufs Schiff. Das Mädchen war offenbar in einem ektatischen Zustande, vielleicht durch künstliche Mittel, Haschisch, erregt. Sie glaubte die grünen Felder des Paradieses, ihren Vater und die gefallenen Krieger zu sehen. Sie sah ihren Herrn im Paradiese in herrlicher Umgebung sitzen, seine Diener und Krieger um ihn versammelt. Sie zog nun den Schmuck ab und gab ihn dem Totenengel und dessen Töchtern, dann trat sie ins Schiff, aber noch nicht in das über der Leiche ausgebreitete Zelt und man reichte ihr mehrere Becher mit berauschenden Getränken, die sie singend leerte und hiermit Abschied von den Ihrigen nahm. Als jetzt das Mädchen zurücktreten wollte, zog sie die Alte ins Zelt, die Männer schlugen mit ihren Stäben auf die Schilde, um jedes Klagegeschrei zu übertönen, das andere für die Zukunft abschrecken könnte. I. Fozlan sagt, daß sämtliche Männer, die mit in das Zelt traten, sie genotzüchtigt hätten. Zwei der sechs Männer hielten sie neben der Leiche an den Füßen, zwei an den Händen, zwei an einer Schlinge, die um den Hals gelegt war, während der Todesengel sie mit einem breitklingigen Messer erstach. Nun zündete ein völlig nackter Mann den Holzstoß unter dem Schiffe an und die übrigen Männer folgten, indem sie brennende Scheite und Münzen zuwarfen, bis alles, Schiff und was darin war, verbrannt war. An der Stelle, wo die Verbrennung stattgefunden, richtete man einen großen Erdhügel auf

Ein anderer, etwas späterer Augenzeuge einer Leichenbestattung bei den Mongolen war Rubriquis, der als Gesandter von Ludwig IX. 1253 zu dem Mongolen Khan, Mangu Temir, gekommen war. Er sagt die Cumanen errichten hohe Erdhügel über ihren Toten und stellen auf dasselbe das Bild derselben, mit einem Gefäß in den Händen, das Gesicht nach Osten gewendet. Der Akademiker Manastin bemerkt, daß die steinernen Bilder um Stawropol, Georgiewsk an der Kuma nnd Dongosla, eine sitzende mongolische Frau darstellten, die ein Gefäß mit der Hand an ihren Gürtel hält, eine Baba.

Etzel soll auf einem von Pferdesätteln erbauten Scheiterhaufen verbrannt worden sein.

Ibn Fozlan bemerkt, daß ihm von seinem Dolmetscher mit Stolz hervorgehoben worden sei, wie die Russen ihre Häuptlinge verbrannten und nicht dem kriechenden Gewürme zur Speise ließen und Fraehn führt aus einem anderen arabischen Schriftsteller, Mazudi, einige Mitteilungen bei, welche im wesentlichen dieselben Gebräuche schildern und welche ich deshalb übergehe.

Dr. Wholsone bestätigt aus einem im britischen Museum befindlichen arabischen Manuskript diese Gebräuche der Leichenverbrennung der Häuptlinge bei den heidnischen Ruthenen, sowie daß die Frau mit dem Gatten verbrannt wurde.

Unverkennbar treten uns hier Gebräuche entgegen, bei welchen teils ein indischer, arischer, teils ein altnordischer, skandinavischer Einfluß sich kenntlich macht. Die Skythen sind aus dem Innern von Asien eingewandert. Sie leiteten selbst nach Herodot ihre Heimat aus Medien ab und daß sie bei ihrer Wanderung an das asowsche Meer, die Wolga und den Dnjepr die Urbevölkerung, die Kimmerier, verdrängt hätten. Die Leichenverbrennung und das Mitverbrennen der Frau oder einer Lieblingssklavin, erinnert ganz an die Sutti der Hindoo. Dagegen erinnert das Verbrennen auf dem Schiffe, das Mitverbrennen von Knechten, Pferden, Sklaven, Leibdienern u.s.w. an altnordischen, skandinavischen Gebrauch. Natürlich konnten solche umständliche Leichengebräuche nur bei den Höchststehenden, welchen viele dienstbar waren, zur Ausführung kommen.

Leichengebräuche bei den westlichen Slaven

In den westlichen und südwestlichen slavischen Ländern und dieselben reichen bis nach Mecklenburg (Obotriten, Eugier), Leipzig (Lipa, die Linde), Meißen, Böhmen, haben sich germanische, finnische und slavische Stämme gemischt und gegenseitig verdrängt. In das jetzige deutsche Reich haben tief wendische, obotritische, prutenische und slavische Stämme gereicht, welche erst spät durch das Eindringen germanischer Herren germanisiert und zum Teil mit Gewalt christianisiert worden sind. Heidnische Sitten haben, halb im Geheimen, sich dennoch noch spät forterhalten. Daher mischen sich auf diesem Gebiete die Denkmäler heidnischer, slavischer Sitte mit denen germanischer und finnischer Gebräuche, die bei derselben Rasse mit der Zeit und unter dem Einflüsse christlicher germanischer Herren sich geändert haben. Augenscheinlich sind auch nicht selten altheidnische Grabstätten, in später Zeit, besonders nach Epidemien, der Pest, von neuem benutzt worden, so daß Gräber aus sehr verschiedenen Perioden über und neben einander zu stehen kamen. Es ist daher oft schwer zu entscheiden, welcher Periode und welchem Stamme die Denkmäler, für welche keine Schrift Kunde gibt, angehören.

Tacitus, Germania 45, rechnet die Aestyer noch zu den unzweifelhaften Germanen; sie wohnen am suevischen Meere und sind das Grenzvolk der Sueven gegen Sarmaten und Fennen. Sie haben Sitten und Habitus der Sueven, doch mehr schon britannische Sprache. Sie bauen den Acker mit mehr Sorgfalt als die übrigen Germanen, befahren das Meer und besitzen allein den Bernstein, den sie jedoch nur als wertvolles Handelsobjekt, nicht als Schmuck zu schätzen wissen. Sie haben wenig Eisen (zu Trajan's Zeit), aber viel Prügel, Keulen. Das sind die Vorfahren der Esten, zwischen welche die Finnen eingedrungen und welche von Germanen kultiviert und christianisiert worden sind. — Ihre Leichenbestattungen sind denen der Skythen in vielen Beziehungen gleich.[34] Grimm teilt aus Alfred Orosius folgendes mit. Der Verstorbene bleibt einen Monat, Vornehme und Häuptlinge noch länger, im Hause, während welcher Zeit Trinkgelage stattfinden. Am Tage des Begräbnisses teilen sie den Rest der Habe, soweit diese nicht vertrunken

---

[34] Baer, die Gräber der Lieven. Dresden 1850.

ist, in acht und mehr Teile, welche sie in Distanzen auf den Weg legen und Wettrennen nach denselben halten. Ist die ganze Habe verteilt, so verbrennt man die Leiche mit ihren Waffen und Kleidern. Alle Leichen werden verbrannt. — Vierhundert Jahre später, in der ersten Zeit nach der gewaltsamen Einführung des Christentums durch den deutschen Orden, berichtet Heinrich d. Lette, (Grimm S. 246) dasselbe, langdauernde Trinkgelage, Leichenklage und Verbrennen der Leiche. Er fügt dann zu: „Sie nehmen die Weiber, welche zur Zeit der Einführung des Christentums entlassen werden mußten, graben die auf den Kirchhöfen bestatteten Leichen der Männer wieder aus und verbrennen sie nach der Sitte der Heiden. Auch die Kuren haben die im Gefechte Gefallenen nach drei Tagen, die sie mit dem Totenmahle und der Klage ausfüllten, verbrannt.

Auch die Liven, Samen und die alten Preußen verbrannten ihre Toten mit Pferden, Waffen, Knechten und Mägden, damit sie dieselben gleich im Jenseits wiederfinden möchten. Grimm zitiert dafür eine Stelle aus Bartholomäus anglicus, Glanvile von 1350. Wir wissen dasselbe aus dem Friedensvertrage mit dem Deutschen Orden von 1240, der früher zitiert worden ist. Später, in der christlichen Zeit, wird der Leichenbrand, den die deutschen Herren abgestellt hatten, nicht mehr erwähnt, es bleiben nur die übrigen Leichengebräuche (Grimm S. 249), die Leichenklage, das laute Geschrei um die bösen Geister zu vertreiben, das Mitgeben von kostbaren Kleidern, Speise, Brot und Bier, damit der Tote auf der .Reise keine Not, Hunger oder Durst leide. Aus der Kosmographie von Sebast. Münster von 1559 berichtet Grimm, daß in Samogitien die Toten mit Pferden, Sätteln und Kleidern verbrannt wurden. Auf die Brandstellen setzte man Speise, im Glauben, daß die Toten des Nachts kommen und dieselbe verzehren. Auch in der Zeit von 1640 dauerten diese Sitten, wie Grimm nach einem italienischen Schriftsteller, Gaguini, der lange in Kurland gelebt hatte, erzählt, noch fort. (G. de origine Lithauorum); die Leichen der Vornehmen werden mit ihren besten Kleidern und Hausrat, mit Pferden, Waffen, zwei Jagdhunden, Falken und einem Leibdiener verbrannt. Am Grabe werden Stutenmilch, Met und Bier verteilt, Tänze unter dem Schalle von Trommeln und Trompeten ausgeführt (ob hier nicht alte vergangene Sitten beschrieben werden).

Auch in Bezug auf Wenden und Polen führt Grimm einige Stellen zum Beweise an, daß bei ihnen in alter Zeit das Verbrennen der Leiche Gebrauch war, sowie, daß die Frau mit dem Gatten verbrannt wurde. Aus einem Briefe des h. Bonifacius von 745 erhellt, daß unter den Wenden die Frau am meisten gepriesen wurde, welche sich nach Ableben des Gatten mit eigener Hand den Tod gegeben, um mit ihm auf demselben Rogus verbrannt zu werden. Die Frau hat also sich selbst getötet, wozu sie nicht gezwungen war, da es als ein ehrenvoller Vorzug für sie galt. Thietmar von Merseburg, 100 Jahre später, erzählt, daß die Frau, nachdem sie enthauptet worden, mit dem Manne verbrannt worden sei.

An diese geschichtlichen Mitteilungen reihen sich erklärend und vervollständigend die Gräberfunde aus jenen Gegenden[35]. Sie zeigen vor allem, daß in den vorgenannten Distrikten der Leichenbrand bei weitem nicht allgemein war, sowie daß Spuren, daß Frauen und Sklaven mitverbrannt worden seien, nur ganz selten in den Gräbern vorkommen. Wie überall geschah es nur bei der Bestattung von vornehmen Personen, Häuptlingen. Doch nimmt der Leichenbrand nach Westen hin zu, wie in den waldreichen Gegenden das Material leichter zu beschaffen war, als in der holzarmen Steppe.

Kohn nennt diese altslavischen Gräber kleine Gräber, im Gegensatze zu den megalithischen Dolmen und den Kurganen des mittleren und südlichen Rußlands. Sie kommen in dem ganzen nordwestlichen Teile von Rußland, dem alten Polen, Litauen, Galizien, Ost- und Westpreußen, Pomerellen, bis nach Mecklenburg in ganz ungemein großer Zahl vor. Sehr viele derselben sind durch die Zeit, die Wirkung der Athmosphärilien, den Pflug und die Arbeit des Menschen, durch mutwillige Zerstörung unkenntlich gemacht worden und werden nur hier und da durch Zufall entdeckt. Sie liegen meistens massenweise zusammen, bilden oft große, weit ausgedehnte Begräbnisstätten, in der Nähe von bewohnten Orten oder ehemaligen Wohnstätten. Das Volk in Pomerellen kennt solche Stellen und bezeichnet sie mit dem Namen Zale, Trauerstätten. Die meisten liegen an den Ufern von Flüssen und Bächen, an Seen und Torfmooren, ehemaligen Seen. Denn an diesen fand der Mensch in der Urzeit sowohl am leichtesten seine Nahrung, Fische und Jagdtiere, als sie ihm auch den einzigen Weg darboten, um in ei-

---

[35] Albin Kohn und Mehlis, Materialien zur Urgeschichte des Menschen im östlichen Europa. 1879.

nem mit dichtem Urwald und Sümpfen bedeckten Lande ins Innere zu dringen, wie noch heutigen Tags in Südamerika, Guyana, Amazonas, den Chonosinseln, die Wasserläufe die allein zugängigen Wege sind und ihre Ufer allein Platz für Ansiedelungen liefern. Man darf daher aus der großen Zahl und der Ausdehnung der Gräberstätten nicht schließen, daß das Land dicht bewohnt gewesen sei; das Innere war ein wüster Urwald und Sumpf. An vielen Stellen hat die Gewalt des Wassers den Boden unterspült und viele Gräber bloßgelegt, zerstört und die Urnen zertrümmert. — In diesen Begräbnisstätten liegen die Leichen nicht auf dem flachen, naturwüchsigen Boden, sondern in Steingräbern, wenig tief unter der jetzigen Bodenoberfläche, so daß die Steinkisten oft an der einen oder der anderen Seite über die Erde vorstehen. In vielen Teilen des Gebietes sind Steine eine Seltenheit; es sind Findlingssteine, welche in, der Eiszeit aus Schweden und Norwegen herüberkamen, Granit, der im Gebiete nicht ansteht. Wenn der Bauer dort einen Stein auf seinem Acker findet, so gräbt er ihn aus und trägt ihn sorgfältig nach Hause. Hierin liegt der Grund, weshalb viele dieser Steingräber, welche das Wasser oder der Pflug bloßgelegt hat, zerstört worden sind. Die erratischen Blöcke von ansehnlicher Größe und passender Gestalt sind in der polnischen und russichen Tiefebene nicht so häufig und waren in den unwegsamen Wäldern nicht so leicht transportabel, daß der Mensch in diesem Gebiete auf den Gedanken kommen konnte Megalithgräber, Dolmen zu errichten. Er hat sich mit der Herstellung von Kistengräbern begnügt. Da man unter den kleinen Kistensteingräbern viele findet, welche nur Steingeräte enthalten, während unter den Megalithgräbern solche mit Bronze sind, so kann man wohl nicht sagen, daß die ersteren einer jüngeren, die letzteren einer älteren Zeit angehören. Die Beschaffenheit des verwendbaren Materials in einer steinarmen Gegend hat den Menschen zu bestimmten Gebräuchen gezwungen. Nach der Verschiedenheit der Schmucksachen und Geräte, welche in diesen Kistengräbern gefunden werden, gehen dieselben von einer unberechenbar frühen bis in eine ziemlich späte, historische Zeit. In der Anordnung der Steinkisten zeigen sich viele Verschiedenheiten, welche teils von der Periode, aus der sie stammen, teils von der Beschaffenheit des verwendbaren Materials abhängen. Die meisten sind von Granitblöcken gebaut, welche teils roh, nur möglichst genau zusammengestellt, teils gespalten und auf der einen Seite geebnet sind. Es gibt aber auch solche Gräber, welche aus kleinen Steinen, die mit Lehm zusammengehalten sind, aufgemauert worden waren. Oft liegen kleinere Steine im Umkreis herum, um der Kiste einen besseren Halt zu geben, oder es sind mehrere Platten hintereinander aufgerichtet. Der Boden der Kiste ist meistens gepflastert und dieselbe ist durch einen breiten Stein, der möglichst genau in die Öffnung paßt, gedeckt. Die Form der Kiste ist meistens viereck, selten unregelmäßig, dreieck oder rund, wie das Material sich darbot. — Ihre Größe entspricht nicht der Länge der Leiche eines erwachsenen Mannes und man findet keine unversehrten Skelette in denselben, auch keine Kinderleichen. Ihr Inhalt besteht aus Töpfen, Urnen und zahlreichen Topfscherben von sehr verschiedener Beschaffenheit und Form. In den älteren sind die Urnen von sehr roher Gestalt, dickwandig, nicht auf der Drehscheibe geformt, von schlecht gebranntem Tone, welche meistens durch die Feuchtigkeit und den Druck des Bodens zerstört sind, oder sie zerfallen, wie man sie herausheben will; in jüngeren finden sich sehr schön geformte, gemalte, gut gebrannte, auch glasierte Urnen, die letztere wohl erhalten, von schwärzlichem Tone, dem Glimmerkies beigemengt ist. Es kommen auch, etwas selten, in diesem Gebiete sogen. Gesichtsurnen[36], welche an ihrem Halse, dem Bauche die rohe Nachahmung eines Gesichts, oft auch nur Ohren statt Henkel, Ohrenurnen, zeigen, vor. Ich glaube nicht, daß aus ihrem Vorkommen geschlossen werden darf, daß die Gräber, in welchen sie gefunden worden sind, einem besonderen Stamme angehören, obwohl es auffallen muß, daß sie in einer Gegend, in Pomerellen und Posen, bei Danzig, besonders häufig gefunden worden sind. Bekanntlich sind solche Gesichtsurnen in Gräbern sehr weit auseinander liegender Gegenden gefunden worden (die älteste aus unserer Gegend, in der Nähe von Wiesbaden 1711, in dem dortigen Museum befindlich), in Westphalen, Liebenthal, auch in Etrurien, der Insel Santorin, auf Zypern, in Mexiko und Peru, in Hissarlick, was sicherlich sich durch keinen Rassenzusammenhang erklären läßt. Die menschliche Figur, das Gesicht, ein Tier, ist das erste, was ein kindliches Gemüt künstlerisch durch Zeichnung und Form darzustellen sucht. Und wie ein Kind zuerst auf diesen Gedanken verfällt, so ist dieser plastische Versuch auch das erste, worauf der Sinn eines kindlichen Naturvolkes verfällt, zumal

---

[36] Berendt, die pomerellischen Gesichtsurnen.

Hals, Henkel und Bauch eines Kruges dazu verführen müssen, sie mit den Zügen eines Gesichtes, auch mit Ohren und Armstümpfen zu zieren. Noch heutigen Tages stellen die Krugbäcker auf dem Westerwalde zahlreiche Krüge und Seidel mit menschlichen Gesichtern geschmückt dar; sie bilden deshalb doch keine besondere Rasse. Wo sich Krugbäckereien und Töpferwerkstätten befinden, werden auch solche Gesichtskrüge am häufigsten vorkommen und wir wissen, daß schon in urältester Zeit die Urnen nicht bloß an Ort und Stelle, sondern da fabrikmäßig gearbeitet wurden, wo das Material, brauchbarer Ton, sich vorfand. Die zierlichen, gemalten, vergoldeten Urnen sind wahrscheinlich von den Stapelplätzen am Boristhenes importiert und der Fabrikant hat sich dem Geschmacke seiner Abnehmer angepaßt. — Die Zahl der Urnen in einem Grabe geht von einigen wenigen zu 6, 7, 8 und mehr von verschiedener Größe, außerdem zahlreiche Scherben im Grabe selbst und in der Umgebung. Sie enthalten teils nur Sand des eingestürzten Grabes, teils Asche, kalcinierte und zertrümmerte oder gänzlich verwitterte Knochen. In vielen Gräbern, namentlich denen der westlichen Gegenden, zeigen die Knochen deutliche Spuren des Leichenbrandes, es kommen aber auch ungebrannte Knochen vor. In der Nähe solcher Gräber sind einige Steinkreise gefunden worden, welche man für die Brandstätten der Leichen, Brandöfen hält. In den ältesten dieser Gräber finden sich nur Geräte und Schmuck von Stein und Ton; Knochen, mit denen Tacitus den Finnen ihre Pfeile schärfen läßt, sind wohl längst verwest. In jüngeren Gräbern ist der Fund von Schmucksachen, Geräten und Waffen sehr mannigfach nach Material und Gebrauch. Man findet Schmuck und Geräte von Stein, Feuerstein, Bronze, Eisen, selten Gold und Silber. Sehr bemerkenswert ist, daß in nicht wenig Gräbern Geräte und Schmuck von Stein, Bronze und Eisen zusammen vorkommen und daß Eisen zu den wertvollsten Schmuckgegenständen, zierlichen Fibeln verwendet ist. Glas fehlt, die Liven und verwandte Stämme tranken aus Gefäßen von Birkenrinde oder aus Hörnern. In einem Grabe fand sich eine Cawriemuschel aus dem roten Meere, in anderen Münzen von Theodosius, bei Bromberg und Riga, Zeichen des Handels mit dem Süden. Herodot sagt, daß Gold das erste den Skythen bekannte Metall gewesen sei (aus dem Ural), da es gediegen vorkommt. Aber auch das Eisen war bei ihnen verhältnismäßig früh vertreten; sie brachten es wohl von ihrer Wanderung mit aus Asien, von ihren Voreltern, den Chalyben; sehr tiefstehende Völker, Kaffern, Neger, wissen Stabeisen zu bereiten. Je weiter nach Westen, desto mehr tritt die Bronze auf. Von Waffen finden sich Pfeile, Lanzenspitzen auch von Kupfer und Schwerter. Die letzeren oft um die Urne herumgebogen. Man darf aber aus der Seltenheit der Metallfunde nicht schließen, daß das Metall verhältnismäßig eben so selten gewesen sei, denn es ist begreiflich, daß man den Toten wohl Schmuck und Geräte von Stein und Ton, die man stets wieder ersetzen konnte, nicht aber die Metallwaffen, welche dem Eigentümer um so unersetzlicher waren, je weniger der Handel noch entwickelt war und die ihm zu seinem Lebensunterhalt, der Jagd, unentbehrlich waren, in das Grab mitgab. Eisen-, Kupfer- und Zinnerze kommen in der russischen und polnischen Tiefebene nicht vor, die Bewohner derselben konnten sich diese ihnen im höchsten Grade wertvollen Gegenstände nur durch Handel erwerben und hielten sie gewiß als die wertvollsten Familienstücke. Sehr spät erst lernten die Finnen das Sumpfeisen bearbeiten. Daß Meteoreisen, welches Kane bei den nördlichsten Samojeden in Grönland in kleinen Splittern in Holz eingelassen als Messer fand, gebraucht worden sei, ist nicht bekannt.

Das Volk, welches diese Gräber errichtet hat, muß schon in prähistorischer Zeit zu einer gewissen Kultur gelangt gewesen sein. Die dicht besetzten Gräberfelder in der Nähe früher bewohnter Orte zeigen, daß es in Gemeinden gelebt hat. Es sind die Melanchlanen, die Schwarzröcke des Herodot, welche an den Seen wohnten, von welchen er eine dunkle Kenntnis hatte, am Ladoga, Peipus-und Onegasee, das Urvolk der heutigen Ruthenen. — Die Sorgfalt der Ausschmückung der Gräber, beweist, daß der Familiensinn, die Ehrfurcht vor den Verstorbenen ihm nicht fremd waren, sowie die zunehmende Schönheit und der Reichtum der Geräte, daß die Kultur, wenn auch in sehr langer Periode, bei ihm Fortschritte gemacht hat. Es ist aufgefallen, daß Bernstein, der doch in Polen und Pomerellen fossil vorkommt, so selten und nur in jüngeren Gräbern als Schmuck gefunden worden ist. Aber es ist aus Tacitus bekannt, daß diese nordischen Völker den Bernstein nicht achteten und sich wunderten, daß die fremden Händler für diesen ihnen wertlos scheinenden Stoff so hohe Preise zahlten, dann aber mochte auch manches Stück bei dem Leichenbrande mit zerstört worden sein.

Die heutigen Bewohner dieser Gegenden bestatten ihre Toten nicht anders als in dem ganzen zivilisierten Europa, nur daß die religiösen

Zeremonien etwas abweichen und daß die Gräber, wo nicht fremder, deutscher Einfluß gewirkt hat, sehr schmucklos sind. (Kohl, Petersburg.)

Leichenbestattung bei den finnischen Stämmen

Die Finnen sind ein tatarisches Volk, welches in unvordenklicher Zeit aus seiner ursprünglichen Heimat am Altai ausgewandert und in mehreren Etappen gegen Westen vorgerückt ist. Sie selbst nennen sich Cheomaclanen, Sumpfbewohner, die Russen Tschuden, Freunde. Sie haben sich auf ihrer Wanderung in viele Stämme geteilt, verschiedene Namen angenommen, sich mit den Völkern, mit welchen sie in Berührung kamen, vermischt oder sind von ihnen unterdrückt worden. Ein Teil von ihnen ist nach den Küsten des nördlichen Eismeeres, verdrängt worden und lebt in den Tundren des Gouvernements Archangel u.s.w., unter dem Namen der Ostiaken, Ugren, Tschuktschen, oder ist von den Samojeden verdrängt und vernichtet worden. Ein anderer nimmt das mittlere Rußland ein, die permische Gruppe, die Wogulen, eine dritte Gruppe ist nach Pannonien gekommen, die Tscheremissen, Mordwinen, Tschuwaschen und ein Teil der Magyaren, endlich nehmen sie das jetzige Großherzogtum Finnland ein, zu ihnen gehören noch die Esten, Liven, Kuren. Sie haben sich früher noch weiter gegen Schweden hin ausgedehnt gehabt. Die Finnen haben sich nie als ein sehr kulturfähiges Volk gezeigt und nur eine kurze Zeit Selbstständigkeit besessen. Sonst haben sie entweder in öder Verlassenheit an den unwirtlichsten Teilen der Küsten des Eismeeres, in den Tundren gelebt, als Nomaden und Fischer, oder unter dem Einflusse höher begabter, mehr beweglicher Rassen, Russen, Skandinavier, Germanen, als Leibeigene gedient. Den Stamm, welchen wir heute noch Finnen nennen, fand Tacitus schon in seinen jetzigen Sitzen. Sie sind der letzte ihm bekannte Volksstamm mit den Venetern und Peucinern. Er findet sie zwischen Germanen und Sarmaten und ist einigermaßen zweifelhaft, ob er sie zu jenen oder zu diesen rechnen soll. Er entscheidet sich eher für das erstere, weil sie mit Hartnäckigkeit zu Fuß fechten, Schilde führen, Wohnungen errichten, während die Sarmaten ein nomadisierendes Reitervolk sind, das in Wagen lebt. Seine Beschreibung stellt die Finnen auf eine außerordentlich niedere Stufe, die sich nicht über die erhebt, auf welcher wir jetzt die Feuerländer finden. Sie sind von einer wunderbaren Wildheit und schmutzigen Armut und besitzen weder bessere Waffen, noch Pferde, noch Hausgötter. Ihre Nahrung sind Kräuter, ihr Kleid das Fell wilder Tiere, ihr Lager der nackte Boden. Ihre Waffen bestehen allein in Pfeilen, welche sie mit Knochen schärfen, da Eisen ihnen fehlt. Mann und Frau leben von dem Ertrage der Jagd. Ihre Kinder haben keinen anderen Schutz gegen die Unbilden der Witterung und gegen wilde Tiere, als einige Zweige, welche sie in den Boden stecken. In solchen Hütten suchen Jünglinge wie Greise Zuflucht. Sie führen ein so elendes Leben, daß sie des Schutzes der Götter nicht zu bedürfen scheinen. Ein solches Leben halten sie aber für angenehmer als sich mit Ackerbau zu mühen, Häuser zu errichten und in Furcht -des Verlustes des eigenen und der Seinigen Lebens des Besitzes wegen zu sein. So sind sie sicher vor Göttern und Menschen. Hinter den Finnen sollen noch die Hellusier und Oxionen leben, welche zwar den Kopf von Menschen, aber den Leib und die Glieder von wilden Tieren haben. Da Tacitus keine eigene Erfahrung darüber hat, so läßt er die Sache im Zweifel, für unmöglich hält er sie also nicht geradezu (ut incompertum in medium relinquam).

Die Finnen am bothnischen Meerbusen haben also zur Zeit als Tacitus die Germania schrieb, am Ende des ersten Jahrhunderts und später, eine Existenz geführt, welche von der der Pescherähs und der am tiefsten stehenden Papuas nicht verschieden war, ohne Wohnung, ohne Kleid, ohne kräftige Waffen, ganz auf die Zufälligkeit der Jagd angewiesen, ohne den Besitz von Metallen, die ihren Nachbarvölkern, Skandinaviern, Aestyern und Slaven nicht mehr unbekannt waren, ein Leben, das von dem wilder Tiere kaum abwich. Daß ein solches Volk keine Denkmäler seiner Existenz, nicht einmal in seinen Gräbern hinterlassen hat, ist sehr begreiflich. Die Leichen seiner Verstorbenen waren weniger geschützt, als die des Höhlenmenschen und dessen Existenz scheint also noch nicht als auf der niedersten Stufe stehend, er hatte doch eine Wohnung, welche ihn genügend schützte. Andere finnische Stämme haben freilich eine etwas höhere Stufe erreicht und man findet ihre Spuren in Gräbern, die Tschuden Schürfe, den Mogilen der Skythen ähnlich, vom Altay bis nach Pannonien. Es sind Reihengräber aus großen Steinblöcken gebildet und mit solchen gedeckt. Sie enthalten unverbrannte Skelette, in hockender Stellung an die Wand des Grabes gelehnt, das Gesicht mit den Händen bedeckt und als Beigaben, Schmuck, Steinwaffen, irdenes Geschirr. Die hockende Stellung gehört also nicht bloß den amerikanischen Völkern, den alten Peruanern, an, sie kommt bei vielen Völkern vor. Ich würde dieses Volk, die Fenni des Tacitus, nicht berührt haben, wenn ich nicht in ihrem Beispiele hätte zeigen wollen, wie wenig die Einteilung nach Stein-, Bronze- und Eisenperiode überall durchführbar ist, wie viel mehr Abstammung, Rasse von Einfluß auf die geistige Entwicklungsfähigkeit sind, als nationale Berührung. Wir sehen in den Finnen einen Stamm fremder Rasse, welcher sich in unvordenklicher Zeit zwischen Völker arischer Abstammung eingedrängt hat. Während diese zu einer gewissen Stufe der Kultur gelangen, Schiffahrt, Ackerbau, stehende Wohnungen, die Zucht von Haustieren, Unterordnung der Stände, Handel, die Metalle benutzen und kennen lernen, bleiben die Finnen des bothnischen Meerbusens bis in eine historische Zeit auf einer Stufe tierischer Rohheit und Bedürfnislosigkeit stehen und trotzdem, daß die rauhe Natur ihres Landes ihnen Bedürfnisse mit Gewalt aufdrängt, lernen sie dieselben nicht befriedigen und ziehen, gleich den Bewohnern des Feuerlandes, ein sorgenloses Leben der geringsten Bequemlichkeit vor, die sie durch Arbeit hätten erwerben müssen. Zum Christentum wurden sie erst sehr spät, im 14. Jahrhundert, bekehrt und noch sind sie ein zwar arbeitsamer, ehrlicher, aber doch sehr stumpfsinniger Menschenschlag.

Was Grimm von den Begräbnisgebräuchen der Finnen mitteilt, stammt aus einer viel späteren Zeit, wo dieselben schon eine Literatur, Gedichte kannten und enthält eigentlich nur dichterische Gedanken, aber nichts über die wirklichen Begräbnisgebräuche.

Bei den übrigen nordischen Nomaden, zum Teil finnischen Stammes, kommen Begräbnisgebräuche vor, welche denen der südlicher wohnenden, seßhaften Stämme ähnlich sind.

Die heidnischen Lappen verscharren die Leichen oberflächlich in die Erde, ohne zu brennen, bedecken die Stelle mit einem Tumulus von Stein und Holz und geben dem Toten das Notwendigste, Stahl und Stein, Bogen und Pfeil, den Schlitten mit, dann halten sie das Totenmahl, von dem Renntier, das den Leichenschlitten gezogen hat; reichliche Libationen von Branntwein dürfen nicht fehlen. Wenn die Erde zu hart gefroren ist, so häufen sie nur einen Steinhaufen über der Leiche auf, oder begraben sie unter dem Herde der Hütte.

Die christlichen Lappen begraben ihre Toten in der Nähe der Kirche und stellen dieselben, wenn die Erde zu hart gefroren ist, bis zum Tauen in eine Hütte, die sie über ihnen errichten.

Ähnliches kommt bei anderen sibirischen Nomaden vor. Man verscharrt in die Erde oder deckt einen Tumulus über die Leiche, der man das mitgibt, was ihr im Leben am notwendigsten war, Feuerstahl, das Pferd bei den Tungusen, oder das Renntier, Speise, welche von der hinterlassenen Frau von Zeit zu Zeit erneut werden muß u.s.w. — Ehrmann.[37]

---

[37] Ehrmann, Beiträge zur Kenntniß des inneren Rußlandes.
Castrén, Bulletin de l'acad. de St. Pétersbourg.
Müller, der ugrische Volksstamm.
Neumann, die Völker des südlichen Rußlands in ihrer geschichtlichen Entwicklung.
Albin Kohn, a.a.O

Künstliche Mumifikation der Leichen im alten Ägypten

In einem früheren Abschnitte dieser Abhandlung bin ich schon der Behauptung eines Hauptverteidigers der Feuerbestattung, Küchenmeister, entgegen getreten, daß Ägypten deshalb ein minder bevölkertes Land geworden sei, weil man jetzt daselbst die Toten nicht mehr mumifiziert, sondern begräbt. Das Faktum selbst müßte erst bewiesen werden und wenn es der Fall wäre, so wäre weiter zu untersuchen, welche von den sehr komplizierten Ursachen, die auf den Bevölkerungsstand eines Landes einwirken können, der allgemeine Gesundheitszustand oder die Mißregierung des Regenten, an der Abnahme die hauptsächliche Schuld tragen.

Das Verfahren bei dem Mumifizieren von Leichen im alten Ägypten ist aus Herodot bekannt, nach welchem Küchenmeister eine ausführliche Darstellung gibt. Dieselbe wird aber wesentlich ergänzt und vervollständigt durch Diodor von S. I. 60. Außerdem sind so viele Mumien aus den Museen von Leiden, Turin, München[38] u.s.w. untersucht worden, daß die verschiedenen Methoden jetzt sehr wohl bekannt sind. Da jedoch sicherlich niemand daran denkt, andere, als höchstens einzelne Leichen hochgestellter Personen einzubalsamieren, so kommt es bei einer Arbeit wie die gegenwärtige durchaus nicht darauf an, das Technische des Verfahrens ausführlich vorzulegen, als vielmehr nur den Einfluß zu zeigen, den das Einbalsamieren der Leichen auf den Gesundheitszustand des Landes ausgeübt haben kann.

Ägypten war schon zur Zeit der Pharaonen von einem eben solchen Völkergemische bewohnt, als heutigen Tags. Während der relativ schmale Küstensaum des nördlichen Bandes des Continents durch eine Wüste von dem Süden abgesperrt ist, durch welche nur schwierige Karawanenwege führen, bildet das Niltal einen verhältnismäßig bequemen Weg in das Innere, dessen Betreten weniger die Natur, als der Mensch erschwert, das Niltal ist daher von jeher das Ein- und Ausgangstor für Afrika bis in seine äquatorialen Gebiete gewesen und auf

---

[38] Rouger, Desoription de El'gypte 17.
Becker, Augusteum, Pococke u. Niebuhr, Rosellini n. c. III.
Waagen, Beschreibung der Münchener Mumien. Denkschrift der M. Aoad. T. 171. Blumenbach, Beiträge zur n. Geschichte 1. 2

diesem Wege haben sich die europäischen und asiatischen Stämme mit denen des zentralen Afrika's in dem reichen Lande gemischt. Schon lange bevor uns eine geschichtliche Kunde von Ägypten gegeben worden ist, war dasselbe ein alt kultiviertes Land; die Kornkammer, aus welcher die canaanitischen Völker die Hilfsmittel bezogen, welche ihnen von ihrer dürftigen Heimat versagt wurden und aus welchem Hellenen, Kleinasiaten und Italiker die Anfänge ihrer Kultur entnahmen. Lange bevor die maritimen Gebiete des Mittelmeeres sich zu festgebildeten größeren Staaten erhoben hatten, war Ägypten ein mächtiges Reich. Wir kennen die hilfsmittellose, prähistorische Zeit von Ägypten nicht. Zahlreiche Dynastien waren aufeinander gefolgt, ein despotisches Staatsleben, unterstützt durch eine zahlreiche Priesterschaft, hatte sich entwickelt, das Volk war in viele, streng geschiedene Kasten eingeteilt, welche, auch in Bezug auf die Behandlung nach dem Tode, bestimmten Gesetzen, unverrückt zu folgen gehalten waren: Es ist daher völlig unrichtig, wenn angenommen wird, daß eine und dieselbe Behandlung der Toten bei der ganzen Bevölkerung und höchstens nach der Kostspieligkeit des Verfahrens verschieden zur Anwendung gekommen sei, daß insbesondere zu der Pharaonenzeit *sämtliche* Leichen einbalsamiert worden seien. Die wohlerhaltenen Wandmalereien des alten Ägyptens zeigen, daß unter dessen Bevölkerung, wie heutigen Tages, sehr verschiedene Rassen vertreten waren; wollhaarige Neger mit platten Nasen und stumpfen Gesichtszügen; hellbraune Nubier mit dichtem, langem, gerolltem Haare und wenig Anklang an negerartige Physiognomien, braune Araber und Beduinen, mit gebogenen Nasen und langem Haare, dazu später Hellenen und Asiaten. Die hellgefärbten, fast weißen Gestalten mit nicht unedlen Gesichtszügen bilden die herrschende Klasse, Priester, Könige, Krieger, die braunen Nubier, den heutigen Kopten gleich, den Mittelstand der Handwerker und Geschäftsleute, die dunklen, negerartig gebildeten die Sklaven und die niederen, verachteten Kasten. Diese Rassenunterschiede haben sich sehr rein erhalten, Beweise der Unveränderlichkeit des Menschengeschlechtes. Man kann recht gut in den Wandgemälden nachweisen, wie das erste judaische Blut in die ägyptische Königsfamilie durch eine israelitische Frau gekommen ist. Nur die Leichen aus den höheren Kasten wurden einbalsamiert. Alle Mumien, die man aufgedeckt hat, haben langes Haar, helle Haut, aber keine Negerphysiognomie. Die Zahl der Sklaven war aber in Ägypten äußerst groß.

Die Leichen derselben, sowie die sehr große Zahl der Individuen aus den niederen Kasten, der Schweine und Rinderhirten, sowie der Flußschiffer, wurden nicht einbalsamiert. Wer kann ferner glauben, daß man die Leichen der Hunderttausende, welche nach Herodot bei dem Baue der Pyramiden umgekommen sind, oder die derjenigen, welche man in die Goldbergwerke von Oberägypten, in die Steinbrüche des östlichen Nilufers geschickt hat, wo sie womöglich noch härter behandelt wurden, als die politischen Sträflinge in den russischen Bergwerken des Urals, alle nach dem Tode einbalsamiert worden seien? Diese Methode der Leichenbestattung hat also auch in alter Zeit nur bei einem relativ kleinen Teile der Bevölkerung von Ägypten stattgefunden, die überaus große Menge der Mumien, die auch gegenwärtig noch vorhanden sind, beweist uns ein wie altes und dicht bevölkertes Kulturland Ägypten war und wie vollständig die Leichen vor den Zerstörungen der Zeit geschützt worden sind.

Welche Methoden der Konservierung man aber auch gewählt haben mochte, sie konnte keinen Einfluß auf den Gesundheitszustand des Landes ausüben. Die Leichen sind in unterirdischen Grüften des Wüstensaumes, des Kalksteinabsturzes, in welches der Nil sein Rinnsal eingeschnitten hat, in Nekropolen, Katakomben und Labyrinthen von großer Ausdehnung beigesetzt. Es ist dieses kein eigentliches Gebirge, sondern nur der Band des völlig sterilen, wasserlosen Wüstenplateaus und die Breite des Tals beträgt an der engsten Stelle doch immer noch 1 1/2 Meilen. Bäche kommen keine von diesem Wüstensaume und Brunnen gibt es kaum; man trinkt das Wasser des Nils und seiner Kanäle, das von den Gebirgen und aus den Seen des äquatorialen Afrika's herkommt und für sehr gesund gilt. Die Leichen, welche in diesen weitausgedehnten Labyrinthen von Theben, Karnac, Memphis beigesetzt sind, hätten in dem trockenen Klima des Landes, bei der Entfernung von bewohnten Orten, dem Mangel an Wasserläufen in dem Kalksteingebirge, keinen gesnndheitsgefährlichen Einfluß ausüben können, auch wenn sie nackt und uneinbalsamiert in diese Nekropolen beigesetzt worden wären. Von Brnnnenvergiftung konnte also in Ägypten so wenig früher als jetzt die Rede sein.

Man hatte in Ägypten mehrere Methoden des Einbalsamierens, welche hauptsächlich nach der Dauer des Verfahrens, den dabei angewendeten Materialien, der Zahl der beschäftigten Personen und dann auch nach den Kosten verschieden waren. Herodot, den Diodor vervollständigt, geben ausführliche Beschreibungen. Die Untersuchungen von Mumien zeigen jedoch, daß das Verfahren mit der Zeit sich mehrfach geändert hat und immer luxuriöser geworden ist. Es hat für mich keinen Wert, die Technik des Verfahrens nach diesen Quellen vollständig zu reproduzieren. Das Wesentliche ist folgendes. Die Einbalsamierung geschah durch zünftige Techniker, von welchen nur der, welcher die Leiche mit einem scharfen Steine, dem äthiopischen Steine, öffnete, unehrlich war. Die Arbeit begann, namentlich an Frauenleichen, erst einige bis 4 Tage nach dem Tode. An einer von Czermak untersuchten Mumie war die Epidermis der Fußsohle in die Binden über der Brust eingewickelt. Die Leiche war also, ehe sie konserviert wurde, schon so weit in der gasförmigen faulen Auftreibung vorgeschritten gewesen, daß die Oberhaut sich abgehoben hatte. Man nahm die Eingeweide, entweder durch einen Einschnitt in der linken Seite oder durch den After heraus und entfernte bei dem besseren Verfahren auch das Gehirn durch die Nasenlöcher mit einem Haken und spritzten die Höhlen mit Palmwein aus. Dieselben wurden dann mit aromatischen Substanzen, Myrrhen und unbekannten Harzen, auch wohl nur mit Asphalt gefüllt und die Leiche dann in Natronlauge gelegt oder mit einer Spritze mit derselben ausgespritzt. Bei der vollständigen Einbalsamierung blieb die Leiche 70 Tage in der Lauge liegen und wurde häufig mit balsamischen Salben eingerieben. Bei den wohlfeilen Methoden war die Dauer des Verfahrens kürzer oder man begnügte sich überhaupt nur mit Einspritzungen sehr konzentrierter Natronlösungen. Nach Plinius, h. n. XVI. 21 wurden die Leichen auch mit Cedrium, was meistens mit Zederöl übersetzt wird, in welchem aber Neuere Holzessig erkennen wollen, ausgespritzt[39]. (Lösch, die ägyptischen Mumien. Nürnberg 1837.) Die Stelle bei Plinius lautet: „Pix liquida in Europa e taeda coquitur (aus der Fichte). Lignum ejus concisum, furnis undique igni extra circumdato, fervit. Primas sudor aquae modo fluit canali: hoc in Syria Cedrium vocatur, cui tanta vis est ut in Aegypto corpora hominum defunctorum eo profusa serventur." Das Verfahren der Gewinnung war also ganz dasselbe, wie bei der heutigen Terpentin- und Teerschwelerei und da Plinius das

---

[39] Berzelius, Chemie von Wühler. 3. Aufl. VIII. 569.

Produkt selbst eine pix liquida nennt, so kann es nur als Fichtenterpentin angenommen werden. Nach 70 Tagen wurde die Leiche mit zahlreichen mit Harz getränkten Binden, breite nach innen, schmale nach außen, so künstlich in 20 und mehr Lagen umwickelt, daß die Gesichtszüge einigermaßen erkennbar blieben. Bei der teuersten Methode wurde das Gesicht oder selbst der ganze Körper vergoldet oder ersteres mit einer goldenen Maske, wie man sie auch in den Grüften von Mykenae gefunden hat, bedeckt, bemalt und mit oder ohne Sarg in den Grüften oder in der Wohnung aufgestellt.

Das teuerste Verfahren nahm also etwa ein Vierteljahr in Anspruch und kostete ein Talent, nahe an 4000 Mark, das mittlere 20 Minen oder etwa 1300 Mark, das geringste war sehr billig. Es bestand in wenig mehr als in einem Einsalzen in Natronlauge ohne schützende luftdichte Decke und Balsame und konnte die Leiche nur kurze Zeit vor Zersetzung und nur in einem Lande bewahren, dessen Luft so trocken wie die Ägyptens ist. In dem Gebirge bei Kairo bis Siene sind sehr zahlreiche Leichen an den Eingängen der Katakomben gefunden worden, welche keine andere Konservationsverfahren erhalten haben, als daß sie mit einer dünnen Sandschichte überdeckt, von der Sonne ausgedörrt sind. — Es sind die Leichen armer Leute, welche die Kosten auch der einfachsten Methode des Einbalsamierens und der Beisetzung in Familiengrüften nicht bezahlen konnten. Die hohen Kosten für die Methode, durch welche die Leichen auf Jahrtausende vor der Verwesung bewahrt wurden, konnten natürlich nur wenige tragen, denn in Ägypten stand schon in den ältesten Zeiten, neben einem reichen, opulenten Adel und Großgrundbesitzern, ein blutarmes Bauern- und Sklavenvolk. Die Pyramiden sind Königsgräber, Zeichen einer despotischen Regierung und des Mißbrauchs der Herrschergewalt zur Befriedigung der persönlichen Eitelkeit. Sie stammen etwa aus dem 4. Jahrhundert v. Ch. Jede Pyramide schließt nur ein Grab ein. Jeder König begann bei dem Antritt seiner .Regierung sein Grab zu bauen und überkleidete die Grabkammer, welche in der Cheopspyramide 100' tief in einem Felsenschachte, bei den übrigen über der Erde liegt, fortwährend mit neuen Schichten. Die Pyramide wurde daher um so größer, je länger die Regierung gedauert hatte. Nach der Bestattung wurde der Eingang zu der Grabkammer mit einer geglätteten Platte so dicht geschlossen, daß die Entdeckung derselben nur schwierig gelang. Einen Einfluß auf die Beschaffenheit des Landes hatten diese kolossalen Grabkammern natürlich nicht.- In der Nähe derselben liegen ausgedehnte Nekropolen mit in den Felsen eingehauenen, mit Bildwerk geschmückten Grabkammern und Mumien.

Die Darstellung der ägyptischen Leichenzeremonien mag man bei Prichard: Darstellung der ägyptischen Mythologie, übersetzt von Hayman, oder auch nur in Uarta von Ewers suchen.

Einer anderen Methode der Leichenkonservierung erwähnt Herodot von den Äthiopiern, welche ihrer Beschaffenheit nach niemals eine allgemeine werden konnte und ganz von den Hilfsmitteln des Landes abhing. Sie erinnert an Methoden, welche jetzt wieder vorgeschlagen worden sind, die Einzementierung. — Man ließ die Leiche austrocknen und schlug sie dann in Gips ein, wobei man so viel als möglich die Form des Körpers zu erhalten suchte, dann stellte mau sie in eine hohle durchsichtige Säule, welche von Hyalos gemacht wurde. Der Körper war dann ringsum durch die Säule sichtbar, ohne einen unangenehmen Geruch zu verbreiten. Herodot sagt, daß dieses Material bei den Äthiopiern gegraben werde; es kann daher nicht wohl Glas, wie Hyalos gewöhnlich übersetzt wird, gewesen sein, sondern irgendein durchsichtiges Mineral, auch schwerlich Steinsalz, wie Küchenmeister vermutet, welches den äquatorialen Regen erlegen wäre. Wir wissen eben nicht, welcher Stoff gemeint ist. Die Säule stellen die Äthiopier ein Jahr lang in ihrer Wohnung auf und brachten Opfer vor ihr von den Erstlingen und richteten sie dann vor der Stadt auf.

Am Nordrande von Afrika, außer dem Niltale, galten phönizische und griechische Gebräuche.

Gesetzliche Bestimmungen über Leichenbestattung aus der gegenwärtigen Zeit. Allgemeines

Sobald die Menschen zu größeren Gemeinden zusammengetreten waren, in ummauerten, nach der Sitte der alten Zeit enggebauten Städten wohnten, trat für sie die Notwendigkeit gebieterisch auf, die Bestattung der Toten durch Gesetze zu regeln. Wir kennen solche gesetzliche Leichenreglements daher auch aus sehr früher geschichtlicher Zeit. Die Gesetze von Lykurg und Solon und die getreue Nachahmung der letzteren in den zwölf Tafelgesetzen, aua der frühesten Zeit des römischen Staates, geben Belege, wie schon in einer entfernten Epoche das Bedürfnis einer strengen Regelung gefühlt worden war. Aber auch wo uns bestimmte Gesetze nicht hinterlassen sind, beweisen die regelmäßige Ordnung der Nekropolen, ihre Entfernung von den Städten, daß solche gesetzliche Anordnungen bestanden haben müssen, so in Ägypten, in Lycien, in Etrurien u.s.w. Gesetzliche Erlasse über die Einrichtung der Gräber, die Entfernung derselben von bewohnten Orten, den Schutz des Eigentums an denselben und vor mutwilliger oder räuberischer Verletzung wiederholen sich von der frühesten bis die späte römische Kaiserzeit. Erst mit der Herrschaft des Christentums ist in dieser reichen Gesetzgebung eine höchst nachteilige Änderung eingetreten, indem zuerst gestattet, dann, als Gegensatz zum Heidentume, unter dem Einflüsse der Geistlichkeit die. Totenbestattung ein religiöser Akt wurde, für dessen Regelung die bürgerliche Behörde, neben der Geistlichkeit nur eine mitwirkende Gewalt hat und unter Androhung sehr strenger Strafen befohlen wurde, die Toten nicht mehr nach Belieben da und dort, an den Rändern von Wegen, auf Höhen, unter Bäumen, sondern nur bei den Kirchen oder gar in denselben zu bestatten, auf den Kirchhöfen. Damit ist die Leichenbestattung, entgegen den zweckmäßigen, alten heidnischen Anordnungen, wieder in die bewohnten Orte gekommen und daraus ist, da der Raum bei dem Anwachsen der Bevölkerung immer mehr beengt wurde, schließlich die abscheuliche Überhäufung enger städtischer Kirchhöfe und Grüfte mit Leichen entstanden und haben sich ganz unerträgliche Zustände gebildet, welche endlich, namentlich seit einigen und zwanzig Jahren, zu einer energischen Reaktion und zu neuen gesetzlichen Bestimmungen geführt haben. Leider ist es in dem alten Europa nicht mehr möglich gewesen, die zweckmäßigen und schönen Zustände des Altertums zurückzuführen und die Leichenbestattung wieder allerorts, in Wald und Feld zu gestatten. Nur die ostasiatischen Völker, Chinesen und Japanesen, haben diese zweckmäßige Sitte beibehalten. Wäre sie auch uns geblieben, wären wir nicht durch das Herkommen, die Bequemlichkeit, durch kirchliche Einflüsse, polizeiliche Vorsicht, die Beengung des Eigentums gezwungen, unsere Toten an einem begrenzten Orte, auf Friedhöfen zu bestatten, die ganze gegenwärtige Agitation wäre vollkommen gegenstandslos gewesen. Nur in einem jungfräulichen Lande, in Nordamerika, bat man hier und da den guten Gedanken gehabt, die antiken Bestattungsgebräuche, wenigstens in einigen Dingen, nachzuahmen. Man hat dort isolierte, mit schönen Wäldern bedeckte Hügel eingefriedigt und zu Friedhöfen gemacht (Dalton). Die Leichen liegen dort in einem schönen, lichten Walde, dessen Benutzung sie nicht stören und von welchem alle nachteiligen Produkte, die sie selbst veranlassen könnten, absorbiert werden. Wald und Monumente dienen sich gegenseitig zur erhebenden Zierde.

Ein ähnliches habe ich in Wiesbaden gesehen. Der neue Friedhof findet sich in genügender Entfernung, doch nahe genug bei der Stadt, auf einem mit schönen Buchen besetzten Terrain. Leider hat man diese mehr ausgerottet, als der Schönheitssinn und hygienische Rücksichten gutheißen. Einige aber sind wenigstens stehen geblieben.

Da es nach unseren gegenwärtigen Verhältnissen nicht mehr möglich ist, die Zerstreuung der Gräber über ein beliebig weites Areal zu gestatten, so blieb nur übrig, die Einrichtung der Friedhöfe den hygienischen, kirchlichen und Rechtsanforderungen möglichst anzupassen und die sich hier und da widerstreitenden Ansprüche der Kirche und der bürgerlichen Behörden auszugleichen.

Das ist nun überall versucht worden. Die Hauptbestimmungen beruhen auf *Gesetzen,* welche von den zur Gesetzgebung berechtigten Behörden erlassen worden und in die Gesetzbücher eingetragen sind. Sie kennen natürlich nur die Erd- und Gruftbestattung, weil zur Zeit, als diese Gesetze normiert worden sind, an eine andere Weise die Toten zu beseitigen nicht gedacht wurde. Wenn man es nun für notwendig finden sollte eine andere Bestattungsweise einzuführen, so wäre dagegen nichts zu sagen, wenn dieselbe wirklich notwendig und zweckmäßiger als die bisherige ist. Aber es gehört dazu, wie ich als Nichtjurist die

Sache verstehe, *ein Gesetz,* denn ein bestehendes Gesetz kann, wie ich denke, nicht einfach unbeachtet gelassen, sondern nur durch ein neues Gesetz aufgehoben oder modifiziert werden. So lange solche Gesetze nicht erlassen sind, so lange die höheren Behörden sich nicht von der Notwendigkeit überzeugt haben, gegen althergebrachte, in die Sitten, die Gefühle und religiösen Vorstellungen des Volkes tief eingreifende Herkommen einzuschreiten, haben sie sich gegen jedes prinzipielles Abweichen von der bisherigen Bestattungsweise abwehrend zu verhalten und die Aufgabe der Krematisten ist, nicht bloß in Journalen, der Gartenlaube u. dergl. den Teil der Bevölkerung, welcher weder vollkommen urteilsfähig, noch berechtigt ist, Änderungen der Gesetze herbeizuführen, aufzustacheln, sondern ihr Anliegen vor die gesetzgebenden Körper zu bringen und die Notwendigkeit der Durchführung ihrer Bestrebungen zu beweisen.

Die neuere Gesetzgebung hat in Bezug auf die Leichenbestattung vorzugsweise folgende Punkte in's Auge gefaßt, in Bezug auf:

1) Die Anlage der Friedhöfe:

Verbot dieselben innerhalb bewohnter Orte und in einer bestimmten Entfernung von denselben anzulegen oder Wohnungen in der Nähe der Friedhöfe zu errichten. Regulative über die Tiefe und gegenseitige Entfernung der Gräber, Bestimmungen der Zeit der Rotation, für die Benutzung der Reihen- und Einzelgräber, sowie der Familiengrüfte.

Bestimmungen über die Schließung der alten Kirchhöfe innerhalb der Städte, die Entfernung der Leichenreste und die spätere Verwendung des von ihnen eingenommenen Terrains.

Verbot Leichen ohne besondere Ermächtigung an einem anderen Orte als dem öffentlichen Friedhofe der Parochie, welcher der Verstorbene angehörte, zu bestatten.

Verbot Leichen von einem Orte zu einem anderen ohne besondere Ermächtigung zu transportieren und nähere Bestimmungen des Leichentransports.

Verbot und Strafandrohung gegen die Entwendung von Leichen und Leichenteilen, sowie gegen die unbefugte Eröffnung und Verletzung der Gräber.

Bestimmungen über die gesetzliche Exhumation von frischen Leichen.

Feststellung der Bedingungen, unter welchen eine Leichenbestattung allein nur zulässig ist. Totenschau, Totenschein, Bestimmung der Zeit, welche zur Verhütung des Begrabens von Scheintoten seit dem letzten Lebensaugenblicke bis zur Beerdigung verflossen sein muß, Berechtigung der Geistlichkeit, Anordnung einer technischen Leichenschau u.s.w.

Gesetzliche Bestimmungen über Leichenbestattungen; Frankreich[40]

Die sehr zweckmäßigen und ausführlichen Bestimmungen über Bestattung der Toten sind von Napoleon I. in Übereinstimmung mit der Geistlichkeit und Rom, durch Decret vom 22. Prairial des Jahres der Republik XII. (12. Jun. 1804) gegeben und in den Codes (des sepultures) enthalten. Sie gelten noch gegenwärtig. Der § 1 bestimmt, daß keine Beerdigung, inhumation, in Kirchen, Synagogen, Hospitälern und überall, wo die Bürger sich zur Feier ihres Kultus versammeln, statthaben dürfe, auch nicht innerhalb der enceinte einer Stadt oder eines Dorfes. Jede Stadt und jedes Dorf soll einen speziell zu Beerdigungen bestimmten Platz haben, der wenigstens 35 bis 40m von der enceinte entfernt bleibt. § 2. Man soll einen hochgelegenen Ort wählen, der den Winden ausgesetzt ist, ihn bepflanzen, ohne die Luftzirkulation zu hemmen und ihn mit einer 2 m hohen Mauer umgeben. § 3. Kein Grab soll mehr als eine Leiche aufnehmen (Verbot der bisherigen Sammelgräber, fosses communes), 1 ½ bis 2 m tief, 8/10 m breit sein und mit gut gestampfter Erde gefüllt werden. § 4. Die Gräber sollen au den Seiten *3 bis 4,* an Kopf- und Fußende ½ m von einander entfernt bleiben. Um die Gefahren zu vermeiden, welche ein zu häufiger Wechsel (Rotation) mit sich bringen würde, wird die Rotationszeit *auf 5 Jahre* bestimmt und der gewählte Platz muß daher fünf mal so groß sein, als die präsumierte Sterblichkeit in einem Jahre erfordern würde. § 6. Die Gemeinden, welche gezwungen sind, nach § 1 und 2 ihre bisherigen Friedhöfe zu verlegen, haben das Recht der Expropriation. § 7. Sobald der neue Friedhof eingerichtet ist, wird der frühere geschlossen und es darf von dem Terrain desselben während fünf Jahren kein weiterer Gebrauch gemacht werden. § 8. Später kann der Platz angelegt werden, aber es dürfen keine Ausgrabungen zur Fundamentierung u.s.w. statt haben. Sobald der Platz geweiht ist, dürfen Teile desselben zu Familiengräbern, der Errichtung von Monumenten abgegeben werden, doch nur an solche, welche Stiftungen, Schenkungen zu Gunsten der Armen machen, unabhängig von den an die Gemeinde zu entrichtenden Gebühren.

---

[40] Louis Tripier, les Codes francais collationés sur les textes officiels. 10. Edit. Paris 1859, p. 1983.
Orfila et Lesueur, traité de exhumations juridiques. 2 Vol

Die Stiftung muß von dem Präfekten genehmigt sein. Doch darf jeder auf das Grab der Seinigen einen Stein und dergl. setzen und Hospitalverwaltungen Monumente zu Ehren von Wohltätern errichten. Es kann auch jeder auf seinem Eigentume begraben werden, vorausgesetzt, daß dasselbe in gesetzlicher Entfernung von dem bewohnten Orte liegt. § 14. Jede Religionsgemeinde soll ihren besonderen Begräbnisplatz haben und wo nur ein Platz besteht, soll derselbe nach Verhältnis der Zahl der Bekenner durch Mauern, Zäune u. dergl. in einzelne Abteilungen geschieden werden. Sowohl die öffentlichen, als die Privatbegräbnisstätten stehen unter Aufsicht der Polizei und der Munizipalverwaltung, welche insbesondere auch die gesetzlichen Bestimmungen zu wahren haben, durch welche nicht authorisierte Exhumationen verboten werden und jede Handlung zu verhüten verpflichtet sind, durch welche die Achtung vor den Toten verletzt wird. § 17. Die Zeremonien, welche früher bei Begräbnissen üblich waren, sind wieder hergestellt und jede Familie kann sie nach ihren Mitteln zur Ausführung bringen lassen, doch überall, wo mehrere Religionsgemeinden bestehen, nur in den Kirchen und Friedhöfen. Wenn ein Geistlicher sich weigert, bei einer Beerdigung sein Amt zu üben, de refuser son ministère, so soll die Zivilbehörde, ex officio, oder auf Requisition der Familie, einen anderen Geistlichen desselben Cultus bestellen, auf jeden Fall aber dafür sorgen, daß die Leiche anständig beerdigt wird, de faire porter, présenter, deposer les corps et inhumer. Die Gebühren, welche die Geistlichen oder andere Personen für ihre Assistenz zu beziehen haben, werden von dem Gouvernement unter Übereinstimmung mit dem Bischof oder den Konsistorien, den Präfekten und der Abteilung des Ministeriums, in dessen Resort sie stehen, bestimmt. Bei Armenbegräbnissen erhalten die Geistlichen nichts. Der Transport der Leichen wird von den Maires mit Zustimmung des Präfekten geregelt. Bestimmte Korporationen sind allein gegen eine Abgabe berechtigt Wagen und Grabgeräte zu liefern (les fabriques des pompes funebres); die Summen, welche aus dieser Quelle zusammenkommen, sollen zur Erhaltung der Kirchen, der Friedhöfe und zur Bezahlung der Diener verwendet und die Verteilung von dem Bischöfe in Übereinstimmung mit dem Präfekten besorgt werden. Jedem anderem ist es bei Strafe verboten, diese Pompes funèbres zu besorgen. Der Präfekt stellt einen Tarif für die Überlassung des Wagens, der Decken u.s.w. auf. Auf Dörfern, auf welchen keine fabriques des pompes funèbres bestehen können, ordnet die Lokalbehörde mit Zustimmung des Präfekten das Erforderliche.

In dem Code pénal libr. III, tit. 2, § 358 werden die Strafen wegen Délits gegen die Begräbnisordnung festgesetzt.

Von § 358. Wer ohne Autorisation der Behörde, in Fällen, wo dieselbe vorgeschrieben ist, eine Leiche bestattet, wird mit zwei Tagen bis sechs Monaten Gefängnis und einer Geldstrafe von 16 bis 50 Francs bestraft, vorbehaltlich der Verfolgung gleichzeitig begangener Delikte. Die gleiche Strafe betrifft die, welche gegen irgendein Reglement über die Begräbnisordnung sich vergangen haben. — Wer die Leiche eines Ermordeten verborgen hat, wird mit Gefängnis von 2 Monaten bis zu 2 Jahren bestraft und mit einer Geldstrafe von 40 bis 400 Francs. Wer ein Grab zerstört verfällt in eine Gefängnisstrafe von drei Monaten bis zu einem Jahre und in eine Geldstrafe von 16 bis 200 Francs. — Vorbehaltlich jeder weiteren Verfolgung.

Neuerdings ist bei dem Pariser Gemeinderat der Antrag gestellt und auch angenommen worden, auf dem Kirchhofe Père la chaise die Einrichtungen zur Leichenverbrennung herzustellen, damit jeder, der Lust hat, die Verbrennung seiner Leiche anordnen könne. Von der Ausführung ist noch nichts bekannt, ebensowenig wie neuerdings die Gesetzgebung und die Geistlichkeit, gegen welche augenblicklich die Strömung in Frankreich geht, sich gegen diesen Beschluß stellen wird. An Orten, an welchen das französische Gesetz galt, stützen sich die Friedhofreglements auch heute noch auf das Gesetz vom 23. Prairial des Jahres XII, so u.a. in der Rheinprovinz. Doch sind einige Modifikationen genehmigt, so in Mainz, auf Antrag der Geistlichkeit und des Bürgermeisters (Nack) durch Verfügung vom 16. Mai 1850. — Es gibt dort dreierlei Gräber, Reihengräber, Einzelgräber und Erbgrüfte. Für die Reihen- (Armen-)gräber ist die Rotation auf zehn Jahre (statt fünf) bestimmt. Die Erwerbung eines Einzelgrabes gibt Recht auf 78 Quadratfuß Raum auf 30 Jahre. Nach Ablauf dieser Zeit müssen alle Denkzeichen entfernt werden oder werden von der Behörde beseitigt. Die Familiengrüfte dürfen nur am oberen Ende des Friedhofes errichtet werden. Sie erhalten den Umfang von fünf gewöhnlichen Gräbern, mit bestimmter Entfernung von den nächst anstoßenden Grüften, 3' an den Seiten, 5' an Kopf und Fuß. Sie sind nach Art der Columbarien (Backofenform) einzurichten und die Grüfte dürfen nach oben hin nicht geschlossen sein. Sie müssen durch eine Mauer, welche jedoch nicht über die Oberfläche des Bodens reichen darf, abgegrenzt werden. Das Eigentum erstreckt sich bis 20 Jahre nach dem Tode oder dem Wegzuge des letzten berechtigten Descendenten. Seitenverwandte können das Grab erwerben, wenn sie sich innerhalb sechs Monaten erklären. Wenn das Familienhaupt gestorben ist, entscheidet über das Eigentum das Alter und die Nähe der Verwandtschaft. Männer gehen Frauen vor. Denkmäler, für welche kein Eigentümer bekannt ist, sollen ein Jahr lang aufbewahrt werden. Kunstwerke und Monumente von historischer Bedeutung sollen erhalten werden. Verletzungen der Gräber und Anlagen werden mit Geldstrafe bedroht.

Gesetzliche Bestimmungen über Leichenbestattung für Großbritannien, besonders London

Die gesetzlichen Bestimmungen über Leichenbestattung für Großbritannien sind in der Act to amend the laws concerning the Burials of the Dead in the Metropolis zusammengestellt. Zu dieser kommen besondere gesetzliche Regulative für Schottland und Irland, sowie zahlreiche Zusätze, Erklärungen und Bestätigungen für local Boards einzelner Städte und boroughs. Das allgemein wichtigste aus diesen gesetzlichen Bestimmungen ist folgendes:

Die Überwachung in der Ausführung der von dem Parlamente gegebenen Bestimmungen beruht auf einem ziemlich komplizierten Mechanismus. Die Gemeinde verwaltet ihre Angelegenheiten selbst, es ist aber in Dingen von allgemeiner Wichtigkeit eine Überwachung durch die Krone und ein Instanzenzug angeordnet. Die gesetzlichen Bestimmungen werden teils von der Königin, auf den Rat eines ihrer ersten Staatssekretäre und nachdem sie ihren Geheimrat, Privy council, gehört hat, ausgeübt, teils von dem Bischof, der die kirchlichen Rechte und die Erhaltung der Riten zu überwachen hat, teils von dem Kirchenvorstande, vestry und den church wardens. Die Geschäfte selbst aber werden von einer, von den Steuerzahlern frei gewählten Friedhofkommission, Burial board, besorgt.

Bei beabsichtigten Veränderungen haben also sehr viele Personen mitzureden und Veränderungen an den bestehenden gesetzlichen Bestimmungen können nur von dem Parlamente bewilligt werden.

Die Königin kann, auf Antrag ihres Staatssekretärs und nachdem sie ihr privy council gehört hat, durch ordre of council, Begräbnisplätze in Städten und Dörfern schließen, nachdem sie die Absicht zehn Tage vorher in der London Gazette und durch Anschlag an den Kirchentüren bekannt gegeben hat. Die Kosten.werden auf die Armentaxe geschlagen. Wer nach dieser Zeit noch eine Leiche auf dem geschlossenen Grave ground bestattet ist einer misdemeanor schuldig. Ausnahmen für den Fortgebrauch von Familiengrüften oder die Bestattung von Personen, denen eine besondere Anerkennung zu Teil werden soll, können nur von dem Staatssekretär erteilt werden. Die Königin kann ebenso den Schluß eines Kirchhofes verschieben. Wer wissentlich gegen eine solche Verfügung handelt, soll vor zwei Friedensrichter gestellt und zu einer Geldstrafe, nicht über zwei Liv. verurteilt werden. Das Fortbestehen von Familiengrüften kann nur gestattet werden, wenn eine Untersuchung gezeigt hat, daß sie für den allgemeinen Gesundheitszustand nicht nachteilig sind. — Die geschlossenen Friedhöfe sollen in gutem Zustande erhalten und die Kosten von den Overseers aus dem Armenfond entrichtet werden. Neue Friedhöfe, innerhalb zwei Miles von der Stadt, können nur mit Bewilligung des Staatssekretärs eröffnet werden; bei weiterer Entfernung bedarf es derselben nicht. Sie müssen wenigstens hundert Yards von dem nächsten Hause entfernt bleiben.

Die Friedhöfe sind entweder Kirchspielfriedhöfe, parish burial grounds, oder sie werden von Gesellschaften aus Spekulation errichtet. Beide stehen unter denselben gesetzlichen Bestimmungen. Mehrere Kirchspiele können sich zur Errichtung eines gemeinschaftlichen Friedhofes vereinigen und ihre gegenseitigen Berechtigungen und Verpflichtungen sind durch genaue Bestimmungen geregelt. Jeder Friedhof soll von einer Mauer umschlossen und durch eine solche in zwei Hälften geteilt sein, die eine, der consecrated Teil, für die Mitglieder der Hochkirche, die andere für die Dissenter. Juden, Congregationisten u.s.w. haben ihre eigenen Friedhöfe, für welche besondere Reglements erlassen werden müssen.

Jedes Kirchspiel soll mit möglichster Schnelligkeit, durch freie Wahl der Steuerzahler, einen Burial board, eine Begräbniskommission, aus wenigstens drei und höchstens neun Mitgliedern, von welchen jährlich 1/2 austritt, aber wieder gewählt werden kann, bilden. Sie hat die eigentlichen Geschäfte zu besorgen. Wenn ein Kirchspiel die Wahl eines Burial boards unterläßt, so kann derselbe von dem Staatssekretär eingesetzt werden. — Wenn zehn Steuerzahler den Antrag stellen, daß ein Church yard zu verlegen sei, so hat der Vestry ein Meeting des boards zu berufen, was er auch aus eigenem Antrieb tun kann. Der Beschluß ist dem Staatssekretär vorzulegen. Der Burial board versammelt sich monatlich in seinem Amtslokal oder öfter auf Antrag eines Mitgliedes. Drei Stimmen wenigstens sind zur Beschlußfassung erforderlich. Zu seinen Befugnissen gehört der Ankauf und Verkauf von Geländen, die Anstellung von Beamten, die Beschaffung von Geldern und die Verteilung der Rückzahlung aus der Armentaxe. Er kann, in London, bis zu 1000 L. aufnehmen; für höhere Summen bedarf es der Zustimmung des Vestry. Der Burial board hat auf jeder Abteilung des

Burial ground, auch der der Dissenter, eine Kapelle für kirchliche Zeremonien zu errichten. Er kann Anlagen zur Verschönerung machen, Kontrakte mit Transportgesellschaften abschließen, Leichenhäuser errichten, in welchen die Leichen provisorisch bis zur Beerdigung aufgestellt werden. Jährlich werden zwei Revisoren, welche nicht zum Board gehören, zur Prüfung der Rechnungen von den Steuerzahlern gewählt. Der Burial board hat ein genaues Protokoll seiner Verhandlungen, welches öffentlich aufliegt und ein Totenregister zu führen. Wer das letztere fälscht oder zerstört ist einer Felonie schuldig. Bei Streitigkeiten zwischen dem Burial board und der Vestry über die Notwendigkeit und Zweckmäßigkeit einer Anlage, der Verlegung eines Church yard u.s.w. entscheidet der Staatssekretär.

Der Bischof hat über die Würdigkeit des gewählten Platzes, die Einhaltung der Riten, die Decenz der Monumente und Inschriften zu entscheiden. Differenzen gehen zur Entscheidung an den Erzbischof.

Die Gebühren für ein einfaches Grab betragen 1 Sch. und nur wenn besondere Gebühren an Kirchenvorstände u.s.w. zu entrichten sind, höchstens 2 Sh. 6 p. Mehr soll nicht bezahlt werden.

Die City of London behält ihre besonderen Vorrechte für St. Paul und St. Peter.

Die Praxis in England bestimmt einen Acre Land auf je 1000 Einwohner. Die Gemeinden nehmen jedoch meistens mehr, das doppelte, für Gebäude und Anlagen. Metallsärge sollen vermieden werden, da sie von den sich entwickelnden Gasen gesprengt werden. Für Familiengrüfte empfehlen sich zementierte Krypten von Backstein. Jedes Grab soll deutlich mit Namen u.s.w. bezeichnet und auf einem Situationsplane eingetragen werden. Für Erwachsene soll ein Grab eine Länge von 9' bei 4' Breite, für Kinder von 4' bei gleicher Breite haben.

Außer in Familiengrüften sollen ummauerte Gräber nicht geduldet werden. Kein Grab darf mehr als eine Leiche aufnehmen.

Vor Ablauf, bei Erwachsenen von 14, bei Kindern von 8 Jahren soll kein Grab geöffnet werden, außer in Familiengrüften zur Beisetzung einer neuen Leiche und dann muß eine Schichte Erde von einem Fuß Dicke intakt bleiben. Keine Leiche darf aus ihrem Grabe entfernt werden, außer sie sei in einem Friedhofe, zu dessen Parish die Person im Leben nicht gehörte, aus Versehen bestattet worden, oder die Exhumation ist von dem Coroner aus gerichtlichen Zwecken verfügt. Der

Staatssekretär hat dann seine Zustimmung zu geben.

Wer auf einem Burial ground Sport treibt, schießt, ein Trauergeleite stört, Anlagen oder Gräber verletzt, verfällt in eine Strafe von fünf Liv.

Ein Act for Improvement of Diseases[41] erlaubt einen Ortsphysikus anzustellen. Orte von mehr als 500 Seelen können eine Improvement rate für Gesundheitszwecke ausschreiben und einen Inspector of Nuisances aus Gemeindemitteln bestellen, Wagen zum Transporte von ansteckenden Kranken anschaffen u.s.w. Für die Inspektion von Kirchhöfen sind zwei Inspektoren mit 1250 L. Gehalt bestellt. (London, Gneist.)

Der Coroner, Coronator, Kronfiskal, hat die Ursachen plötzlicher und auffallender Todesfälle zu untersuchen, unter Zuziehung von zwölf Geschworenen, unter welchen auch Ärzte sein sollen. Er hat die Totenschau anzuordnen. Die Acte, welche eine solche festsetzt, ist aus dem 13. Jahrhundert, Edw. 1 und 2 de officio coronatoris und William IV. c. 84. Der Coroner soll den Arzt, der die Person im Leben behandelt hatte, vorfordern, in Ermangelung eines solchen einen anderen qualifizierten Arzt. Er kann die Öffnung der Leiche und eine chemische Untersuchung anordnen, eine Leiche ausgraben lassen, wenn nach der abgelaufenen Zeit ein Resultat noch zu erwarten ist. Wenn eine Leiche begraben worden ist, ohne daß die gebührende Anzeige gemacht worden, so kann das Gericht eine Polizeibuße gegen die Ortsgemeinde aussprechen (amerciament) und ebenso, wenn eine öffentliche Nuisance die Ursache des Todes war. Wenn die Jury nicht befriedigt ist, so kann sie veranlassen, daß noch mehr Ärzte von dem Coroner zugezogen werden. Die Gebühren sind durch Victoria 68 normiert. Sie betragen für den Arzt 36 R.-M.[42]

---

[41] Nuisance Removal and Disease prevention Acte von 1848 und 55.
[42] Baker, laws relating to Burial. London 1874.
Dr. R. Gneist, englisches Verwaltungsrecht des Heeres, des Gerichts, der Kirche.

Gesetzliche Bestimmungen über Leichenbestattung; Österreich[43]

In Österreich stehen gesetzliche, von der Kaiserin Maria Theresia ursprünglich erlassene Bestimmungen neben klerikalen Ansprüchen, welche, auch wo sie die rituellen Teile berühren, von der politischen Behörde bei weitem nicht in ihrer ganzen Ausdehnung anerkannt wurden, so z. B. daß die Ermächtigung, eine Leiche, auch zu Zwecken der Justiz, nur mit Ermächtigung des Papstes oder wenigstens des Bischofs (Fachmann) exhumiert werden könne. Alle gesetzlichen Bestimmungen in Österreich setzen die Bestattung in der Erde voraus und das Strafrecht spricht nur von Verletzung der Gräber und der Wegnahme von Leichen. Alle die betreffenden Bestimmungen sind auf dem Wege der Gesetzgebung erfolgt, auch die Medizinalgesetzgebung ist der Mitwirkung des Reichsrates vorbehalten, so daß es unmöglich scheint, auf anderem Wege als dem der Gesetzgebung und durch die zur Gesetzgebung berufenen Behörden, eine Änderung des gesetzlichen Bestattungsmodus herbeizuführen. Diejenigen Bestimmungen, welche die sanitätlichen Bestattungen nicht berühren, z.B. die Reglements über die Bestattung der Akatholiken, lasse ich unberücksichtigt.

Keine Leiche darf, zur Verhütung der Beerdigung im Scheintode, vor Ablauf von zwei mal 24 Stunden beerdigt werden, mit Ausnahme derer, welche an einer hitzigen, epidemischen Krankheit verschieden sind und welche man schon nach 24 Stunden beerdigen soll, besonders bei armen Leuten, deren Wohnung zu beschränkt ist, als daß die Leiche hinreichend abgesondert werden könnte; doch muß ein Zeugnis von einem Arzte, einem Wundarzte oder einem Totenbeschauer vorliegen, daß der unzweifelhafte Tod in Folge einer hitzigen oder bösartigen Krankheit eingetreten sei. Ausnahmsweise ist auch eine frühere Bestattung erlaubt, wenn ein Zeugnis von einem Arzte vorliegt, daß die Fäulnis schon eingetreten. Zum Gebrauche für arme Leute, welche nicht mehr als ein Zimmer haben, soll auf dem Friedhofe eine Totenhüt-

---

[43] Pachmann, Kirchenrecht III. § 6.
Heffrich, Kirchenrecht.
Aschbach, Kirchenlexicon, Art. Begraben.
Ginzel, Kirchenrecht, B. II, 8. 638.
Schmidt, Lithurgik, B. III.
Adler, Leopold, die Leiohenverbrennung mit besonderer Berücksichtigung der österreichischen Gesetzgebung. Wien 1874.

te errichtet werden, in welcher sie die Leichen ihrer Angehörigen unterbringen können, wenn kein anderer Ort für diesen Zweck zu finden ist. Diese Bestimmungen sind sehr oft von neuem eingeschärft worden. Auch nach Ablauf von 24 Stunden darf kein Pfarrer eine Beerdigung vornehmen, wenn kein Totenschein vorliegt. Die Leiche soll bei Tage oder am Abend von dem Sterbehause direkt in die Kirche getragen werden, wo die Kirchengesänge gesungen, aber ohne Gebet zum Grabe gebracht werden. Bei Akatholiken soll der katholische Pfarrer mitgehen und Acht haben, daß nichts gegen das Fegfeuer gesungen wird. Keine Leiche soll ferner auf offener Bahre ausgestellt werden. Am Vormittage soll bei der Leiche keine Totenmesse abgehalten werden. Leichenschmäuse, heidnische und unartige Gebräuche sind verboten. An dem Grabe von nicht geimpften, an den natürlichen Pocken verstorbenen Kindern soll nur ein einfaches Gebet gesprochen werden. — In Bezug auf die gerichtliche Exhumation von Leichen ist die Gesetzgebung mehrmals modifiziert worden, ohne Rücksicht auf die klerikalen Ansprüche zu nehmen. Ursprünglich war bestimmt, daß wenn der Kriminalrichter die Ausgrabung einer Leiche verlangt, soll er aus Achtung den Pfarrer oder andere Vorsteher zwar erinnern (Anzeige machen), aber sodann die Exhumation vornehmen, ohne daß jemand eine Einrede gestattet wird, die Leiche außerhalb des Friedhofes beschauen und sodann wieder in das Grab bringen. Wenig abgeänderte Anordnungen über die Leichenexhumation finden sich in den neuesten gesetzlichen Bestimmungen von 1850, 1853 und 1873. Das Gesetz von 1850 bestimmt, daß die Leiche exhumiert werden kann, wenn noch ein erhebliches Resultat zu erwarten ist und die Gesundheit der Personen, welche die Leichenschau vorzunehmen haben, nicht bedroht wird. Die Strafprozeßordnung von 1853 enthält diesen letzten Passus nicht mehr. Das Gesetz von 1873 dispensiert wieder, wenn dringende Gefahr für das Personal besteht. Die ältere Bestimmung, die Leiche ohne Widerrede des Pfarrers, dem Anzeige zu machen, außerhalb des geweihten Kirchhofes zu beschauen, bleibt bestehen.

Exhumation von Leichen aus gesperrten und aufgehobenen Priedhöfen soll vor Ablauf von zehn Jahren nicht geschehen.

Über die Frage, ob ein Arzt zur Besichtigung einer exhumierten Leiche verpflichtet werden könne, besteht eine ganze Literatur. Die österreichische Gesetzgebung dispensiert also unter gewissen Umständen. Die Leipziger Fakultät entschied 1756, in einem Falle, in welchem ein Arzt die Besichtigung einer Leiche, welche erst seit acht Tagen beerdigt war, ablehnte, „daß in solchen Casibus kein Medicus schuldig sein möchte, seine famam und gesundes Leben in Gefahr zu setzen; nec medicus cum dispendio sanitatis et propriae salutis putridum corpus inspicere tenetur.* Teichmeier ist der Ansicht, daß die Ärzte Recht haben, in Sommerzeit dem Verlangen, eine Leiche, welche schon seit mehreren Tagen gestorben, zu öffnen, nicht nachzugeben. Dieser Meinung, daß die Ärzte ein Recht hätten, die Sektion stark verwester Leichen abzulehnen, wird beigetreten. Berndt war der erste, der die Verpflichtung der Ärzte betonte, die Möglichkeit der Schuld oder Unschuld nachzuweisen; hierdurch kann nie die Ehre des Standes geschädigt werden und ein gewissenhafter Arzt hat sich in Erfüllung seines Berufs hundertmal viel größeren Gefahren bei Lebenden, als bei Obduktionen von Leichen auszusetzen.

Gesetzliche Bestimmungen in Bezug auf die Bestattung von Leichen; Preußen, deutsches Reich

In Preußen und dann jetzt in dem deutschen Reiche steht die Befugnis, die Friedhofsreglements zu erlassen und ihre Befolgung zu überwachen zum größten Teile den administrativen Behörden, der Polizei, in Übereinstimmung mit den Ortsbehörden, welche die Angelegenheit nach den besonderen. Bedürfnissen der Gemeinden regulieren, mit einem Instanzenzug zum Provinzialoberpräsidenten und in höchster Instanz zum Minister zu. Jede höhere Behörde kann die Anordnungen der unteren aufheben, ohne Gründe anzugeben. Es bestehen daher neben einigen allgemeinen gesetzlichen Bestimmungen eine Menge Lokalreglements für einzelne Städte und durch Cabinetsordre erlassene Verfügungen.

Die hauptsächlichen gesetzlichen Bestimmungen finden sich

Landrecht II. Thl, 2. Bd., § 453, von dem Pfarrer und dessen Rechten.

Jeder Todesfall muß dem Pfarrer des Kirchspiels angezeigt werden, auch der Tod der vor der Taufe gestorbenen Kinder. Diese dürfen nicht außerhalb des Kirchhofes bestattet werden. Der Pfarrer hat sich nach der Todesursache zu erkundigen und der Totengräber hat bei der Verschließung des Sarges gegenwärtig zu sein. So lange der geringste Zweifel über den wirklichen Tod besteht, darf kein Sarg geschlossen werden. Jeder gewaltsame Todesfall ist von dem Pfarrer anzuzeigen. Jeder Eingepfarrte muß der Regel nach in seiner Parochie begraben werden, auch wo mehrere Parochien in einer Stadt bestehen. (Also auch in derselben verbrannt.) Stirbt er an einem fremden Orte, so haben die Angehörigen das Recht ihn hier oder in seiner Parochie begraben zu lassen. (Natürlich ist stets nur von Begraben die Rede.)

Jedermann kann jedoch für sich und die seinigen ein Grab außerhalb seiner Parochie wählen, die Gebühren an die Geistlichen, jedoch nur solche, welche bei allen Begräbnissen zu entrichten sind, müssen dann an beiden Orten bezahlt werden, doch haben die Angehörigen die Kosten für besondere Feierlichkeiten u.s.w., welche in der fremden Parochie entstehen, auch in der heimischen zu bezahlen. § 460. Auch bei der Abführung einer Leiche in ein fernes Familiengrab sind dem Pfarrer des Sterbeortes die Gebühren zu bezahlen. Wenn die Leiche in einen anderen Gerichtsbezirk geführt wird, so muß von dem Obergericht der Provinz ein Leichentransportpaß erwirkt werden (also auch zum Transport nach Gotha).

Diese letztere Bestimmung ist durch Cabinetsordre vom 9. Juni 1833 modifiziert worden, auf Antrag des Ministers des Innern und der Polizei. Hiernach steht die Erteilung von Leichentransportscheinen den Regierungen als Provinzialpolizeibehörden, nach vorgängiger medizinalpolizeilicher Untersuchung zu. Wenn die Leiche durch mehrere Polizeibezirke geführt wird, so ist die den Paß ausstellende Regierung verpflichtet, den anderen Bezirken, durch welche der Transport geht, von der Erteilung des Passes Nachricht zu geben und auch die auf dem Wege zunächst berührten Polizeibehörden des benachbarten Regierungsdepartements zu benachrichtigen. (Hiermit wird der Transport einer Leiche zu einer entfernten Inzinerationsstelle fast unmöglich und mit großem Zeitverlust verbunden.) — Zur Erteilung eines Leichenpasses gehört nach einer Entscheidung der Regierung in Ostpreußen von 1858:

„Einem jeden stempelpflichtigen Gesuche um Erteilung eines Leiehenpasses muß beigelegt werden:

Ein Totenschein vom Arzte ausgestellt, in welchem Namen, Stand, Art der letzten Krankheit und daß sanitätspolizeiliche Hindernisse nicht entgegen stehen, ausgedrückt sind.

Ein Gutachten des Kreisphysikus ist erforderlich, wenn der Transport ins Ausland gehen soll, sonst nicht.

Leichentransporte aus Orten, an welchen ansteckende Krankheiten herrschen, Typhus, Cholera, Scharlach, Masern, Ruhr, Pocken u s.w. sind untersagt.

Die Leiche muß in einem gut verpichten Sarge, der in einen zweiten Kasten verpackt ist, verschickt werden.

Der Leiche muß ein zuverlässiger Begleiter beigegeben werden, der darauf zu sehen hat, daß dieselbe nicht ohne Not. vom Wagen gehoben wird. (Einweisung auf das Eisenbahnreglement.) Am Orte der Bestimmung angelangt ist sie im Freien aufzustellen und unmittelbar nach dem Begräbnisort zu fuhren.

Wenn kein Leichentransportpaß vorgezeigt werden kann, so hat die Obrigkeit eines jeden Ortes, durch den die Leiche geht, das Recht zu verlangen, daß der Sarg geöffnet werde, um zu verhüten, daß nicht etwa ein gewaltsamer Tod verheimlicht werde. — Pfarrer, durch deren Bezirk der Transport geht, können nur dann Gebühren verlangen, wenn von ihnen Handlungen gefordert worden sind, für welche solche zu entrichten sind. — Die Leichen von Personen, welche an ansteckenden Krankheiten gestorben sind, müssen unbedingt da beerdigt werden, wo sie starben.

Zur Aufstellung von Leichensteinen ist besondere Ermächtigung erforderlich.

In Kirchen und bewohnten Gegenden der Städte sollen keine Leichen begraben werden."

Im Jahre 1855 war unter dem Einflüsse der damals herrschenden Geistlichkeit von dem Minister die Aufforderung erlassen worden, man möge untersuchen, ob nicht durch die gehörige Entfernung und Tiefe der Gräber der Nachteil der Kirchhöfe ausgeglichen werden könne, sowie durch nicht zu frühe Benutzung. Eine Gemeinde hat bis vor kurzem hierüber Beschwerde führen müssen, als sie gegen den Wunsch ihres Geistlichen ihren Kirchhof verlegen wollte.

Norddeutscher Bund. Deutsches Reich

Zwischen der Krone Preußen und verschiedenen deutschen Regierungen bestanden Verträge, nach welchen die Leichentransportpässe, welche von der einen ausgestellt waren, auch in dem anderen Lande gelten sollten. Diese Bestimmung ist durch Bundesgesetzblatt Nr. 1, 1867, bestätigt.

Das Strafgesetz des norddeutschen Bundes, Übertretungen, § 367 bestimmt, daß:

Wer ohne Vorwissen der Behörden eine Leiche beerdigt oder einen Teil einer solchen wegschafft, die polizeilichen Vorschriften über vorzeitiges Beerdigen (dreimal 24 Stunden) unbeachtet läßt, in eine Strafe von 20 Thlr. verfällt, und

§ 168, daß wer unbefugt eine Leiche aus dem Gewahrsam berechtigter Personen wegnimmt, wer unbefugt ein Grab zerstört oder beschädigt, wer an einem Grabe beschimpfenden Unfug verübt, mit Gefängnis bis zu zwei Jahren bestraft wird und daß gegen ihn Verlust der Ehrenrechte erkannt werden könne.

Reichsgesetzblatt von 1875.

Sterbefälle sind spätestens am nächsten Wochentage nach Eintritt des Todes anzuzeigen.

Ohne Genehmigung der Ortsbehörde darf keine Beerdigung statt haben, ehe sie in das Ortsregister eingetragen ist. Wenn es dennoch geschehen ist, so darf die spätere Eintragung nur mit Genehmigung der Aufsichtsbehörde erfolgen, nachdem dieselbe den Sachverhalt festgestellt hat-

Die Strafprozeßordnung bestimmt, § 67, daß das Ausgraben von früher beerdigten Leichen (gerichtlich) statthaft sei, sowie, daß die Leichen der Hingerichteten den Angehörigen behufs einer einfachen Beerdigung zu übergeben seien. Früher ist schon erwähnt worden, daß in München ein Antrag, 15000 M. zur Aufstellung eines Inzinerationsofens zu bewilligen, nach einem Gutachten der Sanitätsbeamten abgelehnt worden ist.

Die Kgl. sächsische Regierung hatte zu wissenschaftlichen Zwecken die versuchsweise Verbrennung einiger Leichen zu Dresden nicht gehindert, die Verbrennung der Leiche des Dr. Richter aber nicht gestattet. Auf eine Interpellation in der zweiten Kammer gab der Minister des

Innern, von Nostiz-Wallwitz, die Erklärung ab, daß die Einführung der Leichenverbrennung, auch der fakultativen, ohne Änderung der bestehenden *Gesetze* unstatthaft sei und daß die Regierung nicht die Absicht habe, deshalb dem Landtage eine Vorlage zu machen. — In Breslau war dem Hauptmann von der Leeden von der Regierung gestattet worden, die Leichen seines Sohnes und seiner Tochter, welche 1875 am Typhus gestorben waren und welche man in ihrer Gruft, vollständig von Wasser umgeben, gefunden hatte, zu exhumieren, um sie zu verbrennen. Die Erlaubnis wurde jedoch, nachdem sie durch öffentliche Blätter bekannt geworden war, von dem Präsidenten wieder zurückgezogen.

In den größeren deutschen Staaten, in welchen die Regierungen sich bis jetzt auszusprechen Veranlassung hatten, sowie in England und Frankreich, stehen also die *Gesetze* der Leichenverbrennung entgegen und dieselbe kann nur eingeführt werden, auch die fakultative, wenn auf ordnungsmäßigem Wege die Gesetze verändert und ergänzt worden sind. Nur in dem Herzogtume Sachsen-Coburg-Gotha hat man der Leichenverbrennung keine gesetzlichen Schwierigkeiten gemacht. Der Zuführung von fremden Leichen stehen jedoch die Bestimmungen über den Transport derselben so erschwerend entgegen, daß dieselbe schwerlich eine nennenswerte Ausdehnung erlangen wird. Auf Antrag des Dr. Küchenmeister wurde die Frage in der Aprilsitzung des ärztlichen Bezirksvereins für öffentliche Gesundheitspflege zu Dresden verhandelt[44]. Die Ansichten gingen sehr weit auseinander. Man kam schließlich überein, daß *aus hygienischen* Rücksichten kein Grund vorliege, den Hinterlassenen zu verbieten die Leiche eines Angehörigen zu verbrennen, vorausgesetzt, daß die Konstruktion des Ofens, der Ort seiner Aufstellung den Bestimmungen der Reichsgewerbeordnung § 16 entspreche (Genehmigung durch die nach den Landesgesetzen zuständigen Behörden für die Errichtung von Fabriken, deren Betrieb der Umgebung lästig werden könne; Friedhöfe sind nicht genannt). Man setzte aber als notwendige Bedingung voraus, daß einer jeden Inzineration eine amtliche Leichenuntersuchung, *Sektion* (und chemische Untersuchung) vorausgehen müsse, um den Nachweis zu liefern, daß die Person eines natürlichen Todes gestorben, daß die ästhetischen und kirchlichen

---

[44] Deutsche Vierteljahrsschrift für öffentliche Gesundheitspflege IX, ß. 179.

Formalitäten festgestellt und die Vorschriften für den Transport normiert seien. Im übrigen, auch über den Kostenpunkt, enthielt sich der Verein, aus guten Gründen, eines jeden Urteils.

Die Bedingungen, daß *vor jeder Inzineration* eine gerichtliche Untersuchung der Leiche vorausgehen müsse, ist deshalb aufgestellt worden, weil nach derselben eine solche unmöglich wird, den Gerichten also ein Mittel zur Feststellung des Tatbestandes entzogen werden kann. *Die Inzineration könnte gerade um ein Verbrechen zu verbergen gesucht werden.* Die Notwendigkeit zu gerichtlichen Exhumationen, um die Identität der Person festzustellen oder die Spuren von Verbrechen, Giftmord zu verfolgen, tritt allerdings sehr selten ein, sie kann aber doch eintreten und so lange es kein anderes Mittel gibt, in jedem Todesfalle die natürliche Todesart festzustellen, als durch Obduction und chemische Untersuchung, können die Gerichte Einsprache gegen die Inzineration von Leichen erheben, welche noch nicht gerichtlich untersucht worden sind. Hiermit aber wird die allgemeine Einführung derselben zu einer Unmöglichkeit. Wo sollten die Kräfte, die Geldmittel und die Zeit herkommen, um alle Leichen gerichtlich zu untersuchen? und wer soll die Kosten tragen?

Man wende nicht ein, daß die Römer, die Schöpfer unserer Gesetze, Leichen verbrannt haben. Sie kannten weder die anatomische Obduktion, noch weniger die chemische Untersuchung von Leichen, weil ihnen dazu die erforderlichen Kenntnisse und Methoden vollkommen abgingen. Für chemische Untersuchungen besitzen wir brauchbare Methoden kaum seit 50 Jahren und nicht viel länger ist unser gesamtes ärztliches Personal anatomisch so geübt, oder sollte es doch sein, daß es zuverlässige anatomische Obduktionen vornehmen kann.

Schlußwort

Nachdem in der voraustehenden Abhandlung die Frage der Leichenbestattung nach allen Richtungen verfolgt worden ist, will ich zum Schlusse versuchen, diejenigen Folgerungen zu ziehen, welche im Interesse der öffentlichen Gesundheitspflege aus den vorangehenden Untersuchungen gezogen werden können.

Die Besorgnis, daß die Friedhöfe, namentlich wie sie jetzt überall nach wohlerkannten, hygienischen Prinzipien, nach polizeilichen und gesetzlichen Vorschriften eingerichtet und überwacht sind, für die Erhaltung der öffentlichen Gesundheit gefährlich seien, ist irrig. Von unseren Friedhöfen gehen weder Ruhren, Cholera, Typhus, noch andere ansteckende Krankheiten aus.

Es liegt daher für die öffentliche Gesundheitspflege kein Interesse vor, diejenigen von ihnen, welche sich in genügender Entfernung von bewohnten Orten befinden, zu schließen und die bisherige Weise der Totenbestattung durch ein anderes Verfahren zu vertauschen, welches mit unseren althergebrachten Sitten, den religiösen Anschauungen der Masse des Volkes nicht übereinstimmt und mit Kosten sowohl für die Einzelnen als die Gemeinden verknüpft ist, welche weit über die eines einfachen Begräbnisses hinausgehen. Die Inzineration und Aufstellung der Asche in Urnen erhält die Überreste in alle Ewigkeit, entzieht sie der Pflanzennahrung und läßt keine Rotation, d.h. keine periodische Benutzung desselben Platzes zu.

Solche Versuche zur Abänderung des Hergebrachten werden bei der Masse des Volkes keinen Anklang finden und vereinzelte Leichenverbrennungen sind für den allgemeinen Gesundheitsdienst jedenfalls durchaus wertlos. Sie könnten nur erst einen Wert erhalten, wenn sie durch gesetzliche Vorschriften ebenso allgemein obligatorisch gemacht würden, als es jetzt die Erdbestattung ist.

Die Quantität der animalischen Fäulnisstoffe, welche auf Friedhöfen der Erde übergeben wird, ist verschwindend klein gegen diejenige, welche täglich in bewohnten Orten, auf bebauten Feldern, durch das Leben der Menschen, den Umsatz der Nahrung, die Industrie, durch Ackerbau und Gewerbe, durch höhere und niedere Tiere, dem Boden übergeben wird.

Die Besorgnis der Luft- und Wasservergiftung durch die Friedhöfe, namentlich wie sie jetzt eingerichtet sind, ist nicht bloß enorm übertrieben, sie ist völlig unbegründet.

Die Erde besitzt in ausgezeichnetem Maße die Fähigkeit Gase und in Wasser gelöste Stoffe zu absorbieren, zu filtrieren und umzusetzen.

Die Faulgase gelangen nicht, wie jedes gedüngte und geackerte Feld und wohlgeleitete, nicht übersättigte Kieselfelder zeigen können, über die Bodenoberfläche, oder diffundieren sich schnell in dem unendlichen Luftmeere zur völligen Unwirksamkeit. Man hat sich die Unendlichkeit dieses Luftmeeres und die Wirkung .seiner Strömungen nicht im richtigen Verhältnisse mit der Menge der möglicherweise ausströmenden Gase gedacht.

Bei der Verdunstung der wässerigen Lösungen verflüchtigt sich nur das Wasser, die in ihm gelösten festen Bestandteile werden so gut zurückgehalten, wie das Salz einer Salzlösung.

Die Erde filtriert verunreinigtes Wasser und läßt dasselbe in kurzer Entfernung rein austreten. In allen bewohnten Orten wird das Bodenwasser durch animalische Umsatzprodukte verunreinigt und durch den Boden filtriert.

In jedem nicht vollkommen sterilen Boden finden stets sehr lebhafte chemische Prozesse statt, entwickeln sich neue Verbindungen aus den ihm beigemischten organischen Bestandteilen und binden sich zu neuen, unorganischen, unschädlichen Körpern.

In kurzer Entfernung von einem in der Erde faulenden tierischen Körper sind die Produkte der Zersetzung der stickstoffhaltigen Bestandteile, Ammoniak und Salpetersäure, in salpetersaure Salze umgesetzt und in den Quantitäten, welche möglicherweise znr Anwendung kommen können, durchaus ungefährlich.

Die Wurzeln der Pflanzen und viele niedere Tiere absorbieren die in der Erde zurückgehaltenen animalischen Fäulnisstoffe und verwenden sie zu ihrer Nahrung; sie sind die Korrektoren der Zusammensetzung des Bodens.

Eine Übersättigung des Bodens ist daher bei vernünftigem Betriebe eines Friedhofes so wenig zu besorgen, als eine Überdüngung desselben bei regelmäßiger Bebauung und Fruchtwechsel.

Die chemischen, gasförmigen, sowie die in Wasser gelösten Produkte der Fäulnis animalischer Körper: Kohlensäure, Salpeter, Schwefelwasserstoffgas, Chloride, Fettsäuren, Phosphorverbindungen, sind an und für sich und in den Quantitäten insbesondere, in welchen sie zur Anwendung kommen können, nicht giftig, sie sind nicht die Träger der Infektion. Wir sind der Wirkung solcher Stoffe täglich und in viel stärkerem Maße beständig ausgesetzt, als sie uns hier und da einmal, vorübergehend, von einem Friedhofe aus entgegentreten können, ohne daß wir für unsere Gesundheit etwas zu fürchten hätten.

Die Träger infektiver Krankheiten, von Ruhren, Diarrhöen u.s.w. verbinden sich unzweifelhaft mit den fäkalen Verunreinigungen des Bodens, der Luft und des Wassers, ohne daß sie in denselben selbst bestehen und liegen nicht in den frischen Ausleerungen. Wir tragen fäkale Lösungen stets mit uns herum und absorbieren unsere Nahrung aus denselben.

Ammoniak ist ein konstanter Bestandteil der Luft und wird aus dieser durch den Regen, Gewitterregen, in den Boden und aus diesem in die Brunnen u,s.w. herabgeführt. Alles Ammoniak stammt ursprünglich aus der Luft, auch dasjenige, welches zum Aufbau des tierischen Körpers verwendet wird.

Personen, welche mit Leichen und Friedhöfen in nahe und beständige Berührung kommen, Anatomen, Leichenfrauen, Totengräber, Kirchhofinspektoren, die bei der Räumung der Gräber beschäftigten Arbeiter, sind keiner Gefahr für ihre Gesundheit ausgesetzt.

Von den Massengräbern eines Schlachtfeldes gehen keine Krankheiten aus, wohl aber bedingt die fäkale Infektion des Bodens stehender Lager fast unausbleiblich epidemische Krankheiten, welche mit der Dauer der Infektion an Intensität und Menge steigen.

Die Träger der Infektion sind nicht die chemischen Produkte der Fäulnis, sondern Organismen, Pilze, welche durch ihre Fähigkeit zu unbegrenzter Vermehrung, sobald sie einen günstigen Nährboden finden, durch die Absorption des Sauerstoffs aus den Geweben, den Blutzellen, den sie zu ihrer eigenen Existenz verwenden, das Leben des Individuums bedrohen, in welches sie eingedrungen sind.

Dieselben entstehen nicht in der faulenden Leiche. Sie vermehren sich wie andere Organismen durch die Proliferation präexistierender Keime; ihre ersten Keime müssen der Leiche von außen zugebracht worden sein und mit ihr in das Grab gelangen. Sie wirken also schon ehe die Leiche begraben oder verbrannt ist, schon während das Individuum noch lebt und stehen bis zur Beerdigung unter den günstigsten

Bedingungen für ihre Verbreitung. Die Bedeckung mit Erde hebt diese Bedingungen der Verbreitung auf.

Diese organischen Infektionskörper bedürfen zu ihrer Ernährung und Vermehrung des Sauerstoffes, der Luft oder der Gewebe. Sie können innerhalb des Körpers eine zeitlang leben, indem sie den ihnen nötigen Sauerstoff den Geweben entziehen. Die Möglichkeit der Fortdauer ihrer Existenz erlischt aber, sobald durch die Fortschritte der faulen Zersetzung der Sauerstoff absorbiert oder in feste Verbindungen eingetreten ist. Die vollendete Fäulnis hebt die Infektionsgefahr auf.

Beobachtungen, welche die Kritik aushalten, über contagiöse Krankheiten, Pocken, Scharlach, welche von einem Grabe aus verbreitet worden sein sollen, liegen nicht vor.

Die Weichteile einer Leiche sind, unter gewöhnlichen Verhältnissen, in der Erde in längstens 24 Monaten völlig aufgelöst und weggeführt. Die humösen Stoffe, welche aus ihrer Zersetzung hervorgehen und eine Zeitlang in dem Boden bleiben, nach und nach von den Wurzeln der Pflanzen absorbiert werden, sind so wenig gesundheitsgefährlich als gute Gartenerde. Unsere jetzigen Friedhöfe sind daher so wenig gesundheitsgefährlich als kultivierte Bodenstellen und namentlich als der Boden in dicht bewohnten Städten.

In der Dichtigkeit der Bewohnung und was mit dieser zusammenhängt, der enormen Kindersterblichkeit, der unehelichen, von Pflegemüttern aufgefütterten Kinder, der fäkalen Infektion dicht besetzter Wohnungen und Stadtteile, liegen die Hauptursachen der Ungleichheit der Mortalität in Städten und des platten Landes, wo nicht eine besondere Ungunst der Lage und das Klima beschuldigt werden können. Diese allzu dichte Zusammendrängung der Bewohner zu beseitigen, ihnen Luft und Licht und ein nicht mit Fäkalstoffen verunreinigtes Wasser zu verschaffen, ist eine bei weitem wichtigere Aufgabe der Sanitätspolizei, als eine Veränderung des Bestattungswesens herbeizuführen.

In jungen, weitläufig gebauten Städten und Stadtteilen ist die Mortalitätsrate eben so gering, als sie in dicht bewohnten, alten, groß ist. Statistische Mittelzahlen über die Mortalität großer Städte, wie sie jetzt so zahlreich veröffentlicht werden, sind, wenn sie nicht die Ungleichheit der Dichtigkeit der Bevölkerung in den einzelnen Stadtteilen und die entsprechende Mortalitätsgröße berücksichtigen, völlig wertlos und mehr geeignet das Objekt, welches die öffentliche Gesundheitspflege zu bekämpfen hat, zu verdecken, als aufzuklären. In London schwankt die Mortalität in einzelnen Stadtteilen zwischen 8:1000 und 42:1000 und ähnlich in anderen Städten. In Darmstadt und dem mit dieser Stadt zusammenhängenden Bessungen schwankt sie, bei ganz gleichen Bodenverhältnissen, zwischen 28:1000 in der ersteren und 14:1000 in dem letzteren. Die Mehrzahl der wenigen Beobachtungen über angebliche Vergiftungen durch Gruftdünste, wenn sie nicht bloße Zeitungsenten und Sensationsgeschichten sind, beziehen sich auf Asphyxien in irrespirablen Gasen, wie sie in allen seit langer Zeit nicht geöffneten Grüften und in der Bodenluft einzelner Stadtteile vorkommen können, aber nicht auf Vergiftungen. Alle Beobachtungen von angeblichen *plötzlichen* Todesfällen bei Eröffnung von Grüften gehören hierher. Viele derselben setzen eine kritiklose Leichtgläubigkeit voraus.

Gegen die Erdbestattung, wie sie jetzt ausgeführt wird, ist daher, aus hygienischen Gründen, nichts zu sagen und es liegt deshalb kein Grund vor, die bestehenden Gesetze und Riten zu ändern, gegen die Gefühle des Volkes anzukämpfen und kein Recht, dem Staate, den Gemeinden und den Einzelnen größere Kosten als bisher zuzumuten.

Aber auch gegen die Feuerbestattung ist, aus *hygienischen Rücksichten,* nichts zu sagen. Sie kann in einer Weise ausgeführt werden, daß keine Belästigung der Nachbarschaft stattfindet und daß nur eine geringe Menge indifferenter Stoffe übrig bleibt; sie ist aber überflüssig, kostspielig, auf dem platten Lande unausführbar und widerstrebt den religiösen Gefühlen der großen Mehrzahl des Volkes. Es ist daher keine Hoffnung vorhanden sie allgemein werden zu sehen und mit dieser Beschränkung wird ihr möglicher Nutzen für das allgemeine Beste vollständig hinfällig.

Die bestehenden Gesetze stehen der Ausführung der Feuerbestattung fast überall entgegen, so daß auch die fakultative Leichenverbrennung unstatthaft wird.

Die Kosten für die Feuerbestattung sind sowohl für die Einzelnen, als besonders für die Gemeinden, welche die Öfen und Columbarien herzustellen, Reparaturen zu besorgen, geübte Beamte zu bestellen hätten, viel beträchtlicher als für die Erdbestattung, welche deshalb schon im Altertume die allgemeine Bestattungsweise der Unbemittelten war.

Die Aufstellung der Aschenurnen in den Privatwohnungen, besonders den beschränkten Räumlichkeiten der minder Bemittelten, wäre nur geeignet, die Achtung vor dem Andenken der Toten und die Erinnerung an dieselben in der kürzesten Zeit zu vernichten und das, was Eigentum der Gesamtheit der Gemeinde sein soll, der Sorglosigkeit und Rohheit der Einzelnen hinzugeben.

Die geringe Zahl von Personen, welche sich der Feuerbestattung zuwenden, gestattet den Kommunalverwaltungsbehörden nicht, Mittel, zu deren Beschaffung auch die Nichtanhänger dieser Bestattungsweise das meiste beizutragen haben würden, für die Bestattung von Einzelnen und Ortsfremden aufzuwenden. Nur erst wenn die Feuerbestattung aufhört fakultativ zu sein, tritt für die Kommunalbehörden das Recht und die Pflicht ein, die beträchtlichen Kosten der Einrichtungen für dieselbe aus öffentlichen Mitteln zu entnehmen.

Ein viel größerer reeller Nutzen als durch die Feuerbestattung könnte durch die allgemeine Einführung der Leichenhäuser erreicht werden. Sie repräsentieren ein wirkliches, nur allzu sehr vernachlässigtes Bedürfnis. Dabei kommt die Verhütung der Gefahr des Beerdigens im Scheintode, welche überhaupt und nach den jetzigen polizeilichen Vorschriften über Totenbestattung gleich null ist, obgleich sie gewöhnlich besonders hervorgehoben wird, wenn von Leichenhäusern gesprochen wird, durchaus nicht in Betracht. Die Leichenhäuser sollen aber besonders dem armen Teile der Bevölkerung die Möglichkeit geben, die Leichen bald aus ihren engen Wohnungen zu schaffen und sich somit all den unangenehmen, abschreckenden und nicht selten auch gefährlichen Einflüssen zu entziehen, welche mit der Anwesenheit einer faulenden Leiche mitten zwischen Lebenden, Kindern und Erwachsenen, den Mitbewohnern des Hauses notwendig verbunden sind. In dicht bewohnten Häusern leiden nicht bloß die näheren Angehörigen, die aus Liebe zu dem Toten die Unannehmlichkeiten auf sich nehmen, welche die Anwesenheit einer faulenden Leiche mit sich bringt, es leiden fast ebenso die unbeteiligten Mitbewohner. Wer in der Armenpraxis gelebt hat, weiß welche abschreckende Zustände oft entstehen, wenn eine oder gar mehrere Leichen in einem engen, schlecht gelüfteten Räume, in welchem nicht selten mehrere Familien zusammen leben, die vielleicht nur ein Bett besitzen, welches unmittelbar nach der Entfernung der Leiche von den Lebenden fortgebraucht werden muß, mehrere Tage bis zur Beerdigung verbleiben sollen. Die ganz unerträglichen Zustände, welche hieraus entstehen, geben den Ärzten nur allzuhäufig Veranlassung, durch ihr Zeugnis die allgemeine Sanitätsvorschrift, daß keine Leiche vor Ablauf von drei mal 24 Stunden beerdigt werden dürfe, umgehen zu helfen, wenn sie, wie es fast immer der Fall ist, an der Wirklichkeit des Todes nicht zweifeln. Keinem Arzte sollte es gestattet sein, diese Umgehung des Gesetzes, welche fast die Regel geworden ist, zu unterstützen, wohl aber sollten sie dahin wirken, die Verbringung der Leiche in das Leichenhaus zu begünstigen.

Die Vorteile, welche daraus entstehen, wenn die Leichen innerhalb der ersten 24 Stunden nach dem Eintritt des Todes in ein Leichenhaus gebracht werden, sind in jeder Beziehung so groß, daß sie, wenn einmal die Gewohnheit und das Vorurteil überwunden sind, die allgemeinste Anerkennung finden müssen.

Jede Stadt sollte daher ihr wohl eingerichtetes Leichenhaus, jedes Dorf seine Leichenhütte auf dem Friedhofe haben, in welches die Leichen möglichst frühe aus den Privatwohnungen zu verbringen sind. — Man verbietet die unnötige Belästigung der Nachbarn durch vermeidbare Mißstände; in Städten, in welchen oft zehn und zwölf Familien eng beisammen in einem Hause wohnen, bildet das unnötige Verbleiben einer Leiche auch eine Nuisance, die polizeilich verboten werden sollte. Für große Städte, deren Friedhöfe notwendig weit von der Stadt angelegt werden müssen, empfiehlt sich die Errichtung von Leichensammelzimmern in jedem Quartier, von welchen aus der Leichentransport stattfinden wird.

Mit der Einrichtung der Leichenhäuser muß ein mittelalterlicher Gebrauch schwinden, welcher von der Zeit eigentlich längst schon überwunden ist, die Verteilung der Friedhöfe nach Konfessionen. Kleine Gemeinden können keinen besonderen Friedhof und keine besondere Friedhofverwaltung, Leichenhausinspektion für jede Konfession einrichten. Die Schranken, welche das Religionsbekenntnis im bürgerlichen Leben gezogen hatte, sind gefallen, die Bekenner aller Konfessionen können ihre Kräfte zur Verteidigung sowie zur Verwaltung des Staates verwenden, welcher vernünftige Grund kann noch bestehen, wenn jedmögliche Berührung im Leben, selbst die Ehe ungehindert war, Leichen in der Erde zu trennen. Wenn religiöse Anschauungen, die doch nur pfäffische Unduldsamkeiten sind, nicht erlauben sollten, diejenigen, welche ungestört im Leben neben einander existiert haben, auch im Grabe nebeneinander zu lassen, so genügt es, wie in England, Abteilungen des Friedhofes im Verhältnis der Zahl der Bekenner einer Konfession zu machen, womit die Benutzung gemeinschaftlicher Lokalitäten und derselben Bediensteten für alle gestattet wird.

Wenn eine Leiche für die Umgebung belästigend und gefährlich wird, so wird sie es vorzugsweise in den ersten Tagen nach dem Tode sein. Allen diesen Belästigungen und Gefahren entgeht man so viel als möglich durch allgemeine und frühzeitige Benutzung der Leichenhäuser.

Nach der bekannten mittleren Sterblichkeit einer Stadt, der angenommenen Rotationszeit und der Einwohnerzahl kann die Größe des für den Friedhof erforderlichen Areals, so daß eine Überfüllung desselben nicht statthaben kann, berechnet werden. Wenn die mittlere Sterblichkeit 25:1000 beträgt und auf ein Grab 2qm kommen, was etwas zu viel ist, da für Kindergräber weniger genügt, so braucht man für eine Jahresparzelle und je 1000 Einwohner 50 qm, eine halbe Are, — Wege und dergl. nicht gerechnet. — Ein solcher Raum ist mit der Zahl der Rotationjahre zu multiplizieren, um die erforderliche Größe des Friedhofes zu bestimmen.

Die Dauer der Rotationszeit wird nach zwei Prinzipien bestimmt: durch die humane Rücksicht auf die pietösen Gefühle der Hinterlassenen und durch die Zeit, welche eine Leiche bis zur vollständigen Zerstörung ihrer Weichteile bedarf. Dazu würden 2 bis 2 1/2 Jahre schon genügen; man gibt aber mit Recht mehr, weil nach einer so kurzen Zeit die Gefühle der Angehörigen für das Andenken an den Toten noch zu lebhaft sind. In Paris sind fünf Jahre für die Fosses communes festgestellt, was zu kurz sein möchte; in London 10, was genügt, bei uns 20 und 30 Jahre, was zu viel ist.

Eine Gemeinde braucht natürlich zur Ersparung von Kosten das Areal nur nach und nach anzuschaffen oder kann es bis zur Belegung anderweitig benutzen. Sie muß zur Erwerbung des Terrains das Expropriationsrecht haben, wenn sie nicht etwa Gemeindeland, Wald, benutzen kann.

Der Verkauf von Gräbern auf lange Frist oder à Perpetuité liegt nicht im öffentlichen Interesse. Der geringe Gewinn, der aus demselben hervorgeht, wird vollständig durch die vermehrte Schwierigkeit der

Ausführung der Rotation aufgewogen.

Familiengrüfte sollten nicht auf den allgemeinen Friedhöfen geduldet werden. Man kann aber jedermann gestatten, eine Familiengruft unter den nötigen polizeilichen Cautelen, wie es im Altertume der Fall war, auf seinem eigenen Grund und Boden zu errichten. Monumente können auf die, auf Zeit überlassenen Gräber gesetzt werden, sie verfallen aber der Gemeinde, wenn sie nach Ablauf der Rotationszeit nicht zurückgenommen werden.

Wenn ein Friedhof geschlossen wird, so muß der jüngste Teil desselben ebenso behandelt werden, wie bei regelmäßiger Rotation. Geschlossene Friedhöfe können zu jedem Gebrauche verwendet werden, auch zur Errichtung von Privat- und öffentlichen Gebäuden. Tiefe Fundamentierungen erfordern die Wegführung der etwa aufgedeckten Knochen. Ein Nachteil für die Gesundheit ist aber daraus nicht zu besorgen.

Die Lage eines Friedhofes wird zunächst durch die passende Entfernung von einem bewohnten Orte bestimmt. Eine Entfernung von 100 Meter von den letzten Wohnungen, wenn sie eingehalten werden kann, genügt; selbst weniger. Ein hochgelegener Ort, wenn das Gefalle nicht von der Stadt abgeht, ist nicht zweckmäßig. Sehr wünschenswert ist es, wenn der Friedhof durch ein fließendes Wasser von den letzten Wohnungen getrennt ist. Man wähle mit Vorzug einen sterilen, lockeren, eisenschüssigen Boden, mit durchlässigem Untergrunde und wo dieser fehlt, richte man Drainierung und Abzugskanäle ein.

Bis jetzt ist es auch in den größten Städten, London (Woking), Wien (Simmering), Berlin (Zentralfriedhof), Paris (Mery sur Oise) gelungen, die Schwierigkeit, den nötigen Raum für die Etablierung von Friedhöfen zu beschaffen, zu überwinden. Die außerordentliche Entwicklung unserer Transportmittel hat diese Schwierigkeit sehr vermindert. Man kann für die Armengräber, ohne Nachteil, viel Raum ersparen, wenn man, wie in Paris und Darmstadt, Sarg an Sarg reiht und nur das Einstürzen der Erde durch aufgestellte Bretter verhindert.

Jeder Friedhof sollte, außer mit Rasen, mit hochstämmigen, tiefwurzelnden Laubhölzern bepflanzt werden. Sie dienen, um die Zersetzungsprodukte der Leichen zu absorbieren, zur Zierde und zum ökonomischen Nutzen. Wo zur Anlegung eines neuen Friedhofes eine Waldparzelle benutzt werden kann, sollten die Bäume so viel als schicklich erhalten werden.

Kein einfaches Grab darf ausgemauert werden. Die Ausmauerung bewirkt nur das Gegenteil von dem, was beabsichtigt wird; sie verändert das Grab in eine Art von Brunnen, in welchem sich das Wasser sammelt und hält. Familiengrüfte dürfen nach oben nicht geschlossen sein und die einzelnen Krypten müssen gut zementiert und asphaltiert werden. Sie dürfen nur ausnahmsweise und nur unter denselben Cautelen, welche bei der Eröffnung von alten Kellern angewendet zu werden pflegen, wieder geöffnet werden.

Die dünnsten Särge, von Tannenholz, sind die besten, schwere Eichensärge verlangsamen nur den Verwesungsprozeß, ohne ihn zu unterbrechen, Metallsärge, welche von den Leichengasen gesprengt werden, sind ganz zu verwerfen.

Editorische Notiz:

Der Text der vorliegenden Edition folgt der Originalausgabe:
A. Wernher: Die Bestattung der Toden, in Bezug auf Hygieine, geschichtliche Entwicklung und gesetzliche Bestimmungen.
J. Riecker'sche Buchhandlung, Gießen 1880.

Die Orthographie wurde behutsam modernisiert (Literaturangaben durch A. Wernher ausgenommen), grammatikalische Eigenheiten bleiben gewahrt. Die Interpunktion folgt der Druckvorlage.

www.ingramcontent.com/pod-product-compliance
Lightning Source LLC
Chambersburg PA
CBHW050856300426
44111CB00010B/1269